KB203658

나의 수행일지

나의 수행일지

수행으로 차오른 삶의 성찰

스텔라 박 지음

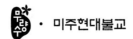 미주현대불교

들어가는 말

어쩌다 보니 난 평생 전파와 인쇄 매체의 콘텐츠를 만드는 일을 하고 있었다.

방송은 녹음을 할 경우에는 남겨지기도 하지만, 대부분은 한 번 듣고 흘려보내는지라, 생방송을 위해 스튜디오에 들어가는 내 마음도 조금은 가볍다.

하지만 신문, 잡지 등의 매체는 한 번 인쇄되고 나면 고칠 수가 없다는 부담감이 있어서, 그 마음 자세도 마이크 앞에서와는 사뭇 달라진다. 게다가 단행본은 읽지 않더라도 책장에 모셔두는 것이 우리들의 정서이다. 가능하면 흔적을 남기지 않는 연습을 삶 속에서 해온 내게 책을 낸다는 건 적잖이 버거운 결정이었다.

지난 10여 년간 미주현대불교에 발표했던 칼럼들을 모아 보니, 단행본 3권도 족히 넘는 양이 쌓여 있었다. 그 가운데 수행과 삶을 주제로 한 글들을 모아 책으로 펴낼 수 있도록 많은 분들이 도움을 주셨다.

무엇보다 어려움을 이겨내며 그 장구한 세월 동안 미주현대불교를 이끌어온 김형근 대표에게 감사를 전하고 싶다. 매달 마감 때마다 원고를 독촉하는 것도 애정이 있을 때 하는 것이다. 김대표의 인내 어린 원고 독촉이 없었다면 나는 한껏 게으름을 피우며 "이번 달은 건너 뛰고 다음 달에나 한 번 써보도록 할게요." 라며 공수표만 남발했을 것이다.

김대표는 또한 높이 날아올라 세상을 내려다보는 새처럼 깊은 통찰력으로 명상, 미국불교, 여성불교에 대한 주제의 글을 미주현대불교에 연재했고, 내게 청탁하기도 했다. 그가 요청한 주제의 글을 쓰다가 나는 UCLA MARC를 만났고 그곳에서 실시하는 마음챙김 명상 수업, 그리고 명상 교사 수업까지 받으면서 내 삶이 변화하는 것을 체험했다.

정체성이라 할 만 한 것이 없는 게 우리의 본질이지만, 굳이 이름 앞에 다른 명사를 붙인다면 나는 방송인이나 언론인보다도 '수행자'를 선택할 것 같다. '수행자' 스텔라를 낳아준 산파인 김대표님께 가슴에서 우러나는 감사를 보낸다.

마음공부에 관한 수많은 책들이 이미 나와 있다. 또 하나의 책을 그 위에 얹기가 송구스럽지만, 누군가는 지금 딱 내 수준의 언어로 표현된 '공(空)'과 '법(法)'에 가슴이 공명되는 삶의 단계를 지나고 있으리라는 생각에 출판을 결정하게 됐다.

출판에 필요한 기금을 정성껏 모아주신 미주지역의 법우들에게 머리 숙여 감사의 말씀을 전한다. 아무리 많더라도 자본주의 사회에서는 늘 부족하다고 느끼는 것이 돈이다. 이들이야말로 진정 마음의 부자요, 무주상보시를 실천한, 살아 있는 보살들이다.

책 표지의 그림을 그려주신 이영수 선생님께도 감사드린다. 이선생님은 달, 정한수, 새, 꽃, 굴렁쇠, 소년 등의 오브제를 캔버스 위에 올려놓으며 내가 언어로 표현하고자 하는 세계를 화폭으로 아름답게 나타내신다. 늘 소년 같은 그의 모습을 보며 난 수행이 꼭 방석 위에서만 하는 것은 아님을 깨닫는다.

삶 속에서 나로 하여금 마음 자리를 다시 돌아보게 만들었던 이들에게도 머리를 숙인다. 진정 그들이야말로 내 삶에 현현한 보살이요, 스승들이었다.

추천사를 써주신 해남 대흥사 조실 보선스님께도 감사의 말씀을 올린다. 스님과의 인연으로 해남 대흥사에서 지냈던 3개월은 눈 속에 피어난 매화처럼 고요하면서도 찬란하게 내 내면에서 영원으로 만개해 있다.

평생 컨텐츠를 만들어오다 보니 나는 늘 언어가 끊어진 지점에 대해서도 언어로 표현해보려는 시도를 하고 있다. 이 책에 실린 글들은 대부분 그러한 노력의 결과들이다. 이 책을 만나는 당신이 마음을 열고, 언어가 가리키는 달을 볼 수 있기를 바란다.

햇살 찬란한 LA에서 **스텔라 박**(박지윤) 합장

추천사

　강물의 흐름에 계속 밀려가면서도 쉬지않고 상류를 향하여 노를 젓는 여인이 있다. 그녀는 때로 좌절하지만 결코 꿈꾸기을 포기하지 않는다.

　스텔라 박은 1980대 말, 캘리포니아 LA로 건너와 지난 40여년 간 한인 라디오 방송의 진행자로 활동하면서 현지와 한국의 언론에 글을 기고해 왔다.

　그녀는 관념에 사로잡힌 창백한 지식인이 아니다. 그녀는 그야말로 행동하는 지식인이다. 요가와 명상을 배우려고 주저함 없이 인도로 유학을 떠났고 여러 명상센터에서 수행했다.

　그리고 이곳 땅끝마을 해남의 대흥사에서 출가자들과 함께 궂은 일을 하면서 혹한기의 몇개월을 보냈다. 그녀는 추운 날씨에 공양간에서 설거지 하기를 마다하지 않았고, 5월에는 차밭에서 찻잎을 따다가 차를 덖는 노동도 기꺼이 해냈다. 해남 불교대학의 재가자 학생들, 해남 교도소의 재소자들에게 명상을 지도하기도 했다. 또한 대흥사를 찾은 외국인들을 위해 통역도 여러 차례 했다.

　그녀는 방송인으로, 작가로 살아가면서 우리들이 무심하게 흘려보내는 일상의 경험들을 따뜻한 시각으로 바라보고 그것을 글로 표현했다. 때로 그녀는 직면하기 불편한 마음 작용도 피하지 않고 하나하나 낱낱이 파헤친다. 그렇게 마음 자리를 해체해 돌아보는 과정에 대한 묘사는 산중에 살며 전업 수행자로 살아가는 이들에게 커다란 도전이 되었다.

　그녀는 또한 고통받고 있는 이들을 위해 요가와 명상을 접근 가능하게 지도해 왔다. 그녀가 가르치는 요가와 명상은 고통받고 있는 이들을 위해 우산을 들어주기보다, 함께 비를 맞으며 걸음으로써 공감과 연대를 이끌어내는 과정이었다.

　거친 광야와 같은 한국과 미국 사회를 살면서 그녀는 이렇게 성장한 것이다. 이제 그녀의 마음은 지극히 맑으며 평정의 상태에 머문다. 마치 진흙에서 핀 연꽃이 흙탕물에 물들지 않고 청정함을 유지하는 듯하다. 지난 날의 고통과 슬픔 마저도 이제 모두 아름다운 꽃으로 승화한 것 같다.

미주현대불교에 오랜기간 발표한 글을 모아 만든 이 저서에서 그녀는 미국 불교에 관한 내용을 비롯해서 삶에서 접할 수 있는 다양한 주제에 대하여 우리 모두가 읽기 쉽게 서술했다. 그러나 그 내용과 전달하려는 메시지는 결코 쉽지 않다. 그 주제들은 우리가 생활에서 접할 수 있는 평이한 것들이지만 그것들을 바라보는 그녀의 시각과 서술하는 방법에는 그윽한 체험과 성찰이 묻어나 있기 때문이다.

그녀의 글을 읽는다는 것은 어떤 주제에 대하여 지식을 얻고자 함이 아니다. 그보다는 그녀의 인생과 체험을 공감하는 것이다. 백년에 한 번 핀다는 용설란의 꽃처럼 그녀가 일생을 두고 피워낸 삶의 꽃을 보고 그 향기와 그 빛깔에 젖어드는 것을 목적으로 한다. 단조로운 주제라도 그녀의 사고의 크리스탈을 통과하면 우리가 생각지 못했던, 새로운 것들이 다채로운 모습으로 나타난다.

21세기를 사는 우리들은 도저히 엄두가 나지 않아 실행하지 않고 포기한 것들도 많다. 선입견에 사로잡혀 눈앞에 드러나는 법을 다양한 각도에서 바라보기를 거부하기도 했다. 세파에 시달리면서 그저 현실에 안주한 적도 많다. 우리는 이 모든 것들에 대한 후회, 그리고 의문에 대한 해결책을 그녀의 글에서 찾을 수 있다.

이제 우리는 자신의 인생을 아쉬워 하면서도 그녀가 평생을 걸쳐 피워낸 용설란 꽃과 크리스탈에 찬사를 보내며 그것들을 즐길 때가 온 것이다.

전라남도 해남면 대흥사(大興寺)에서

조실 보선(普善) 합장

목차

매일의 명상수련

"명상은 우리가 보통 현실로 받아들이는 것보다 훨씬 더 실질적인 현실이다." – 리처드 기어

비타민 먹듯 했던 간헐적 명상

처음 명상을 시도했던 날은 잘 떠오르지 않는다. 무슨 바람이 들어서인지, 좌정하고 앉아 명상이라는 걸 해봤고, 하고 나니 마음이 편안하고 좋아 그 후로도 자주 했었다. 엄마와 싸우고 난 후, 마음이 흙탕물처럼 산만할 때는 한 시간 넘도록 눈물을 뚝뚝 흘리며 용서에 관한 명상을 하기도 했다. 방송국에서 팀장으로부터 싫은 소리를 들었던 날에도 불안 초조감을 없애는 명상을 했었다.

그렇다고 매일 명상을 한 것은 아니다. 나의 명상 패턴은 거의 비타민 챙겨 먹는 것과 같았다. 피시 오일과 비타민 D, 은행 엑기스에 눈 좋아지는 블랙 커런트 파우더까지, 족히 10알도 넘는, 한 번에 삼키기 버거울 양의 비타민을 매일 매일 입에 털어 넣다가도 어느날 하루 건너뛰고 나면 또 3개월 정도 나 몰라라, 했었으니까 말이다.

그러면서도 마음 한 켠에는 늘 명상을 해야 한다는 부담감을 안고 살았다. 특히 새해 첫 날에는 한 해 계획을 세우면서 매일 명상을 해야지, 하고 거창한 계획을 세웠다. 운동과 함께 명상에 대한 나의 태도는 어느 정도 강박적이었던 게 사실이다.

명상 수행으로 향하는 전환점

그러다가 내 명상 인생의 전환점이 되는 순간이 왔다. UCLA 마음챙김 의식 연구소(MARC, Mindfulness Awareness Research Center)에서 실시하는 마음챙김을 적용한 수행(MAPs 1, Mindfulness Applied Practice) 클래스에 등록한 것이 바로 그 사건이다.

2016년 7월 10일, 첫 수업 시간에 명상 선생님은 학생들에게 포도 한 알씩을 나눠줬다. 우리들은 햇볕에 비춰보고, 만져보고, 냄새맡고, 귀에 가져다대보고, 입 안에 넣는 등, 포도 한 알로 할 수 있는 모든 행동을 해보았다.

입 안에 넣고 나서도 포도에 대한 끈질긴 탐색은 계속됐다. 굴려보고, 입 천장에 대보고, 혀 아래에도 넣어본 후 드디어 이빨로 포도 가운데를 물었다. 달달하면서도 새콤한 과즙이 새어나왔다. 그 상태로도 한참을 음미한 후, 또 한 번을 깨물고 더 이상 과즙이 없어질 때까지 빨고 핥은 뒤, 드디어 저작(咀嚼)질을 시작했다. 포도 한 알을 그렇게 오랜 시간 맛볼 수 있다는 것을, 나는 태어나서 처음으로 깨달았다.

우리가 포도 한 알과 함께 경험한 것은 '마음을 챙겨 하는 식사(Mindful Eating)'였다. 교과 과정 전체에서 다루었던 것은 가부좌 틀고 앉아 하는 본격적인 명상뿐 아니라, 걸을 때나 먹을 때, 남의 말을 들을 때, 그 어떤 경우가 됐든 '바로 지금 바로 여기에 머물며 온전히 마음을 다해, 우리들 존재를 행위 자체에 용해시키는 라이프스타일'에 대한 공부였다.

첫 클래스가 끝난 뒤, 명상 선생님은 숙제를 내주었다. 숙제란 게 뭐 대단한 예습 복습이 아니라 아침 저녁으로 5분간 마음챙김 명상을 해오는 것이었다. 5분은 한 주가 지난 뒤 10분이 되고 6주째 되었을 때는 20분으로 늘어났다. 그러니 이 코스가 끝나갈 무렵에는 아침 저녁으로 총 하루 40분을 온전히 내 마음에 집중할 수 있게 된 것이다.

그리하여 나는 2016년 7월 11일부터 오늘날까지 간헐적으로 해오던 취미 생활과 같은 명상에서 벗어나 매일 매일의 수행을 시작하게 되었다.

아침 명상은 누구에게나 힘들다.

두번째 수업 시간, 명상 선생님은 우리들에게 물었다.

"매일 명상한 사람?"

나를 포함 3명의 학생들이 손을 들었다.

"4번 이상 명상한 사람?"

대여섯 명의 손이 올라갔다.

2-3번 밖에 명상을 하지 않았다는 한 학생이 선생님에게 물었다.

"아무리 5분이지만 바쁜 아침 시간에 따로 명상할 시간을 떼어낸다는 것이 정말 힘들었습니다. 출근하고 나서 명상을 해야지 하고 마음을 먹지만 항상 더 급하게 해결해야 할 일이 생겨서요."

익숙한 변명이다. 나 역시 매일 아침의 명상은 도전이었다. 잠자리에서 일어나자마자 명상을 하면 가장 좋다지만 아직 비몽사몽인지라 잠을 쫓기 위해 커피부터 마셨다. 커피란 것이 〈강남스타일〉의 노래 가사처럼 원샷에 마실 수 있는 음료가 아닌지라 20분 정도 마시다 보면 (나의 경우 시간이 아까워) 뭔가 읽지 않을 수가 없다.

그래도 아침 일찍 읽는 콘텐츠는 시끄러운 세상 이야기가 아니라 마음 챙김에 관한 내용들이다. 커피를 다 마시고 나면 카페인으로 각성된 몸을 이끌고 명상에 들어간다.

마음챙김 명상의 실제

UCLA MAPs 클래스 학생들이 집에서 숙제로 명상을 할 때에는 UCLA MARC 웹사이트에 업로드되어 있는 오디오가이드를 듣고 명상을 한다. 내가 인터뷰를 하기도 했던 MARC의 디렉터, 다이애나 윈스턴의 목소리가 흘러나온다.

"눈을 감으세요. 그리고 호흡이 들고 나가는 것을 주시해 보세요."

어디 그녀의 명상 오디오뿐일까. 대부분의 명상 가이드 오디오는 이렇게 시작된다. 그만큼 명상에 있어 눈을 감음으로써 나로부터 시각 정보를 차단시키는 것은 중요하다.

호흡을 편하게 하라는데 편하게 하려고 애를 쓰니, 더욱 편해지지가 않는다. 그동안 매일 호흡에 집중을 하면서 깨달은 하나의 노하우는 명상을 시작하면서, 내쉬는 숨을 땅이 꺼지도록 한숨을 쉬는 방식으로 해보라는 것이다. 그러면서 나의 마음과 호흡, 그리고 몸을 중력에 맡긴다. 희한하게도 이렇게 숨을 쉬었더니 믿을 수 없을 정도로 몸이 이완되는 것을 느낄 수 있었다.

다음은 여러 개의 마음 챙김 명상 가이드를 들어보고서 가장 효과적으로 명상할 수 있는 방법들을 정리해본 내용들이다.

먼저 숨을 조절하려 애쓰지 말라는 것이다. 가장 편안한 숨이 가장 좋다. 자세 역시 가부좌보다 자신이 편한 자세를 택하라. 다만 척추를 꼿꼿이 세우는 것은 의식을 깨어 있게 하는데 여러 모로 도움을 준다. 팔은 그냥 중력에 맡기듯 떨어뜨리는 것이 가장 좋은 것 같다. 엄지와 검지를 만나게 해서 손바닥을 위로 향하게 하는 것이 일반적이지만 꼭 그렇게 하지 않아도 된다.

숨을 지켜보다 보면 나도 모르게 의식적으로 호흡을 조절하게 된다. 그래도 여러 차례 연습을 하다 보면 가장 편안한 숨을 규칙적으로 고요하게 들이마시고 내쉬게 되는 지점을 만난다. 그 후에는 숨이 들어갔다가 나가기 전, 아주 잠깐 동안 이어지는 '멈춤'의 순간에 집중해본다. 이는 그만큼 깨어서 내 호흡을 지켜보기 위한 장치들이다.

이대로 아무 방해 없이 선정에 들 수 있다면 좋으련만 우리가 사는 곳이 대부분 자동차 소음이 많은 대도시인데다가 나 이외의 가족들도 함께 살고 있는지라 소음 공해가 어마 무시하다. 명상에 들려하는데 소리의 방해가 너무 심하다면 차라리, 호흡을 잠시 내려놓고 소리에 집중해본다. 소리를 들을 때에는 있는 그대로 듣고자 노력한다. 우리들은 기억의 집합체인지라 어떤 소리를 들을 때에 그 소리와 연관된 여러 가지 이야기들을 떠올리려는 경향이 있다. 이를 내려놓고 온전히 소리 그 자체에 집중해본다.

또 하나의 방해는 몸의 느낌이다. 코가 간지러워오고 다리가 저려오기도 하며 어깨가 시려오기도 한다. 이럴 때에도 역시 호흡을 내려 놓고 몸의 느낌에 집중해본다. 당장 벅벅 긁지 않으면 못 견딜 것 같던 코 부위의 간지러움도 가만히 집중해보니 별 것 아니다. 간지러워 못살겠다는 생각은 우리들이 이제까지의 경험과 기억을 뒤섞어 만들어낸 이야기일 뿐인 것이다.

이것까지 어렵사리 잘 해냈는데 이젠 또 온갖 잡념이 찾아온다. 받아야할 돈, 해야할 일, 내야할 페이먼트, 챙겨야 할 친구 생일, 인터넷에서 보았던 라면 광고, 어제 만난 친구가 했던 알쏭달쏭한 말, 정말 오만가지 생각이 내 몸 어딘가에 숨어 있었던 건지 알 수가 없다.

생각이 일어날 때에는 그 생각이 무엇인지를 분석해본다. 과거에 대한 기억인지, 현재 상태에 대한 것인지, 아니면 미래에 대한 계획인지. 이렇게 분류하다 보면 잡념은 대개 사라진다. 하지만 어떤 생각이 반복적으로 떠오를 때에는 차라리 그 생각에 집중해본다. 그렇다보면 어느 순간, 내가 어떤 생각을 하고 있었는지를 알 수 없는 지점이 온다.

그렇다. 생각은 그 생리 자체가 일어났다 사라지는 것이다. 올라왔다가 가라앉는 그 생각들 가운데 움직이지 않는 고요한 무언가가 느껴진다. 늘 거기 있었던, 늘 나를 지켜보고 있었던 그 고요함과 조우하는 순간, 당신은 어쩜 눈에 물기가 촉촉해지는 것을 경험할 지도 모른다.

어떤 생각을 하고 있었는지 잘 생각이 나지 않는 지점이 온다면 다시 호흡, 또는 몸의 감각에 집중한다.

그리고 명상을 마칠 때쯤에는 이렇게 매일 명상 수련을 하겠다고 결심하고, 잘 해내고 있는 스스로에게 "대견해. 잘 했어."라고 칭찬해준다. 그리고 나와 내 가족, 친구, 그리고 불편한 관계에 있는 사람들 모두가 평화 가운데 거하기를, 사랑 가운데 살기를 기원한다.

잠들기 전 명상

밤에 하는 명상은 훨씬 더 이완된 가운데, 원하는 시간 만큼 할 수 있어 좋다. 전생에 나라를 구한 공덕이 있어서인지, 단전호흡을 오래 해와서인지, 하라는대로 의심 없이 하는 순수함 때문인지 나는 매일 매일의 명상 수련을 시작한지 오래지 않아 소위 '삼매' 비슷한 경험을 할 수 있었다.

정신세계에 대해 적혀 있던 '삼매'의 순간에 대한 표현들이 얼추 유사하게 느껴졌다. 갑자기 환하게 밝아지는 느낌을 경험하기도 하고, 우주와 합일된 참 기쁨에 온 몸을 전율하기도 했다. 할 일이 많은데도 삼매에 머무는 것이 너무 좋다 보니 한 시간이 짧게 느껴져 더 오랜 시간 명상을 하기도 했다. 이것 역시 모두 우리의 인식작용이겠지만 말이다.

그러면서 선방에 침거하며 참선만 하시던 스님들이 생각났다. 신도들이 볼 때에는 추운 겨울날, 수행 정진하는 스님들이 얼마나 심심하고 고생이 되실까, 싶겠지만 정작 스님들은 온 세상을 다 얻은 것보다 더한 삼매에 든 것이니 우리 중생들은 우리들의 고생보따리만 잘 챙기면 될 터이다.

자기 연민 명상

명상을 하는 가운데 몇몇 이미지들이 눈 앞에 그려졌다. 그 가운데 하나는 내 안의 작은 소녀이다. 명상을 하는 가운데 기억에도 없던 어린 시절의 내 모습이 단계적으로 떠올랐다. 둘째 동생이 태어나면서부터 엄마는 내 차지가 아니었다. 아직 엄마의 사랑과 관심이 참 많이 필요한 한 소녀가 외로워서, 심심해서 학교가 끝난 뒤 혼자 무료하게 집으로 향하는 모습이 보였다.

나는 마음을 모아 그녀를 꼭 안아준다. 그리고 내가 꿈꾸던 완벽한 사랑을 그녀에게 준다. 그녀가 못생겨도, 키가 작아도, 공부를 잘 하지 못해도, 똑똑하지 않아도, 부자가 아니어도 괜찮다. 세상 그 누구로부터도 받아보지 못했던 무조건적인 사랑을 그녀에게 준다. 온전히, 남김없이 준다. 완벽한 사랑을 주는 행복, 그리고 완벽한 사랑을 받는 행복으로 내 눈에서는 뜨거운 눈물이 흘러내린다.

또 하나의 이미지는 이 한 몸에 제한되어 있는 작은 나를, 나를 제외한 온 우주 자체인 내가 뜨겁게 껴안는 이미지이다. 그 둘의 합일에서 생성되는 전류가 어쩌나 큰지, 나는 혼절할 정도다.

명상은 죽는 날까지
내 삶의 최우선 순위

명상은 수련, 즉 연습(Practice)이다. 매일 매일 헬스클럽(Gym)에 가서 근육을 단련하는 것처럼 매일 매일 수련을 통해 영혼의 근육을 단련하는 것이다.

몸의 근육을 단련하면 건강이라는 선물이 주어지는 것처럼 명상 수련을 매일 하게 되면 몸도 건강해지고 마음도 행복감에 머물게 된다. 그리고 내가 행복하기 위해 필요한 요소들이 무엇인지를 알게 되고 그에 가깝게 접근하게 된다. 한 마디로 삶이 변하게 되는 기적이 일어나는 것이다.

그 엄청난 기적으로 향하는 첫걸음이, 하루 5분이라도 좋으니 고요한 가운데 자신의 내부로 눈을 돌리는 것이다. 5분, 별 것 아니다. 오늘 당장 시작해보자. 지구별의 평화, 우주의 조화도 이 한 몸과 영혼의 편안함에서부터 출발하는 것이다. 나마스테!

[2016년 10. 11월]

명상 수련의 첫 걸음, 호흡

"싸움을 그만두세요. 조용히 숨을 들이쉬고 그냥 그대로 두세요. 몸을 편안하게 하고 마음을 부드럽게 하세요."

　　　　　　　　　　　　　－ 잭 콘필드(스피릿 록 명상센터 설립자)

　앞장에서 매일 밥 먹듯 반복하는, 일상의 수련에 대해 이야기했다. 하루 5분이라도 숨에 집중하는 수련을 시작해보자고 제안했었는데, 그동안 당신의 수련이 얼마나 진행됐는지 궁금하다.

　명상 수련은 참 어려워 보이지만 실재 방법은 정말 간단하다. 제 아무리 색다르다는 명상의 대가를 찾아가도 결국에는 한 가지 방법, 즉 눈을 감고 호흡 또는 몸의 감각에 집중하라는 것으로 귀결된다.

　눈을 감는 이유는 지난 번에도 이야기했다. 우리들의 에고를 형성하는 것 가운데 눈을 통해 입력된 시각 정보가 가장 큰 비중을 차지하기 때문이다. 어디 눈 뿐일까. 코로 맡은 냄새, 귀로 들은 소리, 혀로 본 맛, 몸으로 느낀 촉감, 그리고 이것들을 이리 저리 믹스앤매치 시킨 우리들의 생각과 느낌들을 우리는 우리 자신과 동일시한다.

　그렇고 보면 눈을 감는 행동은 좋다 싫다 하는 느낌, 그리고 과거에 대한 기억과 미래에 대한 계획을 비롯한 오만가지 생각들을 가라앉히는 첫 걸음이 된다.

눈을 감고 호흡에 집중하라

눈을 감은 후에는 우리의 의식을 호흡에 집중해본다. 말이 쉽지, 호흡에 집중한다는 게 얼마나 힘든지 해본 사람들은 안다. 하지만 '힘들다'는 생각을 내려놓고, 하라는 대로 하면 또 되는 것이 호흡에의 집중이다.

한 명상 코치의 오디오 명상 가이드를 듣다가 무릎을 내려쳤다. 어쩜 내가 하고 있던 것과 똑같은 방법으로 하고 있는지, 기가 막혀서였다. 본디 보이지 않는 정신세계에 대한 묘사는 뜬구름 잡는 것 같을 때가 많다만, 호흡에 집중하기 위해 파도가 밀려오고 나가는 것처럼 들숨과 날숨을 시각화하라는 등의 표현을 들으며 그들도 나와 같은 방법을 쓰고 있구나, 싶었다.

나는 예전에 명상할 때, 복식호흡 또는 단전호흡을 하려 애썼었다. 하지만 이제 그런 표현조차 사용하지 않는다. 우리는 자연스럽게 단전호흡을 하고 있지만 단지 의식하지 못하고 있을 뿐이다. 숨을 들이쉴 때엔 배가 공처럼 부풀어오른다. 그저 크게 부풀려야지 하는 의지를 내지 말고 천천히 살피다 보면 배가 자연스럽게 '공(Ball)'처럼 볼록 올라가는 것을 느낄 수 있다. 코를 통해 들이쉰 숨이 공과 같은 배에 채워지다가 더 이상 부풀어지지 않는 지점이 온다. 그럴 때 그 들숨에서 날숨으로 바뀌는 고요한 지점에 잠깐 집중해본다. 그리고 자연스럽게 배에 가득했던 숨이 천천히 빠져나가면서 배가 바람 빠진 공처럼 바뀌는 것을 바라본다.

예전에는 배가 등에 맞닿도록 홀쭉해진 상태가 될 때까지 인위적으로 호흡을 했다. 이렇게 호흡을 조정하여 강화하는 것은 장 운동 등 나름대로의 혜택이 있지만 나는 이제 모든 인위적인 노력과 애씀을 모두 버렸다. 이제는 아무 것도 하지 않으면서 코끝에 마음을 모으고 자연스러운 숨이 들어오고 나가는 것을, 날숨에서 들숨으로 바뀌는 마법의 변화를 알아차릴 뿐이다. 그리고 이 과정을 10분이고 20분이고 내가 마음 먹은 시간 만큼 반복한다.

잡념을 알아차리라

온전히 호흡의 세세한 과정에 집중하다 보면, 다른 생각이 찾아들 틈이 없다. 그런데도 호흡을 몇 번 하다 보면 어느 틈에 도둑처럼 생각이 일어난다. 처음에는 잡념이 일어나도 잡념이 일어났다는 사실조차 모른다. 그래서 그 생각이 이끄는 대로 따라간다. '이번 달 월급을 타면 예쁜 코트를 한 벌 사야지, 그 코트에 받쳐 입을 치마는 어떤 질감이 되어야 할까.' 생각하다 보면 생각은 생각의 꼬리를 물고 만리장성을 쌓는다. 잡념을 따라가는 우리들의 마음은 마치 고기 냄새를 맡은 강아지가 아무 생각 없이 그 냄새를 따라 가는 것과 같고 밀림의 원숭이가 이 나뭇가지를 잡았다가 놓고, 다시 저 나뭇가지를 아무 생각 없이 잡았다 놓는 것과 같다.

처음 명상을 시작할 때엔 이렇게 잡념에 빠지고도 그 사실을 모르지만 매일 매일 수련을 하다 보면 '아, 내가 지금 호흡에 집중하지 않고 잡념에 빠졌구나.'하는 것을 알아차리게 된다. 알아차리는 것이 중요하다. 알아차리고 나면 다시 호흡으로 돌아가면 된다.

10분 명상에 1분이라도 온전히 잡념 없이 호흡에만 집중했다면 대단히 성공적이다. 첫 숟가락에 배부를 수는 없다. 우리는 평생을 생각에 꼬리

24

를 물리면서 살아왔다. 그래서 마음은 끊임 없이 에고의 명령에 따라 생각할 거리를 찾는 것이다.

생각이 없으면 에고가 사라진다. 자기가 사라질 것이 두려운 에고는 바쁘게 생각할 거리를 찾아낸다. 그 생각은 과거에 대한 기억일 수도 있고 미래에 대한 계획일 수도 있다. 요컨대 '현재(Now)' 아닌 모든 것이다. 하지만 완벽하게 현재에 머무는 순간, 에고는 자취를 감춘다.

에고가 사라진 순간의 희열

그렇게 당신이 과거의 기억도 아니고 미래의 계획도 아닌, 완전하게 현재 지금 이 순간에 거하게 되면 희열이 일어난다. 이 순간 우리의 법체(Dharma Body)는 우주와 하나가 되어 완벽하게 휴식하며 생명의 에너지를 충전받는다.

이 순간의 호흡은 이미 '내'가 하는 것이 아니다. 우주 가득찬 '생명'이 이 작은 몸에 거하는 '작은 나'를 호흡하도록 완벽하게 항복할 때 호흡은 자연스레 일어난다. 이때의 호흡은 마치 사랑하는 이성과 정사를 나누는 것과도 같다. 우주가, 그리고 생명이 들숨을 쉴 때, 나는 무저항의 상태에서 숨을 내쉬게 된다. 반대로 우주가 날숨을 쉬도록 허락할 때면 내 몸은 자연스레 숨을 들이쉬게 되는 것이다. 이 합일감, 일체감이 가져다주는 황홀경에 내 몸은 전율하기도 하고 때로 끊이지 않는 눈물을 흘리기도 한다. 그러면서도 그 느낌에 빠지지 않고 계속해서 숨쉬는 나를 바라본다. 나는 이미 전체로서의 우주이다.

바로 지금 바로 여기에 거하면서 느껴지는 것 가운데 하나는 손바닥에 전류가 통하는 듯한 감각이다. 약간 간지럽기도 한 이 몸의 느낌은 분명 쾌감이다. 대부분의 사람들은 손바닥에서 가장 쉽게 그런 감각을 느끼는데 반해, 어떤 이들은 발바닥, 그 외 다른 신체 부위에서 그런 느낌을 받기도 한다.

'참, 좋다'는 느낌, 그리고 생각이 들었다는 것을 알아차리며 다시 호흡에 집중한다. 때로는 더한 쾌감이 몸을 뒤덮기도 한다. 그 크기가 어떻든, 그 내용이 무엇이 됐든, 생각이 일어나려 할 때엔 다시 호흡으로 돌아간다.

생각이 무엇이든, 그것은 에고의 작용이다. 그렇다고 스스로를 책망하지는 말자. 그것은 마음이 평생 계속해온 습이다. 일단 알아차리면 다시 돌아오고 또 삼천포로 빠졌다가 또 다시 돌아오고, 그러면 된다.

그리고 일어난 생각을 따라가지 말고 마음의 눈으로 자세히 보려고도 하지 말고, 그냥 비행기 창가에서 내려다본 구름처럼 떠다니는 무엇이라 여기고 관조한다. 그러면 떠다니다가 사라지는 것이 생각이다.

밍규르 린포체의 초간단 명상법

한국에서 대규모 법회를 열었던 적이 있고 많은 한국인들의 관심을 받고 있는 티베트 승려인 욘게이 밍규르 린포체는 뚝뚝 끊어지는 영어로 우리들의 마음이 원숭이와 같다는 것을 설법한다. 유튜브에도 올라와 있는 그의 동영상 제목은 아예 '원숭이의 마음 길들이기(How to train your monkey mind)'이다. 그의 쉬워도 너무 쉬운, 초등학교 학생들도 따라 할 수 있는 명상법을 소개한다.

"우리들은 언제 어디에서든 명상을 할 수 있습니다. 걸어 다니면서도, 커피나 차를 마시면서도, 심지어는 회사에서 회의를 하고 있을 때도 명상할 수 있어요. 오랜 시간 해야 명상을 했다고 생각하지 마십시오. 2초가 됐든 3초가 됐든, 아주 짧은 시간 동안에도 명상을 할 수 있습니다.

많은 이들이 명상에 대해 대단한 오해들을 하고 있어요. 명상이란 아무 생각도 하지 않고 집중하는 것이라 생각하죠. 명상을 하려고 너무 많은 노력을 기울입니다. 하지만 우리는 생각이나 감정을 막을 수 없어요. 사실 우리들은 생각과 감정을 필요로 합니다.

원숭이 마음이란 마음이 늘 당신에게 말을 걸어오는 이야기입니다. 원숭이 마음은 그렇게 끊임 없이 당신에게 말을 걸어 당신으로 하여금 의견을 갖게 합니다. 하지만 당신이 그 원숭이 마음의 이야기를 경청할 것인지, 아니면 무시할 것인지 그것은 당신의 결정에 달려있습니다.

명상은 우리로 하여금 우리들의 원숭이 마음과 친구가 되게 해 줍니다. 어떻게 친구가 될까요? 바나나를 주는 것으로 친구가 될까요? 그건 아닙니다. 그렇게는 해결되지 않습니다.

원숭이 마음과 친구가 되는 방법은 원숭이 마음에게 일거리를 주는 것입니다. 어떻게 일거리를 줄 수 있을까요? 원숭이 마음에게 일거리를 주는 가장 간단한 방법은 호흡에 집중하는 것입니다. 즉 가장 좋은 명상 수련 방법은 호흡을 알아차리라는 것입니다.

원숭이 마음에게 말을 걸어봅시다. "안녕. 원숭이 마음. 호흡을 바라봐." 이렇게 말하면 우리들의 원숭이 마음은 "아, 그래. 아주 좋은 생각인데." 하면서 호흡에 집중을 합니다. 숨을 들이쉬고 내쉬고 하세요.

그렇다 보면 많은 생각들이 배경으로 떠오릅니다. 괜찮습니다. 아무 문제 없어요. 신경 쓰지 마십시오. 그냥 호흡에 집중하고 호흡을 잊지 않는 한, 다 괜찮습니다. 집중하고자 너무 애를 쓰지 않아도 됩니다. 그냥 단순하게 호흡에만 집중하십시오. 단 한 번의 호흡이라도, 아니면 두 번의 호흡이라도 괜찮습니다. 우리들이 언제 어디에서든 명상할 수 있다고 말씀 드린 이유는 바로 이 때문입니다."

명상은 참 행복으로 가는 문

그의 별명은 '세상에서 가장 행복한 사람'이다. 왜일까? 뇌파가 그것을 증명해주었기 때문이다. 2002년 미국 위스콘신 대학교의 와이즈먼 두뇌이미지 및 행동연구소에서는 명상하는 사람들의 뇌가 어떻게 변하는가를 연구했다. 당시 명상에 내공이 깊은 티베트 승려 몇 명의 뇌를 자기공명영상(MRI) 촬영했는데 그가 깊은 명상 상태에 들자 행복을 느낄 때 나오는 알파파가 일반인의 7~8배나 높게 측정되었던 것이다.

에크하르트 톨레의 책

최근 도서관에 가서 발견한 내가 좋아하는 영적 스승, 에크하르트 톨레(Ekhart Tolle)의 책, 〈나우(Now, A New Earth: 행성의 미래를 상상하는 사람들에게)〉를 빌려왔다. 전작인 〈지금 이 순간을 살아라(Power of Now)〉와 마찬가지로 바로 지금 바로 여기만이 우리 삶의 유일한 순간이며, 현재에 거하기 위해 호흡에 집중하는 명상을 해답으로 제시하고 있다.

우리는 죽는 순간까지 숨을 쉰다. 호흡은 삶이요, 생명이다. 마음을 다해, 정성껏, 연민을 가지고 숨을 쉴 때, 우리는 존재의 의미를 다하고 인류 전체를 더 높은 의식으로 이끌 수 있게 될 것이다.

그때 우리들의 의도(Intension)는 바로 현상세계로 나타날 것이다. 인류 전체가 고요히 명상할 때 우리들의 행성, 지구별은 얼마나 아름다운 파장으로 가득 찰까. 그리고 온 우주 전체에 얼마나 아름다운 노래가 울려 퍼질까.

에크하르트 톨레의 책, '나우(Now)'의 한 구절을 소개하며 글을 마친다.

"삶은 의식의 진화에 가장 도움이 되는 경험만을 우리에게 준다. 그걸 당신이 알 수 있는 이유는 바로 지금 이 순간 당신이 이것을 경험하고 있기 때문이다."

바로 지금 바로 여기에서 호흡에 집중하라. 이것은 수행의 처음이자 끝이다.

[2016년 12월]

몸으로 돌아오라

"비구들이여, 뭇삶을 청정하게 하고, 슬픔과 비탄을 뛰어넘게 하고, 고통과 근심을 소멸하게 하고, 바른 방도를 얻게 하고, 열반을 실현시키는 하나의 길이 있으니, 곧 네 가지 알아차려야 할 곳을 관찰하는 것이다. 즉, 몸에 대해 몸을 관찰하고, 느낌에 대해 느낌을 관찰하고 마음에 대해 마음을 관찰하고 사실에 대해 사실을 관찰하는 것이다."

— 맛지마니까야

우리 몸은 태어나 자라고 세월의 흐름과 함께 점점 늙어 가며 결국엔 생명력을 다해 죽게 된다. 몸이 있어야 수행도 할 수 있다. 꼭 수행 때문만은 아니지만 우리들은 몸을 끔찍히도 아낀다. 몸에 좋다는 산삼, 보약을 다 챙겨먹고 운동도 열심히 하며 좋은 공기 마시려고 노력한다. 하지만 우리들이 진정 몸을 사랑하고 있을까.

그런 줄 알았다. 하지만 그게 아님을 최근 깨달았다. 명상 수행을 하면서 가장 먼저 깨달은 것은 나는 내 몸이 아니라는 것이었다. 아버지의 정자와 어머니의 난자가 만나 하나의 수정란이 되고 한 개의 수정란이 두 개로 분열한 후 두 개가 4개로, 4개가 16개로 분열한다. 아기가 태어나기 전까지 한 개의 수정란은 총 41회 분열을 통해 100조개가 넘는 세포를 지닌 인간 개체가 된다.

아버지와 어머니가 먹은 음식, 물, 공기, 그것들이 아버지와 어머니의 정자와 난자를 만들었고 그것들이 분열해 내 몸을 이룬다. 내 몸을 이루고 있는 요소는 말 그대로 물, 불, 나무, 금속, 흙 등 오행이다. 이런 요소들이 인연으로 만나 내 몸을 구성하고 있다. 그리고 그것들이 나를 위해 (거의) 내 뜻대로 움직여지고 있다.

몸에 대한 감사, 치유의 시작

참 고맙다. 정말 고맙다. 너무 고맙다. 몸이 너무 고마워서 눈물이 날 지경이다. 나는 몸에게 참 못할 짓을 많이 했다. 먹어야 할 때 제대로 먹여주지 않았으며 자야 할 때 제대로 재워주지 않았고 쉬어야 할 때 제대로 쉬어주지 않았다. 늦잠 자는 일이 많다 보니 아침 식사는 거르기가 일쑤였다. 빨리 먹지를 못하다 보니 여유 있게 먹을 시간이 없으면 차라리 굶는 편을 택했었다. 좋아하는 뭔가를 하기 위해서 (오페라 관람과 여행) 가장 많이 희생했던 것은 식사시간, 그리고 잠자는 시간이었다.

그 잘난 일을 하기 위해 얼마나 많은 밤을 하얗게 지새웠는지. 30대까지는 체력이 받쳐줘서 참 많은 밤에 깨어 일을 했었다. 하지만 40대가 되면서는 그나마도 힘들어지기 시작했다. 나는 밤에 깨어 있기 위해 샐러리를 씹어가며 일을 하기도 했었다. 모두 마감 시간에 대한 책임 때문이었다. 그렇게 몸을 학대하면서까지 써야 했던 중요한 글이 있었을까. 세월이 흐른 지금, 나는 몸을 부여잡고 눈물을 흘리며 몸에게 사죄한다.

멀쩡한 얼굴에 대해 '못생겼다'는 자아비판을 참 많이 했었고 아무렇지도 않은 몸에 대해서도 '뚱뚱하다, 키가 작다' 등 별의별 판단을 다 내렸었다.

내 얼굴이 참 못났다는 생각에 화장품을 덕지덕지 얼굴에 발랐었고 작은 키를 감추기 위해 굽 높은 신발을 신고 뒤뚱거리기도 많이 했었다. 내 피부는 화학제품으로 인해 제대로 숨쉬지 못했고 내 발과 다리는 하이힐로 괴로워했다.

나이 들어 보이는 나를 위해 주름 제거 수술을 하는 것이 나와 내 몸을 사랑하는 행동일까. 아니, 아니다. 절대 아니다.

우리는 자연의 일부이다. 생명은 태어나서 늙고 병들어 죽는 것이 자연스러운 과정이다. 그 과정을 있는 그대로 직시하고 받아들이면 지금 현재 이 순간을 축하하고 기뻐하게 된다. 늙음은 오지 않도록 싸워야 할 대상이 아니라 그저 아침이 밝아 낮이 오고 저녁이 오는 것처럼 당연하고 자연스러운 흐름인 것이다.

고마운 몸을 위해 내가 보답할 수 있는 것은 좋은 화장품 바르고 보톡스를 맞는 것이 아니라 무엇보다 먼저 몸의 필요를 살펴 채워주고, 몸에게 고맙다고 말하는 것이다.

몸은 이 성격 고약한 나를 위해 1년 365일, 하루 24시간 단 한 순간도 쉬지 않고 일을 한다. 우리의 폐는 태어나는 순간부터 지금까지 단 한 번도 쉬지 않고 산소를 핏속으로 넣어주고 핏속의 탄산가스를 밖으로 배출해주었다.

심장은 또 어떤가. 가만히 호흡을 하고 있으면 심장이 콩콩 뛰는 것이 느껴진다. 심장은 1분 동안 70-80회를 뛴다고 한다. 온 몸에 피를 돌리는 펌프 역할을 하고 있는 심장의 변함 없는 성실함에 대해, 나는 명상하고 앉아 있을 때마다 가슴에 두 손을 얹고 감사를 드린다.

내가 가장 미안해 하는 장기는 위이다. 위의 크기는 우리의 주먹 정도 크기밖에 되지 않는다. 그런데 우리가 매끼 먹는 음식의 양이 과연 주먹 만큼인지, 배 위에 손을 얹고 반성해보자. 한상 푸짐하게 차려놓고 먹어야 먹은 것 같다고 느끼는 문화 속에서 커온 지라 주먹 크기 정도의 상을 앞에 대한다면 아마도 "지금 장난 하나?" 라는 생각이 들 것이다.

50세가 되기까지 나는 정말 내 위장에 별의 별 학대를 다 했었다. 기름기를 소화시키지 못하면서도 기름기 가득한 고기도 먹었었고 글루텐에 민감한 체질이면서도 신물이 올라오는 것을 참아가며 빵도 많이 먹었었다. 매운 것을 먹어 속이 쓰렸던 경험도 자주 했다. 이제야 위장이 내게 하는 말이 들리는 것 같다. "몇 번을 반복해야 알겠니? 이 미련곰탱아." 하지만 나의 장기들은 정말 묵묵히 비판하지 않고 나를 위해 움직여줬다.

마음챙김 식사

6주 코스의 MAPs(Mindfulness Applied Practices -UCLA MARC에서 운영하는 마인드풀니스 클래스 이름) 클래스, 또는 8주간의 MBSR(Mindfulness-Based Stress Reduction) 클래스에 가면 가장 먼저 하는 것이 식사 명상이다. 그렇다고 한 끼 식사를 함께 하며 클래스를 진행하는 것은 아니다. 포도 두 알 또는 건포도 2개를 앞에 두고 학생들은 먹는다는 것에 대한 새로운 경험을 한다.

눈으로 색깔을 보고, 코로 냄새를 맡고, 귀에 대고 소리도 들어보고, 손으로 만져보고, 입 안에서 굴려도 보고, 혀로 감싸보기도 하고, 치아로 반을 잘라 포도에서 나오는 과즙을 맛보기도 하고, 한참 저작질을 한 후 비로소 목구멍으로 이를 넘긴다.

클래스에 참가한 이들의 반응은 도대체 이 포도가 무슨 포도인데 이렇게 맛있냐며 신기하다는 표정을 짓는다. 비밀을 알고 싶은가? 내가 너의 이름을 불러주었더니 네가 내게 와서 꽃이 된 것처럼, 내가 포도에게 주의를 기울였더니(Paying attention) 포도는 내게 와서 마법의 포도가 된 것이다. 그런데 우리 삶이 모두 그렇다. 내가 사랑하는 마음을 가지고 주의를 기울이면 이 세상 모든 것들은 내게 와서 꽃이 된다.

천천히 꼭꼭 씹어 먹다 보니 이제는 위가 차오는 것을 금방 느끼게 되고 포만감을 느끼면 바로 수저를 놓을 줄 알게 됐다.

모두들 잘 하고 계시겠지만 정말 우리 모두들 위를 좀 사랑해줘야 한다. 위를 사랑하는 길은 일단 소식(小食)이다. 항상 양이 문제이다. 위는 이제까지와 마찬가지로 우리가 좀 많이 먹어도 우리 탓을 하지 않을 것이다. 하지만 소화해야 할 것이 너무 많으면 우리 몸은 소화에 모든 에너지를 쓰느라 다른 일을 하지 못한다. 그러니 평생 나를 위해 아무 불평 없이 일만 해준 위를 뒤늦게라도 사랑해주자. 식사 양 좀 줄이자.

무조건 줄이기는 힘들다. 우리들이 한 번에 왕창 먹는 데는 다 이유가 있다. 오감으로 먹지 않고 입으로만 먹기 때문이다. 거기에다 밥 먹으면서 TV를 보거나 책을 읽거나 한다면 우리의 의식은 눈에 가 있으면서 아무 생각 없이 반복적으로 입에 음식을 털어 넣는 행위만을 하기 때문에 많이 먹을 수밖에 없다.

마음챙김 식사(Mindful Eating)는 오감으로 하는 식사이다. 이는 마치 최고급 레스토랑에 가서 예술 작품과도 같은 음식을 천천히 음미하며 먹는 것과 같다. 오감을 사용해 먹을 때 우리는 적은 양으로도 만족감을 느낀다. 적은 양의 음식이라도 예쁜 그릇에 담아 곱게 색깔 맞춰 프리젠테이션을 하고 테이블에 앉아 천천히 제대로 먹는다면 좀 양이 작더라도 포만감이 느껴진다.

몸은 감정을 알고 있다

몸에 대해 알아차리는 훈련을 하기 시작하면서 감정도 몸의 상태에 엄청난 영향을 즉각적으로 준다는 것을 깨달았다.

감정이 폭발하기 전에 이를 알아차리고 몸으로 주의를 기울이는 연습을 꾸준히 했더니 소위 "뚜껑 열릴" 정도의 분노는 언제 느꼈었는지 기억이 가물가물 하다.

요즘엔 뭔가 감정이 밀려올 때면 무엇보다 먼저 몸이 어떤지, 주의를 기울인다. 우리들의 감정은 반드시 몸으로 나타난다. 어떤 감정을 느끼느냐에 따라 얼굴과 피부, 심장박동, 혈압 등 신체 기관에 변화가 생긴다.

감정은 움직이는 에너지이다. (Emotion is energy in motion.) 그런 만큼 감정은 내가 살아 있음을 알려주는 지표이다. 그런데 우리는 이제껏 움직이는 에너지를 흐르지 못하게 억제하거나 과장되게 폭발시킬 줄만 알았지 그 감정이 우리 몸에 어떤 영향을 주는지는 알아차리지 못했었다.

감정이 강하게 밀려올 때도 다시 몸으로 주의를 기울이면 감정에 휘말리는 것이 아니라 나와 감정을 분리시킬 수 있게 된다. 화가 밀려 올 때면 알아차린다. '배가 쥐어뜯는 것 같네. 심장이 더 빨리 뛰고 있군. 볼이 화끈거려.'

이렇게 몸의 어느 부분이 어떤 변화를 겪고 있는지를 알아차리는 것만으로도 우리는 감정과 우리를 동일시하지 않을 수 있게 된다. 그리고 다시 호흡으로 돌아가 천천히 깊게 숨을 쉬고 이를 알아차린다. 그리고 또 한 가지, 내게 친절함을 베푼다.

"나만이 이런 고통을 겪고 있는 것은 아닙니다. 내가 평화롭기를, 내가 행복하기를, 내가 세상과 나를 있는 그대로 받아들이기를."

몸의 시제는 늘 현재 Presence

훈련되지 않은 마음은 늘 과거와 미래 사이를 오간다. 마음챙김 수행은 이처럼 지나간 과거와 오지 않은 미래 사이를 오가는 마음을 현재 이 순간으로 가져오는 훈련이다. 그렇기 위해 우리는 몸에 집중해야 한다.

왜 마음을 닦기 위해서 몸에 집중하는 걸까. 그 이유는 몸은 늘 현재에 있기 때문이다. 예를 들어 운동을 한다고 생각해보자. 현재에 거하는 몸은 운동을 하고 있지만 마음은 운동 끝난 후 뭘 먹을까를 고민하느라 아직 오지 않은 미래 시제에 가 있다. 마켓에 들러 이것 저것을 사가야지, 생각하다가 냉장고 안에 이틀 전 넣어둔 음식이 기억난다. 그리고 그날 함께 저녁을 먹었던 그 사람이 생각난다. 그날 그가 했던 얘기들이 비디오테이프처럼 되돌려진다. 그날 그가 했던 말이 알쏭달쏭하다. 도대체 무슨 의미람? 트레드밀 위에서 1시간을 걸었지만 마음은 미래와 과거를 활기차게 오가며 현재의 순간을 몽땅 도둑맞았다.

마음이 늘 몸과 함께 있으면 우리는 현재 이 순간을 살게 된다. 그리고 성내지 않고 욕심내지 않으며 지혜가 커간다. 세 가지 독인 탐진치가 사라지게 되는 것이다.

어떻게 어디로 튈지 모르는 마음을 현재 이 순간에 머물게 할까. 그 해답은 몸에 있다. 몸에 늘 주의를 기울여보자. 몸은 답을 알고 있기 때문이다.

[2017년 7월]

나와 남 모두를 이롭게 하는 수행

사띠(알아차림) 수행과 메따(자애) 수행

"삶과의 교감을 창조하는 사랑으로 인해 우리들은 확장됩니다. 사랑은 우리를 연결되게 하고 부드럽게, 그리고 존귀하게 만듭니다. 사랑은 부드러운 관심 속에서 싹트고 보살피는 행동으로 꽃을 피웁니다. 사랑은 우리의 손 닿는 모든 것을 아름답게 만듭니다. 어떤 순간이라도 우리는 작은 자아를 넘어 사랑받는 전체의 부분으로 서로를 포용할 수 있습니다."

- 잭 콘필드의 〈용서, 사랑, 평화의 예술(The Art of Forgiveness, Loving Kindness, and Peace)〉 중

세존의 육성이 담긴
세다카경 말씀

세존의 육성을 듣고 싶다는 바램으로 니까야를 읽어나가다가 상윳따니까야 가운데 세다까 경(Sedaka-sutta S47:19)을 접하게 됐다.

세존께서 숨바들의 성읍(Sumbhan Town)인 세다까(Sedaka)에 머물

고 계실 때 비구들에게 이런 얘기를 들려주신다.

대나무타기 곡예사가 제자인 메다까탈리까를 불러 이런 대화를 나눈다.

"메다까탈리까, 대나무 막대기에 올라가 내 어깨 위에 서라. 그대는 나를 보호하라. 나는 그대를 보호하리라. 이와 같이 우리는 서로서로를 지키고 보호하면서 곡예 기술을 보여주고 돈을 벌고 대나무 막대기로부터 안전하게 내려오자."

제자인 메다카탈리까는 스승의 제안에 동의하지 않는다.

"이것은 바른 방법이 될 수 없습니다. 스승께서는 자신을 보호하셔야 하고 저는 제 자신을 보호할 것입니다."

나를 위해 사념처 수행, 남을 위해 자애 수행

세존은 이 이야기를 비구들에게 들려주시며 제자 메다까탈리까가 스승에게 말한 것이 바로 바른 방법이라고 말씀하신다. '나는 나 자신을 보호할 것이다.'라며 마음챙김의 확립을 받들어 행해야 한다고 말씀하시더니 이어서 스승의 방법처럼 '나는 남을 보호할 것이다.'라고도 마음챙김의 확립을 받들어 행하라고 말씀하신다. 결국 "비구는 자기 자신을 보호하면서 남을 보호하고, 남을 보호하면서 자기 자신을 보호"해야 한다는 것이다.

그렇다면 어떻게 자기 자신을 보호하면서 남을 보호할까. 4가지 마음챙김의 확립을 받들어 행하고(By practicing mindfulness, 신수심법 등 사념처 수행) 닦고(By developing it) 많이 공부지음을 통해서이다. (By doing it a lot.)

남을 보호하면서 자기 자신을 보호하는 방법에 대해서는 인욕(Patience), 해코지 않음(Non-Harming), 자애(Loving Kindness), 동정(Caring for others)을 설하셨다.

이 경전 말씀은 매일 매일 어떤 수행을 어떻게 해야 할지 잘 보여준다. 공동체를 이루고 살아가는 우리들은 사념처 수행과 메따 수행을 함께 해야 한다. 자기 자신을 보호하면서 남을 보호하는 것은 사념처 수행이요, 남을 보호하면서 자기 자신을 보호하는 것은 메따 수행이다.

사념처 수행의 열매인
바른 견해와 통찰지

사념처 수행은 바른 견해와 통찰의 지혜를 갖게 해준다. 편견에 사로잡혀 보고 싶은 것만 보는 것이 아니라 큰 그림을 보게 하고 실상을 파악하게 하며 과거와 현재와 미래를 꿰뚫어 알게 한다.

참 오랫동안 '통찰'의 의미에 대해 오해하고 있었다. 그동안 '통찰' 하면 함께 떠올랐던 단어들은 '섬광', '번개', '찰라', '영감', '뮤즈', '지혜', '명상' 등이었다.

예를 들어 1시간 남짓 마음을 비우고 현재 경험에 주의를 기울여가며 산책을 할 때 갑자기 섬광처럼 스쳐지나가거나 떠오르는 지혜, 영감… 뭐 그런 것들이라고 생각한 것이다.

영어 사전을 찾아보니 내가 이제껏 갖고 있던 오해를 뒷받침할 만한 정의를 써놓았다. "Insight: an instance of apprehending the true nature of a thing, especially through intuitive understanding; penetrating mental vision or discernment; faculty of seeing into inner character or underlying truth"이라고 적혀 있었다.

한글 사전의 뜻은 훨씬 더 본래 의미에 접근하고 있다. '예리한 관찰력으로 사물을 꿰뚫어 보는 것'이라고 되어 있다.

통찰은 그야말로 '우리의 인식 대상'을 있는 그대로 안다는 것이다. 그건 눈먼 사람이 코끼리를 뱀 같다거나 기둥 같다며 부분적으로 아는 등의 편견이 아니라, 코끼리를 코끼리로 아는 것이다. 또한 단지 성장한 현재의 코끼리만을 아는 것이 아니라 코끼리 이전의 코끼리와 아기 코끼리, 장성한 코끼리, 늙은 코끼리, 죽어서 사라질 코끼리까지를 아는 것이다.

이렇게 아는 것은 공간적 연기를 이해해 빛 아래에서 훤히 아는 것이고, 시간적 연기를 이해해 과거 현재 미래 모두를 아는 것이다.

통찰(즉 바로 훤히 앎)할 때 두려움은 사라진다. 두려움이라는 허구는 빛이 없는 상태에 다름 아닌데, 빛을 비추는 순간 본래 없었음을 알게 되는 것이다.

기적수업(A Course In Miracle - 유대인들의 신비주의 수행체계. 민주당 대선 후보로 출마했었던 메리언 윌리엄슨이 기적수업 스승이다)에서는 "사랑이 없는 상태가 바로 두려움"이라고 말한다.

"사랑"이란 "나를 포함한 인식대상을 있는 그대로 인식하고 허용하는 것"에 다름 아니다. 사랑은 연기적 사고요, 둘로 분리하지 않는다(Non Duality). 하지만 '사랑없음'은 나와 남을 동떨어진 객체로 보는, 분리의 식에서 시작된 편견이다. '사랑없음'의 결과(즉 통찰이 아닌 편견)는 두려움, 정죄함, 미움, 증오, 희생양에게 책임 돌리기 등이다.

두려움의 상태에서 우리 몸을 관찰해보면 가슴이 닫혀 있고 긴장돼 있는 것을 알 수 있다. 이를 알아차리고 몸의 각 부분들의 긴장을 풀어주고 가슴을 열어주기만 해도 우리는 사랑의 상태(있는 그대로 보고 허용하는 상태)로 돌아올 수 있다. 마음은 그렇게 탄력회복성이 있다. 왜일까? 마음은 마음대로 작용하기 때문이다. 무엇이든 될 수 있고, 아무 것도 되지 않을 수 있기 때문이다.

'견성(Enlightment)'이란 별다른 것, 신비한 것이 아니라 마치 빛이 비추인 듯, 존재의 실상을 있는 그대로 보는 것이요, 그래서 고통받을 것이 본래 없음을 알고 고통을 여읜 상태가 아닐까, 싶다. 그런데 우리는 과거 마음의 습관 때문에 선택적으로 보고, 보고 싶은 것만 보고, 왜곡되게 본다. 그렇게 바로 보지 못하는 경향성을 바로 보는 방향으로 끌어오는 것이 수행이다. 몸에 밴 분별 판단의 습을 녹이는 것이 바로 계를 지키고 선정과 지혜를 닦는 팔정도 수행이다.

남들을 위한 자애수행이
결국 나를 보호해준다

두번째 남을 보호하면서 나 자신을 보호하는 방법에 대해서는 인욕(Patience), 해코지 않음(Non-Harming), 자애(Loving Kindness), 동정(Caring for others)을 설하셨다.

명상을 처음 시작하던 시절, 사념처 수행과 함께 자애수행을 소개받았을 때, "명상 수행자들의 세계는 참 아름답구나."라고 생각됐지만 그렇다고 이 수행을 따라한다는 것이 쉬웠다는 말은 아니다. 뭔가 인위적으로 만들어내는 것 같았고 노력이 너무 많이 필요한 것 같아 쉽지 않았다.

하지만 이 또한 반복한 결과 이제 나의 자연스런 제 2의 천성이 되어버렸다. 반복하는 것은 강화되기 때문이다.

사랑하는 가족과 친구의 행복과 평화를 바라는 것은 어렵지 않다. 하지만 내 욕을 하고 다니고 내게 상처준(그렇다고 내가 받아들인) 이들을 향해 친절한 마음을 내기는 결코 쉽지 않다.

내 삶에 적용한 자애수행

최근 나는 나의 마음을 다시 한 번 점검할 수 있는 기회를 갖게 됐다. 한 청취자가 라디오코리아 채팅 창에 나에 대한 악플을 계속해서 올리고 있었다. 그가 그럴 수 있도록 허용해야지, 하면서도 몸과 마음에서는 끊임없이 저항이 일었다. 가만히 저항이 가져오는 몸의 감각을 살핀다. 속이 부글부글 끓어오르고, 심장이 툭 하니 고층에서 떨어진 듯한 몸의 감각이 감지됐다. 방석에서 떠나 일상 생활을 하면서도 이 생각은 끊임 없이 나를 괴롭혔다.

그럴 즈음, 이 세다카 경을 읽게 됐다. 메따 수행이 남을 보호하면서 나를 보호하는 방법이라는 세존의 말씀에 난 그 악플러를 향한 메따를 보내기 시작했다. "당신이 행복하기를, 당신이 평안하기를." 하면서 말이다.

메따 수행을 하고 나니 우선 내가 편해졌다. 그 기도가 그에게 전해져 그 사람 행동이 바뀌기를 바라는 마음이 전혀 없다고는 말하지 않겠다.

하지만 많은 기대는 없다. 그저 지금 이 순간, 결국은 나를 위해 마땅히 해야 할 일을 할 뿐이다.

악플에 대한 내 반응을 고요히 바라보니 그저 무상한 현상 가운데 하나일 뿐이었다. 그로 인해 많이 마음 쓰여 하다가 왜 내가 내 행복의 여부를 나 아닌 다른 사람에게 위임했나, 하고 알아차리며 다시 한 번 몸의 감각으로 돌아와 평정을 되찾는다.

그러면서 또 한 편으로 깨달았다. 아직 내 이름과 평판에 대한 집착, 내 존재에 대한 집착을 만난 것이다. "아, 내 내면에 이런 부분이 있구나."라고 인정해주었다. 그리고 그러한 집착이 내 평생 계속된 인정받기를 원하는 경향성에서 비롯된 것임을 알았다. 남들의 인정에 대해 좋아할 것도, 남들의 악플에 대해 괴로워할 것도 없는데 말이다.

현재 삶의 고통은
단지 업의 결과일 뿐

"내가 옳다"는 생각이 참 많았었다. 하지만 이제는 "내가 옳을 수도, 그를 수도 있다."고 밝히 안다. 마음에서 '내 생각이 옳다'며 '자기의'를 주장하고 싶어 못 견디는 순간에도 오직 현재 내 몸의 감관을 살피며 마음자리를 들여다 볼 뿐, 이제 '자기의(自己義)'는 완전히 내려놓기로 결심한다.

그러던 중 '스승이 자기 눈을 실수로 찔러 눈을 멀게 했어도 원망하거나 동요하지 않은 한 사미승'에 관한 법구경 이야기가 현재 맞딱뜨리고 있는 내 마음 속 갈등을 해결해줬다. 사미승은 "이것은 테라(장로 비구)의 잘

못도 아니고, 또한 나의 잘못도 아니며, 다만 깜마(업)의 결과일 뿐"이라고 담담하게 말한다.

방송국 채팅창에 누군가가 악플이 달리는 것은 나의 잘못도 아니고 그의 잘못도 아니고 다만 업의 결과일 뿐으로 알고, 업의 결과가 있다면 당당히 받겠다고 생각하는 순간, 비로소 탁 막혔던 것이 사라진 듯 편안해졌다.

판단하지만 않으면(상을 짓지 않으면) 현재 상황에 대해 이렇다 저렇다 판단하지 않고 침묵으로 받아들일 수 있다. 매순간 그저 빙그레 웃으며 현재 나를 포함한 이 세상 모든 것들이 그 모습일 수 있도록 허용한다. 태어나서부터 늘 함께 하며 나를 봐주었던 나, 내가 기쁠 때나 슬플 때나 늘 함께 했던 나, 내가 초라할 때나 화려할 때나 판단하지 않고 늘 고요히 바라보고 있던 나에게로 돌아가 고요히 머물 뿐이다.

고통을 완전히 여의고 열반에 이른 이 붓다, 그분이 가르쳐준 고통을 여의는 방법을 설한 담마, 그리고 함께 저 언덕에 이르고자 오늘도 고요히 수행하는 수행 공동체만이 내가 기댈 귀의처이다. 매순간 행복하기 위한 결정을 하고 행복하지 않게 하는 요인들을 내려놓으니 고통을 여읜, 행복에 점점 근접해 가는 듯 하다.

[2020년 11, 12월]

관계에 대한 마음챙김

기독교와의 대화 – 마르타와 마리아, 그리고 수자타

"사랑은 판단의 부재(상을 내려놓음)입니다." –달라이라마

예수님과 제자들이 여행을 하다가 어떤 마을로 들어갔다. 마르타라는 여인이 예수님을 자기 집에 모셔 들였다. 마르타에게는 마리아라는 여동 생이 있었다. 마리아는 예수님의 발치에 앉아서 말씀을 듣고 있었다. 마르타는 여러 가지 접대하는 일로 분주했다. 그러다가 예수님께 다가가서 말했다.

"주님, 저 혼자 이 모든 접대를 하는데 제 동생이 저를 거들지 않는 것을 아무렇지도 않게 생각하십니까? 저를 도우라고 말씀해 주십시오."

그때 주께서 마르타에게 말씀하셨다.

"마르타야, 마르타야. 너는 너무 많은 일 때문에 걱정하며 안절부절하는구나. 그러나 필요한 일은 오직 한 가지뿐이다. 마리아는 그 좋은 쪽을 선택했으니 빼앗기지 않을 것이다." – 누가복음 10장 38절–42절

아름답다. 성경 가운데 가장 좋아하는 구절 중 하나가 바로 이 마르타와 마리아에 대한 이야기이다. 신약성서를 읽어나가면서 나는 예수가 요

기였다는 생각을 굳힌다. 그가 공생애를 시작하기 전에 대한 기록은 성경 어디에도 없다. 하지만 그의 가르침, 그의 행동, 그의 설법 모두는 그가 붓다의 가르침을 깊이 수행하고 체화한 요기였음을 증명해주고 있다. 예수의 육성을 전해주고 있는 복음서의 많은 예화들은 법화경, 그 외의 불경 구절과 싱크율 100퍼센트이다. 예수가 인도에 가서 수행하던 시기가 대승불교가 꽃피던 시절과 일치해서일 것이다.

전 존재를 요구하는
마음챙김 수행

최근 나의 삶과 수행은 아침에 일어나는 순간부터 잠자리에 들 때까지 모두 마음챙김(Mindfulness)이다. 마음챙김이란 내가 하고 있는 것에 대해 열려 있는 마음으로 주의를 집중하는 것이다.

하지만 우리 마음이 어디 그런가. 인간 사회에 적응하기 위한 기본적 소양과 기술을 배우는 과정에서 우리는 본래의 현존에 연결돼 있던 능력을 잃어버리고 마음이 늘 과거와 미래로 종횡무진하는가 하면, 현재 내 앞에 있는 사람과 물건 또는 상황을 두고도 비판적 마음을 일으킨다.

마음챙김 수행이란 지속적으로 지금 내 앞에 있는 대상에게 오롯이 주의를 집중하고 비판적인 마음을 내려놓는 것이다. 방법은 무척 쉽지만 이를 제대로 행한다는 게 그다지 쉽지는 않다. 쉬웠다면 이 지구상 모든 인구가 지금쯤 다 성불했을 터이다.

관계에 대한 마음챙김

내가 다녔던 UCLA MARC(Mindful Awareness Research Center)의 마음챙김 과목 가운데는 '관계에 대한 마음챙김(Relational Mindful-ness)'이라는 것이 있다. 이 클래스의 주제는 정현종의 시, 〈모든 순간이 꽃봉오리인 것을〉의 주제와 다르지 않다.

"나는 가끔 후회한다.

그때 그 일이 노다지였을지도 모르는데…

그때 그 사람이, 그때 그 물건이, 노다지였을지도 모르는데…

더 열심히 파고들고, 더 열심히 말을 걸고, 더 열심히 귀 기울이고, 더 열심히 사랑할 걸…

반벙어리처럼, 귀머거리처럼 보내지는 않았는가, 우두커니처럼…

더 열심히 그 순간을 사랑할 것을…

모든 순간이 다아 꽃봉오리인 것을,

내 열심에 따라 피어날 꽃봉오리인 것을!"

이 시는 모든 순간이 놓쳐버릴 수 없는, 소중한 현재임을 아름다운 시어로 말하고 있다. 정현종 시인은 알고 있는 것이다. 내가 의식을 집중(내 열심에 따라, Paying attention)하기만 하면 매 순간순간은 본연의 모습인 꽃봉오리를 우리에게 드러냄을 말이다.

관계도 마찬가지이다. 내 앞의 그 사람이 바로 그 사람이다. 지금 현재 내 앞에 있는 그 사람보다 더 중요한 사람은 없다. 그는 나의 100퍼센트 주의집중을 받을 만한 모든 자격을 갖추고 있다. 왜냐고? 지금 그 사람이 내 앞에 있기 때문이다.

관계에 대한 마음챙김 수업시간에 학생들은 여러 실습을 했다. 임의로 짝지어진 파트너와 함께 5분간의 대화를 통해 공통점 2가지를 찾아내기도 하고, 등을 대고 말 없이 현존을 느껴보기도 했으며, 눈을 깊이 바라보며 침묵 속에서 교감해보기도 했다. 이 모두, 내 앞의 그 사람에게 100퍼센트 주의집중을 기울이는 연습들이었다.

인간 관계 수행, 핫시트

여러 실습 가운데 하일라이트는 '핫시트(Hot Seat)'였다. 마음챙김 수행은 홀로 가부좌 틀고 앉아서만 할 수 있는 것이 아니다. 다른 사람들과 상호작용을 통해서도 수행할 수 있다. 그 방법 가운데 하나가 핫시트이다.

앉아서 명상할 때 호흡에 100퍼센트 의식을 집중하는 것과 마찬가지로 핫시트 수행을 할 때에는 핫시트에 앉은 사람에게 100퍼센트 의식을 집중한다. 핫시트에 앉은 사람은 다른 사람들의 주의집중을 받는다. 그렇게 함으로써 참가자 모두가 주의집중을 개발할 수 있는 것이다. 잡념이 떠오르면 이를 알아차리고 다시 의식을 핫시트에 앉은 사람에게 가져온다.

핫시트 게임을 할 때에는 호기심과 열린 마음이 요구된다. 이는 우리가 좌선 명상을 할 때와 똑같은 자세이다. 어떤 이야기가 오고 가든 있는 그대로 느끼고 알아차린다. 일부러 어떤 감정상태를 만들어내려고 하지 않는다. 물론 핫시트에서 오고간 얘기에 대해서는 철저히 비밀을 지켜야 한다.

본래 핫시트는 친구들끼리 서로를 더 잘 알아가기 위해 하는 성인용 게임의 이름이다. 술래와 같은 한 사람이 핫시트에 앉고 나머지 사람들은 그 사람에게 물어보고 싶은 질문을 한다. 이때 질문들은 주로 성적인 것들이다.

"어떤 것들이 당신을 즉각적으로 흥분시킵니까?", "당신이 했던 일 중에서 할머니가 아신다면 기절할 만한 것은 무엇입니까?" 등과 같은 질문이다. 그러면 핫시트에 앉은 사람은 자신이 응답할 수 있는 가장 정직한 답을 한다.

물론 마음챙김 수행자들이 관계에 대한 마음챙김 수행을 하기 위해 핫시트 게임을 할 때에는 게임의 형태만 빌려오지 그 질문 내용이 꼭 성적인 것만은 아니다. 물론 성적인 것도 할 수 있지만 우리의 목적은 지금 이 순간 상대방에게 100퍼센트 주의를 기울임으로써 상대를 잘 알기 위함이며 결국은 상대방도 나와 같은 인간임을 알기 위함이다. 핫시트 세션을 진행하다 보면 나와 다른 사람들의 경험이 인류 보편적인 것임을 깨닫고 열린 마음을 갖게 된다. 또한 함께 하는 사람들 모두가 연결됨 또는 일체감을 느끼게 되고, 나 스스로에게 연결된다.

요리하는 마르타보다
말씀 듣는 마리아

나는 핫시트 세션을 하면서 신약성경 누가복음에 기록된 마르타와 마리아, 그리고 예수의 일화를 떠올렸다. 이 일화는 우리들의 삶 가운데서 흔히 일어날 수 있는 이야기를 다루고 있다.

마르타와 마리아는 자매이다. 큰스님 한 분이 그 두 자매가 살고 있는 마을에 오신 거나 다름 없다. 마음의 법에 대해 쉬운 말로 설명해주시는, 옆에 있는 것만으로도 그 존재감만으로도 평화를 주시는 그 분을 집에 초대해 밥 한 끼 정성스레 대접하고 싶다는 마음은 아름답다.

그런 분이 집에 오셨다. 마르타는 부엌에 들어가 음식을 준비한다. 부엌일을 해본 사람은 안다. 불이 가까이 있으니 분명 소금땀을 흘렸을 것이다. 좋은 의도로 마음을 냈던 마르타도 점점 짜증이 나기 시작한다.

혼자 하면 어렵지만 둘만 같이 해도 탄력이 붙는 게 부엌일이다. 그런데 동생은 손님방에 들어가 얘기를 듣는지, 뭘 하는지, 부엌에 코빼기도 보이질 않는다.

아마 성격 좋은, 또는 성격 좋아야 한다는 상을 가지고 있던 마르타는 처음에 참았을 것이다. 그런데 혼자서 하려니 생선전은 타고, 국수는 불어터지고, 얼마나 정신이 없었겠는가. 저 방 안에 잉여 노동력이 있는데, 저 손님은 어찌 된 것이 이 상황을 아나, 모르나, 생각이 있으면 동생이 좀 나와서 돕게 해야 하는 거, 아냐?

참다 못해 마르타가 한 마디 한다.

"예수님. 내 동생 마리아더러 좀 나와 도우라고 하세요."

이에 대한 예수의 응답을 보자.

"이 아낙아. 지금 뭣이 중한디? 무엇 때문에 그렇게 많은 것을 붙들고 걱정하고 안절부절하니? 중요한 건 하나야. 그리고 네 동생 마리아는 그걸 택한 거야."

사랑하면 물론 먹이고 싶다. 하지만 그보다 선행되는 것은 주의를 집중하는 것이다. 그래서 그가 배가 고픈지, 목이 마른지, 안기길 원하는지 알아차리는 것이다.

상대가 배가 고픈지, 자기 말을 들어주길 원하는지 살피지 않고 음식부터 준비하는 것은 내가 원하는 방식으로만 사랑하겠다는 에고의 작용이다. 이는 사랑이 아니다.

그녀는 아마도 요리를 잘 했을 것이고, 사람들을 많이 먹여왔을 것이다. 사람들은 그녀가 만든 음식을 먹으면서 "어머, 어쩜 이렇게 요리를 잘하세요? 식당 여셔야 겠어요." 라고 온갖 칭찬과 찬사를 늘어놨을 것이다. 어쩜 그녀가 영혼 깊숙한 곳에서 원했던 것은, 그래서 그녀로 하여금 요리를 하게 했던 원동력은, 자신의 돈과 시간과 노력을 들여가면서까지 듣기 원했던 것은, 사람들로부터의 인정이 아닐까.

수자타로부터 배운다

성경 속에서 깨달은 이에게 식사를 대접하려던 여인이 마르타였다면 불경에서는 수자타라는 여인이 나온다.

고행을 끝낸 싯다르타는 목욕을 하고 나와 휴식을 취하고 있었다. 그때 마침, 우루빈라 마을 촌장의 딸 수자타가 강(江)의 신에게 바치기 위해 가장 좋은 우유를 짜서 꿀과 쌀을 넣어 끓인 죽을 들고 강가로 향했다.

수자타는 그곳에서 앙상하게 마른 몸의 싯다르타를 보게 되었다. 싯다르타의 앙상한 몸을 본 수자타는 자신이 정성껏 만든 우유죽을 그에게 바쳤다. 수자타가 바친 우유죽을 천천히 먹자 싯다르타의 몸에는 생기가 돌기 시작했다. 수자타가 올린 우유죽은 고행으로 쇠약해진 싯다르타의 몸에 기운을 주었고, 이후 정진을 계속해 깨달은 자가 되게 하는데 결정적인 공헌을 했다.

마르타와는 달리 수자타는 자신의 눈앞에 나타난 이에게 100퍼센트 주의를 기울였고 그럼으로써 그가 그 순간, 그 무엇보다 음식이 필요함을 알아차렸다. 그리고 자신이 갖고 있던 것을 그에게 아낌 없이 주었다. 싯다르타가 부처가 되는데 있어 수자타의 우유죽 공양은 필요 충분 조건이 된 것이다.

사랑은 열려 있는 마음으로 주의를 집중하는 것이다. 그런 면에서 사랑은 마음챙김 수행과 같다. 마음챙김이란 열려 있는 마음으로 현재의 경험에 주의를 집중하는 것을 의미하기 때문이다.

다시 마르타와 마리아

"마르타야, 마르타야. 너는 너무 많은 일 때문에 걱정하며 안절부절하는구나. 그러나 필요한 일은 오직 한 가지뿐이다. 마리아는 그 좋은 쪽을 선택했으니 빼앗기지 않을 것이다."

너무 많은 일 때문에 걱정하며 안절부절하는 마르타는 현재 이 순간에 100퍼센트 주의를 기울이지 않고 마음이 오지 않은 미래, 이미 흘러가버린 과거에 가 있는 우리들의 자화상이다. 내 앞의 예수에게 100퍼센트 주의를 집중하고 현재 이 순간을 사는 마리아는 필요한 오직 한 가지의 일, 즉 현재(Presence)와 하나되는 것을 선택한 것이다.

현재의 순간에 거할 때 우리는 평화, 행복과 조우하게 된다. 그리고 그 평화와 행복은 아무도 빼앗아갈 수 없는 참된 것이다. 당신이 현재에 거하며 행복하기를, 그리고 평화롭기를.

[2017년 9월]

아메리카 원주민들의 명상 수행

"종교란 지옥 가는 것이 두려운 사람을 위한 것이다. 영성은 이미 지옥을 다녀온 이들을 위한 것이다." —시우족의 지혜

아메리카 원주민들의 서클

아메리카 원주민들은 콜럼버스에 의해 팔자에 없는, '인디언'이란 이름을 얻게 됐다. 명상 수행을 시작하면서 미국의 불교 상가(Sangha) 또는 명상 커뮤니티에서는 아메리카 원주민들의 영적 수행 방식들을 무척 존중하고 실제 행하고 있음을 알게 되었다.

UCLA MARC(Mindful Awareness Research Center)에서 실시하는 MAPs(Mindfulness Applied Practices) 클래스의 마지막 클래스에서는 늘 '위원회 서클 수행(Council Circle Practice)'을 행한다.

주로 마음챙김 명상 클래스 전후에 나는 어떻게 바뀌었는가, 내게 지금 현재 진실한 것은 무엇인가를 나누는 자리이다. 보통 모임에서도 많이 하는 의견 발표의 장이지만 '위원회 서클 수행' 방식을 더했기에 여러 점이 다르다.

첫째, 누가 지정하지 않아도 자신이 자의적으로 아무나 발언을 시작할 수 있다. 그래서 첫 번째 발언이 시작되기까지는 때로 뜸들이는 시간이 소요될 때도 있다.

둘째, 발언은 자연의 요소인 돌, 막대기 등의 물건으로 만든 '발언 막대기(Talking Stick 또는 Talking Piece)'를 들고 한다. 그리고 오직 발언 막대기를 든 사람만 한 번에 한 명씩 발언을 할 수 있다.

셋째, 발언자가 발언할 때 듣는 이들은 오직 100퍼센트 발언자에게 주의를 기울인다. 그저 가슴으로 듣기만 할 뿐 토를 달지 않는다. 즉 비판하는 마음을 내려놓고 열린 마음으로 경청한다. 그리고 그저 들을 뿐, 들으면서 내가 말할 차례가 됐을 때 어떤 말을 해야지 하는 것을 계획하지 않는다.

넷째, 발언자는 오직 가슴으로부터 진실만을 말한다.

또 자신의 의견이 아니라, 자신의 경험과 체험, 사실, 느낌을 위주로 말해야 한다. 우리들의 의견이란 것은 우리들의 업이 만들어낸, 왜곡된 시각이 재생산한 견해에 의해 채색돼 정견(正見)이 아닌 경우가 대부분이기 때문이다. 만약 발언자가 말을 하길 원치 않을 때에는 침묵 또는 패스(Pass)할 수 있다.

의장 격인 이는 전체 멤버들이 안전하게 느낄 수 있는 분위기(컨테이너)를 마련한다. 그리고 멤버들은 "이 안에서 했던 얘기는 여기에 머문다."는 것에 동의하고 이야기를 시작한다. 그렇기 때문에 위원회 서클은 아픔을 나누고 문제를 치유하고 서로 배우는 성장의 공동체가 될 수 있다.

특히 발언 막대기를 들고 있는 사람만 발언할 수 있게 한 것은 거의 미개인 수준의 우리들 대화 습관을 돌아보게 만드는 수행이다. 일상적인 대화를 하다 보면 앞 사람의 말이 끝나지도 않았는데 말꼬리를 붙잡고 다른 말을 끌고 나가는 이들이 얼마나 많은지 모른다. (나도 예외일 수는 없다.) 그렇다보면 회의는 삼천포로 빠지기 마련이고 회의는 의견을 모으기 위한 것이 아니라 더욱 큰 분열을 낳게 되지 않던가.

열린 마음으로 다양성 수용하기

'위원회 서클 수행'은 우선 참가하는 모든 이들을 평등하게 서로를 대할 수 있도록 좌석을 마련한다.

수업 시간이라고 해도 가르치는 자가 맨 앞에 서서 학생들을 마주보는 방식으로 하지 않고 둥그렇게 원을 만들어 앉는다. 아마도 그 옛날에는 가운데 모닥불을 피워놓고 불을 바라보며 더욱 마음을 정결히 하고 수행에 임했을 것이다.

그들은 공동체에서 논의되어야 하는 안건에 대해 이런 식으로 앉아 대화를 나눴다. 그리고 위원회 멤버들 모두에게 똑같은 발언의 기회가 주어졌다. 대한민국 국회에서처럼 목소리 큰 놈이 남들 호통치는 야만적이고도 폭력적인 커뮤니케이션 방식은 그 어디에서도 찾아볼 수가 없다.

이렇게 대화를 나누다 보면 대화 참가자들은 서로의 성별, 인종, 경제적 클래스 등 차이점과 다양성에 대해 열린 마음을 갖게 되고, 이해하게 되고, 그럼으로써 갈등이 아닌, 화합을 향해 긍정적 관계를 개발하게 된다.

우리 각자는 하늘의 별 만큼이나 다양하고 각기 다른 존재들이지만 인류의 일원이라는 점 때문에 공통점도 여럿 있다. 그래서 사랑과 두려움,

희망과 절망 등 우주적 이야기를 나누며 다양성과 일관성을 함께 경험하는 것이다. 이런 대화는 우리 모두가 인류 가족의 일원임을, 우리는 모두 연결돼 있음을 느끼게 하는 진정한 대화이다.

불행히도 우리들은 이런 대화법을 배우지 못했다. 우리들의 대화법은 네가 틀렸고 내가 옳다는 것을 증명하려는, 내 방식이 옳으니 너는 그저 조용히 따라오라는, 지배욕(Domination)과 폭력(Violence)이 가득한 대화일 때가 많다.

주류 사회에서 수행하고 있는 아메리카 원주민들의 영적 전통은 아름다웠다. 이를 알게 되면서 점점 더 그들의 정신세계에 대한 궁금증이 커져갔다.

한국인들과 유전자가 일치하는
아메리카 원주민

여러 학자들의 연구를 종합해볼 때, 아메리카 원주민들은 우리와 다른 땅에 살고 있는 우리 형제 자매라는 결론을 내릴 수 있다.

스탠포드 대학에서는 전세계 51개 지역에서 약 1000명의 유전자를 수집해 DNA 위치 정보를 추적 분석한 결과, 시베리아 원주민 야쿠트족과 멕시코, 중앙 아메리카, 콜롬비아, 브라질의 원주민들 사이에서 강력한 유전적 유사성이 발견됐다고 발표했었다. 또한 인간 조직적합성 항원 연구의 세계적 중심기관인 미국 UCLA 대학의 HLA (Histocompatibility and Immunogenetics Center Laboratory) 교수들의 연구 결과, 한국인과 아메리카 원주민들은 100 퍼센트 유전자가 똑같다는 것이 밝혀졌다.

아직 유라시아 대륙과 미대륙이 연결되어 있던 시절인 1만2천년~3만년 전에 우리의 선조들은 시베리아를 떠나 베링 해협을 통과해 미국 대륙으로 넘어갔던 것이다. 그 후 6천 년 전인 기원전 4천 년경과 4천 년전인 기원전 2천 년경 모두 세 차례에 걸쳐 한민족은 아메리카 대륙으로 대대적인 이동을 했었다.

1492년, 콜럼버스가 아메리카 대륙에 도착했을 당시, 아메리카 원주민의 인구는 1500만 ~ 2000만명으로 추정된다. 미국 독립 과정에서 얼마나 잔인무도한 아메리카 원주민 학살이 있었는지는 잘 알고 있을 터이다. 독일인의 유대인 학살보다 더하면 더했지, 결코 덜하지 않았던 것이 바로 코카시안들의 원주민 학살이었다.

우리 형제 자매들이 이 미국 땅에 뿌린 피를 생각할 때, 우리 모두는 공동의 업을 나눈 죄인들이다. 현재 아메리카 원주민의 인구는 278만 여 명에 불과하다. (2003년 미국 인구 Census 통계자료) 이들은 주로 인디언 보호 구역(Indian Reservations)에 분리돼 거주하고 있다.

아메리카 원주민들의 생활상

아메리카 원주민들과 우리들은 몽고반점, 치아, 혈액형, 언어, 풍습, 유물 등 여러 면에서 공통점을 가지고 있다. 중국인들도 없는 몽고반점이 아메리카 원주민들에게는 있다. 그리고 언어를 살펴보더라도 약 3000개

정도의 단어가 비슷하다고 한다. 몇 가지 예를 들어보면 한국어로 아버지는 원주민 언어로 아파치, 계집아이는 가시나(우리도 아직까지 이렇게 부르기도 한다.), 헛간은 허깬, 지붕은 덮이라니 얼마나 유사성이 많은지 짐작을 해볼 수 있을 것이다.

일리노이주, 콜린스빌(Collinsville)에 있는 카호키아 마운즈 주립공원(Cahokia Mounds State Park)에는 아메리카 원주민들이 만든 피라미드 유적지가 있고, 주변에서 발굴된 유물들을 박물관에 전시하고 있다. 그런데 그 유물 가운데에 우리 선조들이 신었던 짚신과 똑같은 신발들이 있다.

그 외에도 짚으로 엮어 만든 바구니, 포대기, 색동옷, 상투 등 도저히 부인할 수 없는 공통적인 물증들이 아메리카 원주민들과 한국인들이 같은 뿌리에서 나왔음을 증명해주고 있다.

또 한 가지 이야기가 있다. 이 미개한 원주민들을 문명화 시켜야 한다며 제도화된 교육제도 속에 아메리카 원주민 아이들을 입학시켰던 코카시안 교사는 이렇게 말한다. "아메리카 원주민 소녀는 아무리 가르쳐도 나(I)를 우리(We)라고 말한다."

와!!! 우리들이 그렇지 않던가. 우리 엄마, 우리 집, 하다 못해 아내까지도 우리 마누라, 우리 바깥 양반이라고 표현하는 것이 우리들이다. 뼛속 깊이 심겨진 공동체 의식, 모든 것이 연결돼 있음을 늘 기억하는 언어생활은 한민족과 아메리카 원주민들의 공통분모였던 것이다.

다행스럽게도 아메리카 원주민들의 고귀한 영적 가르침은 헨리 데이빗 소로를 비롯해 깨어 있는 미국인들에 의해 기억되었고 이제는 여러 수행 공동체에서도 존중받고 있다.

그들은 침묵 가운데 자연의 소리를 듣는 것을 소중히 여겼다. 아메리카 원주민들의 영적 전통 가운데 감동적인 내용들을 모아봤다.

　"인디언 어머니는 아이를 임신하는 그 순간부터 순결한 언행과 명상을 통해 아직 태어나지 않은 아이의 열려 있는 영혼에게 그가 '위대한 신비'와 하나로 연결되어 있음을 가르쳤다. 인디언의 아이 교육은 그렇게 시작되었다. 장차 어머니가 될 여성은 사람들로부터 떨어진 고요하고 한적한 곳에서, 장엄하고 아름다운 자연 풍경을 눈동자에 새기며 홀로 생활하는 것을 첫번째 원칙으로 삼았다.

　침묵과 과묵함은 인디언의 인격 형성에 없어서는 안 되는 중요한 요소였다. 진정으로 전사가 되기를 갈망하는 아이는 해가 뜨고 지는 장엄한 시간에 산꼭대기에 우뚝 서서 드넓은 대지를 내려다보며 '위대한 신비'와 마주했다. 그곳에 그렇게 벌거벗은 채로 미동도 하지 않고 서서, 침묵 속에서 '위대한 신비'의 힘에 자신을 내맡겼다. 하루 낮과 하룻밤, 또는 이틀 낮과 이틀 밤 동안, 드물게는 며칠씩 그런 식으로 서 있는 경우도 있었다. 때로는 신에게 노래를 지어 바치기도 했다. 이 신성한 명상 상태, 환희의 체험을 통해 어린 인디언 신비가는 존재의 가장 큰 행복을 발견하고, 생명의 근원이 되는 힘에 다가갈 수 있었다.

　인디언은 어려서부터 마음 속에 남성다운 강인함과 아름다움에 대한 이상을 키웠다. 그것에 이르기 위해서는 음식과 성적인 관계를 엄격히 절제하는 한편, 꾸준하고 강도 높은 운동이 필요했다. 인디언 남자는 이따금 짧은 기간 동안 금식을 했으며, 달리기와 수영, 또는 땀천막 의식(와, 혹시 온돌방 아니면 찜질방 같은 무엇?) 등으로 넘쳐 나는 기운을 발산했다. 특별한 금식 수행과 함께 육체를 지치게 함으로써 지나친 성적 욕망을 다스릴 수 있었다.

인디언들이 지속적으로 도시를 발전시키거나 물질문명을 발달시키지 않는 것은 무지하거나 미래에 대한 생각이 부족해서가 아니었다. 소박한 인디언 현자의 눈에는 수많은 인구가 한곳에 집중해서 모여 사는 것이야말로 타락의 근원이었다. 육체적으로도 그렇고, 도덕적으로도 그러했다.

인디언들에게 음식은 신성한 것이지만, 필요 이상으로 많이 먹는 것은 죄악이었다. 사랑은 좋은 것이지만, 탐욕은 사람을 망가뜨린다. 사람들이 밀집해 살아가는 불결한 환경에서 생겨나는 온갖 전염병보다 더 무섭게 여긴 것은 다른 사람들과 너무 자주 접촉함으로써 어쩔 수 없이 영적인 힘을 잃게 되는 일이었다."

―류시화 편저, 〈나는 왜 너가 아니고 나인가 ― 인디언 연설문집〉 중

서구의 화려한 성과 성당들에 비해 볼 때 아메리칸 원주민들의 문화는 초라해보일지 모른다. 하지만 정말 중요한 것은 보이는 것들이 아니다. 그들의 민주주의 정신, 평등과 정의의 실천, 자연 사랑은 21세기 인류에게 가장 필요한 덕목이자 지혜이다.

우리는 정말 무엇이 중요한지를 완전히 망각했다. 우리는 내 마음과 몸으로부터 멀어졌고 땅과 자연으로부터도 멀어졌다. 경이로운 시각으로 모든 현상 속에서 기적을 발견하는 아메리카 원주민들의 영적 수행은 21세기 우리들을 본래의 전 존재로 회귀할 수 있도록 해줄 고귀한 가르침이다.

[2018년 2월]

마음 다해 듣는 음악

"음악은 인간이 현재를 인식하는 유일한 영역이다."

– 이고르 스트라빈스키

이발사 집에 가위 없다

내가 처음 라디오 방송을 시작한 것은 대학 재학 중이던 1985년부터다. 올해가 2021년이니 벌써 37년째다. 오락, 교양, 시사, 토크쇼, 음악 등 정말 해보지 않은 것이 없을 만큼 여러 종류의 프로그램을 했지만 대부분은 늘 음악을 함께 틀었다.

"이발사 집에 제대로 된 가위 없다"는 말이 있다. 음악을 틀어주는 일을 업으로 하고 있지만 난 집에 제대로 된 오디오 시스템도 없고, 집에서 음악을 그리 자주 듣지도 않는다.

하지만 예전부터 그랬던 건 아니다. 나도 10대 때는 소니 사에서 나온 카세트테이프 플레이어를 손에서 놓지 않고 이어폰으로 음악을 들으며 카세트테이프가 늘어질 때까지 음악을 들었던 날들이 있었다. 그때 들었던 음악들로는 그룹 퀸(Queen)의 〈러브 오브 마이 라이프(Love of My

Life)〉, 에릭 카멘(Eric Carmen)의 〈올 바이 마이셀프(All By My-self)〉 등이 있다.

클래식 음악을 좋아해 니콜로 파가니니의 바이올린 콘체르토, 바흐의 무반주 첼로 조곡도 카세트테이프 플레이어를 들고 다니며 들었다. 모차르트의 플루트 콘체르토를 들을 때면 플루트 주자의 호흡 소리까지도 놓치지 않고 들었던 기억이 난다.

좋아하는 노래들을 분위기가 비슷한 것들끼리 연결해 믹스테이프도 많이 만들었다. 그렇게 노래를 골라 만든 테이프를 선물도 많이 했던 것 같다. 요즘이야 듣고 싶은 노래를 어디에서든 찾을 수 있고 재생할 수 있지만 예전에는 한 번 들었던 음악 제목이 무엇인지를 알아내는 데도 긴 시간과 오랜 노력이 필요했고 음악을 듣기 위해서는 LP 판을 구입해야 했다. 비싼 돈을 주고 구입한 판이 제자리를 맴돌며 탁탁 튈 때면 얼마나 속이 상했던지, 참 그 무엇이라고 좋아하는 음악을 들으면서도 온전히 즐기지 못했었구나, 싶다.

서태지에서 방탄소년단까지

미국에 와서도 나의 음악 사랑은 계속 됐다. 클래식 음악을 가장 좋아했지만 라디오 방송 진행자라는 내 직업의 특성 상, 나는 가요와 팝음악의 신곡들을 꾸준히 들을 수밖에 없다. 미국에 이민 온 한국인들의 특징 가운데 하나는 이민 오기 이전에 들었던 노래들만을 계속해서 듣는다는 것이다. 그래서 미국 이민 온 후에 발표된 서태지와 아이들의 〈난 알아요〉

같은 노래에 대해서는 "그게 무슨 노래냐?" 라고 밖에 말할 수 없는 것이다. 난 순전히 일 덕분에 서태지와 아이들의 〈환상 속의 그대〉에 이어 지금 전 세계적으로 인기를 끌고 있는 방탄소년단의 노래에 이르기까지 의도치 않게 모두 아우르게 되었다.

그런데 한국 가요라는 것이, 그리고 내가 방송에서 틀게 되는 팝 뮤직의 가사란 것이, 어떻게 된 게, 떠나간 사랑을 잊지 못해 눈물 쥐어짜는 것들이 대부분이다. 슬픈 사랑의 노래가 많다는 것은 그만큼 많은 이들이 사랑하는 사람과 좋은 관계를 유지하며 행복해하지 못하고, 헤어짐과 외로움, 그리움, 눈물 훔치는 밤을 보내고 있다는 것을 얘기해준다. 슬픈 사랑의 노래를 들으니 꼭 내 얘기 같을 때 대중 문화 상품인 가요 또는 팝송은 비로소 나만을 위한 나의 노래가 된다.

나도 지지리 궁상 떠는 노래들을 어지간히 들었었다. 갈망하던 대상이 내게 눈길도 주지 않을 때면 자동차 안에서 그런 노래들을 크게 틀고 목청껏 따라하면서 가슴 속 응어리를 풀어보려 했었다.

그 당시만 하더라도 음악은 온전히 마음 다해 듣는 것이라기보다는 공부할 때, 운전할 때, 밥을 먹을 때 배경으로 깔리는 소리에 가까웠다. 그렇게 음악은 늘 깔리는 배경으로서, 나의 삶을 더 아름답고 더 칼라풀하게 장식해주었다.

슬픈 사랑 노래는 이제 그만!

정확히 언제라고는 말할 수 없지만 30대를 넘어서면서였던 것 같다. 3

일간 열리는 자아개발 세미나에 1천 달러나 내고 참가한 후, 나는 이제 더 이상 슬픈 사랑의 노래는 듣지 않겠다는 결심을 했던 것 같다. 그런다고 떠나간 남자가 다시 돌아오는 것도 아닌데, '이 무슨 감정의 낭비인가'라는 생각이 들었기 때문이다.

그래서 그당시 난 음악 대신 〈신의 길에 이르는 길〉의 저자인 람다스(Ram Dass)와 기적수업 교사인 매리언 윌리엄슨(Marianne Williamson)의 오디오북을 들었다. 내가 한국에서 대학을 졸업하고 온 사람 치고 그나마 영어를 쫌 하는 것은 순전히 이 두 사람의 오디오북 덕이다.

그리고 명상 수행을 하게 된 이후엔 가능하면 한 번에 한 가지씩만 하려 했다. 운전할 때엔 운전만 하고, 책을 읽을 때는 책만 읽고, 밥을 먹을 때는 밥만 먹었다. 그렇다 보니 점점 더 음악을 따로 들을 일이 없어졌다. 하지만 내가 방송국에서 일하는 2시간 동안은 정말 마음을 다해 음악을 들었다.

레너드 코헨의 할렐루야

지난 5월 초, 새크라멘토 인근으로 리트릿을 떠났었다. 고요함의 끝에서 적멸을 만난 후, 고요와 함께 공존하는 소리를 만났다. 새들의 소리도 은총이요, 졸졸 흐르는 시냇물도, 고양이의 가르릉 거리는 소리도 신의 선물이었다.

리트릿은 대부분 묵언이었지만 마지막 날, 팀 레추가(Tim Lechuga)라는 이름의 뮤지션 수행자와 함께, '마음 다해 음악을 듣는 시간'이 있었다. 싱어송라이터인 팀은 〈새가 되게 해주세요(Let me be a Bird)〉와 같은 깨달음의 노래를 리트릿 참가자들에게 들려주었다. 가슴이 활짝 열린 가운데 들었던 그의 노래는 내 전 존재를 전율하게 했다. 소리의 근원은 '고요'임을 깨닫던 순간이었다.

그는 주저리 주저리, 전혀 힘주지 않고 중이 염불하듯 편하게 이야기를 더하며 몇 곡의 노래를 불렀다. 인도의 현악기인 시타르를 연주하다가 기타를 들고서 코드 몇 개를 이어가던 그가 레너드 코헨의 〈할렐루야〉를 부르기 시작했다. 왜 그 순간, 그는 그 노래를 불렀을까. 그렇게 코헨의 〈할렐루야〉는 내게 시절 인연으로 다가왔다.

누군가는 코헨의 노래에 대해 "초상집 가다가 비 맞은 중처럼 중얼거린다."라고 표현한다. 1984년에 발표한 이 노래는 발표 초기에는 별 주목을 끌지 못했지만 시간이 갈수록 커버하는 가수들이 엄청나게 늘어나면서 코헨의 대표작으로 남게 된다. 애니메이션 영화인 〈슈렉(Shrek, 2001)〉에 수록된 이후에 더 유명해져서 영화, 드라마 등에 자주 사용되었다. 그리고 코헨의 사후에는 빌보드 차트에도 당당히 올랐다.

이 노래는 스튜디오 버전과 다른 코헨의 무대 버전이 있다. 코헨 자신이 가사를 계속 바꾸어 가며 부른 결과, 다른 가수들도 자신만의 해석을 덧붙이다 보니 300가지가 넘는 버전이 생기기도 했다.

코헨은 가수가 되기 전에 시인과 소설가로 등단했었고 가수로 데뷔한 것은 33세가 넘어서이다. 그리고 82세에 죽기 3주 전까지 노래를 발표했다. 코헨은 유대인이고 유대교도로 자랐지만 계를 받은 선승이었고 기독교에의 이해도 남달랐으며 힌두 철학에 관한 방대한 양의 책을 읽기도 했다. 그는 예사롭지 않은 깊이의 마음 탐구를 했던 영성적인 사람이었다.

팀이 코헨의 〈할렐루야〉를 부를 때, 그동안 의도적으로 멀리했었던 팝뮤직이 또 다른 가슴떨림으로 내게 다가왔다. 그 음악은 내 가슴 속 보이지 않는 버튼을 눌렀고, 가슴을 열어 재쳤고, 전율하게 했고, 결국 음악과 하나가 되게 만들었다. 〈할렐루야〉는 소리의 아름다움을 음미하게 했고, 충만한 가슴과 함께 천지와 하나 되는 기쁨을 누리게 했으며 그 기쁨으로 인해 눈물을 흘리게 했던 음악이다.

  또 〈할렐루야〉는 음악보다 고요를 추구하던 내게 고요함과 소리의 경계를 허물어트린 노래이다. 그후 나는 고요함에 머물면서도 이 세상 모든 소리에 귀를 기울일 줄 알게 됐고 모든 음악을 죄의식 없이, 그리고 비판 없이 들을 수 있게 됐다.

  요즘 나는 중고등학교 시절 했던 것처럼 또다시 나만의 플레이리스트를 만들고 있다. 아침에 하루를 시작하기 좋은 곡들, 낮 시간에 기분을 업(Up) 시켜주는 노래들, 밤에 모든 긴장을 내려놓고 편하게 듣기 좋은 발라드 곡들 등이다. 그리고 나는 사랑 노래의 가사를 마음 다해 듣는다. 우습게도 사랑 노래를 들으며 내 가슴은 더욱 촉촉해졌고 넓어졌다. 만약 더욱 사랑한 결과가 상처라면, 까짓거, 난 그 상처를 피하지 않고 가슴으로 맞을 것이다. 할렐루야!!!

  [2021년 7월]

사랑밖에 난 몰라

사랑의 화신, 보살 삶은 육바라밀 수행 그 자체가 된다.

"필요한 것은 사랑밖에 없어요. (All you need is love)" – 비틀즈

심수봉의 노래, 〈사랑밖에 난 몰라〉는 한국인들이 참 좋아하는 노래 가운데 하나다. 몇 년 전인가 마음 공부 칼럼으로 심수봉 노래에 대한 나의 혐오와 사랑에 대해 썼던 적이 있다. 심수봉의 노래와 목소리는 사람을 참 거시기 하게 만든다. 명상과 자기 개발 워크숍에 가면 자주 대하는 실습이 있다. 두 사람을 짝을 지어 한 질문을 집요할 정도로 끝까지 들이미는 실습이다.

"무엇이 당신에게 기쁨을 줍니까?"

"가족들이요."

"감사합니다. 무엇이 당신에게 기쁨을 줍니까?"

"아가들의 웃음이요."

"감사합니다. 무엇이 당신에게 기쁨을 줍니까?"

"맛있는 식사입니다."

"감사합니다. 무엇이 당신에게 기쁨을 줍니까?"

뭐 이런 식이다. 이 질문은 여러 가지가 될 수 있다. 존재에 대한 것이나,

나의 역할에 대한 것, 그 어떤 것이 되었든지간에 질문이 사정 없이 쳐들어올 때 우리들은 평소 미루어놓았던 주제에 대해 성찰할 기회를 갖게 된다. 끝까지, 떠밀려 더 이상 갈 곳이 없는 지점까지, 갈 때까지 가다 보면 우리는 머리가 하얗게 비워지며 마치 "이뭐꼬?"를 놓치지 않고 있다가 뻥 뚫리는 것 같은 경험을 할 수도 있다.

심수봉 노래와 목소리가 그렇다. 사정 없이 다가와 내게 질문을 퍼붓는다. 가만히 그 질문에 답하다 보면 나는 또 하나의 '아하 모먼트'를 경험하게 된다.

〈사랑밖에 난 몰라〉는 심수봉씨의 대부분 노래와 마찬가지로 그녀가 직접 가사를 썼다. 심수봉씨가 과연 어떤 체험을 통해, 어떤 의도를 가지고 이 노래를 만든 건지 나는 알 수 없다. 하지만 그녀는 분명, 그것이한 이성을 향한 로맨틱한 사랑이든, 신의 사랑이든, 초자아의 자아에 대한 사랑이든, 너무나도 큰 사랑을 체험한 것 같다.

명상의 큰 주제,
주의집중과 자애

명상을 지속적으로 하다 보면 명상이 결국 무엇을 개발하려는 것인지를 어렴풋하게나마 깨닫게 된다. 내게 있어 명상의 두 가지 키워드는 '주의집중(Attention - 주의집중 또는 마음챙김, 알아차림이라고도 번역할수 있다. 사띠)'과 '연민(Compassion 메따)'이다.

호흡에 집중하는 것은 호흡이야말로 과거와 미래가 아닌 현재에 집중할 수 있는 가장 좋은 대상이기 때문이다. 호흡 집중 수련을 통해 우리들은 현재와 조우하며 엄청난 집중력을 키울 수 있다. 또 하나의 수련인 자애명상은 우리들 스스로 있는 그대로 받아들이고 사랑할 수 있는 능력을 키워준다.

수행해야 할 수 있는 사랑

본래 우리 안에 있는 사랑이건만 우리의 환상이 너무 커서, 인류 전체가 같은 환상에 사로 잡혀 있는 관계로, 우리는 사랑을 모른다.

세상에 태어난 우리들에게 처음 사랑의 맛을 보여준 이는 어머니이다. 하지만 인정하자. 당신의 어머니도, 나의 어머니도 참으로 준비되지 않은 상태에서 우리들을 낳았다. 그리고 별다른 학습 없이, 발등의 불 끄는 식으로 우리들을 키워왔다.

그래도 나보다 나이가 많은 한국인들 가운데는 어머니를 무조건적인 사랑과 동일시 하는 이들이 제법 많다. 하지만 우리 나이 아래, 그리고 미국인들 가운데는 '어머니'라고 했을 때 가슴에 와닿는 느낌이, 사랑 이외의 불순물도 참 많은 것 같다.

명상 클래스에서 만난 한 남성은 우리 내면에서 들려오는 자기 비판적 목소리를 '어머니의 목소리(Mother's Voice)'라고 불렀다. 자애 명상을 위해 내부에 사랑과 연민, 긍정적 감정을 키우는 수련을 할 때에도 명상 가이드 오디오나 명상 코치들은 어머니를 떠올리라고 하지 않는다. 어머니나 아내, 남편 등 가까운 가족들에게는 사랑이 깊은 만큼 미움과 아픔의 기억도 많기 때문이란다.

대신 떠올리라고 하는 것은 아가, 조카, 역사적 영적 존재, 아니면 강아지나 고양이이다. 연민의 화신이라 생각되는 존재, 또는 그저 사랑스럽기만 할 뿐, 부정적 기억이 전혀 없는 존재들을 떠올리면 나도 모르게, 자연스럽게 입끝이 귀밑까지 올라가면서 가슴이 따뜻해진다.

그리고 우리는 가슴에 한 손을 대고서 이렇게 말한다. "당신이 안전하기를, 당신이 행복하기를, 당신이 건강하기를, 당신의 삶이 편안하기를."

그리고 나서는 그 존재가 나에게 사랑을 빌어주는 것을 명상한다. 그리고 마켓에서 내 앞에 있었던 사람, 주차장 관리 요원 등, 한 번 보고 다시 별로 안 볼 것 같은 사람, 아무런 감정이 섞여 있지 않은 사람(Neutral People)을 떠올리고 그들에게 위의 바램들을 보낸다.

그리고 나서는 우리 삶 어딘가에는 꼭 하나씩 있는, 주는 것 없이 미운, 눈에 가시 같은, 나를 괴롭히기 위해 세상에 존재하는 것 같은, "귀신은 뭐하나, 쟤 안 잡아가고"라고 생각되는 존재를 떠올린다. 이런 존재가 있다는 생각이야말로 에고가 만들어낸 가장 큰 착각이다. 나중에 떠올리면 그렇게 생각했던 나 자신에 대해 피식 하며 너털웃음이 나온다. 하지만 적어도 우리들이 모두 분리돼 있다고 생각하는 단계에서만큼은 피할 수 없는 현실이다.

그리고 그런 불편한 사람을 향해 정말 바랄 수 없지만, 사실은 반대로 바라고 싶지만, 다른 표현으로 한다면 악담을 퍼붓고 싶지만, 한 번 크게 마음을 내어 바래본다. "당신이 안전하기를, 당신이 행복하기를, 당신이 건강하기를, 그리고 당신의 삶이 편안하기를."

이렇게 매일 자애명상 수행을 하면 사랑 없던 가슴에도 사랑의 싹이 트고 자라나기 시작한다. 그래서 자애 명상에 대한 영어 표현을 연민 개발 수행(Cultivating Compassion Practice)이라고 하는 것이다.

지구 어머니 가이아의 사랑

자애 명상을 쭉 해오던 어느 날, 나에 대해 사랑의 레이저빔을 쏘려고 하는 순간, 지구 어머니, 가이아를 떠올렸다. 지구 어머니를 구성하고 있는 것들은 우리 몸을 만들고 있는 요소, 즉 물과 흙과 불과 나무, 그리고 철 등, 똑같다. 그녀의 한 가운데에는 마그마가 끓고 있다. 우리들 한 가운데에서도 불꽃 같은 심장이 팔딱거리고 있다. 그녀의 안팎을 빙하, 시냇물, 강, 호수, 바다가 흐르고 연결돼 있는 것처럼 우리 몸도 크고 작은 핏줄로, 그리고 에너지로 연결돼 있다. 지구 어머니 가이아는 나의 어머니인 것이다. 우리 몸의 오장육부, 지구의 오대양 육대주, 지구의 70퍼센트를 차지하는 물, 우리 몸의 70퍼센트를 구성하고 있는 물, 우리는 지구의 아이들(Children)이다.

지구는 놀라운 자정작용을 갖고 있다. 우리 역시 마찬가지다. 물론 환경오염과 공해로 이 능력은 많이 줄어들었지만 그렇다고 자정작용이 사라진 건 아니다.

명상에 들어간 나는 그녀의 심장에 강렬하게 연결되어 가장 근원적인 생명 에너지와 조건 없는 사랑을 공급받는다. 나는 이 큰 사랑에 혼절할 정도이다. 이 감당할 수 없는 사랑, 이 끝없는 사랑에 나는 그냥 항복한다. 두 손을 든다. 포기하는 순간에 물밀듯 밀려오는 해방감, 행복감은 이 세상의 그 어떤 행복과도 그 질감이, 그리고 온도가 다르다.

나는 항복하는 순간, 지구 어머니 가이아와 똑같은 사랑의 크기를 갖게 된다. 그리고 사랑의 통로가 되어 사랑을 전달한다. 사랑이 나를 통해 흐른다. 세상이 사랑으로 인해 밝은 빛을 갖게 된다. 그야말로 "사랑밖에 난 몰라."인 상태가 되는 것이다.

관세음보살의 큰 사랑

지구 여신 가이아는 불교에서 보살에 해당된다. 관세음보살 또는 지장보살 등 다양한 보살(보디사트바)들 모두가 연민의 화신들이다. 열반에 들 수 있었지만 내 반 쪽인, 나의 다른 모습인 중생들이 지옥에서 방황하고 있는 것을 두고 갈 수가 없어 다시 오신 것 아니던가. 나는 그 큰 사랑을 감당할 수가 없다. 하지만 결국 나는 관세음보살의 사랑에 항복한다. 항복하는 순간 나는 관세음보살의 사랑을 갖게 된다. 그리고 나는 세상을 향한 관세음보살이 된다.

진정한 연민이란 우리를 위해 열반에 들기를 보류한 보살들의 사랑에 우리 자신이 다시금 에고를 던져버리고 스스로 보살로서의 삶을 살아가려는 결정, 그리고 헌신이 아닐까.

자애 명상의 끝은 세상 모두를 향한 연민 명상이다. "나 혼자 깨달으면 무슨 재미인가?"이다. 앞서 사시면서 혼자 깨달으면 무슨 재미인가, 라는 생각으로 다시 이 세상에 내려와 사랑을 몸소 보여준 보살들이 계셨기에 그나마 우리들도 이런 것들을 깨달을 수 있었던 것일 게다. 인류가 아직 멸망하지 않고 조금씩 깨어난 의식이 늘고 있는 것은 모두 인류를 향한 큰 사랑으로 열반에 들기를 보류한 보살들의 은총이다. 내가 보살이 된다는 것은 그런 좋은 인연들을 창조한다는 것이다.

그래서 나는 결정했다. 사랑의 통로가 되기로, 보살이 되기로, 보살로서 살아가기로, 그저 불자들의 모임에서 보살님 거사님 하는 호칭의 차원이 아니라 진정한 의미의 보살이 되기로, 말이다. 사랑 따로, 삶 따로가 아니라 삶 자체가 사랑이 되겠다고 말이다.

보살의 삶, 육바라밀

보살의 삶은 다름 아닌 육바라밀이다. 바라밀의 의미는 수행이니 육바라밀은 불자가 생활 속에서 해야 하는 6가지 수행을 의미한다.

첫번째는 보시(布施) 바라밀이다. 보시란 베풂이다. 우리의 물질과 재능, 시간을 "주었다" 라는 상 없이 주는 것이 진정한 보시이다. 또한 붓다의 말씀을 깨우쳐 주는 법시(法施)와 두려워하는 마음을 없애주는 무외시(無畏施)도 보시의 방법이다. 두려움은 사랑 없음에서 비롯된다. 사랑이 없는 곳에 두려움이 있고 두려움에 사랑을 빛처럼 비추면 두려움은 사라진다. 마치 현재가 과거나 미래와는 공존할 수 없듯이 두려움은 사랑과 함께 있을 수 없다. 그러니 사랑을 주는 것이야말로 진정한 무외시라할 수 있다.

두 번째는 지계(持戒) 바라밀이다. 지계란 계율을 잘 지키는 것을 뜻한다. 붓다가 정한 오계(五戒)는 너무 기본적인 것 같지만 일상의 삶에서 진정으로 지킨다는 것은 상당한 도전이다. "살생하지 말라."고 했다. 사람의 생명을 죽이지 않더라도 말로 그 사람을 죽였다면 나는 살생한 것이다. 의도를 가지고 그 사람을 따돌려 죽게 만들었어도 나는 살생한 것이다. 잘못된 증거를 믿고 사형선고를 내렸어도 나는 살생한 것이다. 파리와 모기를 죽였어도 나는 살생한 것이다. 고기를 먹고 가죽제품을 사용했어도 나는 간접적으로 살생한 것이다.

두번째 계율은 "훔치지 말라."는 것이다. 우리에게 베풀어지지 않은 것을 취했다면 나는 훔친 것이다. 응당 내야 할 것을 내지 않았다면 나는 훔친 것이다.

세번째, "음행하지 말라." 네번째 "거짓말 하지 말라." 다섯번째 "술 마시지 말라." 역시 깊이 들어가면 끝이 없다. 가만히 명상을 하다 보면 나의 현재 근기와 형편에 맞는 오계의 구체적 실천방법들이 떠오를 것이다. 그렇게 하나씩 해나가면 된다.

세번째 인욕(忍辱) 바라밀이다. 이는 인간관계에서 나타나는 갈등에 대한 수행이다. 아직 뭐가 뭔지 모를 때에는 세상에 뚜껑 열리는 일이 많아도 너무 많다. 이럴 때 성난 마음을 가라앉히는 것을 복인(伏忍)이라고 한다. 이것이 생활화되면 어느 순간에도 마음이 흔들리지 않게 되니 유순인(柔順忍)이 가능해진다. 더 나아가면 성낼 것도 참을 것도 없는 것을 알게 되니 이를 무생인(無生忍)이라 한다. 그렇다보면 본래부터 적멸한 열반의 경지에 서서 경계가 없어지게 되니 이를 적멸인(寂滅忍)이라 한다.

정말 먼 나라 얘기 같지만 내가 바깥 세상에 대해 반응하는 방식을 가만히 지켜보는 수행을 지속하다 보면 가장 먼저 사라지는 감정이 분노이다. 뚜껑 열린 분들에게는 뺨 맞을 이야기인줄 몰라도 세상엔 화날 일이 그다지 많지 않다. 분노 역시 감정, 즉 무상한 에너지의 흐름일 뿐이다. 그리고 일어날 수 있는 일이기 때문에 일어난 것이니 현재의 경험을 있는 그대로 알아차리는 수행만 꾸준히 해도 인욕할 만한 일이 사라져버리는 것이다.

네번째 정진(精進) 바라밀이다. 정진이란 바르게 생각하고 부지런히 닦아 꾸준히 노력해 나아가는 것을 말한다. 매일 매일의 명상 수행, 육바라밀의 실천 등이 모두 정진 바라밀이다. 수행에 눈을 뜨기 시작하면 우리 일상 모두가 정진의 대상이요 과정임을 알게 된다.

다섯 번째는 선정(禪定) 바라밀이다. 이것이야말로 가부좌 틀고 앉아하는 명상수행을 말한다. 매일 수행하며 마음을 닦다 보면 당연한 귀결로 선정에 들게 된다. 해본 사람은 안다.

여섯 번째는 반야(般若) 바라밀로 지혜를 찾는 수행이란 뜻이다. 이는 선정에 의해 얻어진, 모든 사물과 이치를 훤히 꿰뚫어 보는 직관지(直觀智)이다. 내가 에고를 내려놓고 본래의 내 모습이 나타나기 시작하면 이는 자연스럽게 생겨난다.

"가테 가테 파라가테 파라삼가테 보디 스와하(건너왔네, 건너왔어. 피안으로 건너왔네. 피안으로 완전히 건너왔네. 깨달음에 뿌리내렸네.)"

우리 모두 함께 가자. 아니, 갈 곳이 어디인가. 바로 여기가 그곳이며 지금이 그때인데, 그리고 눈앞의 그가 바로 기다려온 그인데 어딜 갈 것인가. 사랑 아닌 것이 없는 세상, 사랑밖에 난 모른다.

[2017년 3월]

둘째

눈을 감고 고요히
나를 바라보라

눈을 감고 고요히
나를 바라보라

"남의 잘못을 보기는 쉽지만 자기의 잘못은 보기 어렵다. 남의 잘못은 등 겨나 쭉정이처럼 까불어 날리지만, 자기 잘못은 교활한 도박꾼이 제게 불리한 주사위 눈을 숨기듯 한다."   − 사십이장경

"비판을 받지 아니하려거든 비판하지 말라. 너희가 비판하는 그 비판으로 너희가 비판을 받을 것이요, 너희가 헤아리는 그 헤아림으로 너희가 헤아림을 받을 것이니라. 어찌하여 형제의 눈 속에 있는 티는 보고 네 눈 속에 있는 들보는 깨닫지 못하느냐. 보라. 네 눈 속에 들보가 있는데 어찌하여 형제에게 말하기를 나로 네 눈 속에 있는 티를 빼게 하라 하겠느냐. 외식하는 자여, 먼저 네 눈 속에서 들보를 빼어라. 그 후에야 밝히 보고 형제의 눈 속에서 티를 빼리라."   −마태복음 7장 1절−5절

우리는 과대망상증 환자들

나는 내가 썩 괜찮은 사람인 줄 알았었다. 국가가 정한 법을 어긴 적 없고, 주변 사람들에게 늘 넉넉한 마음을 냈으며, 내가 필요한 곳에 가서 재

능기부도 많이 했었다. 남들이 내게 하길 원치 않는 일들은 남에게 한 일이 없었고 차라리 내가 손해보고 살면 살았지, 남들 등쳐 먹는 일 역시, 나와는 관계가 없는 일이었다. 무엇보다 나의 영혼을 때묻지 않게, 순수하게 지키고 살았다고 철썩 같이 믿었다.

고요히 침묵 속에 앉아 나의 호흡을, 나의 감정을, 나의 생각을, 내 몸의 감각을 지켜보면서 나는 내가 의식하고 있는, 빛 속에 드러난 모습뿐만이 아니라 무의식 속에 꼭꼭 감춰진, 내 그림자 자아를 만나게 됐다.

그리고 알게 됐다. 내 안에 모두 다 있다는 것을.

나는 그 누구보다 호탕하면서도 째째하기 그지 없었고, 그 누구보다 순수하면서도 간교한 면 또한 있었다. 남들이 큰소리 치면 무서워서 주루룩 눈물을 흘릴 만큼 연약한 모습의 내가 있는가 하면, 의식 깊숙한 곳에 "차라리 그 사람이 죽어버렸으면 좋겠어!"라는 살인자의 분노가 억압되어 있는 것을 알게 되었다. 앞 차에 파드득 날개를 다친 비둘기를 싸안고 어쩔 줄 몰라 하며 동물병원에 데려다 주었다가 결국엔 60마일 길을 더 운전해 야생동물 보호소에 데려다줄 만큼 생명에 대한 연민이 가득한 줄 알았던 내가 성범죄자 등 내 도덕적 기준이 허락하지 않는 사람들에 대해서는 한 치의 연민도 허락하지 않고 있는 것을 깨닫기도 했다.

우리 안의 빛과 그림자

나는 빛에 속한 나의 면모만을 나라고 여겼던 것이다. 그래서 밝고 아름답고 지적이고 긍정적이고 지혜롭고 인심 좋고 친절하고 늘 웃는 면을 잘 포장해 세상에 내놓고, 그 모습에 나를 동일시 하고 있었던 거다.

그럼에 따라 내가 몰랐던, 인식하지 못했던, 무의식에 감추어 두었던, 그림자 부분의 나는 점점 더 억압되고 있었다. 이처럼 꼭꼭 눌려 억압된 나머지 분노한 나의 그림자 자아는 밖에서부터 투사할 대상을 찾고 있었다. 주변에 꼭 하나쯤은 있는, 견딜 수 없을 만큼 싫은 모습을 갖고 있었던 이들은 어쩜 내가 억눌러 놓았던 내 모습의 투사였다.

쿠션 위에 앉아 눈을 감고 있는 시간이 길어지면서 나는 나의 진면목과 마주 대했다. 그동안의 수행 덕에 나는 그러한 내 내면의 모습에 대해 있는 그대로 마음챙김을 할 수 있었다. 비판을 내려놓고 처음 대하는 것처럼 열린 마음으로, 호기심을 가지고, 기꺼이 함께 하고자 하는 마음으로 나의 그림자 자아와 만났다. 그리고 나는 나의 그림자 에고를 있는 그대로 껴안고 수용했다.

"괜찮아. 다 괜찮아." 라며 수용하고 허용하고 그냥 나일 수 있게 허락했다. 그러한 나와의 만남이 있었던 날 밤, 나는 명상을 하다 말고 꺼이꺼이 울었다. 이렇게 부족한 나를 있는 그대로 사랑해주는 나의 상위자아(Higher Self), 나의 진면목이요 나의 본질인 공(空)의 그 큰 사랑을 만나서였다.

상위자아와의 만남은, 즉 공(空)의 체험은 내가 알고 있는 이 세상 그 어떤 관계보다 더 깊고, 더 아름다운 것이었다. 사랑받는 자와 사랑하는 자의 관계는 내가 꿈꾸었던 그 어떤 이성과의 사랑보다 더 애틋하고 내가 늘 결핍을 느꼈던 어머니의 사랑보다 더 깊었다. 나는 비로소 채워지지 않던 굶주림과 해소되지 않던 갈증이 채워지는 걸 경험했다.

나는 모든 것이다.

깨달음이란 너무 가까이 있어서 멀어보인다. 나는 모든 것이었다. 내 안에는 긍정적인 나도 있고 부정적인 나도 있으며 호탕한 나도 있고 째째한 나도 있었다. 내 안에는 순수한 나도 있고 순수하지 못한 나도 있었다. 이분법으로 나눠진 세상에서 나는 이것이면서 저것이었다.

'마하바키즈(Mahavakys)의 우주 아이디어'에 따르면 존재는 빛이면서 어둠이고 신이면서 악마이다. 그저 모든 것이 나이다.

더 큰 나, 진짜 나를 있는 그대로 수용하니 내가 '남들에게 보여주고 싶어했던 나'와 '감추고 싶어한 것도 몰랐던 나의 부분'까지 다 내 안에서 일어나고 가라앉는 것을 보게 되었다.

내 안의 그림자 나를 허용하고 인정하다 보니, 기적이 생겼다. 더 이상 에고가 밖의 투사 대상을 찾지 않는 것이었다.

이젠 친구들과의 만남에서 밥값 한 번 내는 일 없는 친구가 더 이상 얄미워보이지 않게 됐다. 공짜가 생기면 넙죽 좋아하는 그림자 나를 만나줬기 때문이다. 남의 말이 다 끝나지 않았는데 말을 가로채는 이를 봐도 그러려니, 하게 됐다. 기회만 생기면 나서서 말하고 싶어하는 그림자 속 나를 허용해줘서이다.

이런 과정을 거치며 나는 신약성경 마태복음 7장 1절부터 5절까지의 구절이 떠올랐다. 이 구절은 바로 우리들의 자화상을 그리고 있다.

이 구절에 보면, 내 눈 속에 들보가 들어 있는데 외부의 사람들 눈 속에 있는 티를 빼주겠다고 하는 모습이 묘사돼 있다. 참 우리들은 오지랖이 넓다. 나만 잘 하면 되는데, 내 모습은 살피지 않고 외부에 보이는 것들에만 관심이 있다.

명상 수행은 이렇듯 온통 밖으로만 향해 있던 우리들 눈의 관심을 안으로 향하게 한다. 방석 위에 눈을 감고 앉아 있다 보면, 산란했던 마음이 가라앉으면서 있는 그대로의 내가 드러난다. 치사하고 째째하고 비겁하고 거짓말장이이고 산만하고 변덕장이인 나의 일면을 있는 그대로 만나준다. 그리고 "괜찮아."라고 허용한다. "그런 면들이 조금씩 없는 사람이 어디 있어?" 나는 인간이라는 불완전한 조건을 있는 그대로 수용한다. 완전하지 않아서 인간이다.

우리들 마음은 그야말로 하늘 같다. 무한한 공간에 긍정적인 부분이 뭉게구름처럼 보인다. 그런가 하면 먹구름도 있다. 아름다운 뭉게구름만을 잡으려 애쓰지 않고 먹구름을 거부하려 하지도 않는다. 그저 내가 뭉게구름과 먹구름이 일어났다가 가라앉는 하늘임을 알 뿐이다.

허용해주고 들어주고 바라봐주고…

내 눈 안에 들보가 있으면 세상이 있는 그대로 여여하게 보일 수가 없다. 내 눈 안의 들보는 내가 봐주지 않은 그림자 에고이다.

"외식하는 자들아." 라고 예수는 한 무리의 사람들을 불렀다. 외식한다는 것은 마치 배우가 연극에서 자신이 아닌 다른 사람의 역할을 연기하는 것처럼 나의 참 모습을 감춘 채. 거짓된 모습으로 다른 사람 앞에서 행동하는 것을 의미한다. 이제 우리는 밖에서 이처럼 외식하는 사람을 찾을 필요가 없다. 나 또한 그렇기 때문이다.

그것을 빼는 방법은 간단하다. 그저 주의를 기울이면 된다. 우리 안의 그림자 에고는 우리들이 봐주지 않고(Unseen) 들어주지 않아서(Unheard) 화가 나 있는 것 뿐이다. "네가 그렇구나. 알았어. 괜찮아. 충분히 그럴 만 해. 내가 함께 해줄게."라고만 하면 된다.

그러면 비로소 억압되어 있던 거친 내면에 숨통이 트이고 우리는 더 이상 보호 모드가 아니라 가슴이 열린 상태를 유지할 수 있게 된다.

자연스러운 상태는 가슴이 열린 상태이다. 가슴이 닫힌 상태는 우리 에고가 자신을 보호하기 위해 생존 모드로 전환했을 때의 몸 상태이다. 감정이 일어났을 때, 이를 몸으로 느껴보면 알 수 있다. 얼굴은 화끈거리고 목이 조여드는 것 같으며 가슴은 콩딱콩딱 빨리 뛴다. 또한 배가 쥐어짜는 듯 아프다.

이때 활성화된 뇌는 변연계이다. 이때 마음챙김을 하면 어떤 결과가 나올까. "아, 내 몸에 지금 이런 변화가 생겼구나" 하고 알아차리는 뇌의 활동은 전전두엽이다. 마음챙김으로 전전두엽이 활성화 되면 감정이 조절되고 에고가 자신을 보호하기 위해 생존 모드로 전환하느라 닫혔던 가슴이 다시 열린다. 상위의 것이 하위의 것을 껴안고 조절하기 때문이다.

내 눈 안의 들보를 빼는 방법

예수는 우리들 눈의 들보에 대해 어느 정도는 비판적인 입장을 취하고 있다. 하지만 마음챙김은 이에 대해서도 친절함을 허용한다. 알아차리되 비판하지 않고, 그냥 있는 그대로 받아들이는 것이다. 그리고 나와 이웃을 향해 자애명상 수행을 한다.

더 이상 외부에 비판하고 싶은 사람이 없을 때, 얼마나 행복한지 경험해 보면 비판의 날카로운 칼날을 갈지 않게 된다. 나를 있는 그대로 수용하고 허락하는 것이 형제 사랑의 첫걸음이다.

"보라. 형제가 연합하여 동거함이 어찌 그리 선하고 아름다운고."

(시편 133편 1절)

[2017년 11월]

탈조건화와 자기 용서

"자신을 용서하는 법을 배우세요. 딱딱하게 굴지 말고, 자신을 적대시
하지 마세요. 그러면 당신이라는 꽃이 피어날거에요. 그리고 그 피어남
과 함께 당신은 다른 꽃을 끌어들일 것입니다. 이는 매우 자연스럽습니
다. 돌은 돌을 끌어당기고, 꽃은 꽃을 끌어당깁니다. 그럴 때 은총, 아
름다움, 축복이 있는 관계가 있게 됩니다. 그리고 그런 관계를 찾을 수
있다면 두 사람의 관계는 기도로 성장할 것이고, 두 사람의 사랑은 황
홀경이 될 것이며, 사랑을 통해 신이 무엇인지를 알게 될 것입니다."

— 오쇼 라즈니쉬, 〈여성에 관한 책(The Book of Woman)〉

쿠션 밖의 수행

명상 수행을 한다는 것은 과연 어떤 것일까에 대해 요즘 자주 생각해본
다. 명상하는 시간이 늘어가면서 내겐 이런 변화가 일었다. 철이 들면서
부터 아무런 여과 장치 없이 내 인식 체계에 담겨진, 검증되지 않은 신념
들을 나로부터 분리해내는 작업이 시작되고 있었다.

그래서 요즘 나의 쿠션 밖의 수행은 스스로 묻고 답하는 것에 집중돼

있다. 내 삶의 모든 순간의 경험에 대해 있는 그대로 받아들이지 못하는 나를 알아차릴 때, 스스로에게 묻는다.

"어떤 신념을 붙잡고 있기에 지금 이 순간의 경험이 그처럼 불편한 거니?"

그렇게 계속 따지고 들어가보니 어릴 때부터 부모로부터, 학교로부터, 사회로부터, 친구들로부터, 대중매체들로부터, 책으로부터 스폰지처럼 빨아들인, 조건화된 가치관으로 만들어놓은 인식체계를 가지고 현재 이 순간의 모든 경험들을 비춰보고 있는 나를 알아차렸다.

알아차린 후에도 예전의 가치관으로부터 완전히 자유로워지기까지는 시간이 걸린다. 하기야 건물보다도 더 단단하게 구축된 인식 체계라는 것이 어디 그리 하루아침에 쉽게 무너지겠는가.

그래도 계속 이 과정을 반복하다 보면 우리들을 옭아매던 가치관들로부터 자유로워지는 날이 온다. 그리고 우리는 구름이 아닌, 구름을 담고 있는 하늘이 되어간다. 이 과정이 디톡스, 탈 조건화, 참회, 회개이다.

"적어도 어머니라면 자식이 아프다는데 괜찮냐고 물어봐야 하는 것 아냐?" 이런 신념을 붙들고 있다 보면 그렇지 않은 어머니를 대할 때 고통스럽다. 그리고 미운 마음이 인다. 나에 대한 측은한 마음도 생긴다. 하지만 어머니라도 자식 걱정보다 자신의 안위를 먼저 챙길 수 있다.

나의 어머니가 그녀로서 존재할 수 있는 자유를 허용해본다. 그리고 그녀에게 있어서는 지금 그녀가 하고 있는 모든 행동들이 최선의 선택임을 인정한다.

탈조건화 되어 나를 보다

탈조건화 되면 나의 생각과 말과 행동에 대해서 이전보다 훨씬 더 깨어 있게 된다. 나는 내가 무척 정직한 줄 알았다. 나를 돌아보기 시작하면서 내가 너무나도 자주 거짓말을 하고 있음을 알아차렸다. 내가 거짓말을 했던 이유는 인류애가 가득해야 비로소 가치있는 인간이라는 믿음, 가족과 친구들에게 헌신적이어야 좋은 인간이라는 믿음, "아니(No.)"라고 말하는 것은 비인간적이라는 믿음, 그 외에도 여러 이유와 핑계들 때문이었다.

친구가 만나자고 한다. 친구를 만나고 싶지 않은 것도 아니지만 지금 내게는 혼자 있는 시간, 휴식이 더 필요하다.

"미안한데. 나 지금 혼자 있고 싶어."

이렇게 말하자니 뭔가 잔인한것 같다. 왜냐, 내 친구가 나에게 그렇게 말한다면 나는 무척 섭섭해 할 것이기 때문이다. 그래서 나는 친구가 섭섭해하지 않을 만한 알리바이를 만들어낸다.

"나도 오늘 너를 만나고 싶은데 갑자기 급한 약속이 생겼어."

이때 가까운 친구라면, 그리고 호기심 천국이라면 이 정도의 알리바이로 물러서지 않는다.

"무슨 일인데?"

그러면 이제 나는 드라마 작가가 된다.

"서울에서 동생이 와서 오늘은 안 되겠다. 다음 번에 만나."

그리고 나서, 나중에 혹시라도 그 날에 대한 대화가 오갈 때면 나는 존재하지 않는, 거짓의 내 일정을 있는 것처럼 만들어 내야 했다.

그러다 보니 얼마나 삶이 괴롭고 피곤한지 모른다. 그런데 어느 틈에 나는 별 양심의 거리낌 없이 이런 거짓말들을 하고 있었다. 명상을 하면서 그런 나를 알아차리고 꺼이 꺼이 울어재꼈다. 그리고 내 안의 지배욕구를 본다. 친구가 내게 섭섭함을 느끼는 것을 교묘하게 조정하려는 나의 의도를 알아차린 것이다.

사실 해결책은 단순하다. 선택하면 된다. 선택은 둘 중 하나이다. 나를 위해 휴식하고 사실대로 말하고 미움을 받던가, 아니면 친구를 위해 피곤한 내 몸을 이끌고 나가던가. 그런데 나는 내 몸도 챙기고 싶고 친구의 사랑도 놓치고 싶지 않았던 것이다.

친구도, 연인도, 내가 있고 나서 있는 것이다. 농경사회에서 성장한 우리들은 나를 희생하고라도 전체의 뜻에 나를 묻어가려는 경향이 크다. 그렇다고 서구 사회에서처럼 매사에 '나, 나의, 나를, 나의 것'을 강조하는, 자아중독자가 되는 것이 가치있다는 얘기를 하려는 게 아니다.

거짓말 하지 말라는 계

아브라함 계통의 종교와 함께 불교에서도 거짓말 하지 말라는 것은 떡하니 계명으로 명시되어 있다. 《아비달마법온족론》의 구절을 들여다보자. 그때에 고타마 붓다는 비구들에게 말하였다.

"거짓말을 하는 이[虛誑語者]는 남을 속인 인연 때문에 포죄원(怖罪怨: 두려운 죄와 원한)을 낳아 몸과 마음이 거짓말의 업력으로부터 생겨나는 과보로부터 떠나지 못한다. 5포죄원(怖罪怨: 두려운 죄와 원한)에 대하여 적정(寂靜)하지 못하는 모든 사람은 그 누구든지간에 이번 생에

서는 모든 성현의 꾸지람과 싫어함을 받으며 선법(善法)을 전수받아 중
득할 기회를 얻지 못한다.

계율을 범하여 스스로를 포죄원(怖罪怨)으로 손상시키는 자가 되며,
죄도 범하고 타락하기도 하여, 대부분 박복하게 이번 생을 살아가고, 그
러다가 몸이 무너지고 목숨을 마친 후 다시 태어날 때면 나쁜 세계에 떨
어지거나 지옥에 태어난다."

무시무시하다. 고타마 붓다가 세상을 떠나고 제자가 적은 경이라 붓
다의 육성인지 제자의 해석인지는 알 수 없으나 인연법으로 볼 때 딱딱 들
어맞는 말이라 몸을 소스라치게 떨게된다.

내가 나를 용서하다

나는 하다 못해 설명하기 귀찮아 '짜장면' 먹었던 것을 '스파게티' 먹었
다고 했던 거짓말까지 포함해서 내 입으로 지은 수많은 구업에 대해 대성
통곡하고 참회했다.

기독교 신자들은 이럴 때 하나님께 죄를 고백하면 모두 용서해 주신다
고 하는데 나는 용서받을 곳이 없었다. 부처님 앞에 참회하면 될까. 내가
이제껏 이해하고 있는 붓다는 내 죄를 죄라고 규정하고 용서할 만큼, 오지
랖 넓은 분이 아니었다. 나는 나의 카르마를 나 스스로 용서해야만 했다.

"내가 알면서 또 때로는 모르는 가운데 생각과 말과 행실로 지은 모든
업에 대해 참회합니다. 특히 입으로 지은 모든 구업에 대해 참회합니다.
과거 나의 어리석음이 이런 업을 저질렀습니다. 나는 거짓말 했던, 나의

행위를 용서하고 싶습니다. 나는 죄의식과 후회, 수치, 벌에 대한 두려움 등 부정적인 감정들로부터 자유로워지고 싶습니다. 내가 나를 용서해주면 나는 앞으로 살아가면서 진실만을 말하겠습니다. 그리고 생각과 말과 행실로 사랑과 진실만을 드러내겠습니다. 내가 나를 용서함으로써 내가 자유롭고 행복하고 평화로워지는 것은 물론, 다른 이들도 용서받은 나의 진실을 만나게 되며 행복하고 자유롭고 평화로울 수 있게 됩니다. 난 더욱 친절하고 편한 사람이 될 것이며, 주변 사람들에게 사랑을 줄 것입니다. 난 내가 거짓말 한 업보를 용서하며 그 용서로 얻게 되는 자유와 평화, 행복을 받아들입니다."

거짓말 하는 죄를 지었던 나는 이를 알아차리는 나 앞에서 나의 모든 것을 드러내보인다. 거짓말 했던 나, 질투했던 나, 조정하려던 나, 등 내가 내 내면에 꼭꼭 눌러두었던 그림자 나를 남김없이 드러낸다.

내 안의 나를 바라보는 나는 그럼에도 불구하고 나를 무조건적으로 사랑해준다. "괜찮아. 무지해서 그런 거잖아. 당시의 너로서는 어쩜 그게 최선의 선택이었겠지. 이제 나와 함께 진실만을 말하고 죄짓지 않는 거야."

나는 내 앞에서 모든 가면을 내려놓는다. 나를 변호할 필요도 궁색한 핑계를 찾을 필요도 없다. 나를 보호하기 위해 보호막을 칠 필요도 없다. 그냥 있는 그대로의 나일 수 있도록 허락한다. 있는 그대로 허용한다. 무조건적인 사랑은 이런 사랑이다. 이 큰 사랑에 나는 혼절할 정도가 된다. 내가 꿈꾸어왔던 사랑이 바로 이런 것이었다. 있는 그대로, 무조건적인 사랑, 그럼에도 불구하고 하는 사랑 말이다.

나는 내가 한 행위 자체가 아니다. 나는 내가 했던 행위 때문이 아니라, 존재 그 자체로 가치가 있다. 이를 깨닫는 순간, 내 몸에서는 뜨거운 불덩이가 일어나고 뜨거운 기운이 충만해진다.

나 자신을 용서함으로써 나는 비로소 용서할 수 없었던, 용서하기 힘들었던 그들을 용서할 수 있게 됐다. 그들도 그들 나름의 세계관에서 최선의 선택을 했음을 헤아린다. 그 최선의 선택이 그 당시의 내게 껄끄러웠던 것 뿐이다.

그에게 어떤 이유가 있었는지, 어떤 사정이 있었는지, 무엇이 진실인지, 우리는 모른다. "그저 오직 모를 뿐." 하면서 과거의 기억에 대해서도 비판하지 않고, 모든 가능성을 열어놓고 있는 그대로 마음챙김한다. 그러다 보면 그를 용서하게 되고, 당시의 나를 용서하게 되고, 그 상황을 용서하게 된다. 그렇게 놓아버리고 나를 자유롭게 하고, 기억을 자유롭게 하고 평화롭게 존재한다.

깨어 있는 의식으로 살아가기

쿠션 위에서 마음챙김 수행을 계속 하다 보면 어느 순간부터 일상의 생각과 말과 행실을 하나도 놓침 없이 마음챙김하게 된다. 쿠션 위의 수행처럼 삶의 모든 순간을 진정으로 살게 된다.

단 한 순간도 그냥 넘어감 없이 모두 깨어있는 의식으로 바라보게 되는 것이다. 이는 마치 수백 수천 개의 CCTV가 돌아가는 가운데 살아가는 것과 같다. 행위만 찍는 것이 아니라 의도까지 고스란히 찍는 카메라들이 돌아간다. 그렇다고 내가 그 앞에서 가식적으로 친절하고 선할 수는 없다.

나는 진정 변화하지 않을 수가 없는 것이다. 하지만 너무 긴장하거나 겁낼 필요는 없다. 그 카메라의 눈은 잘잘못을 시비하려는 것이 목적이 아니다. 이는 사랑의 눈이다. 그렇다고 잘못한 것을 슬쩍 눈감아주는 눈은 아니다. 하늘이 보고 있음을 확연히 알게 되는 것은 물론, 결국엔 내가 하늘임을 아는 것이다. 삶이 정말 호락호락하지 않음을 깨닫는다.

나는 매 순간 깨어 있어야 했다. 오감을 통해 인식된 경험들이 과거 컨디셔닝된 가치관과 결합해 도둑놈 담을 넘듯, 마음에 진실이 아닌 거짓된 기억들을 쌓지 않도록, 깨어서 묻고 의심해야 했다.

그 과정에서 더 이상 나를 자유롭고 행복하게 하지 못하는 가치관, 진실이 아닌 가치관들은 폐기한다. 그렇다보니 거의 남은 가치관이, 붙들고 있을 가치관이 없어졌다. 이럴 수도 있고 저럴 수도 있다. 모든 가능성이 존재하는 것이다.

그럼에도 불구하고 아직까지 붙잡고 있는 신념이 몇 가지 있다.

모든 것은 변한다는 것.

죽음이 눈 앞에 있다고 생각하고 중요한 것을 하라는 것.

늘, 항상, 언제나 사랑을 선택하라는 것.

수행은 세상을 바꾼다는 것.

지금 이 순간 내가 할 수 있는 최선의 선택이 수행이라는 것.

몸이 건강해야 마음도 건강하다는 것.

내가 싫은 것은 남에게도 하지 말라는 것.

오직 모른다는 것.

어쩜 남아 있는 이런 가치관들도 모두 해체되는 날이 올지 모른다. 순간 순간, 무엇이 바로 지금 바로 여기에서 내게 진실인지 물을 뿐이다.

[2018년 1월]

'나'로서 살아간다는 것

완전한 수용과 합일의 기쁨

"나는 그것이 진실로 삶의 유일한 목적이라는 것을 깨달았다. 자기 자
신이 되는 것, 자신의 진실대로 사는 것, 본디 제 모습인 사랑이 되는
것…."　　　　　　　　　　　　　　　 — 아니타 무르자니

근본 자리의 변화

매일 방석 위에 앉아 눈을 감고 자기 자신을 들여다보기 시작한지도 제
법 시간이 지났다. 이토록 쉽고 단순한 수행이 삶에 가져오는 변화는, 뭐
라고 해야 할까, 조용한 가운데 우리들의 근본을, 맨 밑바닥을, 가장 깊
숙한 곳을 뒤흔들어 놓는 차원의 것이다.

거짓말을 일삼던 나를, 남에 대한 비판과 판단 투성이던 나를 알아차
리던 즈음, 나는 깊은 참회를 했다. 나 스스로를 용서하고 받아들였다.

그리고 나 역시 불완전한 인류의 일원임을 있는 그대로 수용했다.

그 거짓말이란 것이 집에서 늦게 나와 놓고 "차가 너무 밀려서."란 변명
이 됐든, 남에 대한 판단이란 것이 "저 머리를 조금만 뒤로 넘기면 더 예뻐

보일텐데."가 됐든, '무조건적 사랑(Unconditional Love)'의 원형 앞에 선 나는 조금도 '내가 옳다'는 '자기의 (Self-Righteousness)'를 주장할 수 없었다. 다른 사람에게 했던 거짓말보다 더 가슴 아픈 것은 나 스스로에게 했던 거짓말들이었다.

상(相)을 놓는다는 것

나는 나를 나이지 못하게 했던, 내가 내게 했던, 나에게 주입했던, 나에게 세뇌했던 모든 거짓말과 마음의 억압을 알아차리고 놓아주었다.

착해야 한다는 강박관념으로부터 시작해서, "내가 이렇게 하지 않으면 나는 사랑받지 못할 거야."라는 두려움에서 출발한 모든 행위들에 이르기까지, 진실 아닌 모든 것들을 그 근본 자리에서 부터 해방시켰다.

진실이 아닌, 스스로를 속이는 것에서 출발한 믿음은 "나는 이런 사람이야."라는 상(相)을 만들어낸다. 이것이 그 악명 높은 에고(ego)이다.

에고는 실재가 아닌 허상이며 두려움을 먹이로 커간다. 에고가 가장 두려워하는 것은 자신이 사라지는 것이다. 그래서 에고는 계속해서 상(相)을 만들어 내고, 거짓을 키워가고, 그 거짓을 사실로 믿게 만든다.

나는 진정한 나일 수 없도록 내가 나를 옥죄었던, 나를 억압했던 나의 지난 날을 돌아보고 나에게 용서를 구했다. 그리고 지난 날, 그처럼 억압받고 살아온, 그래서 늘 숨이 막혔던 나에 대한 연민으로 뜨거운 눈물을 흘렸다.

내면으로부터의 혁명

최근 내 수행의 핵심은 "내가 온전히 나일 수 있도록 허용하는 것"이다. 가슴이 불안하게 뛰어오면 그것마저도 알아차리고 허용한다.

그러다보면 어느새 심장 박동은 가장 편안한 상태로 자가조절된다. 그리고 지금 이 순간, 무엇이 진실인가를 스스로에게 묻고 가장 진실한 모습으로 존재한다.

"나는 착한 여자야."라는 거짓 믿음을 붙잡지 않으니 착한 여자도 되고, 착하지 않은 여자도 될 수 있는 자유가 있다.

이제 괜히 마음에도 없는 억지 선행을 하고 나서, 집에 앉아 억울해하는 바보 짓 따위는 하지 않는다. 빛이 빛인 줄 알기 위해 어둠이 필요할 뿐이다. 빛을 찬양할 필요도 어두움을 혐오할 필요도 없다. 빛과 어둠 모두 서로가 존재하기 위해, 서로를 이해하기 위한 현상일 뿐이다.

그렇게 내 마음 가는 대로 했을 때 세상으로부터 쏟아져오는 욕은? 내가 나에게 진실하기로 결정했다면 그 행위의 결과를 있는 그대로 받아들이면 된다.

하지만 당신이 사람들로부터의 판단과 욕지거리를 이겨낼 자신이 없다면 내가 하고 싶은 걸 포기하고 세상 사람들의 좋은 평가에만 목메고 살면 된다. 그런데 우리는 둘 다 챙기고 싶어한다. 그래서 늘 삶이 힘든 것이다.

의식이 밖을 향해 있는 사람들은 밖으로부터의 평가가 가장 중요하다. 그래서 남들이 멋있다고 생각할 만한 옷과 핸드백으로 몸을 치장하고 남들이 인정할 만한 직업을 가지며 남들이 부러워할 만한 동네에 살고 남들이 부러워할 만한 자동차를 운전한다.

그리고 스스로 속는다. "이건 내가 원하는 거야." 뿐만 아니라 자녀들도 남들이 부러워할 만한 기준에서 이탈하면 그들까지 들들 볶는다. 이는 핏줄과 사랑을 내세운 지배욕(Domination)에 다름 아니다.

과연 그럴까?

하지만 "과연 그럴까?" 하며 모든 걸 의심해보라. 내가 이걸 왜 선택하는 거지? 어떤 신념이 나로 하여금 이걸 고르게 한 걸까? 나는 진정으로 이걸 원하는 걸까? 아니면 어릴때부터 주입된 신념 때문에 그런 선택을 한 걸까?

내가 나일 수 있게 허용한다는 건, 나의 힐링이요, 이 우주 전체의 힐링이다. 나의 존재감에 대한 존중(자존감)이란 에고의 허영이 아니라 전 존재에 대한 마음챙김이자, 연민이며, 허용함이다.

나는 나라 믿고 있는 것과, 나를 제외한 세상 모두와 합쳐 본래 하나인 존재이다. 나는 전 존재인 나를 보고 느끼고 깨닫기 위해 지금의 나로 체화한 것이다. 그렇기에 내가 나일 수 있도록 허용하고 진정 나로 살아간다는 것은, 전 존재(Whole being)가 바로 전 존재일 수 있도록 허용한다는 뜻이다.

그리고 내가 나를 나이도록 허용하지 못한다는 것은 이 우주 전체, 전 존재가 전 존재이지 못하도록 내가 저항한다는 의미이다.

그렇기 때문에 내가 나일 수 있도록 허용하는 것은 우주를 개벽시킬 정도의 영향력이 있다. "나 하나쯤이야"란, 근본부터 잘못된 환상이다. "나는 우주를 변화시킬 수 있을 만큼 중요한 존재이다. (I do matter.)" 인간들이 각자 하나 하나 진정으로 자기 자신일 수 있도록 자신을 허용하고, 그럼으로써 전 존재에 연결될 때, 세상은 어떤 모습일까.

깨달음의 기쁨

이를 깨닫는 순간, 온 몸의 에너지 포인트가 확 밝아오는 감각이 느껴졌다. "내가 착각하는 것일까?" 라고 의심하며 잠깐 눈을 뜨고 다시 한 번 실재의 세계로, 몸으로 돌아와 티끌 만큼도 "이러한 감각이 일어날 거야."라는 기대감, 또는 스스로에게 최면 거는 행위를 일체 배제하고 있는 그대로 마음챙김을 해본다.

착각이 아니었다. 온 몸에 에너지가 휙휙 돌고 불이 켜지는 느낌이 있다. 착각이 이처럼 확실하고 강렬할 수는 없다. 수행하는 이들이 모두 이런 기(氣) 체험을 하는 건 아니다. 아마도 한국인을 비롯한 동북아시아인들은 조상 대대로 그런 집단 무의식을 가져왔기에 우리 유전자에 심겨진 방식대로 생명을, 기를, 에너지를, 현존을, 삶을 이런 방식으로 체험하는 것인지도 모른다.

그 상태는 세상이 줄 수 있는 그 어떤 쾌락, 그 어떤 행복보다 크다. 나는 그저 현재의 경험에 열린 마음으로 주의를 기울이며 그 엑스타시의 느낌을 즐긴다. 그러면서 깨닫는다. 전 존재가 바로 지금 이곳의 삶 그 자체인 나와 비로소 만난 것임을.

"바로 당신이었군요." 전 존재와 나는 그 오랜 세월을 거쳐 이제서야 만났다는 그 반가움에 눈물을 흘리며 끊임 없는 포옹을 한다. 전 존재 앞에서 나의 에고는 흔적조차 없다.

지고의 평화와 행복을 느낀다. 부족한 것이 아무 것도 없고, 해야 하는 일이 아무 것도 없다. 바로 지금 이곳이 내가 꿈꾸어왔던 바로 그 순간이고 그곳이다.

인류의 스승들

내가 나일 수 있도록 허용한다는 것은 곧 내 에고가 전 존재 앞에서 흔적 없이 사라진다는 것을 뜻하며 이제 나는 내 본래 모습인 전 존재로서 존재한다는 의미한다.

사도 바울은 어쩜 이런 강렬한 체험을 한 사람인지도 모른다.

"그러므로 누구든지 그리스도 안에 있으면 새로운 존재입니다. 옛 사람은 없어지고 새 사람이 된 것입니다." – 현대인의 성경 고린도 후서 5장 17절.

"내가 그리스도와 함께 십자가에 못박혀 죽었으므로 이제는 내가 사는 것이 아니라 내 속에 그리스도께서 살아 계십니다. 지금 나는 나를 사랑하시고 나를 위해 죽으신 하나님의 아들을 믿는 믿음으로 살고 있습니다." –갈라디아서 2장20절.

본래 나인 전 존재가 나를 흐르도록, 내 몸의 힘을 완전히 빼고 이완하고 아무 것도 하지 않으며 고요히 존재 가운데 거하면 전 존재가 나를 통해 살기 시작한다.

그때부터 다른 차원의 삶이 시작된다. 사랑에서 출발한 함이 없는 함(無爲의爲)…. 나는 그저 이를 사랑 어린 시각으로 경이에 차서 바라볼 뿐이다.

에고의 놀음은 이제 충분히 할 만큼 했다. 지겹지도 않은가. 분리돼 있다는 착각으로, 내 에고가 실체라는 거짓된 신념에 놀아났던 날들이…. 이젠 더 이상 그렇게 거짓으로 살아갈 필요가 없다.

이렇게 깨달았을 지라도 카르마의 힘은 무척 커서 자꾸 잊고 또 지난 날의 습으로 돌아간다. 그래서 필요한 것이 수행이다.

나는 내게 수행을 가르쳐준 이들에게 감사한다. 그리고 인류 초기 역사 때부터 권력자들의 위협으로부터 이 아름답고 소중한 수행의 전통을 지키고 전달해준, 나도 모르는 스승들에게 감사한다.

윌리엄 버틀러 예이츠의 "알려지지 않은 스승들에 대한 감사(Gratitude to The Unknown Instructors)"는 바로 이런 내용을 담고 있는 시이다.

"후세대들에게, 맡아한 바를 전해준 그들. 칼날 같은 풀잎 위에 이슬처럼 매달려 있는 그 가르침들. (What they undertook to do They brought to pass; All things hang like a drop of dew Upon a blade of grass.)"

내가 나일 수 있도록 허용하고, 나의 본래 모습을 기억하며, 본래로 살아간다는 것은 우리 후손들에게, 그리고 다시 태어날 나에게 이처럼 귀한 가르침을 이어가는 숭고한 존재 방식이다.

[2018년 2월]

고통은
깨달음으로 인도하는 선물

"비극의 힘은 모든 인간에게 닥칠 수 있는 보편적 고통을 그려 보여줌으로써 한편으로는 나 자신의 허약함과 그런 나에게 언제든지 닥쳐올 수 있는 고통의 크기 앞에서 공포와 전율을 느끼게 하지만, 이런 감정을 자기 자신만을 염려하는 이기적이고 자기중심적인 정념으로 치닫게 하지 않고, 도리어 나와 똑같은 타인이 당하는 고통에 동참하고 연민을 느낄 수 있는 디딤돌이 되게 합니다."

– 김상봉 작가의 〈그리스 비극에 대한 편지〉 중

고통은 인간의 실존

가끔은 눈을 감고 앉아서 마음으로 고타마 싯다르타의 일생을 동영상 보듯 돌려본다. 어떻게 그는 인간의 몸으로 태어나 깨달은 자, 붓다가 되었을까.

경전은 그가 이번 생애 훨씬 전부터 셀 수 없는 공덕을 세우고, 깨달은 자가 되겠다는 원을 세워 붓다가 되었음을 보여준다. 전생의 공덕이 워낙 화려하다 보니 다른 평범한 인간들처럼 감각적 쾌락에 천착하지도 않으신 것 같다.

아무리 나라 규모가 작다 하더라도 왕족은 왕족이다. 거기다가 아버지, 슈도다나왕은 아들을 위해 계절마다 머물 수 있는 성을 지어주고 남자는 한 명도 없고 궁녀들만 가득한 궁에서 아들을 노닐게 했다고 한다. 목욕할 때도 4명이 수발을 들었다고 하고, 목욕 후에는 향료를 바른 후 비단 옷을 입혔다고 씌여있다. 매 끼니 쌀밥과 기름진 반찬으로 차린 식사를 했다는 구절도 있다.

사실 이 부분은 범부중생들이 들으면 욕 나오는 대목이다. "나도 살면서 한 번쯤 떵떵 거리고 살아봤다면 부자로 잘 사는 것에 대해 연연함 없을 거야."라는 말이 나올 수도 있겠다. 결혼할 아낙이 없어 동남아에서 아가씨를 데려와야 하는 한국 농촌의 총각이라면 "나도 싯다르타처럼 여자들로 둘러싸여 살아본 적이 내 인생에 단 며칠이라도 있다면 결혼, 까짓거 안 해도 상관 없지. 결혼이 뭐야. 죽을 때까지 여자를 못 보는 것도 생각해볼 만 하네."라고 나올 수 있다.

이처럼 범부중생의 눈으로 볼 때는 부족함이 하나도 없는 싯다르타 태자였지만 그에게도 아픔은 있었다. 그를 낳자마자 7일 만에 어머니 마야 부인이 세상을 떠난 것이다. 이모인 마하파자마파티는 훗날 출가하여 최초의 비구니가 되었고 깨달음을 성취했던 인물이다. 훗날 깨달음을 이룬 분이니만큼 싯다르타 태자를 돌봄에 있어서도 친어머니 못지 않게 정성을 다 했을 것이라고 짐작해볼 수 있다. 그리고 싯다르타가 어머니를 여읜 나이가 생후 7일 째이니 아직은 아무런 기억이 없는 시기인데 무슨 고통을 느꼈겠는가, 라고 말할 수도 있다.

하지만 우리의 무의식은 모든 것을 기억하고 기록한다. 고타마 싯다르타는 어머니의 사랑에 대한 근본적인 갈애를 지닌 채 성장하게 된다.

성밖으로 나가 여러 인간군상들을 보고 인생무상을 느낀 그는 슬픔을 금치 못했다. 그는 밝은 모습이라기 보다는 고뇌가 많은 젊은이였던 것 같다. 본래 삶이 너무 기쁘고 재미있는 사람은 정신적인 것에 관심을 갖지 않는 법이다.

슈도다나왕은 아들이 출가하여 사문이 될 것을 염려해 16세 때, 아쇼다라 공주와 조기 결혼을 시켰다. 그리고 아쇼다라 공주는 싯다르타 왕자의 아들, 라홀라를 낳는다.

대부분의 남자들은 혼자서 살 때는 제 마음대로 하고 살았을 지라도 결혼을 하고, 아기가 생기면 자신의 꿈을 접고 2세를 잘 키우기 위해 생업 전선에 매진한다. 고타마 싯다르타가 아들과 아내를 버려두고 출가를 결심할 수 있었던 데는, 자신이 지켜주지 않더라도 왕족인 만큼 이들의 생계가 보장될 수 있었던 이유도 있을 것이다.

고통이 있어 깨달음이 있다

싯다르타는 선정 수행도 해보고 고행도 해보다가 이 두 가지 방법을 다 여읜다. 목욕을 한 후, 마을 처녀인 수자타가 공양한 유미죽을 먹고 체력을 회복한 그는 보리수 밑에 앉아 수행을 계속하다가 35세가 되던 해의 12월 8일 이른 새벽, 드디어 깨달음을 성취해 붓다가 되었다.

그는 인간이 인간의 실제라고 알고 사는 것이 사실은 다섯 가지의 먼지 덩어리(오온)뿐임을 깨달았다. 대부분의 인간들은 내면의 감정으로 밖의 세상을 인지하는, 어린 시절에 형성된 시각으로 세상을 본다. 그렇게 생각하고 말하고 행동하고 일하는 인간들은 자신이 어떤 메카니즘으로 돌아가는지조차 모르고 일생을 마친다.

붓다는 일단 어떤 것을 하고 있었던지 멈추고 난 후, 4곳에 마음을 두고 수행하라고 했다. 몸, 몸의 감각, 마음, 마음에 일어나는 법(색수상행식의 작용으로 인식되는 정신적 현상, 즉 내가 인지하는 현재의 삶)에 대해 마음을 두고 수행하라는 것이다.

도대체 이 단순한 수행법이 어떻게 붓다가 깨달은 깊이의 깨달음을 가져다줄 수 있을까, 궁금하지 않은가.

몸의 감각은 늘 변한다. 변하는 것은 무상하고 고통이며, 무아이다. 마음에 인식되는 세상 역시 늘 변한다. 변하는 것은 무상하고 고통이며 무아이다. 그러니 내가 관여할 필요 없이 그냥 내려놓고 있는 그대로 알아차리면 된다.

눈감고 앉아서 이를 철견하다 보면 삶에 대해서도 붙잡거나 저항하지 않고 매순간 변하는 경험들에 대해 그냥 내려놓게 된다.

붓다가 직접 가르쳐준 또 하나의 수행인 메따수행(자애수행)은 붓다의 원초적인 결핍인 모성의 부재를 완전히 극복한, 엄청난 것이다. 경전에 따르면 붓다는 메따수행을 할 때에는 "마치 어머니가 하나밖에 없는 아들을 목숨을 걸고 보호하는 것처럼, 모든 존재에 대해 한량없는 자애의 마음을 닦아야 한다."고 말하고 있다.

어머니 없이 자란 그는 평생 어머니에 대한 목마름을 갖고 있었을 것이다. 어머니의 사랑에 대한 결핍이 있었던 만큼, 그의 목마름을 채워줄 수 있는 모성은 웬만한 또래들이 그리는 것보다 훨씬 더 더 큰 사랑이었을 것이다. 그는 실제 "외아들을 목숨 걸고 보호하는 어머니"의 마음이 되어 본 것이다. 그 사랑으로 '머무는 바 없이' 자신을 사랑했을 것이고, 세상을 사랑했을 것이다.

고통이 우리를 성장시킨다

방석 위에 앉아 있다 보면 별의 별 생각이 다 떠오른다. 물론 생각이 일어났구나, 알아차리고 다시 호흡으로, 또는 몸의 감각으로 돌아온다.

하지만 생각을 따라 삼천포까지 가는 것이 아니라면 생각, 그 자체에 대해 알아차릴 수 있다. 이러는 과정에서 나를 괴롭혔던 어린 시절의 기억들이 정리된다. 나는 나의 내면아이를 만나 그 아이의 필요를 들어주고, 그 아이를 품어준다. 마치 어머니가 외아들을 목숨 걸고 보호하듯이 말이다.

무척 화가 나 있었던 그 아이는 이제 필요가 채워지고 의식(Consciousness)의 관심을 받았기 때문에 더 이상 분노하지도 두려워하지도 않는다.

현재 삶의 고통은 우리들을 수행으로 이끈다. 그것이 모성에 대한 결핍이든, 육체적인 괴로움이든, 정신적인 괴로움이든 상관 없다. 그래서 고통은, 그리고 고통의 원인인 탐진치는 우리들을 수행으로 이끄는 귀중한 소재이다. 고통을 벗어나고 싶다는 탐욕을 이용한 것이 수행일 수 있다. 그래서 우리들은 탐욕 없음을 탐한다.

그러려면 우선적으로 깨어서 알아차리는 의지작용이 굳건히 서야 한다.

이는 상당히 남성적인 에너지이다. 그리고 알아차렸으면 내려놔야 한다. 그리고 현재에 완전히 항복해야 한다. 이는 상당히 여성적인 에너지이다.

그렇게 여성적 에너지와 남성적 에너지가 내 내면에서 완전한 합일을 이루었을 때, 우리는 알게 된다. 더 이상 언어, 이성적 추론 등이 필요치 않다. 더 이상 기다릴 것이 없는 상태, 가야할 곳도 없고 해야할 일도 없는 상태, 완벽하게 평정인 상태가 된다. 충만한 텅빔이요, 텅빈 충만함의 세계이다. 있는 그대로 열반이다.

내 삶의 고통은 내가 다른 사람을 도울 수 있는 선물

그래서 깨달았다. 내가 삶 속에서 겪었던 고통과 상처는 그것이 아물었을 때엔 나 자신을 상처 없음으로 인도해준 것이 된다. 이 고통과 상처에 대해서는 이 세상 그 누구보다 내가 더 잘 안다. "나만큼 아파봤으면 돌을 던져."가 되는 것이다.

그러니 아픔이 많다고 슬퍼할 게 아니다. 그 아픔들은 나를 강 건너로 넘겨줄 뗏목이며, 이 세상에 나와 같은 아픔을 갖고 있는 이들에게 도움을 줄 수 있는 선물이기 때문이다.

"이 세상 모든 존재들이 고통에서 벗어나기를… 행복하기를…."

[2019년 3월]

결핍에 대한 소고 小攷

"당신의 결핍을 직면하고 인정하라.

하지만 결핍이 당신을 사로잡게 놔두지는 말아라.

결핍이 당신에게 인내와 친절, 예지를 가르치게 하라."

– 헬렌 켈러

"결핍과 고통은 나의 보물이고,

나의 보물 때문에 지금의 내가 있어요."

– 〈김미경쇼〉 진행자. 김미경

유전자 속 결핍에의 기억

인간이라는 생물학적 존재에게 있어 결핍은 유전자 속에 깊게 뿌리 박혀 있는 의식이다. 동굴 생활을 하던 시절, 호모 사피엔스는 먹을 거리를 사냥하기 위해 지표면 위를 뛰어다녔고 사냥감은 그리 호락호락 잡혀주지 않았으며 그래서 먹을 거리는 늘 부족했다.

그래서 한 번 사냥을 하면 주린 배를 채우기 위해 가장 칼로리가 높은 부위를 먼저 먹었다. 그렇게 인간은 태생적으로 고지방 고칼로리 음식을 좋아하게 된다. 모두 그 시절, 우리들의 DNA에 각인된 결핍의 정보 때문이다. 탕수육과 새우 튀김을 보고 입맛을 다시는 것은 당신이 지극히 자연스러운 호모 사피엔스임을 증명해준다.

니까야에 나타난 결핍의식

농경생활을 시작하고 잉여물이 생겼지만 인간은 충분함을 모른다. 그래서 잉여물을 저장하기 시작했다.

디가 니까야(27) 중 〈세상의 기원에 관한 경(Aggañña Sutta)〉에 보면 본래 우리들은 "마음으로 이루어지고, 희열을 음식으로 삼고, 스스로 빛나고, 허공을 다니고, 천상에 머물며 길고 오랜 세월 살게 된다."고 씌어 있다.

그렇게 마음으로 이루어져 마음대로 살던 중, 어떤 게으른 중생이 '왜 저녁에 저녁식사를 위해 쌀을 가져오고, 아침에 아침식사를 위해 쌀을 가져와야 하지? 아침과 저녁식사 거리로 한꺼번에 쌀을 다 가져와야겠다.'라고 생각하고 행한다.

처음엔 "난 충분합니다."라고 말하던 다른 중생들도 이제 그를 따라서 아침과 저녁식사 거리로 한꺼번에 쌀을 가지고 온다. 니까야에 따르면 현재의 쌀이 쌀겨 즉 껍질로 싸여 있는 것은 인간이 축적을 시작하면서부터라는 것이다. 니까야의 구절 그대로 인용하자면 "결핍이란 것이 알려지게 되었으며 벼는 무리를 지어 자라게 되었다."고 한다.

작용 반작용인 셈이다. 내가 세상과 나를 생각으로 분리시키니 나와 세상(여기에서는 벼)이 둘이 된다. 그리고 세상에 대해 탐욕을 품게 되니 그 대상은 스스로를 지키고자 자신을 더욱 방어하게 된 것이다.

니까야의 구절들을 그리스 로마 신화처럼 인류 집단 무의식의 기록물이라고만 여길 수는 없다. 세존께서는 법안으로 세상의 기원과 종말을 모두 보셨을 터이니 이는 상징이라기보다 실제 상황이었을 수 있다고 생각된다.

예수가 오병이어의 기적을 이뤄냈다는 성경 구절 역시 단지 예수의 영성 지도자 스펙 부풀리기로만 볼 수는 없다. 어쩌면 누군가가 떡 다섯 조각과 생선 두 마리를 같이 먹자고 내놓은 것에 대해 다른 이들의 마음이 열려 주머니 속에 꿍쳐놓았던 먹을 것을 모두 꺼내 이런 훈훈한 미담이 생겨난 것일 수도 있겠다.

또 다른 가능성은 예수의 설법으로 그 장소에 있었던 대중들 모두 더 이상 나와 너를 구별하지 않고 결핍의식으로부터 완전히 자유로워지면서, 그들이 이제껏 경험하지 못했던 신비한 기적이 일어난 것일 수도 있다.

나는 부족한 존재 I am not enough

결핍의식의 뿌리는 나 자신에 대한 부정이다. 현재의 나는 완전하지 않다는, 나는 부족하다는, 충분치 않다는 믿음 말이다.

완전했던 당신은 태어나면서부터 부모의, 형제자매의, 친구의, 선생님의 말에 조건화되어 점점 스스로가 충분치 않다는 것을 완전히 믿게 되었다.

그리고 그렇게 믿기 때문에 당신은 충분치 않은 존재, 부족한 존재가 되어 간다. 왜? 우리는 생각하는대로 될 수 있기 때문이다. 결국 모든 것이 마음이 짓기 때문이다.

욕망은 욕망을 욕망한다

아무리 많은 돈을 가진 이들일지라도 충분하다고 느끼지 않는다. 그래서 99를 가지고 있으면 1을 빼앗아서라도 100을 채우려 한다. 욕망은 욕망을 욕망한다.

미국 역사상 최초의 억만장자이자 동시대 최고의 부호였던 존 로커펠러(John D. Rockefeller)에게 한 기자가 질문했다.

"도대체 얼마만큼의 돈이면 충분한 것입니까?"

이에 대해 그는 이렇게 대답한다.

"쬐끔만, 쬐끔만 더 있으면 됩니다. (Just a little bit more.)"

갈애… 그렇다. 마셔도 마셔도 채워지지 않는, 타는 듯한 목 마름… 먹어도 먹어도 채워지지 않는 배고픔… 아귀란 상상 속의 괴물이 아니라 아무리 가져도 채워지지 않는 욕망에 사로잡혀 있는 우리 자신이었다.

홀로코스트를 지나온 유대인들은 아무리 큰 부자가 되었을지라도 늘 결핍의식을 안고 산다. 그들은 최고급 레스토랑에서 좋은 요리를 사먹을 수 있는 돈이 있지만 부패한 음식을 버리지 못하고 먹는다고 한다. 또한 지금이 지나면 또 언제 먹을 수 있을까, 하는 두려움 때문에 과식을 하는 경우도 있단다. 음식을 저장하는 강박증 역시 자주 볼 수 있다. 어린 시절

2~3년의 경험이 그들 평생의 행동을 좌우하는 영향력으로 작용한 것이다.

결핍에의 기억

1960년대에 태어나 초등학교 때 육성회비를 한두 번 늦게 납부해 담임교사로부터 따가운 눈총을 받아본 경험을 갖고 있는 이들은 안다. 결핍이 얼마나 구차한 것인지를.

생활환경 조사랍시고 같은 반 친구들이 두 눈 멀쩡히 뜨고 있는데 "집에 자가용 있는 사람 손들어봐.", "피아노 있는 사람?" 묻던 교사 앞에서 손들 것이 별로 없었던 이들에게 있어 결핍은 감추고 싶은 수치감이었다.

그런 일이 있고 나서, 자가용과 피아노 다 있다던 친구의 엄마가 화려한 옷을 입고 학교에 나타난 후, 그 친구는 반장으로 임명되기도 했고 별일 아닌 것에 선생님으로부터 과분한 칭찬을 받기도 했다. 이는 내 생애 처음으로 경험한 소외요, '상대적 박탈감'이었다.

그 시절 나는 어렸고, 약했고 두려웠다. 그래서 어른들을 향해 내 감정의 현주소와 내 필요를 당당히 말할 수 없었다. 이제 어른이 된 나는 다시금 그 시절, 그 순간으로 시간여행을 떠난다. 나는 두려움에 사로잡혀 있는 겁먹은 소녀를 만난다.

나는 그녀에게 말해준다. "결핍이란 수치스러운 것도, 감춰야 할 것도 아니란다." 그리고 나는 그녀에게 결핍 또한 이 세상의 여러 경험과 마찬가지로 무상함을 알려준다. 나는 그녀를 토닥이며 그녀와 함께 결핍을 직시한다. 그 결핍의식 역시 무상하고, 고통이며, 자성이 없다. 두려움에 사로잡혔던 소녀는 웅크렸던 가슴을 열고 '결핍' 역시 잠시 그녀가 지나 갔던 한나절 경험이었음을 깨닫는다.

행복지수 높은 나라들

현재 대한민국은 경제적으로 보자면 그 어느 때보다 호시절을 누리고 있다. 2018년 기준, 대한민국의 국내총생산(GDP)은 세계 12위이다. 1인 당 국민총소득(GNI) 순위는 세계 30위권이다. 그런데도 사람들은 못 살 겠다고들 난리다.

그 이유가 부유층과 자신을 비교했을 때 느껴지는 '상대적 박탈감'이라 는 것을 2019년 소위 '조국 사태'로 명명된 굵직한 정치적 이슈들을 지나 가면서 알게 됐다.

이를 증명이라도 하듯, '2018년 세계행복보고서'에 따르면 대한민국 사 람들은 전 세계 156개국 가운데 행복순위 57위를 기록했다.

2019년 기준 세계에서 가장 행복한 국가 1위는 핀란드였다. 요즘 우리 와 갈등을 일으키고 있는 일본은 52위(우리보다 5순위 앞이다)였고 미국 은 18위였다.

UN 산하 자문기구인 '지속가능발전해법네트워크(SDSN)'에서 발표한 이 보고서를 보면 대체로 북유럽 국가들이 상위권을 차지하고 있다. 그 런데 신기한 것은 행복도 1위를 차지한 핀란드의 1인당 국내총생산이 이 웃 북유럽 국가들보다 낮다는 것이다. 이는 행복이 돈과 정비례하는 것 이 아님을 여실히 보여준 예이다.

세계 행복지수 1위 국가에서 그동안 가장 자주 1위에 올랐던 나라는 부탄이었다. 히말라야 동쪽, 해발 3천이 넘는 고산 지대에 위치한 인구 75만의 나라 부탄은 GNP 수준은 낮지만, 국민총행복지수(GNH·Gross National Happiness)만은 세계 1위를 오래도록 유지했다.

많이 싸돌아 다녔지만 아직 부탄은 여행해보지 않아 직접 내가 확인한 바는 아니다. 하지만 입수한 정보에 따르면 부탄은 금연 국가이며, 공장과 고속도로 그리고 신호등이 없는 나라이자, 대승불교를 국교로 삼는 나라라고 한다.

그들은 왜 행복한 걸까. 모두 다 가난해서 '상대적 박탈감'을 느끼지 않기 때문일까. 아니면 대승불교를 국교로 삼고 국민 모두가 수행자인지라 '남'이 아닌 '진정한 나 자신'을 탐구하는 것에 관심을 갖기 때문일까. 아니면 대승불교국가답게 국민 모두가 보살행을 하기 때문일까. 아니면 이 모두가 이유일까.

결핍을 직시하라

앞에 썼듯이 결핍감 역시 수행자가 탐색의 대상으로 삼는 현재의 경험 가운데 하나이다. 그러니 애써 '그런 것 없어.'라며 외면할 게 아니라 직시하는 게 해법이다. 이 목마름, 배고픔, 허기짐, 상실감, 그리고 온 국민의 심리상태를 대면하는 '상대적 박탈감'을 직시해보자.

'상대적 박탈감'이란 단어가 말해주듯 상대적인 것이요, 늘 변하는 것이다. 오늘 박탈감을 느끼던 내가 내일이면 상대적 충만함을 느낄 수도 있다. 어제 친구가 페이스북에 올린 카리브해 리조트 여행 사진에 상대적 박탈감을 느꼈을지라도 내일 프랑스 니스 해변의 다이아몬드 다섯 개짜리 호텔에 들어서는 순간, 상대적 행복감과 충만함을 느낀다.

그러니 이는 무상한 것이다. 무상한 것은 자성이 없고 고통이다. 무상한 것을 무상한 것으로 알아차리고 내려놓는다.

상대적 박탈감이란 나의 현재 상태와 남, 또는 나의 현재 상태와 과거를 비교하는데서 비롯된다. 수행자의 관심은 현재의 내 경험이다. 그러니 일단 남과 나의 현재 경험을 비교하는 것은 내려놓는다.

지난 2019년 8월, 상대적 박탈감에 촛불을 들었던 대학생들과 국민 여러분께 묻고 싶다. 그것이 과연 당신의 주의력을 기울일 만한 일들이었는가를, 말이다.

온 국민들이 나를 들여다보기보다는 옆 사람이 무얼 하는가에 지나치게 관심을 기울이고 있는 것 같다. 옆사람이 가진 것보다 조금 더 가져야 행복한 것이 과연 행복일까. 과연 얼마나 가져야 행복할까. 당신 눈이 밖을 향하고 있는 한, 당신은 절대 행복해질 수 없다.

행복은 내 안을 들여다볼 때 찾을 수 있다. 행복이란 게 따로 내 안에 또아리를 틀고 있으니 그것을 발견하라는 것이 아니다. 고통의 실체를 철견할 때, 즉 고통이란 것이 무상함을 깨달을 때, 고통이 고통이라 할 만한 것이 없음을 알게 된다. 즉 고통을 직시하면 고통의 무상함을 알게 되고 고통은 사라진다.

나는 충분합니다 I am enough

'나는 부족하다.(I am not enough.)'는 뿌리 깊이 박힌 무의식을 서서히 알아차리고 내려놓다보면 어느 순간, '나는 충분하다.(I am enough.)'는 것을 깨달을 것이다. 이를 위해 당신이 특별히 멘탈 무장할 필요는 없다. 결핍의식으로부터 도망치지 말고, 그렇다고 색칠하며 꾸미지 말고, 직면하다 보면 자연스레 찾아온다.

당신은 충분하다. 지금 그 모습 그대로, 지금 그 상태 그대로 충분하다. 지금 그대로의 나를 있는 그대로 받아들이는 순간, 당신은 진정한 사랑이 무엇인지, 진정한 수용이 무엇인지를 가슴으로 깨닫고 심장이 전율해옴을 느낄 것이다.

당신이 '상대적 박탈감', 결핍감으로부터 자유롭기를, 충만하기를, 자기 자신으로 충분하기를.

[2019년 10월]

시험에 들지 말게 하옵시며

"그러므로 이렇게 기도하여라.

하늘에 계신 우리 아버지,

온 세상이 아버지를 하느님으로 받들게 하시며

아버지의 나라가 오게 하시며

아버지의 뜻이 하늘에서와 같이 땅에서도 이루어지게 하소서.

오늘 우리에게 필요한 양식을 주시고

우리가 우리에게 잘못한 이를 용서하듯이 우리의 잘못을 용서하시고

우리를 유혹에 빠지지 않게 하시고

악에서 구하소서.

나라와 권세와 영광이 영원토록 아버지의 것입니다.

아멘."

— 마태오의 복음서 6장 9~13절 (공동번역 성서)

삶의 또 다른 도전

현재의 삶은 늘 내게 화두를 던진다. 머리 빠지게, 정말 뚜껑이 열리도

록, 깊이 참구하게 한다. 한 번 모든 것의 진면목을 보면 내내 평화의 날들만 올 줄 알았다. 그런데 그후로도 삶은 정말 정기검진하듯 끊임 없이 내게 도전해온다. (내가 삶에게 도전한 거다)

하기야 다겁생래 지은 업장, 즉 덧입혀진 조건, 채색된 그 모든 것들이 그리 쉽게 떨어질리 없다. 관성의 법칙은 마음공부에도 적용된다. 급 브레이크를 밟아도 기차는 바로 브레이크를 밟은 자리에서 서지 못하고 앞으로 밀려 나간다.

나는 그런 의미에서 돈오점수에 한 표를 던진다. 성철스님은 지눌 스님의 돈오점수에 대해 "깨치지 못한 거짓 선지식이 알음알이(知解)로 조작해 낸 잘못된 수행이론"이라고 맹렬히 비판했다. 지눌 스님과 성철 스님이 맞짱 뜨시는데 내가 "지눌스님 화이팅!"하는 것이 뭔 의미가 있을까.

나와 내가 경험하는 세계가 분리된 것이 아님을, 둘이 아님을 알았지만 과거의 습이 남아 있다. 몸을 나라 여기는, 내 생각을 나라고 여기는, 형성된 것들을 나라 여기는, 과거의 습은 아주 미묘하게라도 남아 있다. 순간 순간 깨어 바라보다가 내가 하고 있는 이 역할놀이를 홀연히 깨닫는다.

나에 대한 평가, 비난, 사람들의 대응에 대해 불편함을 느끼던 순간이 왔다. 참 별 거 아닌 게 아프게 다가왔다. 마치 산에 올랐을 때 눈앞의 큰 바위가 아니라, 내 신발 안에 들어간 모래보다 약간 큰, 아주 작은 돌조각이 내게 가장 아픈 것처럼.

그래서 철저히 느껴봤다. 평소 선정을 닦으면, 즉 대단한 삼매의 기쁨이라기보다 고요함, 다시 말해 현재에 대해 탐착하지도 저항하지도 않으며 완전히 현재와 함께 흐르다 보면 그 고요함과 평화가 몸으로 기억된다. 방석 위가 아니라, 삶이라는 실전 문제가 펼쳐질 때, 그 변화무쌍한 움직임 속에서 잠깐 잠깐씩 몸이 긴장할지 모르지만 내 몸은 늘 저항 없음, 고요함으로 되돌아간다. 그래서 조금이라도 몸이 긴장하고 있음을 알아차리면 "지금 긴장하고 계십니다. 내려놓으십시오."라고 충직한 신하가 아뢰듯, 몸에게 말해준다. 그러면 너무 가까이 봐서 크게 보이던 문제로부터도 잠깐 떨어져 관조하게 되고, 내려놓게 되고, 다시금 긴장이 사라지고, 이완하게 되면서 마음의 긴장도 풀리게 된다

그런데 삶이 그리 호락호락하지 않다. "어, 제법 난이도 높은 것을 푸셨군요." 라면서 또 다른 문제를 가져온다. 이 난이도 높아진 문제는 하도 미묘하여 잘 알아차려지지도 않는다. 겨우겨우 알아차린 후, 몇 날 며칠을 고민하다보면 괴로움의 늪에 빠져 허덕이고 있는 자신을 발견한다. "이상하다. 아무 것도 안 잡고 있는 것 같은데, 왜 이렇게 괴롭지? 남들의 평가며, 따돌림 당한다는 느낌이며, 모두 내 마음이 지은 것이잖아. 모든 게 나로부터 나아가 나에게 돌아오는데, 나는 지금 이 세상에 뭘 내보내고 있지?"

나는 워낙 재수 없는 X라는 인정

그러다가 어느날 문득 또 한 차례 섬광이 스쳤다. 그래, 인정. "나(형성된 나) 워낙 재수 없는 X이야." 그걸 인정해버렸다. 그렇다고 뭐가 문제인가. 그냥 그 문제를 안고 살아가면 되지. 나로 하여금 세상에 섞이지 못하게 하고, 늘 외톨이게 하고, 겉돌게 하고, 외롭게 하고, 고독감에 가슴 아프게 하고, 눈물짓게 하고, 울먹이게 하고, 잠못들게 하고, 밤바

다로 질주해 나가 "아~~~~~~~~~~~~~"하고 소리지르게 하고, 이대로는 안 되겠다 싶어 마음공부 하게 하고, 방석 위에 꾸준히 앉게 하고, 침묵 속에 머무르게 하고, 있는 그대로의 나와 세상을 받아들이게 하고, 모두 나임을 깨닫고 '세상'이라 이름지은 것을 돕는 것이 나를 위한 것임을 알게 한 원동력은 바로 그 '문제'요 '고통'이었던 것이다. 몸이 휠 것 같은 삶의 무게였던 것이다.

주변에 재수 없는 인간들이 있어도 "그 역시 내 판단일 뿐, 내가 덧씌운 의견일 뿐, 제대로 보고 있지 않구나", 하고 내려놓으면서 왜 재수없는 자신은 받아들이지 못했던 걸까.

하지만 나는 안다. 당분간 이 편안함이 계속되다가 또 어느 시점이 되면 삶이 또 다른, 조금 더 어려운 문제를 내게 제시할 것을. 그러면 또 머리 싸매고 "이건 뭐지?" 하면서 박터지게 고민하고 "왜 이런 일이, 내게 일어난 거야." 하는 날이 올 거다.

그런데, 몇 차례 이런 시험이 반복되다 보니, 이제는 그 시험마저도 저항을 내려놓고 받아들일 수 있게 될 것 같다. 물론 와봐야 알겠지만 말이다.

다시 쓰는 주기도문

대승불교가 형성 발전되던 시절에 가르침을 편 예수는 자기 고향 사람들에게 기도할 때, "주의 기도(The Lord's Prayer)"를 가르쳤다.

"우리를 유혹에 빠지지 않게 하시고" 이 부분은 "시험에 들지 않게 하시고"라고도 번역된다. 시험이라, 물론 영어 단어는 유혹(Temptation)이지만 그 유혹이 발가벗은 아름다운 여인의 몸 하나(색)만을 의미하지는 않을 것이다. 나로 하여금 경계에 끄달리게 하는 모든 것들, 즉 안이비설신의로 경험하는 색성향미촉법 모두가 우리들을 유혹에 빠지게 할 수 있다.

1차적으로 그 경계에서 자유로워지는 방법은 몸의 감각에 늘 연결되어 있는 것이다. 타라 브락이 〈받아들임(Radical Acceptance)〉이라는 책에서 썼고, UCLA MARC의 MAPs 클래스에서도 가르치고 있는 이 도구는 'RAIN'이라는 머릿글자로 이뤄져 있다. 인지하고(Recognize), 허용하고(Allow), 몸의 감각을 살피고(Investigate), 그 감정과의 동일시를 내려놓음(Not Identify)의 약자를 모은 것이다.

있는 그대로 알아차리고 허용하고 몸의 감각을 과학자가 관찰하듯 하는 그 과정 속에서 부정적 감정을 일으킴으로 활성화됐던 편도체의 활동은 잦아들고, 영장류의 뇌인 좌측 전전두엽의 활동이 활발해지면서 몸과 마음은 정상화(Regulate) 된다.

부처님 법을 완전히 이해해 자신이 누군인줄 여실히 알고, 바로 자기 자신인 타인들에게까지 그 법을 전하던 예수 보살마저도 광야에서 시험을 받을 때엔 "우리를 시험에 들지 말게 하시고" 라고 기도했다. 그리고 제자들에게도 그렇게 기도하라고 가르쳤다.

나는 내 안의 관자재보살에게 이렇게 기도하고 싶다.
"내 안에 계신 관자재보살님.
우리 존재의 근원인 관자재보살로, 공으로 존재함으로써
부족하다는 의식이 없고,

부족한 것이 없어 바라는 바가 없고
빼앗으려 하지 않고 서로 나누는,
온전한 풍요와 평화의 선법계, 천상계가 땅에서도 이루어지게 하소서.

오늘 우리에게 필요한만큼의 양식이 이미 주어졌음에 감사드립니다.
우리가 우리와 우리에게 잘못한 이를 둘로 나누지 않고
그가 바로 나임을 알고, 있는 그대로 받아들이듯이
나라 믿는 이 자가 세세생생 지은 업장을 있는 그대로 받아들이고,
그 본성이 공함을 알게 하소서.

시험이 다가올 때 시험인 줄 알게 하시고,
지금 현재 이대로 문제와 함께 아무 문제없음을 알게 하소서.

늘 보는 자로 머물게 하시고
형성된 모든 것들이 생멸함을
경계에 끄달리지 않는 가운데 지켜보게 하소서.

하지만 이 모든 것도 나라 믿었던 자 뜻대로 마시고
관자재보살 뜻에 따라 하소서.

나라와 권세와 영광,
이 세계와 우주 모두가 공으로부터, 관자재보살로부터,
나로부터 나왔습니다."

시험에 드는 것에 대한 저항을 완전히 내려놓을 때, 시험에 대한 알아차림도 더 깊어질 것이고 결국에는 시험에서 자유로워질 터이다. 당신이 시험에 들지 않기를, (꼭 그런 것은 아니다. 시험은 통과되기 위해 우리에게 다가온다. 바람이 지나가려고 부는 것처럼. 문제와 함께 아무 문제 없는 것처럼.) 시험에 들었을 때 시험에 든 것을 알기를, 그리고 무릎을 일으켜 일어나기를.

[2021년 5월]

내가 소멸해가는 것을 지켜보며

"번뇌를 벗어나는 일은 쉬운 일이 아니니, 고삐를 잡고 한바탕 매달릴지 어다. 뼈속까지 사무치는 추위를 견디지 않고, 어찌 코끝을 찌르는 매 화 향기 맡을 수 있으랴." — 황벽선사의 '박비향' 중

정월대보름의 소원

지난 정월대보름 무렵, 한국에서 춤 테라피를 하는 지인으로부터 문자 를 받았다.

"소원우체통, 보름날 밤, 달집을 태우며 소원을 비는, 춤기도 의식을 합 니다. 당신의 소원을 적어 보내 주세요. 그 소원이 이루어 지도록 춤기도 를 올려드릴께요."

소원이라… 그녀의 문자는 나로 하여금 다시 한 번 내가 이 삶에서 성 취하고 싶은 것이 무엇인지 시간을 내어 생각해보게 만들었다.

나는 과연 이 삶에서 무엇을 원하는가.

한참을 생각하던 나는 이렇게 적어 그녀에게 보냈다.

"나라고 믿고 있던 것(에고)이 완전히 죽어 온전히 우주의 신성(불성)이 나를 통해 춤추게 되기를."

며칠 후 그녀는 한복을 입고 정월대보름 휘영청 밝은 달 아래에서 춤을 추며 나의 소원을 빌어주었다고 알려왔다.

"종이 옷 훨훨 태워 모두 다 하늘로 염원을 담아, 달집과 함께, 존재의 근원으로, 우주로 훨훨, 차를 올리고 감사를 드렸어요."

그무렵 나는 남들이 들으면 웃을지 모르지만 나름대로 나라 믿고 있던 것들이 소멸되어감을 체험하고 있었다.

멀쩡히 일하던 방송국에서 별다른 이유도 없이 갑자기 하차하게 됐다. 마지막 방송을 마치고 난 다음 날, 방송국의 웹사이트에 실려 있던 나에 대한 소개 페이지가 사라졌다.

33년째 라디오 방송 진행을 했다. 너무 오래 일하다 보니 그 일과 나의 정체성에 대한 경계가 모호하다. 사람들은 나를 방송진행자로 기억한다. 나 역시 나를 수식하는 여러 단어 중 '수행자' 다음으로 큰 비중을 차지하는 것을 '방송진행자'로 생각하고 있었다.

21세기에 있어 한 인간의 존재감은 실제 세계에서보다도 온라인에서 더 현실적으로 느껴지는 것 같다. 나는 내가 진행하던 '저녁으로의 초대' 프로그램 홈페이지에서 사라져버린 나의 프로필과 함께 우습게도 내가 소멸되어가는 아픔을 느꼈다.

예전에 큰 매체에서 일할 때도 남들이 나를 "XX일보" 다니는 스텔라씨라고 소개할 때면 "아닙니다. 객원기자이고 작가인데요, 지금 어쩌다 보니 제가 기고하고 있는 매체가 XX일보일 뿐입니다."라고 정정하곤 했었다. 나를 큰 매체에 소속돼 있다는 생각으로 괜스레 뭔가 도움이라도 받을까 싶어 접근해오는 이들을 익히 봐와서였다. 뿐만 아니라 내가 세상으로부터 받을 축복의 분량보다 더 큰 것을 그 매체 덕에 받게 되기를 원치 않아서였다.

참 오랫동안 내 앞을 수식했던 '라디오코리아' 진행자라는 표현이 이제 떨어져나갔다. 그게 도대체 뭐라고, 정말 아무 것도 아닌 그 표현과 그 자리이건만 가진 게 아무 것도 없는 내게 그 위치는 위안이었고 요새였었던 것을 깨달았다. 매일 버리고 내려놓는 연습을 그리 했음에도 실제의 삶이 그렇게 다가왔을 때 나는 많이 힘겨워했다. 거절받았다, 소외됐다는 느낌이 한동안 내면에 머물고 있었다.

고통의 끝까지 가보기

물론 "그 무엇이라고." 하면서 발딱 일어나 오뚜기처럼 탄력성을 회복할 수도 있었다. 하지만 나는 이번 기회에 절망의 나락까지 떨어져보겠다는 작전을 선택했다.

사실 난 살면서 그리 큰 절망을 느껴보지 못했고 우울감에 빠져보지도 못했다. 어쩌면 하늘이 내게 준 아주 좋은 절망의 기회이다. 그래서 나는 우울감, 상실감, 외로움, 소외감 등을 있는 그대로 모두 느끼기로 했다.

그래서 가슴의 먹먹한 느낌, 답답한 느낌, 금방이라도 울고 싶은 느낌을 있는 그대로 느끼고 봐주었다. "아, 지금 나는 아파하는구나…"라면서.

그것이 내가 아닌데, 왜 나는 이토록 아파하는가. 나는 누구인가. 약한 달간 매일 이 질문을 스스로에게 던졌다.

직업 또는 일자리, 그것은 항상한 것인가. 아니다. 항상하지 않은 것은 고통이요, 나라 할 만한 자성이 없다. 그렇다면 나는 누구인가. 나는 누구인가. 나는 누구인가. 나는 누구인가.

황벽선사의 '박비향'

이렇게 다시 한 번 나로 존재하며 나와 고통을 동일시 하지 않는 시간을 갖던 중, 일지암 법인스님으로부터 문자를 받았다.

"번뇌를 벗어나는 일은 쉬운 일이 아니니
고삐를 잡고 한바탕 매달릴지어다.
뼛속까지 사무치는 추위를 견디지 않고
어찌 코끝을 찌르는 매화 향기 맡을 수 있으랴."

– 황벽선사의 '박비향' 중

내게 꼭 필요한 가르침은 어떠한 경로를 통해서든 내게 주어진다. 나는 이제 이 사실을 안다. 때로 그 가르침은 주변에 있는 사람들의 말, 빌보드 광고, 라디오 진행자의 멘트, 유행가 가사, 야채를 싸 왔던 오래된 신문지의 기사 등 그 어떤 것을 통해서도 전해진다.

나는 지금 이 순간 내게 배달된 이 가르침에 무릎을 내려치며 감사의 기도를 올렸다.

고통을 업이라 여기며 윤회하는데 머무르는 것이 아니라, 고통의 끝까지 들어가 고통의 실체를 해부하고 결국 고통을 완전히 떠난 분이 붓다이다. 붓다를 믿고 따르는, 나를 비롯한 수행공동체의 구성원들은 붓다처럼 번뇌를 벗어나, 열반에 이르겠다는 쉽지 않은 원을 세웠다. 열반에 도달하고 싶다는, 결코 만만치 않은 원에 대해 강한 의도를 세울 때 삶은 우리에게 그 길을 열어준다. 그리고 그 길은 때로 더 큰 고통으로 나타난다.

황벽선사의 '박비향'은 나로 하여금 경계에 부딪히며 고통스러울 때 그 고통에 감사하라는 가르침을 주었다. 그냥 그 고통이 일어나도록 허용해보라는 통찰이 일어난 것이다.

처음엔 당연히 무척 춥고 힘들다고 느껴진다. 하지만 뼛속까지 사무치는 추위를 견뎌낼 때야 비로소 코끝을 찌르는 매화향기를 맡을 수 있게 된다. 추위라는 원인이 연하여 매화향기라는 결과를 일으키는 것이다. 즉 추위가 없다면 매화향기도 없다.

그러니 지금 현재의 추위는 매화향기를 가져올 원인인 것, 어떻게 할 텐가. 추위에 저항하여 매화향기를 맡을 기회를 날려버릴 것인가. 아니면 추위에 감사할 것인가.

나는 불합리하다고 느껴지는 현재 상황에 대한 감사로 눈시울이 뜨거워졌다. 에고의 소멸로 인한 고통이 있어야 진정으로 신성과 하나 되는 열반이 있다. 더 이상 무슨 언어가 필요할까. 내게 이런 기회가 온 것에 온전히 감사할 뿐…

한 달 뒤, 나는 다른 방송국에서 일하게 됐다. 오후 4시부터 5시까지 1시간짜리 프로그램이라 깊이 있는 얘기를 할 수는 없지만 감사함으로 받아들였다. 저녁 프로그램을 아껴주시던 분들을 위해서는 따로 유튜브 개인 방송을 하리라 마음먹는다. 어쩜 삶은 정확하게 자신의 계획을 나를 통해 실현하고 있는 것이리라.

몸이 소멸되는 체험

마음과 함께 몸을 더 건강하게 만들자, 하는 생각에 주서(Juicer)를 새로 구입했다. 과일과 야채를 많이 먹어야지 하는데 배가 하도 작아 별로 많이 먹을 수가 없어 과일과 야채의 에센스를 먹겠다는 의도로 마련한 것이다.

주말 오후, 저녁 대신 주스를 마시겠다는 생각으로 과일을 갈다가 실수로 손가락 끝의 살점이 약 2밀리미터 정도 갈려 나가는 사고를 당했다. 살점의 2밀리 정도가 떨어져나갔을 때, 아주 작은 부분임에도 불구하고 몸으로 그 상실감이 느껴졌다. 나는 내 몸이 사라지는, 소멸해가는 느낌을 몸으로 느낀 것이다. 그 느낌은 꿈에서 바닥이 없는 나락으로 떨어지는 것과 비슷하다. 아마도 어머니의 자궁에서 세상으로 나올 때 역시 그런 느낌이 아니었을까, 싶다.

혼비백산한 나는 911에 전화를 걸었다가 예전에 발 사고 났을 때 앰뷸런스가 그리 빨리 도착하지 않았다는 사실을 기억해냈다. 손가락을 테이프로 꼭 싸매고 나는 가까운 병원의 응급실로 향했다.

나로서는 손가락이 잘려나간, 엄청나게 긴박한 상황이었지만 응급실의 스탭들은 느긋했다. 그들은 피를 흘리는 나를 한참 기다리게 한 후 진료를 시작했다.

불행 중 다행으로 뼈와 신경의 손상이 없었다. 그리고 천만다행으로 왼손을 다쳤다. 병원에서는 파상풍 주사를 놔줬고 엑스레이를 찍어 뼈 손상이 없다는 것을 확인한 후 붕대를 감아주었다.

다음날 오전 내가 손가락 사고를 당했다는 걸 알고 안부 전화를 걸어주신 분은 '아니, 사띠 수행하는 사람이 이게 뭔 일이냐?'고 말씀하셨다. 그렇게 말이다. 기계의 스위치를 끄고 이내 멈출 줄 알았던 성격 급한 나를 다시금 돌아봤다.

나를 죽이는 것이
황홀한 삶의 첫 걸음

최근 내게 다가온 최진석 교수의 강의에서는 "나를 죽이는 것이 황홀한 삶의 첫 걸음"이라고 정의한다. 최교수는 반드시 나를 죽여야만 진정으로 황홀한 삶을 살 수 있다고 말한다. 가짜 나를 죽여야 진짜 내가 드러나는 법이니 끊임없이 "나는 누구인가?(이뭐꼬?)" 라고 자신에게 물어보라는 것이다. 지금 '나'라고 할 때 나를 규정하는 것들, 그것은 사회에서 준 것인가, 아니면 내가 만들어낸 것인가, 스스로에게 끊임없이 질문을 하다 보면 그동안 나를 조정하고 있던 것들, 즉 보아야 하는 방식으로 세계를 보게 했던 모든 것들이 홀연히 드러난다. 이런 것들이 제거되어야 비로서 나와 내가 경험하는 세계를 있는 그대로 볼 수 있게 된다. 기성세대의 교육과 사회적 통념 전체를 들여다보고 반성할 수 있게 되면 그때서야 비로소 자기만의 욕망으로 새롭게 자기자신을 건설하게 되다는 얘기이다. 최진석 교수는 이 순간을 '황홀경'이라고 불렀다.

그의 강의는 "기존의 나라고 여겼던 것들을 의심해 '나 아님'을 알아낸 후, 이를 진정으로 여길 때, 참다운 나로 존재하며 모든 것을 있는 그대로 볼 수 있게 된다"라 요약할 수 있을 것 같다.

그 순간, 우리들의 욕망은 무얼까? 내가 누구인지 안다는 것은, 내가 누구인지 몰라서 경험하던 모든 고통을 벗어났다는 것이니, 즉 견성, 성불, 해탈, 열반이라는 얘기이고 이 상태의 특성은 아마도 '욕망 없음'일 것이다.

욕망이 없는 상태? 한 친구는 이런 상태에 대해 "아무 것도 하고 싶지 않겠네. 기운 빠진다, 얘. 우울해져."라고 말했다.

하지만 기운 빠지고 허무할 필요가 전혀 없다. 진정 내가 사라진 상태에 있으며 '욕망 없음'이라는 또 하나의 상을 붙잡지 않고, 그 무엇으로도 머무는 바 없이, 삶이 온전히 살아지도록 허용하면 "나는 황홀한 삶을 살겠다." 가 아니라 "황홀한 삶이 나를 통해 살아진다."가 된다.

다시금 정월대보름 때의 소원이 떠오른다.

"나라고 믿고 있던 것(에고)이 완전히 죽어 온전히 우주의 신성(불성)이 나를 통해 춤추게 되기를."

그녀의 춤 덕분인가. 익숙했던 일자리를 떠나고 살점이 잘려 나간 지금, 나는 예전에 나라고 믿고 있던 것들을 떠나, 훨씬 더 우주의 신성을 따라 살고 있다.

[2021년 5월]

두려움은 사랑의 부재

심연에 감춰진 두려움을 만나다

"매일 매일 약간의 두려움을 극복하지 않는 사람은 진정한 삶의 비밀을
배우지 못한 것과 같다." – 랄프 왈도 에머슨

"나는 용기란 두려움이 없는 것이 아니라, 두려움을 이겨내는 것임을 깨
달았다. 용감한 인간은 두려움을 느끼지 않는 사람이 아니라 두려움을
극복하는 사람이다." – 넬슨 만델라

序詩 – 윤동주

죽는 날까지 하늘을 우러러
한점 부끄럼이 없기를.
잎새에 이는 바람에도
나는 괴로워했다.
별을 노래하는 마음으로
모든 죽어가는 것을 사랑해야지.
그리고 나에게 주어진 길을
걸어가야겠다.
오늘밤에도 별이 바람에 스치운다.

심보선, 김중식, 류근, 허연 등 붓을 꺾고 싶게 만드는 시인이 너무 많다. 그런 면에서 윤동주는 과대평가되었다는 판단을 갖고 있었다. 하지만 그의 '서시'는 나의 고백이자, 너의 고백이요, 우리 모두의 고백이다.

그렇게 살고 싶었다. 죽는 날까지 하늘을 우러러 한점 부끄럼이 없기를, 그리고 당당하기를 말이다. 그리하여 죽어서도 염라대왕으로부터 "참잘 사셨네요. 흠 잡을 데 없이, 고결하고 깨끗한 삶이었습니다. 자, 도솔촌 입장권이 여기 있습니다. 아, 혹시 안 태어나기를 원하시나요? 그렇게 해드리죠" 라는 말을 듣고 싶었나보다.

우습게도 나는 내가 상당히 깨끗하게 살아온 것으로 알았다. 물론 때로 거짓말도 했지만 모두 이유가 있는 하얀 거짓말이었다. 그렇게 생각했다.

수행이 깊어감에 따라 내 모습, 아니 내 꼬라지를 있는 그대로 여실히 보기 시작하자 어디 쥐구멍이라도 있으면 들어가고 싶었다. 그런 적이 한두 번이 아니다. "거짓말을 밥 먹듯이 한다"는 표현이 있는데 밥 먹는 정도로만 거짓말을 한다면 이건 성인의 경지란다. 하루에 세 번밖에 안 한다는 얘기이니까 말이다.

그냥 스쳐지나가던, 알아차림 없이 흘러간 무명(Ignorance)의 기억들에 밝은 의식의 빛을 쪼이기 시작하면서 나는 나의 거짓말에 기가 막혀왔다. 내 의식 내에 감지된 거짓말을 알아차리고, 다음 번부터 그렇지 않도록 깨어 있다가도 또 더욱 미묘한, 세밀한, 거짓말 아닌 것 같은 거짓말도 있음을 날이 갈수록 깨닫게 됐다. 그리고 이러한 알아차림의 확대는 이 수행자를 잠깐씩 좌절시켰다.

인류 기원의 경에 나타난
인류 타락의 역사

인류 기원의 경에 보면 인류 타락의 역사가 쓰여 있다. 선법계에 살던 인간이 가장 먼저 타락한 것은 저장이 용이해진 이후, 남의 것을 훔치는 것이었고, 그후 살생을 숨기기 위해 거짓말을 시작했다고 한다. 구약성서에 나오는 카인과 아벨의 이야기를 보면, 동생 아벨을 죽인 카인에게 야훼가 "네 동생 아벨이 어디 있느냐?" 하고 묻자 카인이 "나는 모릅니다. 내가 동생을 지키는 자입니까?" 하고 거짓 대답을 하는 장면이 나온다.

인간만이 거짓말을 하는 건 아니다. 짐승들은 존재 자체가 거짓이라고 수원 공소사 주지 범일스님은 말씀하신다. 비록 거짓말은 하지 않지만 생존을 위한 몸, 그리고 몸의 행위 자체가 온통 거짓말이라는 것이다. 자신을 보호하기 위해 자연과 똑같은 보호색을 띠는 것도 일종의 위장, 즉 거짓이란다. 유튜브에 보면 강아지와 고양이가 주인의 고기와 생선을 훔쳐 먹고 안 먹은 척 하는 동영상들이 얼마나 많은지 모른다.

상실에 대한 두려움

인간은 언어를 이용해서 거짓말을 하기도 하지만 싫으면서도 좋은 척, 화가 났는데도 안 난 척, 표정으로도 거짓말을 한다. 뚱뚱한데 날씬해 보이도록 옷을 입는 것, 늙고도 젊어보이게 화장하는 것도 어쩌면 속이려는 의도에서 나온 것이다. 속으로는 아까워죽겠으면서도 욕 먹을까봐 밥을 사고, 사회적 분위기 때문에 기부금을 내는 것도 거짓이다. 그렇고 보니 정말 인간계는 거짓 투성이이다. 인간 역시 동물이라는 계통의 발생을 반복하는데, 동물이었던 시절 행하던 카르마가 몸에 배어 있어 그런 걸까.

하루 종일 자신이 하는 말을 모두 녹음해서 들어보면 기가 찰 것이다. 숨김과 과장, 포장 등 거짓말의 종류도 다양하다. 정직하다는 사람들도 5퍼센트 정도는 알아차리지 못하는 가운데 거짓말을 한다는 통계가 있을 만큼 거짓말을 하나도 섞지 않고 말하는 사람은 드물다고 한다.

인간은 왜 거짓말을 할까. 물론 자신의 이익을 위해서이다. "아, 나는 남들을 상처주지 않기 위해서 하얀 거짓말을 했는데." 라고 말하고 싶을 것이다. 대단히 미안한데, 그것 역시 내가 남들의 감정까지 조정하려는 의도에서 시작된다. 또 인간은 남들 사이를 이간하기 위해서도 거짓말을 한다. 셰익스피어는 〈오델로〉에서 이아고라는 인물을 등장시켜 이러한 인간 군상을 기막히게 표현했다. 이처럼 거짓말을 하고서도 자신이 한 거짓말은 금방 잊어버리고 남의 거짓말은 오래 기억하는 것이 우리 인간이다.

인간의 거짓말 가운데 가장 속이 빤히 들여다보이는 것이 "나는 돈 욕심 없다."는 것이다. 스스로에게 속은 우리들은 이 거짓말을 하면서도 거짓말인지를 모른다. 이 돈이 아까워서, 이 돈을 두고 어떻게 천상계에 갈 수 있단 말인가. 사실 출가란 내 소유의 모든 것을 처분하고 빈 손이 되어 하는 것이다. 그런데 진정으로 출가한 스님들이 몇 분이나 있을까.

욕계천상계의 천인들은 거짓말을 하지 않는다. 궁핍함이 없고 모든 것이 풍요로워 축적할 이유가 없다 보니, 무언가를 갖기 위해 기어, 양설을 펼 이유가 없다. 인간은 자기가 원하는 것을 얻기 위해 끊임 없이 거짓말을 한다. 거짓말을 진실처럼 포장하기 위해 논리와 감정에도 호소하면서 거짓말을 한다. 남자들이 너 없으면 못 산다고 하는 말 역시 새빨간 거짓말이다. 이제껏 잘 살아왔고 앞으로도 잘 살 것이다. 그런 말에 발목 잡히는 것은 어리석다.

거짓말 하는 근원의 이유는 두려움

하루 있었던 주요한 일들을 패스트포워드 시켜가며 다시 돌아보던 나는 나의 거짓말과 거짓 마음을 만났다. 내 눈 속에 대들보가 있으니 그것부터 해결해야지, 남의 눈의 작은 티끌을 탓해서 무엇할까. 거짓말의 밑바탕을 가만히 들여다보니, 결국 내가 원하는 바대로 조종하려는 욕심이 출발점이었다.

그렇다면 왜 나는 조정하려 하는가. 해체해 들어가던 나는 결국 거짓말을 할 수밖에 없었던 나의 두려움을 만난다. 나를 있는 그대로 드러내면 사랑받지 못할 것이라는 두려움, 주변 사람들이 나를 떠나갈 것이라는 두려움, 가진 게 뭐가 있다고 가진 것을 모두 잃으리라는 두려움, 세상의 조롱거리가 되리라는 두려움 등 결국은 상실에 대한 두려움을 만난 것이다.

이럴 때, 나는 다시금 사성제와 팔정도의 회로를 돌린다. 모든 것이 변한다. 변하는 것은 고통이다. 그 고통은 자성이 있는가? 그렇지 않다. 모든 형성된 것은 공하다. 그러니 있는 그대로 알라. 내 것 아닌 것을 내가 바꾸려 할 필요가 있는가? 없다. 그러니 그냥 내려놓으라. 오직 꿈일 뿐이다.

나는 나의 두려움을 만난다. 나는 나의 두려움을 그 누구보다 잘 파악하고 있고, 나의 가장 상처받기 쉬운 지점이 어디인지를 정확히 알고 있다. 있는 그대로 고요히 그 상처라고 믿었던 것을 관찰한다. 그것은 참인가? 실재하는가? 아니다. 오직 마음 속에 잠깐 형성된 것이다. 형성된 모든 것은 소멸한다. 오직 인연 따라 존재할 뿐이다. 그러니 공하다. 공한 것을 붙들고 괴로워하는 것이 합당한가? 아니다.

'나'라는 것에 대한 집착을 내려놓고

또한 나라고 믿는 대상에게 주었던 크레딧, 핸들을 거둬들이고 무명인 4, 또는 행인 3의 아이덴티티를 주고 객관적으로 관찰해본다. 그러는 과정에 "아, 내게 그런 두려움이 있었구나." 라고 좀더 떨어져서 보게 된다. 내 두려움이라 여기면 버거워 그것으로부터 도망가고 싶지만, 행인 3의 두려움이니 객관적으로 보게 되는 것이다.

하지만 내가 아니고 행인 3이기에 어쩌면 더욱 연민이 간다. 평소 해왔던 메따(자애) 수행이 빛을 발하는 것이다. 운전하며 지나가는 길에, 무거운 마켓 봉지를 들고 지나가는 히스패닉 여인네를 볼 때 "당신이 행복하기를. 고통에서 벗어나기를. 당신의 삶이 좀 편안해지기를."이라고 바래줬던 것처럼 말이다. 무거운 이삿짐을 용을 쓰며 들던 노동자를 보며, 앞으로의 그의 삶이 조금 편안해지기를 기도했던 것처럼, 행인 3(결국 나)에게도 "당신이 행복하기를. 고통에서 벗어나기를. 당신의 삶이 편안하기를."이라고 기도해준다.

두려움을 직면하는 자가 전사 Warrior

그리고 큰 마음을 낸다. "괜찮아." 지금 현재의 나, 헛점 투성이의 나를 낱낱이 알고 있으면서, 그 아픔과 상처, 그 두려움을 속속들이 알면서도 판단하지 않는 자가 나였다. 두려움에 가득찬 행인 3으로 인해 잠자고 있던 거인이, 전사(Warrior)가, 큰 사랑이, 예수의 마음이, 보살의 마음이 깨어난 것이다.

순간 온 몸에 전율이 퍼진다. 희열은 몸으로 기억된다. 하지만 그 또한 무상한 감각일 뿐이다. 탐하지 않고 있는 그대로 알아차린다.

결국 두려움 많은 나를 연하여, 그 헛점 투성이의 존재를 껴안는 큰 내가 깨어난다. 이 둘은 다른가. 아니다. 아, 나의 고통이, 나의 두려움이 클수록 그로 인하여 그 고통을 모두 껴안는 무언가가 깨어나는구나. 고통은, 두려움은, 연약함은, 유난스러움은, 잘못 태어난 존재라고 여기는 마음(Feeling of misfit)은 결국 나를 만나기 위한 장치였구나.

두려움이란 단지 사랑의 부재일 뿐이다. 피하지 않고 바라보면 두려움이라는 허상은 사라진다. 실체가 아니기 때문이다. 나를 조정하거나 저항하지 않고 있는 그대로 바라봄으로써 나는 인간계에 발 담그고 있으면서도 천상계의 즐거움을 누릴 수 있게 됐다.

모두가 사랑, 모든 것에 감사

그러니 그 두려움을 사랑하라. 그 결핍을 사랑하라. 그것 없인 못산다고 입 쪽쪽 맞추고 하는 것이 사랑은 아니다. 진정 사랑이란 회피하지 않고, 직면하며 있는 그대로 보고, 판단하지 않고, 언제까지라도 봐주는 것이다. 그렇게 계속 진정한 사랑을 연습했더니 더 이상 행복을 언급하지 않게 됐다. 행복을 언급하지 않는 상태가 진정한 행복이다. 이 상태가 영원히 계속 되어도 좋다.

이 삶을 사랑한다. 이 삶을 아무런 판단을 하지 않고 가만히 보기 때문이다. 그리고 내 삶에 나타난 모든 이들은 나로 하여금 지금 현재의 삶이 곧 열반임을 깨닫게 도와준 보살의 현현이다. 그러니 늘 감사한다. 존중한다. 그리고 축복한다.

지금 이 상황 역시 나를 깨닫게 하기 위해 만들어진 인드라의 망이다. 우주가 이렇게 움직여주는 것에 대해 감사한다. 꽃이 피어남을 감사하고 꽃이 떨어져 지는 것을 감사한다.

끝으로 헤르만 헤세의 시, 〈행복〉을 함께 나눈다.

그대가 행복을 찾아 다니는 동안은
그대는 행복할 만큼 성숙하지 않다
가장 귀한 모든 것이 그대의 것일지라도

그대가 잃어버린 것에 불평하고
목표를 가지고 쉬지 못하는 동안은
그대는 아직 평화가 무엇인지 모른다

단지 그대가 모든 바램을 포기하고
목표나 욕망을 더 이상은 알지 않고
행복이라는 이름조차 입에 올리지 않는다면

그때 그대에게 일어나는 물결은
더 이상 마음에 넘치지 않고
그대의 영혼은 안식한다

[2021년 10월]

정견 正見

바르게 본다는 것

"사람들은 자신들이 보고자 하는 것만 본다. (Humans see what they want to see.)" - 릭 리오단(Rick Riordan)

쾌락주의도 고행주의도 여읜 수행법…

부처님의 초기 행적을 기록한 경전(초전법륜경 등)을 보면 출가 후 싯다르타는 사문이 되어 외도 스승들을 찾아가 수행함으로써 무소유처정과 비상비비상처정의 사마디를 체험한다. 하지만 싯다르타는 이에 만족하지 않는다. 이 수행으로는 그가 그렇게도 얻고자 했던 윤회의 종식에 이르지 못하기 때문이었다.

그래서 그는 6년 동안 피골이 상접하게 되도록 고행한다. 인간의 3대 욕망인 식욕, 수면욕, 성욕을 모두 여읜다. 하루 쌀 한 톨, 또는 콩 한 알로 6년간 연명하는 것이 가능한지 모르겠다만 훗날, "나만큼 고행해본 사람 있으면 나와봐." 하는 식으로 말씀하시는 것을 보면 확실히 고행을 갈 때까지 해보신 것 같다.

처음 깨달음을 추구하신 후, 붓다는 수행자들에게 두 가지 극단을 여의라고 하셨다. 그 두 가지 극단이란 고행과 쾌락이다.

수행의 길에 들어섰을 때 처음 우리들의 모습은 이렇다. 이제껏 너무 잘 먹고 잘 살아왔던 것을 상쇄하려는 듯, 수행의 길로 들어선 이들은 지나치게 쾌락을 떠나려고 애쓴다. 추운 날, 따뜻한 방에 있으면서 "이거 너무 편한 거 아니야?" 라는 판단에 히터를 끄고 추위에 오들오들 떨어본다. 너무 조둥아리 놀리며 입방정 떤 것을 참회하느라, 원하지 않으면서도 문무관에 들어가 보지만, 몸만 그곳에 있다 뿐이지, 마음은 전 세계를 돌아다니고 모든 사람을 만나고 다니느라 개고생을 한다.

쾌락의 추구는 우리 중생들의 전문 분야이니 더 언급하지 않아도 될 것이다. 우리가 삶에서 하는 모든 애씀은 결국 쾌락의 추구이다. 산업화 과정을 거치던 시절, 우리들에게 더 나은 삶은 바로 좀더 쾌락적인 삶이었다.

이러한 쾌락에 더해, 나는 수행자의 쾌락 추구에 한 가지를 추가하고 싶다. 계(실라)를 지킴 없이, 즉 도덕적인 청정함에 이르는 일상생활의 수행 없이 무조건 선정에만 들어가는 것도 쾌락의 추구가 아닐까. 붓다는 눈앞에 드러나는 법을 있는 그대로 받아들이지는 않으면서, 이 괴로운 삶을 피하기 위해 눈 감고 앉아 삼매에 드는 것도 경계하신 게 아닌가, 생각된다.

두 극단을 의지하지 않고 여래가 깨달은 중도(맛찌마빠띠빠다, 이곳에서 저곳으로 가는 가장 좋은 길)란 바로 팔정도이며 이는 바른 안목, 고요함, 최상의 지혜, 바른 깨달음, 열반으로 인도한다고 했다. 팔정도란 바른 견해, 바른 사유, 바른 말, 바른 행위, 바른 생계, 바른 정진, 바른 마음챙김, 바른 삼매 등 8가지 바른 길, 바른 수행이다.

146

붓다는 이어 사성제를 설한다. 갈애가 고통의 원인임을, 갈애의 빛바램, 소멸, 버림, 놓아버림, 벗어남, 집착없음이 고통을 멸하는 길임을 말한다. 그리고 그렇게 갈애를 놓아버리게 만드는, 즉 고통의 원인을 없애는 과정적 수행이 팔정도임을 설하고 있다. 그렇게 팔정도를 수행한 붓다는 갈애를 완전히 태워버림으로써 법안, 지혜, 통찰지, 명지, 광명이 생겼다고 했다. 그리고 그는 스스로 알았다. "이것이 나의 마지막 태어남이며, 이제 더 이상의 윤회는 없다."라고.

깨달음의 매스터,
붓다의 수행법

붓다가 처음 어떻게 깨달음을 얻었는가에 대한 경전 구절은 수행자들의 매뉴얼이 되어야 한다. 하지만 어떻게 된 것이 현대의 수행자들은 붓다의 수행법에는 그다지 관심이 없어 보인다. 저마다 자신의 어리석음에 기반하여 나름대로 경을 해석하기도 하고 남들이 해석한 것에 더 가치를 두기도 한다. 또 어떤 이들은 붓다가 단 한 번도 언급하지 않은 진언수행을 하기도 한다. 그렇게 수행했을 때에도 물론 어느 정도 마음의 집중 효과는 기대할 수 있을 터이다. 하지만 이런 수행 저런 수행 다 해보신 분이 수행의 1, 2, 3, 4를 요점정리하여 가르쳐주시는데 왜 굳이 엄한 방법으로 수행하겠다고 고집을 피우는 것인지, 잘 이해가 가지 않는다. 그렇게 해서 자라는 것은 "나도 열심히 수행하는 사람이야."라는 이상이 아닐까.

외도의 사마디

붓다는 왜 무색계 선정의 최고 단계인 비상비비상처정을 얻고도 이게 아니다 싶어 다시 고행을 시작했을까. 그리고 6년 동안 고행으로 개고생을 한 후에 우유죽 한 그릇 먹고 아나빠나사띠와 사념처 수행을 통해 색계 사선정을 얻은 후 멸진정, 해탈을 얻었을까.

외도의 수행법으로 얻은 무소유처정이나 비상비비상처정이 도대체 어떤 경지인지, 가보지 않았으니 모른다. 하지만 붓다는 그것이 윤회의 종식, 탐진치가 다 타버려 남은 것이 없는 니빠나, 열반으로 가는 길은 아니라고 하셨다.

명상으로 사마디에 들어 있을 때만 행복하고 사마디에서 나와 일상으로 돌아왔을 때 다시 고통이라면 그건 열반이라 할 수 없다.

바른 사마디

"팔정도가 중도이며 이것이 열반에 이르는 바른 길이다"라는 진정한 뜻은 무얼까. 계를 지키는 기본을 행하면서 꾸준히 행위를 청정하게 하고 바르게 마음챙기며 바른 사마디에 들다 보면, 어느새 태워 없애야 할 번뇌, 또는 어리석음이 하나도 남지 않는 깨달음을 성취한다는 뜻이 아닐까. 즉 육근이 육경을 만나 만들어내는 육식은 본래의 '의근(의식)'이 청정하지 않기 때문에 계속해서 청정하지 않은, 오염된 '식'만을 만들어낼 수밖에 없다. 색수상행식으로 오온이 더 무거워지는 사이클을 벗어나려면 일상에서의 깨어 있음으로 '의근(의식)' 즉 마음의 근본 자리를 늘 살피고 청정하게 해야 하는 것이다.

만약 명상수행만으로 완벽한 깨달음에 오를 수 있는 것이라면 팔정도의 순서로, 정념, 정정진이 처음에 왔을 것이다. 하지만 붓다는 팔정도의 맨 처음 수행법으로 정견을 꼽았다.

바른 견해, 정견

우리는 모두 우리들이 바로, 제대로 보고 있다고 생각한다. "에이, 잘못 봤겠지."라며 혹시라도 잘못 인식한 게 아닌가, 하고 말할 때 이런 응답, 많이 들어봤을 것이다. "내 두 눈으로 똑똑히 봤다니까. 사실이 아니면 내 손에 장을 지져."

눈과 바라볼 대상, 그리고 우리들의 의식이 만났을 때 안식이 생긴다. 그런데 우리들의 의식이란 것은 색수상행식, 오온의 순환으로 평생 동안 강화되고 쌓여져간 먼지 덩어리에 다름 아니다. 그 오류 투성이의, 어리석음 투성이의 의식이 더해져 생긴 안식을 통해 본 것을 제대로 본 것, 바로 본 것이라 착각하고 살아간다.

눈 감고 앉아 수행할 때에도 바로 봐야 한다. 숨이 길면 길다고 바로 보고, 짧으면 짧다고 바로 봐야 한다. 그런데 어디에서 주워들은 것은 있어서 가쁜 숨을 쉬면서도 길고 편한 숨을 쉬려고 애쓴다. 보이지도 않는 흰 빛이 감은 눈 앞에 나타났다고 상상을 한다. 이는 자기 부정이며 제대로 보지 않는 것이다. 사마디에 대한 욕심, 해탈에 대한 욕심 때문에 스스로를 속이는 우를 행하지 말아야 한다.

　제대로 관찰하다 보면 숨이란 것은 늘 변하고 한 번도 같은 적이 없음을 알게 된다. 무상하다. 무상한 것은 고통이다. 무상한 것을 무상한 것으로 보는 것이 바로 보는 것이다. 편하지 않은 숨을 쉬면서 편안하려고 애쓰지 않아도 된다. 그냥 허용한다. 숨은 내가 아니다. 그렇게 무상한 것을 있는 그대로 본다. 좋다고 붙잡지도 말고, 싫다고 저항하지도 않는다. 내가 개입함으로써 있는 그대로의 것이 아닌, 다른 것이 되도록 바꾸지 않는다.

　이렇게 바로 보다 보면 온 몸에서 호흡으로 인한 전기자극이 느껴지고 생명 에너지의 춤이 감지된다. 그대로 희열이 일어난다. 너무 행복하다. 이대로 삶이 멈춰줘도 좋을 만큼 행복하다. 하지만 이 희열은 어떤가. 이 것은 무상하지 않은 것인가. 아니다. 이 또한 무상하다. 무상한 것을 무상하게 보는 것이 제대로 보는 것이다.

　모든 경험이 무상하지만, 무상하다고 밀쳐내야 하는 건가. 아니다. 밀쳐내는 것은 또 다른 탐욕인 성냄이다. 집착하지 않으며 이 순간을 있는 그대로 알아차리기를 계속한다. 무상함을 알며 머물지 않고, 있는 그대로 행복함을 느끼며 머문다.

　나는 눈, 코, 입 등 몸이 아니고, 콧구멍을 오가는 숨도, 몸의 감각도, 생각도, 감정도 아니다. 이들은 모두 무상하다. 하지만 숨을, 몸의 감각을, 생각을, 감정을 지켜보는 의식은? 그것도 세월이 흐르며 변한다. 그런데 그 의식을 바라보는 또 다른 의식은? 또 그 의식을 바라보는 더 높은 차원의 의식은?

　하나씩 털어내다 보니 마지막에는 그 무엇도 있다고도 할 수 없고, 없다고도 할 수 없다. 공이다.

의식에의 의식 Awareness of Awareness

이렇게 의식이 탐구의 대상이 되고 나면 '나'라고 할 만한 것이 없음을 철견하게 된다. 모든 것이 사라진 적멸, 하지만 이내 다시 이것도 될 수 있고, 저것도 될 수 있다. 이 세상에 나 아닌 것이 없었다. 그야말로 부처님 손바닥 안이다. 아무리 도망쳐봐야 내 본래 면목으로부터 벗어날 수가 없다. 내가 그렇게도 찾아 헤매던 그것이 바로 나였다.

에고가 사라진 자리에서 떠오른 알아차림은 더 이상 에고에게 손을 더 들어주지 않는다. 경험적 자아인 나에게 특혜를 주지 않게 된다. 더 큰 시각으로 바라보게 된다. 아전인수 격의 일은 일어나지 않는다. 옆의 존재와 경험자로서의 나를 똑같이 바른 견해로 바라보게 된다. 이렇게 되면 다른 존재에게 섭섭한 일도, 화날 일도 없어진다. 이 세상 모든 존재들에 대해 그 실상이 오온 무더기들임을 철견하면, 그들도 어떻게든 고통으로부터 벗어나 행복하려고 애쓰고 있음을 안다면, 어떻게 칼날 선 시각으로 남들을 평가한단 말인가. 이에 한 발짝 더 나아가 경험적 자아로서의 나와 나 아닌 다른 사람이 둘이 아님을 알게 된다.

바른 사마디에 들면 얻게 된다는 신통이 어떤 것인지 어찌 알겠는가마는, 공적영지로 바라보니 적어도 누진통이 무엇인지는 짐작할 수 있을 것도 같았다. 어차피 우리 모두 갈애를 모두 소멸하고 더 이상 태울 것이 없는 열반에 들고 싶어 하는 탐욕을 갖고 있는 존재들 아니던가.

세상 모든 것에 대해서도 현상만을 보지 않게 된다. 내 눈 앞에 딸기가 접시에 담겨 있어도 "아, 맛있겠다."로 보지 않게 된다. 지수화풍 사대의 인연, 자연 작용의 결실로 보게 된다. 그리고 밭에서부터 여러 여정을 지나오고, 여러 사람의 노고를 거쳐 내 앞에 자신을 기여해준 것에 감사하게 된다.

그냥 일반화하는 것은 아니고 내가 지금까지 수행한 것에 대한 기록이다. 에고가 사라졌다고 느낀 순간의 자유함은 마치 병 속에 담겨 있던 물이 바닷물과 하나가 된 것 같았고, 풍선에 갇혀 있던 공기가 대기로 돌아간 것 같았다. 이제까지 책으로만 접하고, 머리로만 이해했던 것이 온 몸으로, 가슴으로 실재 느껴지는 순간은 차원 이동을 하는 것 같았다.

그러고 났더니 모든 것이 선명하게 다가왔다. 모든 것이 나임을 철견하고 나니, 이 세상을 어머니가 하나뿐인 아들을 보듬듯이 안게 됐다. 나의 사마디가 아무리 귀하더라도 세상의 누군가가 죽어가고 있을 때, 그 생명을 구하는 것이 더 중함을 알게 됐다. 그렇게 계를 지키고, 바라밀행을 행하는 바 없이 계속한다면 더 태울 것이 없음을 알게 될 날도 오지 않을까.

[2019년 2월]

진정한 삼귀의 三歸依

"어릴 적부터 할머니 손잡고 자주 절에 다녔다고 해서, 부처님 전에 온 갖 공양물을 올려놓고 빌거나, 조상님을 위해 염불 잘하는 스님을 모셔 놓고 재를 화려하게 지낸다고 해서 진정한 불자가 되는 것은 결코 아닙 니다. '삼귀의'는 일반 재가불자는 물론 출가자들에게 있어서도 부처님 제자로서의 첫 번째 필수요건이 됩니다. 어린 자식이 부모님을 의지하 듯, 학생들이 선생님의 가르침을 따라가듯, 환자가 의사의 처방을 믿고 따르듯, 부처님의 제자들은 불법승 삼보에 귀의해야 합니다."

– 빤냐완따 스님

불상에 절 하는 것에 대한 산냐

내 종교적 삶의 시작은 기독교였다. 그러다 보니 어느 틈에 내 내면에는 십계명의 첫번째 계명, 즉 우상 숭배에 대해 극혐의 산냐(상, 相)가 형성돼 있었고, 향 냄새며 목탁 소리에 대해서도 불편하게 여기는 마음이 자라나 고 있었다. 커다란 불상을 앞에 두고 절을 하는 것을 볼 때면 불교가 정 말 미개한 종교라는 어줍잖은 판단을 내리기도 했었다.

불교의 에센스, 삼귀의 三歸依

그러던 내가 이제 절에 가면 불상 앞에서 정성껏 삼배를 올리면서 마음 속 목소리로는 삼귀의(三歸依)를 되뇌인다.

한국 사찰에 가면 예불을 올릴 때 삼귀의를 노래로 하기도 한다.

"거룩한 부처님께 귀의합니다.

거룩한 가르침에 귀의합니다.

거룩한 스님들께 귀의합니다."

이렇게 번역된 가사로 삼귀의를 노래할 때 느꼈던 것은 변질된 기독교 (본래의 기독교가 아닌)나 불교나 정말 별 차이가 없다는 것이었다. 하나 님 대신 부처님, 그리고 하나님 말씀인 성경 대신 가르침, 그리고 하나님 의 몸 된 교회 대신 스님들께 귀의하겠다는 것이니 그게 뭔 차이인가, 싶 었던 것이다.

귀의 歸依 의 진정한 의미

거기다가 귀의라는 표현은 영 현실감이 떨어져, 대충은 알겠으나 구체 적으로 무슨 뜻인지가 다가오질 않았다. '귀의(歸依)'의 사전적 정의는 "돌아가 몸과 마음을 의지하여 구원을 청하다, 종교적 절대자나 종교적 진리를 깊이 믿고 의지하다" 이다.

히브리어로 읽는 구약, 그리고 그리스어로 보는 신약은 번역본과는 사 뭇 그 느낌이 다르다. 삼귀의(Tisaraṇa) 역시 팔리어로 읽어보면 확실히

체감온도가 다른 것을 알 수 있다. 팔리어의 영어 번역을 보면 피난처(Refuge)라는 표현이 나온다.

Buddhaṃ saraṇaṃ gacchāmi 나는 붓다를 피난처로 삼습니다.

Dhammaṃ saraṇaṃ gacchāmi 나는 담마를 피난처로 삼습니다.

Saṅghaṃ saraṇaṃ gacchāmi 나는 상가를 피난처로 삼습니다.

피난처란 재난이나 위험을 피하여 자신을 보호할 수 있는 안전한 곳을 의미한다. 붓다, 담마, 상가가 아닌 것은 안전하지도 않고, 나를 진정으로 보호할 수도 없는 것이란 얘기다. 그런데 나는 과연 진정 그렇게 여기고 있는가, 돌아본다. 혹시 집과 옷과 먹을 것(의식주)을 살 수 있는 돈을 나의 피난처로 삼고 있지는 않은가. 아니면 다른 인간 관계와 생각을 피난처로 삼고 있지는 않은가.

안전한 피난처에 있을 경우 우리는 몸도 마음도 완전히 이완할 수 있다. 저항도 없고, 반대 방향의 저항인 탐착도 사라진다. 있는 그대로 완전하다. 나와 내가 인식하는 세상을 있는 그대로 받아들이고, 대상에 대한 아무런 산냐 없이, 나라고 믿고 있던 것의 실상인 '공'의 상태가, 세상이라 믿고 있던 '공'의 상태와, 하나가 된다. 그야말로 대자유이다.

서너 곳의 불교대학을 졸업한 후에는 나름대로 불법승(佛·法·僧) 삼보에의 귀의를 해석하여 세 번 절을 할 때마다 마음 속으로 이렇게 말하곤 했었다.

"고통을 벗어나 지속가능한 행복에 이르신 그 분, 붓다께 귀의합니다."

"그렇게 고통을 벗어나는 방법을 알려주신 부처님의 가르침에 귀의합니다."

"고통에서 벗어나기 위해 함께 수행하는 공동체에 귀의합니다."

다시 생각하는 삼귀의

그러다 최근, 무엇이 불(佛)이고 무엇이 법(法)인지, 그리고 무엇이 승(僧)인지를 다시금 깊게 사유하게 되었다.

첫번째 보배인 불(佛)은 대부분 부처님으로 해석하고 있지만 어느날 내게는 불(佛)이 조금 다르게 다가왔다. 2500년 전 태어나 보리수 나무 아래서 해탈 열반에 든 인류의 스승, 그분 역사적 인물 붓다를 의지처로 삼는다는 것은 불교를 여느 종교와 별다를 바 없는 것으로 만들어버린다는 느낌이 들었던 것이다.

불(佛, 붓다)이란 무지로부터 벗어난 상태 또는 존재(라고 할 것도 없는)를 의미하니, 모든 것이 가능하고 아무 것도 아닐 수 있는 공의 상태, 적멸에 다름 아닐 것이다. 부처님에 대한 여러 칭호 가운데 하나는 타타가타 즉 여래이다. 생성된 모든 것이 머무는 바 없이 오고 가도록 허용하는 상태나 존재가 바로 불(佛)이라는 얘기가 아닐까. 즉 모든 산냐(상)는 형성된 것이니, 있다고도 할 수 없고, 없다고도 할 수 없는, 인연 조건이 맞으면 생성되었다가 인연 조건이 흩어지면 사라질 뿐, 실체는 없음이니 불은 아무 것도 없음이며 아무 것도 없다고도 할 수 없는 상태, 즉 공이다.

이는 서구의 영성가들이 일컫는 의식(Awareness)과도 결을 같이 한다. 모든 경험이 일어나고 사라지는 배경이 되어주는 의식, 붙들고 있는 산냐가 아무 것도 없는 텅빈 자각의 빛, 나의 참된 성품이 바로 불(佛)인 것이다. 그래서 부처 아닌 것이 없다.

법(法, 담마)은 붓다의 가르침을 의미하기도 하지만 연기되어 생성되었다 사라지는 모든 것을 뜻하기도 한다. 즉 붓다의 가르침은 연기법으로 요약될 수 있는데, 그 연기의 법칙으로 생겨났다 소멸하는 것이 바로 내가 경험하고 있는 세상 전체, 즉 법(法)인 것이다.

그래서 법(法)은 지금 이 순간 바로 여기에 드러나는 삶이라는 진실, 현존이다. 현재의 경험에 대해 이렇다 저렇다 평가하던 오래된 습관을 내려놓고 완전히 있는 그대로 받아들이는 연습은 법(法), 즉 현재의 경험을 향한 탐진치의 소멸로 이어진다. 법(法)의 짝은 불(佛), 즉 산냐 없는 순수의식을 배경으로 현재의 경험이 일어났다가 사라지는 것은 공이면서 법이고, 색과 다르지 않다. 쓰고 보니 반야심경의 한구절 그대로이다.

그러니 세상은 있는 그대로 여여하다. 나 하나만 형성된 산냐를 가지고 시시비비를 따지지 않으면 만사 오케이다.

삼보의 마지막인 승(僧)은 상가, 즉 수행 공동체를 일컫는다고들 해석한다. 하지만 공동체는 개개인들로부터 시작되는 것, 즉 나 하나 하나가 바로 승(僧), 즉 상가인 것이다. 상가에 귀의한다는 것은 바로 수행자인 나 자신과 연결된다는 의미가 아닐까.

당신은 당신 자신과 연결되어 있는가. 정신줄 놓고 살던 시절 나는 나와 연결돼 있지 않았었다. 몸은 이곳에 있다만 마음은 천길 만길을 헤매이느라 몸과 단절돼 있기 일쑤였다.

수행자인 나에게 귀의한다는 것은 진정으로 모든 판단을 내려놓고 나를 있는 그대로 받아들인다는 뜻이다. 보통 나를 실제의 나보다 과대평가하거나, 그래야 한다고 믿을 때, 현재의 나에 대해 부족함을 느끼게 되면서 나 자신을 들들 볶게 된다. 나를 실제의 나보다 과소평가할 때, 나는 늘 주눅들어 있었다. 둘다 고통을 결과한다.

그러니 진정으로 상가에 귀의하자. 있는 그대로의 나 자신에게 돌아가자. 있는 그대로의 나 자신에게는 산냐가 없다. 진정으로 아상이 타파되는 순간, 인상, 중생상, 수자상도 사라진다. 그럴 때만이 함께 수행하는 도반들로 이뤄진 상가에 대해서도 진정으로 귀의할 수 있게 된다.

산냐가 하나도 남아 있지 않을 때, 있는 그대로의 존재를 존재로서 인지하고 허용하는 경험은 사랑에 다름 아니다. 사랑으로 인해 가슴이 활짝 열리고 행복한 느낌이 몸으로 느껴지기 시작한다. 나뭇잎이 미묘하게 떨리며 나뭇잎의 하늘거리는 춤이 보이는 것처럼, 옆에 있는 도반이 어떤 감정 상태를 지나가고 있는지도 헤아려진다. 그리고 결국 그 역시 내 인식의 우주에서 일어나고 사라지는 것임을 깨닫는다. 다시금 고요해진다.

다시 삼귀의

왜 우리는 삼귀의(三歸依)의 순서를 불, 법, 승(佛·法·僧) 으로 삼았을까. 어쩌면 보통 사람들의 삶을 고려할 때, 가장 먼저 주의를 기울여야 하는 대상은, 즉 가장 먼저 돌아가야 할 귀의처는 승(僧) 이 아닐까. 나 자신에게로 귀의하고, 내 주변 수행자들의 공동체에 귀의하는 순간 우리는 상을 타파한, 진정한 사랑과 허용의 상태, 즉 공의 상태가 되고, 그로 인해 내가 경험하고 있는 현존인 법(法)에 대해서도 저항 없는 공의 상태를 유지할 수 있다. 그렇게 양쪽 저울의 눈금이 왔다 갔다 하다가 어느 순간 완전한 평형을 이룰 때 우리는 불(佛), 즉 붓다의 상태에 이른다. 우리는 붓다 그 자체이다. 그렇게 우리는 순수의식 또는 자각의 상태에 머문다.

산스크리트어 만트라 가운데에도 불법승(佛·法·僧)에 해당하는 것이 있다. 치트, 사트 아난다이다. 치트는 근원, 의식, 자각을 의미한다. 사트는 살아 있는 실상, 궁극적 진리와 실상을, 그리고 아난다는 사랑과 환희를 뜻한다. 치트, 사트, 아난다를 언어 음절에 집착하여 소리를 내는 것에 그치지 않고, 진정 그 상태가 될 때 우리는 불법승 삼보에 귀의할 수 있게 된다. 그리고 그 자리는 있는 그대로 열반이다.

이제 삼귀의를 외울 때는 이러한 바탕의 의미를 다시 한 번 새긴다.

나는 붓다를 피난처로 삼습니다.
- 산냐를 완전히 내려놓고 공성에 머뭅니다.

나는 담마를 피난처로 삼습니다.
- 지금 바로 여기에서 경험하는 삶에 완전히 항복합니다.

나는 상가를 피난처로 삼습니다.
- 나 자신과 수행 공동체를 있는 그대로 받아들이며 사랑합니다.

매일 아침 눈을 뜨는 것과 함께 삼보에 귀의하며 내 눈앞에서 화엄 세계의 꽃봉오리가 벌어지는 것을 알아차린다. 아무 것도 일어난 바 없이 모든 것이 일어난다. 그저 사랑하고 사랑받는 경험을 위해 보는 자와 보여지는 것, 사랑하는 자와 사랑받는 자를 나투어낸 나의 춤일 뿐이다.

[2022년 7월]

당신은 지금 꿈을 꾸고 있다

"우리는 잠든 상태이고 우리들의 인생은 꿈이다. 그러나 우리는 가끔씩 깨어난다, 우리가 꿈꾸고 있다는 사실을 알 수 있을 정도로만 깨어난다. 우리가 진실을 두려워한다면, 그것은 온전한 진실이 아니고 제대로 알고 있는 것이 아니라 어렴풋이 알고 있기 때문이다. ... 죽음 이후의 삶에 관해 정말 궁금한 것은 사후 세계가 존재하느냐 아니냐가 아니다. 과연 그것이 존재한들 무슨 문제를 해결할 수 있을까 하는 것이 진짜 문제이다." — 비트겐슈타인

호접지몽

바로크 시대의 스페인 작가인 칼데론은 〈인생은 꿈〉이라는 희곡에서 "한 순간의 꿈이 인생"이라고 말했다.

"인생은 변하는 환영(幻影)일 뿐, 짧은 순간 무대 위에 있다. 사라지는, 아무 뜻도 없는…이 짧은 인생은 한순간의 잠일 뿐."… 셰익스피어가 〈멕베스〉에서 내린 삶에 대한 정의이다. 꿈이 잠자는 가운데의 현상이란 점에서 삶을 꿈에 비유한 것이라 말할 수 있을 것이다.

루드비히 홀베르의 〈山사람 예프〉는 "예프란 사람이 도랑 옆에서 잠이 들었다. 그리고 나서 남작의 침대에서 눈을 떴다. 그래서 그는 꿈속에서 자기가 가난한 농부였을 뿐이라고 믿게 된다. 다시 남작의 침대에서 잠이 들었는데 사람들이 도랑 옆으로 옮겨 놓는다. 이제 또다시 잠에서 깨어난 예프는 자기가 남작의 침대에 누워 있던 것이 꿈일 거라고 생각한다"라는 줄거리다. 거의 서양의 호접지몽이라 할 만한 이야기이다.

인생을 꿈에 비유한 이야기 가운데 가장 많은 사랑을 받고 있는 이야기는 장자의 호접지몽이다. "옛날 장주란 사람이 꿈에 나비가 되었다. 활기차게 날아다니는 나비였다. 혼자 유쾌해 뜻에 맞았다. 자신이 장주인지는 알지 못했다. 갑자기 깨니 막 깨어난 모습의 장주였다. 장주는 알지 못했다. 장주가 꿈에 나비가 된 것인지, 나비가 꿈에 장주가 된 것인지."

장자(莊子, 369?~286 BC)의 〈제물론(齊物論)〉에 나오는 호접지몽(胡蝶之夢), 즉 나비의 꿈 우화다. 수백 번도 더 들었고 수백 번도 더 글 쓸 때 인용하곤 했지만 나는 이제서야 호접지몽의 진짜 뜻을 이해한다.

꿈 속에서 꿈임을 알다

어느 날 내 꿈 속에 도둑이 들었다. 평소 돈이 없기도 하거니와 설사 있다 하더라도 집에 현금을 숨겨놓은 적이 없는데, 꿈속의 나는 집안에 현금을 많이 숨겨놓는 사람이었고 어느 날 외출했다 집에 와 보니 서랍장이고 뭐고 다 열려 있고 난리가 났다. 곳곳에 분산해 숨겨놓았던 돈을 모조리 도둑맞은 것이다.

이를 발견한 순간, 등골이 서늘해지며 식은 땀이 났다. 목이 탔다. 몸에 힘이 탁 풀렸다. 꿈인데 뭔 몸의 감각이 그리 많냐고? 그렇게, 왜 그랬을까.

꿈이었지만 평상시의 내가 반복했던 수행이 빛을 발한 것이다. 나는 당황한 순간에, 이미 일어난 것을 붙잡고 고통받기보다 빨리 고통에서 빠져나오기 위해 늘 하던 것처럼 현재 몸의 감각에 집중했다. 꿈속에서 나는 도둑맞아 엉망진창이 된 집 한가운데 서서 혼비백산 영혼이 탈출한 상태로부터 스스로를 수습하고자 몸의 감각으로 돌아온 것이다.

그러면서 알아차림의 뇌가 작동되어서인지 희한하게도 나는 이 상황이 꿈임을 알았다. "꿈인데 뭘 그렇게 당황해?" 꿈 속에 깨어 있던 또 다른 내가 꿈 속에서 당황해 하고 있는 내게 이렇게 말했다. 꿈 속의 나는 "그렇게. 당황할 이유, 하나 없네. 꿈인데."라며 쿨하게 깨어났다.

우리가 생시라고 믿고 있는 또 다른 꿈

꿈에서 깨어난 우리는 꿈이 꿈임을 안다. 꿈에서도 주인공은 늘 나다. 나와 내가 경험하는 세상이 꿈의 컨텐츠인 것이다. 그런데 꿈에서 깨어나면 생시의 내가 있고, 꿈이 꿈임을, 즉 나와 내가 경험하는 세상으로 구성됐던 꿈이 꿈임을 안다.

생시라고 믿고 있는 삶도 마찬가지이다. 삶 역시 또다른 꿈이다. 삶이 꿈임을 아는 순간, 나라고 믿고 있는 자와 그 자가 경험하는 세상이 한 덩어리로 관찰된다. 즉 또 다른 의식이 이를 지켜보고 있는 것이다. 꿈 속의 나는 나와 내가 경험하는 세상을 둘로 분리하지만 꿈에서 깨어나보면 나와 내가 경험하는 세상은 그저 꿈 속에서 펼쳐지는 '불이(Non Duality)'의 가상현실일 뿐이다.

나는 나라고 착각하고 있던 자가 된 꿈을 꾸고 있다. 또는 나는 나라고 착각하는 자가 주인공인 드라마를 보고 있다. 그러니 그 꿈 속에 나오는 모든 인물과 드라마 속에 나오는 모든 인물 역시 결국 내가 만들어 낸 허상이다.

그동안 소위 한 소식 했다는 이들의 법문이나 영성에 관한 책들을 읽으면서 "삶이 꿈"이라는 이야기를 얼마나 많이 들어왔던가. 하지만 그 표현을 대할 때마다 삶이 지나고 나면 꿈 같아서, 덧없어서, 빨리 지나가서 그렇게 표현한 것으로 오해했었다. 삶의 덧없음을 강조하기 위한 메타포로 꿈을 비유했다고 생각한 것이다.

그런데 그게 아니었다. 우리들의 삶은 꿈보다 좀더 리얼하고, 꿈보다 좀더 길고, 꿈보다 좀더 일관성을 지녔다. 하지만 길어도 꿈은 꿈이다.

대승경전인 금강경에도 이를 뒷받침해주는 붓다의 말씀이 있다.

"일체의 함 있는 법(유위법)은 꿈같고 꼭두각시·거품·그림자이며 또한 이슬 같고 번개 같거니, 마땅히 이와 같이 볼지어다."

내가 태어났고 늙고 죽는다는 연기에 따른 모든 것은 꿈같다는 말이다. "~~ 같다." 라는 직유법으로 말씀하신 후에는 이것으로 부족해 "마땅히 이와 같이 볼지어다."라고 덧붙이셨다.

그러니 괴로워할 이유가 없다. 꿈에서 강도에게 쫓겨 도망다닌다고 문제가 해결되지 않는다. 그저 꿈인 것을 알고 깨어나는 것이 가장 근원적인 해결이다.

내가 너이고 네가 나인 세상

장자의 위대함은 꿈 속의 나비를 주체로 승격시킨 것이다. 우리들이 비슷한 꿈을 꾸었다고 생각해보자. "꿈에 내가 나비가 되어 날아 다녔어."라고 말할 것이다. 꿈에서 깨어나 꿈 속의 나를 여전히 "나"라 여긴다. 하지만 꿈속의 "나"는 "나"가 아니다. 장자는 "장자가 나비가 되는 꿈을 꾼 것인지, 나비가 장자가 되는 꿈을 꾼 것인지"를 의심했다. 즉 나비에게 꿈 속의 나와 동격의 1인 자격을 준 것이다. 내 꿈에서 나라 착각하고 있는 인물과 나비가 나타난 것이다. 그러니 꿈 속의 각자 하나 하나의 개체를 나라고 믿고 있던 자의 대상의 자리로 떨어뜨릴 수는 없다. 내가 관찰할 대상은, 나라 믿고 있던 자와, 내가 세상이라 믿고 있던, 나 아닌 세계 모두를 아우르는, 전체 꿈으로 전환된다.

그 드라마 전체 덩어리가 꿈이다.

지금 이 생생한 삶이 결국 꿈이다. 나는 삶을 살고 있는 게 아니라 삶이라는 정교한 꿈을 지켜보고 있다. 그러니 꿈을 꾸면서 꿈인 줄 아는 자각몽처럼 지금 이 순간의 경험이 무상 고 무아인 꿈임을 지켜볼 뿐이다.

꿈 속에도 법칙이 있고 한계가 있고 개연성이 있고 일관성이 있다. 삶이라는 꿈에서 역시 마찬가지로 중력의 법칙, 시간이 과거에서 미래로 흐르는 것. 그 외 일관된 한계가 있다. 하지만 이 모든 것 역시 꿈 속의 설정일 뿐이다.

우리의 삶이 꿈이라는 것을 제대로 알 수 있는 기회가 죽음이다. 하지만 살아 있다는 꿈 속에서 삶이 꿈임을 알 수 있을까. 답은 "있다."이다. 죽지 않고도 죽는 경험, 즉 철저히 나란 없음을 아는 에고의 죽음이다.

미국의 영성가인 앨란 와츠(Alan Watts)는 이런 말을 했다. "이것이 진정한 삶의 비밀이다. 당신이 현재 이곳에서 하고 있는 것과 완전히 결합되라. 일이라고 부르기보다 그것이 놀이임을 자각하라." 꿈에서 깨어나 꿈을 관찰하면 '하기 싫지만 해야 하는 일'이 사라진다. 견디기 힘든 사람도 없어진다. 그저 꿈일 뿐이다. 재미있는 드라마를 보듯, 즐기면 된다. 꿈이 끝나고 나서도 꿈 속에서 있었던 일 때문에 가슴을 쓸어내리거나, 슬퍼하거나, 화낼 필요가 없는 것처럼.

끝으로 앨란 와츠의 또 다른 통찰의 명언을 소개한다. "삶의 의미는 그냥 사는 것이다. 평범하고 심플하고 분명하다. 하지만 모든 이들은 삶 앞에 성취해야 할 무언가가 있는 듯이 엄청난 공포 가운데 분주하다."

깨닫지 않았더라도 항상 기억하면 비슷한 효과가 난다. 삶은 꿈이다. 나는 지금 꿈을 꾸고 있다. 매순간 이를 염(念, 마음챙김)하다 보면 행주좌와 인지하게 된다. 그러다 어느 날, 문득 홀연히 빛 한 자락이 들어오는 것처럼 삶이 꿈임을 깨닫게 될 것이다.

[2021년 5월]

현재에 모든 것을 맡기라

"나는 나 자신을 돌본다. 내가 더 외로울수록 친구가 없으면 없을수록, 내 편에 서 있는 이들이 없으면 없을수록, 나는 나 자신을 더 존중할 것이다."   – 샬롯 브론테, 〈제인 에어〉 중

"공중의 새를 보라. 심지도 않고 거두지도 않고 창고에 모아들이지도 아니하되 너희 하늘 아버지께서 기르시나니 너희는 이것들보다 귀하지 아니하냐. 너희 중에 누가 염려함으로 그 키를 한 자라도 더할 수 있겠느냐. 또 너희가 어찌 의복을 위하여 염려하느냐. 들의 백합화가 어떻게 자라는가 생각하여 보라. 수고도 아니하고 길쌈도 아니하느니라. 그러나 내가 너희에게 말하노니 솔로몬의 모든 영광으로도 입은 것이 이 꽃 하나만 같지 못하였느니라. 오늘 있다가 내일 아궁이에 던져지는 들풀도 하나님이 이렇게 입히시거든 하물며 너희일까보냐. 믿음이 작은 자들아. 그러므로 염려하여 이르기를 무엇을 먹을까, 무엇을 마실까, 무엇을 입을까, 하지 말라. 이는 다 이방인들이 구하는 것이라. 너희 하늘 아버지께서 이 모든 것이 너희에게 있어야 할 줄을 아시느니라. 그런 즉 너희는 먼저 그의 나라와 그의 의를 구하라. 그리하면 이 모든 것을 너희에게 더하시리라. 그러므로 내일 일을 위하여 염려하지 말라. 내일

일은 내일이 염려할 것이요, 한 날의 괴로움은 그 날로 족하니라."

– 마태복음 6장 27절 – 34절

삶이 내 편이 아닐 때

우리들의 삶이 그렇다. 상위 1퍼센트의, 물건 살 때 가격표를 보며 잠시 고민에 빠져본 적이 없는, 돈으로 해결하는 게 가장 쉽다고 생각하는 이들을 빼놓은 우리들의 삶이 그렇다는 얘기다.

매달 월급날이 오기를 꼬박 기다린다. 드디어 월급날이 되어 한 달분의 급여를 받지만 아파트 렌트비, 그 외 페이먼트를 내고 나면 거의 남는 게 없다. 그 와중에 절약해서 몇 푼이라도 저축을 하게 된다면 그건 축복이다. 그런 식으로 몇 년 세월이 흘러 주택을 구입할 수 있는 다운페이먼트라도 마련하게 되었다면 인생, 대단히 성공한 것이다.

그렇다가 직장에서 해고라도 당하면 인생 계획에 커다란 차질이 생긴다. 삶이 꼬인다. 여기 저기에서 급한 대로 돈을 돌려 은행 계좌를 메꾼다. 하지만 갚아야 할 날짜는 어김 없이 다가오고 좀 더 이자가 비싼 빚을 내 처음 빚을 막는다. 그러나 그 어디에도 근본적인 해결책은 보이지 않는다.

이처럼 당장 발등에 떨어진 불을 끄느라 바쁜 게 우리들의 삶이다. 아마 당신은 이렇게 말할 지도 모른다. "명상하라고? 한가하신가본데. 이 양반아, 나는 그럴 시간이 없다고. 명상할 시간이 있다면 돈 구하러 다닐 것이고, 한 푼이라도 더 벌려고 뛰어다닐 거야."

이해한다. 이 험한 세상에서 최소한 가족들과 길거리에 나앉지 않으려면, 당신이 얼마나 바빠야 하는지를 말이다. 이건 정말 최소한의 이야기이고, 가끔씩 친구들과 골프라도 한 번씩 치려면, 아내가 동창회에 나가 기죽지 않도록 유명 디자이너 핸드백이라도 하나 사주려면, 아이들 대학 준비를 위해 과외공부라도 시키려면 당신은 아마 치열하게, 머리 터지게 일해야 할 것이다. 한가하게 눈감고 앉아서 호흡이나 바라볼 시간이 없을 것이다.

그런데 어떻게든 이런 상황에서 벗어나보겠다고 갖은 애를 쓰다 보면 희한하게도 더욱 수렁에 빠져드는 자신을 발견하게 될 것이다. 이건 내가 살아오면서 했던 생생한 체험이기도 하다.

삶은 늘 내편이다

오랜 세월이 지나고 나서 깨닫게 된 것이 있다. 현재의 삶은 나를 만나고, 나와 하나가 되고자 끊임 없이 내게 신호를 보낸다는 것이다. 그런데도 내가 그 신호를 감지하지 못하고 엄한 것만 찾고 다니면서 현재의 삶에 주의를 기울이지 않으면, 삶은 주의를 집중하지 않을 수 없게 만드는, 마지막 카드를 뽑아 사용한다.

나 역시 그랬었다. 마음이 늘 과거에의 후회, 미래에의 불안감으로만 향하고, 현재를 놓치던 내게 존재의 뿌리를 뒤흔들어놓는 일들이 줄줄이 생겼다. 지금 생각해보면 현존(Presence)이, 삶(Life)이, 또는 내 상위자아(Higher Self)가, 화엄법계로 나툰 불성이 나를 구하고자, 나를 만나고

자 그 싯점에 장치해놓은 돌뿌리에 내가 넘어진 것이었다.

하지만 지금 와서 다시 생각해보면 그건 축복이었다. 그렇게 드라마틱한 방법을 총동원해서라도 비본질적인 것에 대한 헛된 망상을 끊고 수행의 길로 들어섰으니 얼마나 다행스러운 일인가. 그렇게 해서 삶의 참된 면모를, 지금 바로 여기 이 순간을, 참 나를 만나게 된 것은 은총이었다.

여러 수행의 방법 가운데 삶이 내 앞에 펼쳐놓은 길은 마음챙김 명상 수행이었다. 마음챙김 수행법은 그 자체가 '혁명적인 내려놓음(Radical Acceptance)'이다. 소리, 몸의 감각, 호흡 등 지금 현재 일어나고 있는 경험들에 대해 온전히 의식을 집중한다는 것은 에고(Ego)가 그렇게도 좋아하는 허상의 시간인 과거와 미래를 완전히 놓아버리는 것을 의미한다. 머릿속에 오만가지 잡념, 상념이 떠오르는데도 매번 다시금 호흡과 소리, 몸의 감각으로 돌아온다는 것은 나라고 믿고 있던 단단한 것을 내려놓고 현재 이 순간과 결합하는 것에 다름 아니다.

강물을 따라 흐르듯이

이는 마치 흐르는 강물에 나의 몸을 모두 맡기고 흐름을 따라 표류하는 것과 같다. 한 20년 전쯤이었나, 강물에서 래프팅(Rafting)을 해본 경험이 있다. 구명조끼를 입고 보트 위에 올라 강물을 따라 노를 저어가는 레저활동이다. 래프팅을 하다 보면 강물의 부드러운 흐름을 온 몸으로 느끼며 유유자적 신선놀음할 수 있는 순간이 있고, 세찬 급류에 보트가 일엽편주처럼 위태위태할 때가 있다.

그때 보트 위에서 온 몸으로 확실히 깨달았다. 버티려 하면 할수록 더 힘들어진다는 것을 말이다. 차라리 강물의 흐름에 나를 완전히 내맡기고 모든 노력과 애씀을 멈추며 "피할 수 없으면 즐기라."던 지혜의 말대로 그 요동침을 받아들이면 된다. '내가 언제 또 이런 경험을 해보겠어?' 하는 마음으로 현재의 경험을 있는 그대로 수용하다 보면 어느 순간, 급류가 잦아들고 물결은 잔잔해지며 새소리가 들려오고 꽃들이 피어 있는 아름다운 광경이 펼쳐지는 것을 발견하게 된다.

우리들의 삶도 래프팅과 같다. 어차피 게임이다. 한판 신나게 놀다 가면 되는 것이다. 좋다고 붙잡을 것 없고, 싫다고 저항할 필요도 없다. 그냥 내려놓고 떠나보내고 놓으면 된다. 그렇다 보면 점점 더 편안해진다. 몸과 마음이 편하면 삶에 대해서도 긴장하지 않게 되고 좀 더 이완하게 되고 그 결과, 삶도 점점 더 편안함을 내게 가져다주게 된다.

내가 체험하고 있는 이 삶은 어찌 보면 나의 연장선이다. 내가 이제껏 나라고 생각하고 있던, '여기까지만이 나이고 그 이외의 것은 남'이라고 생각하던 것이 어느날부터인가 그 경계가 모호해졌다. 들판에 피어 있는 꽃도 나이고, 하늘을 나는 새도 나이며, 공원의 나무도 나이다. 뿐만 아니다. 내가 참 좋아하는 친구도 나이고, 내가 참 싫어하던 그 사람도 결국 나였다. 나는 아무 것도 아니면서 동시에 우주 전체였다.

내가 삶을 대하는 태도를 살피라

그렇기에 지금 현재 내 삶의 경험들에 대한 나의 태도는 결국 나를 향한 것들이다. 하루 일과를 마치고 집으로 향하는 길, "X발. 더러워서 못해먹겠네."라는 생각을 갖고 있는지, 살펴보라. 당신이 당신 삶에 대해 이런 생각을 갖고 있을 때, 삶이 당신에게 녹록할 수는 없다. 삶은 어쩜 더 힘든 일들을 줄줄이 가져다줄 지 모른다.

삶이 그렇게 잔인한 이유는 우습게 들릴 지 모르겠지만 당신을 사랑하기 때문이다. 더 이상 당신이 진실을 외면한 채, 전도망상에 빠져 고통받고 있는 것을 삶은 두고 볼 수가 없는 것이다. 삶은 당신이 있는 그대로 더없이 완벽한 삶을 바르게 보고, 그럼으로써 삶이 당신을 사랑하는 것처럼 당신도 삶을 사랑하기를 원한다. 그리하여 삶과 당신이 함께 아름다운 춤을 추기 원한다. 그것은 우주의 춤이다.

저항하지 말고 내려놓아라

그러니 삶에 저항하려 하지 말고 기꺼이 백기를 들어라. 모든 노력과 애씀을 내려놓고 항복하라. 모든 걸 내려놓아라. 그리고 당신을 향한 삶의 사랑을, 단 한 순간도 멈춘 적이 없는 그 사랑을 고요히 느껴보라. 당신이 진실했을 때도, 당신이 야비했을 때도 삶은 늘 당신을 무조건적으로 사랑해왔다. 당신이 당당했을 때도, 당신이 위축되었을 때도 삶의 당신을 향한 사랑은 오롯하게 일관됐다. 초등학교 시절, 쓸쓸히 심심해하며 집으로 걸어가던 그 순간에도, 멋진 연인과 연애를 하던 그 순간에도 삶은 언제나 당신 편이었다. 그 사랑을 만나는 순간, 당신은 아마도 뜨거운 기쁨의 눈물을 흘리게 될 것이다.

그리고 삶이 당신을 구속했음에, 구렁텅이라고 생각했던 상황으로 당신을 몰고갔음에, 그렇게 해서라도 당신을 만나려했음에 감사할 것이다. 나와 현재의 삶, 다른 언어로 한다면 이제껏 '나라고 믿던 나'와 '그 나를 바라보는 나', 또 다른 표현을 빌어본다면 '사랑하는 자(The Lover)'와 '사랑받는 자(The Beloved)'의 사랑은 이렇게 시작된다.

삶을 신뢰하라

이제 우리들은 ('사랑하는 자'와 '사랑받는 자') 함께 거하며 서로를 바라본다. 가끔 '사랑하는 자'는 자신이 '사랑하는 자'인지 '사랑받는 자'인지 혼동스럽다. 그도 그럴 것이 본래 '사랑하는 자'와 '사랑받는 자'는 하나였기 때문이다. 이제 더 이상 이별, 분리는 없다. 이제 우리는 하나다.

당신의 삶은 당신의 다른 모습이다. 어쩜 당신은 지구별로 여행을 떠나오기 전, 당신 영혼의 가장 큰 성장을 위해 지금 이 순간 경험되는 삶을 미리 프로그램화 해놓았는지도 모른다. 언젠가 그런 깨달음이 들었다. 이 삶은 내가 쓴 시나리오에 따라 진행되는 영화라는 깨달음 말이다. 주인공은 물론 나이다. 그런데 나 외의 다른 등장인물들도 알고 보니 다 나의 다른 모습이었다.

삶을 신뢰하라. 지금 이 순간 당신에게 경험되는 것은 당신이 선택한 것임을, 그리고 그것은 당신을 위한 최선의 경험임을 믿으라. 그것이 좋다고 느끼던, 견딜 수 없다고 느끼던, 이는 사실이다. 그러니 저항하지 말고 받아들여라.

이 순간 삶의 경험이 좋다면 좋다. 그렇다고 붙잡거나 집착할 필요는 없다. 매순간 움직이는 우주의 춤을 호기심을 가지고 지켜봐라. 이 순간 삶의 경험이 고통스럽다 하더라도 역시 호기심을 가지고 지켜봐라. 매 순간 순간의 경험은 그렇게 좋을 것도, 그렇게 나쁠 것도 없고 대충 견딜만 하다. 저항하지만 않는다면 고통의 강도는 훨씬 덜해진다. 고통은 피할 수 없지만 괴로움은 선택사항이기 때문이다. (Pain is inevitable but suffering is optional.)

붓다의 목소리로 해석한 마태복음

요기였던 예수는 그의 스승의 스승인 붓다의 생생한 목소리를 들려준다. 글 머리에 인용한 마태복음 6장 27절 - 34절 말씀을 붓다 버전으로 해석한다면 이렇게 되지 않을까.

"의식주에 대한 염려를 내려놓고 삶을 전적으로 신뢰하라. 걱정은 삶을 헤쳐나가는데 아무런 도움이 되지 못한다. 자연의 모든 것을 돌아보라. 모두 다 삶의 작용대로 완벽하게 돌아가고 있다. 삶은 당신의 필요를 당신보다 먼저 알고 있다. 그러니 고요히 삶의 현재 이 순간 경험에 비판 없이 주의를 기울여보라. 당신이 삶을 편안하고 사랑 가득한 에너지로 바라보고 있으면 삶도 그렇게 된다. 마음챙김 하라. 어제는 지나갔고 내일은 아직 오지 않았다. 유일한 시간인 지금 이 순간을 살아라. 당신의 의식이 과거의 후회, 미래의 걱정으로 분산되지 않고 온전히 현재 이 순간에 있을 때, 모든 필요는 채워지고 당신은 천국을 창조할 수 있다. 당신이 원하는 바인 당신의 나라가 이 땅에 임하기를."

지금 현재 일어나고 있는 당신 삶의 경험은 완벽하다. 그 이유는 당신이 지금 현재 그것을 경험하고 있기 때문이다. 우리를 너무 사랑하는 삶은 우리에게 꼭 필요한 경험들을 귀신 같이 가져다준다. 당신의 에고가 너무 강하다면 삶은 그 에고를 녹여내기 위한 여러 경험들을 가져올 것이다. 이를 피해갈 방법은 없다. 그러니 저항하려는 모든 노력을 다 내려놓고 삶에 백기를 들어라. 그 순간, 갑자기 삶과 나의 관계 역학에 대대적인 변화가 일어난다.

그렇게 삶과 화해하고 사랑하며 고통의 세계를 넘어 저 피안의 세계로 가자, 함께 가자. 샨티, 샨티, 샨티.

[2017년 10월]

마음대로 창조하고 파괴하는
우리는 신이었다

"고요히 머물러 있으며 내가 신인 것을 알라.(Be still and know that I am God.)" – 시편 46장 10절

신학을 부전공한 수행자

미국인 선교사가 세운 대학을 다니다 보니, 〈기독교 개론〉을 교양 필수 과목으로 들어야 했었던 나는 어쩌다가 남들은 그렇게도 재미 없어하는 그 시간에 가슴이 뜨거워지며 눈물을 펑펑 흘리는 경험을 하게 됐을까. 그야말로 '은혜'를 왕창 받는 체험이었다.

감성적인지, 종교적인지 모를 가슴 열림이 그 시절의 나를 찾아왔다. 어쩔 수 없이 듣는 교양필수도 아닌데 나는 그 외에도 몇 개의 신학과 과목을 신청해 들었고 급기야 신학을 부전공하기에 이른다.

물론 대학 이전, 나는 동네 교회에 다니며 중학교 시절, 중고등부 성가대의 반주자로 봉사하기도 했다. 하지만 고등학교 때에는 공부를 하지 않으면서도 입시 준비로 마음이 분주해 교회 다니는 것도 그만두었다.

내가 다니던 대학교는 신학과라고 해도 "무조건 믿~습니다." 하는 분위기는 아니었다. 그보다는 모세 5경이 유대 땅 인근의 바빌로니아 지역에 널리 퍼져 있던 신화와 설화들을 차용한 것임을 인정하고 들어가는, 역사적 사실에 근거하고 검증하는 이성적 접근 방식을 택했다.

한민족의 정신 세계를 구성하고 있는 유불선에서 인류의 종교적 공통점을 이끌어내던 유동식 교수, 역사학과 수학, 기하학까지 통합한 교회사 전문 한태동 교수의 수업 시간은 지금도 그립고, 다시 듣고 싶은 명강의였다.

자그마한 체구이지만 목소리는 기차 화통 삶아 먹은 것처럼 컸던 문상희 교수의 강한 존재감도 잊혀지지 않는다. 선배들의 이야기에 따르면 문 교수는 신학관 앞에서 담배를 피우던 한 학생의 뺨따귀를 세차게 내리쳤다고 하는데, 그 학생이 바로 세상 떠난 최인호 작가라나, 뭐라나, 그런 전설 같은 얘기도 전해져 온다.

절제된 표정과 목소리로 강의를 하던 교회사 전문 민경배 교수는 늘 감동적인 짤막한 기도로 수업을 시작했었다. 독일 철학자들의 분석적 사고를 전해주던 김균진 교수, 미국 클레어몬트 신학교에서 수학했던 영어 발음에 '빠다(Butter)' 칠 가득했던 김중기 교수도 새삼 기억이 난다.

20대의 나는 지적 호기심에 눈동자를 반짝이던 학생이었던 것 같다. 학교 졸업하고 30년이 넘어 다시금 연락을 하게 된 신학과 학생들의 증언에 따르면 나는 강의실 맨 앞자리에 앉아 꼼짝도 하지 않고 열심히 강의를 경청하는, 조금은 재수 없어 보이는 모범생이었다고 한다.

100일 동안의 기도로
체험한 신의 마음

그렇게 신학을 부전공하면서 나는 진정으로 신을 사랑하게 되었고, 남들이 성령 체험이라고 부르는 경험도 했었다. 뭐든 하면 뽕을 빼고 마는 성격의 나는 신의 마음을 이해하고자 매일 한 교회를 정해놓고 나가 100일간의 기도를 드렸었다.

그러던 어느 날, 지하철을 타고 가다가 창에 비친 내 모습을 봤다. 결코 신의 큰 사랑을 받고 있는 행복한 표정이 아님을 깨달은 나는 그날로부터 신을 위해 나의 얼굴에 마음챙김을 했었다.

당시 나는 100일 동안의 기도를 통해 신의 마음으로 나를 보고, 신의 마음으로 세상을 보기 시작했다. 지금 생각해보면 매일 반복적 행동으로 뇌에 새로운 시냅스가 생겼던 것 같다. '신의 마음'으로 살아간다는 것은 '알아차림'과 유사한 효과를 내주기도 했다.

그것만이 아니었다. 나는 창세기부터 성경을 2차례 이상 통독했고 아침 일찍 일어나 고요한 시간(Quite Time)을 가졌으며, '예수전도단'이라는 찬양 모임도 나갔고, 대학생 선교 모임도 다니며 캠퍼스의 복음화를 위해 중보기도도 했었다. 내가 알고 있는 성경 지식을 이용해 가까운 친구를 개별 과외 시키듯 양육하기도 했다. (지금 생각해보니 선무당 사람 잡는 행동이었다.) 또한 당시 나는 내가 가장 사랑하는 가족들이 영혼의 구원을 얻을 수 있도록, 가족의 전도를 위해 금식 기도도 마다하지 않으며 진짜 쎈 기도를 올렸었다.

가족의 구원을 위해 기도하다

그로부터 30여 년이 지난 지금, 내 기도발이 진짜 셌던지, 우리 가족은 모두 절실한 기독교인이 되어 있다. 엄마는 권사, 두 동생은 집사, 정작 온 가족의 복음화를 위해 기도에 매진했던 나는 매일 아침 방석 위에 앉아 부처님이 하셨던 수행을 하고 있다. 이제 엄마와 두 동생은 나를 위해 "언니가 하루 빨리 다시 하나님 품으로 돌아오게 해주세요."라고 기도한다.

그럴 때마다 나는 가족들에게 "나 만큼만 하나님을 매 순간 기억하고 살라고 그래. 일요일 아침에만 교회에 가면 무슨 소용이야? 일주일에 요가 한 시간 하는 것 가지고는 몸이 바뀌지 않아. 요가 매트 위에서의 몸에 대한 인식을 삶 속에서 깨어 있는 동안 실천해야 몸이 바뀌는 것처럼 나는 교회에 나가지 않는다 뿐이지 늘 하나님의 시각으로 나를 보고 있어. 그리고 그의 나라가 임한 천국에 살고 있단다." 라고 말한다.

가족과 함께 하는
성경 통독 프로젝트

우리 가족 구성원 중 막내 동생은 런던, 둘째 동생은 서울, 엄마와 나는 LA에 살고 있다. 이산가족이 따로 없다. 멀리 떨어져 있지만 우리 가족 역시 대부분의 가족들과 마찬가지로 가족 단톡방이라는 것을 갖고 있다.

가족 4명 중 기독교인이 3명이다 보니 기독교인들이 주류인 우리 가족

내에서 누군가가 "올 한 해 성경을 함께 통독하자"는 제안을 했다. 그리하여 매일 각자 자기가 살고 있는 도시에서 아침 시간이면 성경 구절을 소리 내어 읽어 그 녹음 파일을 단톡방에 올린다.

처음에는 엄마와 동생이 올린 것을 그냥 보고만 있던 나는 어느날부터인지 혼자 왕따 되는 느낌이 들기 시작했다. 성경 구절 역시 인류 인식의 진화 과정을 기록해놓은 것, 아닌가. 읽어서 나쁠 건 없다. 나는 가족들과의 유대감을 높이고 싶다는 바램으로 〈창세기〉를 소리내어 읽어 녹음해 단톡방에 올리기 시작했다.

그러면서 '의식의 역사' 라는 시각에서 〈창세기〉를 다시 인식하게 된 나는 놀라움에 벌어진 입을 다물 줄 몰랐다.

공을 만난 최초 인간의 고백, 창세기

〈창세기〉는 시내 산에서 신발을 벗고서 자신이 태어나기 이전부터 늘 자신과 함께 있어온, 태어난 적 없고, 죽지도 않는, 무엇이든 될 수 있고 아무 것도 되지 않을 수 있는 '공(空)'성을 만난, 더 정확하게는 최초로 그 것을 기록한 인간의 고백이었던 것이다.

"태초에 하나님이 천지를 창조하시니라. 땅이 혼돈하고 공허하며 흑암이 깊음 위에 있고 하나님의 신은 수면에 운행하시니라. 하나님이 가라사대 빛이 있으라 하시매 빛이 있었고, 그 빛이 하나님의 보시기에 좋았더라. 하나님이 빛과 어두움을 나누사 빛을 낮이라 칭하시고 어두움을 밤이라 칭하시니라. 저녁이 되며 아침이 되니 이는 첫째 날이니라."

나는 히브리어 공부를 하지 않았지만 '창조'에 해당하는 히브리어인 '바라'는 아무것도 없는 무(無)의 상태에서 창조하는 것을 말한다는 것을 알게 되었다. 혼돈의 히브리어는 '토후'요, 공허의 히브리어인 '보후'로 이 두 단어가 합쳐진 '토후와 보후'는 '형태가 없고 텅 빈'의 뜻, 즉 공을 의미한다. 공의 상태에서 인연 따라 나투는 것을 말하는 것이다.

또한 〈창세기〉는 하나님이 천지를 말씀으로 창조하셨다고 적고 있다. 언어를 사용하기 시작하면서 우리의 의식은 언어의 진화와 비례하여 분화되었다. '사과'를 '사과'라 부르지 않아도 그 달콤함은 변함이 없고, '장미'를 '장미'라 부르지 않아도 그 향기로움은 그대로이겠지만 우리들은 이제 언어라는 상징, 그리고 의식 속에 형성된 산냐(상)를 가지고 사고를 한다.

〈창세기〉를 읽어가던 나는 창세기 기자야 말로 유대 땅에서 공의 체험을 하고 그것을 언어로 표현한 자임을 알게 되었다. 그리고 자신이 의식 속에 사이버 세상을 창조해 가는 과정을 표현했음을 깨닫게 되었다. 즉 〈창세기〉는 신이 세상을 창조한 이야기가 아니라 의식으로 자신의 마음 속에 세상을 창조해나가는 것을 인지한 최초 인간의 기록이었던 것이다.

보시기에 심히 좋았더라

〈창세기〉에 첫째날로부터 여섯째날의 창조 작업 후 자신이 지은 것에 대해 "하나님 보시기에 심히 좋았더라."는 표현이 나온다. 우리들이 공으로부터 내 삶에서 내 마음대로 창조해내는 모든 것들을 내 깊은 무의식에서는 "보기에 참 좋구나." 하고 있는 것일 게다. 그러니 의식 차원에서는 고통스럽다고, "이 잔을 거두어 달라."고 저항하면서도 비슷한 사건들을 삶 속에서 계속 만들어 내는 것이다.

내가 경험하고 있는 세계는 내 내면 상태를 비춰볼 수 있는 거울이라고 한다. 부처님 눈에는 부처님만 보이는 법, 그래서 부처님은 늘 여여하다. 머무는 바 없이 삶이 스쳐지나가는 존재, 여래, 타타가타이다.

내가 경험하는 세상이 모두 나의 연장선임을 깨닫고 충만함과 평안함이 가득한 천국에 거하던 나는 또 다시 나를 찾아온, 내 무의식이 만들어 낸, 무의식은 "보시기에 참 좋았더라." 라고 하는, 일련의 삶 속 사건들을 대하면서, 있는 그대로 삶의 선물을 받아들이지 못하며 저항하고 있었다. 아니, 그렇지는 않다. 정확히는 그 경험들을 만나며 힘들어 하는 내 마음을 만나주고, 충분히 힘들어하는 것을 지켜봐주었다. 그 고통스러워하는 마음을 피하지 않고 함께 했다.

왜, 나는 아직까지도 내 삶에서 이런 사건들을 계속 창조하고 있는 걸까, 하며 나 자신을 받아들이지 못하던 나는 베드로가 닭이 울기 전 계속해서 예수를 모른다고 부인하다가, 세번째 부인한 후 닭 우는 소리를 들으며 예수의 예언이 기억나 울었다던 복음서 구절을 떠올렸다.

"베드로가 대답하여 가로되 다 주를 버릴찌라도 나는 언제든지 버리지 않겠나이다. 예수께서 가라사대 내가 진실로 네게 이르노니 오늘밤 닭 울기전에 네가 세 번 나를 부인하리라." - 마태복음 26장 33–34

"그가 저주하며 맹세하여 이르되 나는 그 사람을 알지 못하노라, 하니 곧 닭이 울더라. 이에 베드로가 예수의 말씀에 닭 울기 전에 네가 세 번 나를 부인하리라 하심이 생각나서 밖에 나가서 심히 통곡하니라."

— 마태복음 26장 74-75

위급한 상황에서 정신줄을 놓고 일단은 자기가 살려 거짓말을 했던 베드로는 내가 사라질까 공포를 느끼는 가운데 가슴을 닫아버린 나의 모습이었다. 그런 순간에 들려온 닭울음 소리는 베드로로 하여금 지 꼬라지를 제대로 파악할 수 있게 해준 빛이었다.

베드로 역시 예수가 "네게 천국의 열쇠를 준다", "너는 내 수석 제자다", 하니 "아, 이제 스승도 내 마음공부가 되었음을 인정해주시네. 내가 한 소식 하긴 했지. 이제 득도했겠다, 하산할까." 하는 마음이 들지 않았을까. 예수의 인정으로 인해 한참 구름 위를 떠다니던 베드로는 닭울음소리로 풍선 바람이 쭉 빠지는 경험을 하며 바닥으로 내동댕이 쳐진다.

내 현주소를 깨워주는
닭울음소리

닭울음소리는 알아차림을 놓친 베드로, 그리고 우리 모두를 일깨워주는 죽비소리요, 선사의 '할' 하는 외마디 소리였다. 내 삶에서도 닭울음소리가 들려왔다. 고통스러워서, 두려워서 피했지만 그것은 다시 돌이켜보니 은총이었다. 닭울음 소리는 내 마음의 현주소를 있는 그대로 비춰주고 알려주는, 그러면서도 그에 대해 비판하지 않고 있는 그대로 포용해주는 삶의 개입이었다.

'시크릿' 등 일체유심조에 대한 깊은 이해 없이 대충 "원하면 이루어진다."는 거짓 복음을 전하는 메시지들은 정말 중요한 것에 대해 언급하지 않으며 대중들을 현혹시킨다. 맞다. 사실 우리는 뭐든 원하는 것을 마음으로 만들어낼 수 있다. 주의력이 모이는 곳에 에너지가 모이고, 에너지가 모이는 곳에 물질이 생성되기 때문이다. 그런데 과연 우리들의 주의력은 어디에 모여 있을까. 늘 알아차림을 유지하고 있는 줄 알지만 우리들의 의식은 우리들의 무의식을 어느 정도나 알아차리고 있는 걸까.

나는 마음공부 지진아임에 틀림 없는 것 같다. 그렇게 오랜 세월 동안 방석 위에 앉아 마음을 들여다봤는데, 알아차리지 못하던 무의식에 눌려 있던 것들이 나오고, 또 나온다. 정말 심층의식에 쌓인 상처, 두려움이 켜켜이 너무도 많다. 그래서 비록 의식은 밝고 아름답고 행복하고 평화로운 것에 주의를 기울이지만 무의식이 향해 있는 부정적 에너지가 삶 속에서 고스란히 형상화 되어 나타나는 것이다. 그러니 내 삶에서 고통이라 여겨지는 것들은 있는 그대로 닭울음 소리요, 죽비소리다. 삶이 도저히 꿈 속에서 헤매고 있는 내 꼬라지를 그냥 놔둘 수 없어 개입하는 것이다.

정말 간만에 강도 높은 삶의 경험으로 평정이 깨지고 불안초조감까지 경험하던 나는 그 불안감을 있는 그대로 만나며 내 꼬라지를 있는 그대로 여실히 깨닫는다. 그리고 가슴을 도닥이며 내게 말해준다. "괜찮아."라고. 그렇게 모든 것을 허용한다. 허용받는 것과 허용하는 것이 둘인가. 그렇지 않다. 오늘 내 꼬라지를 있는 그대로 허용하고 받아들여줌을 인연하여 내일의 나는 조금 더 편안해져 있고 좀 더 경계를 넓힐 수 있을 것이다.

마음대로 창조하는 마음이
우리의 진면목

마음대로 창조할 수 있어 마음이다. 그런데 나는 과연 진정 마음대로 창조하고 있는가. 우리 대부분은 마음대로 창조하기 보다 우리들의 카르마가 창조하게 놓아둔다. 이제껏 반복했던 업이 힘을 발휘해 자동으로 반복되며 점점 더 커가는 것이다. 즉 마음대로 살아가는 자유인이 아니라, 업에 의해 끌려다니는 노예인 것이다.

노예의 삶으로부터 해방된 참자유인 붓다에 귀의하며, 그 업으로부터 벗어나는 마음의 매뉴얼인 담마에 귀의하며, 나와 비슷한 카르마를 가지고 개고생 하고 있는 수행공동체 상가에 귀의한다. 내 꼬라지를 내 안의 공성이 있는 그대로 허용해주는 것처럼, 도반의 꼬라지도 있는 그대로 허용한다.

네가 나이다. 내가 너이다. 내가 경험하는 우주는 바로 나이다. 나는 내 우주를 창조한 신이다. 신인 내가 신인 당신에게 인사한다. "나마스떼!"

[2022년 4월]

184

넷째

몸치,
요가 선생이 되다

스피릿록에서의 일주일

"인간은 그가 말하는 것에 의해서보다는 침묵하는 것에 의해서 더욱 인
간답다." — 알베르 카뮈

지난 2017년 6월 19일부터 꼬박 일주일간 샌프란시스코 인근, 마린 카
운티(Marin County)에 위치한 스피릿 록 명상센터(Spirit Rock Medita-
tion Center)에 다녀왔다.

범인들의 경우, 생업이 있다 보니 일주일간 묵언 수행(Silent Retreat)을
다녀올 만한 시간적 여유를 마련한다는 것이 쉽지 않을 것이다. 그런 면
에서 프리랜서로 일한다는 것은 확실히 많은 장점이 있다. 돈 버는 재주
가 없는 대신, 영혼을 살찌울 수 있는 자유로운 시간이 있음을 감사했다.

내가 참가했던 묵언 수행은 〈마인드풀니스의 기초(Foundations of
Mindfulness)〉라는 주제로 UCLA 마음챙김 연구센터(Mindfulness
Awareness Research Center)의 디렉터, 다이애나 윈스턴(Diana Win-
ston) 외 몇몇 강사들이 공동으로 이끄는 것이었다.

이 묵언 수행에 가기 위해 나는 지난 3월부터 스피릿 록 명상센터의 홈
페이지를 왔다 갔다 하며 지원서를 제출하고 참가비를 내고 일정 조정 등
준비를 해왔다. 딱히 내가 대단히 영적이고 그런 경험을 하고 싶어서 간

것은 아니다. 현재 이수 중인 TMF(Training as Mindfulness Facilitator) 과정 중 일주일 이상의 묵언 수행 리트릿 참가가 필수 사항이었기 때문이었다.

완벽하게 자원해서는 아니었지만 일주일 동안, 스피릿 록 명상센터에서의 묵언 안거는 존재의 지반을 뒤흔들어 놓을 만큼 강렬한 경험이었다.

스피릿 록 명상센터는 명상 홀, 참가자들의 숙소, 식당, 매니저 관리 사무소 등의 건물이 411에이커의 숲속에 띄엄띄엄 배치돼 있다. 곳곳에는 서 있는 붓다, 앉아 있는 붓다의 조각상들이 은은한 미소를 띠며 참가자들을 반겨준다. 식사 시간, 명상 시간을 알리는 커다란 종도 여기 저기 세워져 있다.

요기 업무 배정

첫날 도착하면 수행 참가자들은 방과 함께 요기 업무(Yogi Job)를 배정받는다. 가족과 함께 왔더라도 한 방에 거할 수 없다. 특히 부부의 경우, 여성들의 숙소와 남성들의 숙소가 다른 곳에 있기 때문에 안거 기간 동안은 생이별을 해야 한다. 이번 안거에는 한 일본인 부부가 참가했었는데 매일 밤, 남편이 아내를 묵언 속에서 여성 숙소로 데려다주는 모습이 어찌나 아름다워 보이던지, 부러우면 지는 건데 부러워하고 말았다. 동성 친구들이 함께 와도 각자 다른 방이 배정된다.

요기 업무(Yogi Job)는 명상센터에 있는 동안 계속 반복되는 노동으로 일 명상(Work Meditation)이라고 칭한다. 함께 먹을 식사 준비, 설거지,

식당 청소, 화장실 청소, 시간을 알리는 종 울리기 등 여러 업무 가운데 도착한 순서대로 선택할 수 있다. 나는 늦게 도착한 관계로 화장실 청소가 당첨됐다.

도착하기 전에 어떤 요기 업무를 할까, 생각하면서 "나는 부엌 일을 좋아하니까 부엌 일은 내게 있어 수행이라기보다는 즐거움이야. 그러니 내게 가장 도전이 되는 일, 화장실 청소 같은 것을 해볼까?"라는 생각을 했었다.

현재(Presence)는 우리들이 꼭 필요로 하는 경험들만을 가져다준다더니 그 많은 요기 업무 가운데 내게 맡겨진 것이 화장실 청소임이 놀라웠다. 일주일 동안 매 식사 후, 화장실 청소를 마음 다해 하면서 청소와는 담을 쌓고 살았던 나는 참 많은 것들을 배울 수 있었다.

고귀한 침묵

첫 날 저녁 식사에는 대화가 허락됐다. 약 100명의 참가자들은 잠시 후부터 시작될 오랜 묵언의 시간에 대비하듯, 마지막 대화 시간을 만끽했다.

저녁 식사 후에는 명상센터의 한 가운데 위치한 명상 홀에 모두 모였다. 강사들이 앞자리에 나와 몇 가지 안내사항을 전달했다. 이제 공식적으로 묵언 수행이 시작된다는 것을, 그리고 전화기 등 전자기기를 사용하지 말라는 것이었다.

묵언이라 함은, 친구들 사이일지라도 속삭임조차 허락되지 않는 것을 의미한다. 꼭 필요한 대화는 쪽지를 통해서만 할 수 있었다. 하지만 그렇다고 마음대로 쪽지를 쓸 수 있는 건 아니다. 이 대화가 지금 꼭 필요한가를 성찰한 후에, 최소한의 쪽지만을 나눌 수 있다. 명상 센터 내부를 다닐 때에는 시선을 아래로 깔고 다녀야 한다. 눈인사조차 상대의 묵언 수행에 방해가 될 수 있으므로 삼가해야 하는 것이다.

그 주간의 수행에는 나와 함께 UCLA 마인드풀니스 퍼실리테이터 자격증 과정을 공부하고 있는 클래스메이트들이 10여 명 있었다. 그들과 눈인사조차 나눌 수 없음이 처음에는 불편하고 어색했지만 이틀째 이후부터는 아무런 문제가 없었고 오히려 편안했다.

우리들은 대화와 문자 메시지 등의 커뮤니케이션만 소통의 방법이라고 생각한다. 이번 기회에 온 몸으로 체험한 것은 침묵 속에서도 서로 교감하고 인류애를 나눌 수 있다는 것이었다. 함께 자애명상을 하고났을 때, 명상홀 가운데 넘쳐 흐르던 아름다운 에너지를 어떻게 잊을 수 있을까.

자연 경관이 아름다운 스피릿록

스피릿 록 명상센터는 시내에서 떨어진, 숲속에 위치해있다. 이름 모를 들꽃들이 여기저기 피어 있고 나비와 벌이 훨훨 날아다닌다. 땅바닥에는 도마뱀들이 우스꽝스러운 포즈를 취하며 스르륵 빠른 속도로 기어다니는 모습도 볼 수 있다. 야생 칠면조들도 아무런 위협을 느끼지 않은 채 평화롭게 풀을 쪼아댄다. 3일째 아침에는 식당으로 내려가는 길에서 사슴 가족들을 만났다. 나를 포함한 참가자들은 침묵 속에서 사슴을 오랜 시간 동안 바라보며 가슴 가득 일체 생명체와의 합일을 느꼈다.

411에이커의 숲에는 상록수 나무, 참나무, 그 외 크고 작은 나무와 풀이 조화롭게 자라고 있었다. 이곳에 오기 전, 자연을 더 자주 접해야 한다는 필요성을 절감하고 있던 터라 나는 시간이 날 때마다 숲으로 난 길을 따라 걷기 명상을 하고 나무를 껴안고, 나무와 함께 호흡하고, 또 나무 아래 앉아 명상도 하면서 자연을 만끽했다.

숲속의 새들은 아침 일찍부터 저녁 늦게까지 세상에서 가장 아름다운 목소리로 노래를 불러주고 있었다. 명상홀에 앉아 있다 보면 고요함 가운데 간간히 새소리가 들려왔다. 이 세상 가장 아름다운 음악도 새들의 콘체르토만큼 아름다울 수는 없을 것 같았다.

숙소는 2인용과 1인용이 있었다. 나는 운 좋게 1인용 방에 배정됐다. 방은 트윈 베드와 침대 옆 작은 테이블, 그리고 의자 하나만 들어갈 수 있는 좁은 공간이었다. 하지만 별 문제될 것은 없었다. 참가자들은 대부분의 시간을 명상홀과 식당, 그리고 야외에서 보내고 침실에 들어가는 시간은 옷 갈아입을 때와 잠잘 때 외에는 거의 없었기 때문이다. 각 층에는 약 6개의 방이 있고 한 가운데에는 공동으로 사용하는 화장실과 샤워실이 있다.

마음 다해 커피마시고 식사하기

둘째 날 아침, 5시 45분에 기상을 알리는 종이 울렸다. 스피릿 록 명상센터에는 얼 그레이, 민트 등 여러 종류의 차(Tea)는 무료로 준비하고 있지만 커피는 없었다. 그래도 커피를 만들 수 있는 푸어오버 커피메이커

(Pour Over Coffee Maker)와 필터는 준비해놓고 있었다.

잠자리가 바뀌어 제대로 숙면을 취하지 못한 나는 졸린 눈을 비비며, 집에서부터 바리바리 싸가지고 온 커피를 가지고 식당으로 내려가 커피를 만들었다. 함께 여러 클래스를 들은 적 있는 엘리스(Ellis)라는 여성도 창가에 앉아 고요히 커피를 마시고 있었다.

물론 커피를 마시지 않고도 살 수는 있다. 하지만 커피는 내 삶을 더욱 풍요롭게 만들어주는 마법의 음료이다. 불편하게 한 잔 한 잔을 내리며 나는 다시 한 번 커피 콩을 재배한 아프리카와 남미의 농부들과 커피 콩을 영글게 한 자연, 커피를 이곳까지 가져다준 트럭 운전 기사와 세상 모두에 대해 감사함을 느꼈다.

6시 15분에 첫 좌선이 있었다. 45분간 이른 아침의 청명한 공기를 마시며 좌선에 드는 것은 커다란 기쁨이었다. 참가자들 중 2/3 정도는 방석에 앉아 좌선을 했고 나머지는 의자에 앉아 있었다. 그리고 척추에 문제가 많은 이들은 사전 허락을 받고 누워서 명상을 하는 모습이었다.

아침 명상 후, 7시부터 아침 식사 시간이었다. 아침 식사는 오트밀, 요거트, 과일 등으로 꾸며졌다. 참가자들이 두 줄로 식당 앞에 줄을 서면 요리사가 식당 안의 불상 앞에 놓인 종을 세 번 울렸다. 그러면 참가자들은 두 손을 합장하고 고개를 숙인 후, 한 사람씩 차례로 접시에 먹을 것을 덜어 자리에 가서 앉아 혼자 밥을 먹는다.

아무런 대화 없이, 천천히, 한 입 한 입을 음미하며, 중간 중간 포크와 나이프를 내려 놓고, 먹고 있는 나를 알아차리며 하는 식사는 그 자체가 명상 수련이었다. 이렇게 밥을 먹다 보면 평소 먹던 양보다 훨씬 적게 먹어도 배가 부른 것을 깨닫게 된다. 우리들이 일상 생활 속에서 과식을 하게 되는 이유는 아무 생각 없이 먹기 때문이다. 천천히 먹다 보면 적은 양으로도 포만감을 느끼게 된다.

오트밀을 한 숟가락 떠서 눈으로 잘 살펴보고 코로 냄새도 맡아본 후 입에 넣고 느린 속도로 꼭꼭 씹는다. 몇 번이나 씹는지, 숫자를 세어본다. 100번 정도 씹고 나니 이제 삼켜도 될 정도의 상태가 된다. 그 동안 수저는 테이블 위에 놓아둔다.

우리는 입 안에 음식이 있으면서도 다음 번 먹을 것을 수저에 담는 준비를 한다. 물론 바쁜 일상 생활 중에 이처럼 '세월아, 네월아' 하는 방식으로 식사하기란 쉽지 않을 터이지만 첫 몇 술 만이라도 마음챙김 식사를 한다면 살과의 전쟁을 그만둘 수 있음은 물론, 평생을 학대해왔던 위장을 이제라도 사랑으로 대해줄 수 있을 것 같았다.

식사 후에는 각자에게 주어진 요기 업무를 하는 일 명상(Work Meditation) 시간이었다. 설거지를 하는 사람, 셰프의 지시에 따라 야채를 써는 사람 모두 일을 하면서 오직 일에 몰입했다. 나 역시 매뉴얼에 따라 화장실을 청소했다.

땅과의 연결, 그라운딩

요기 업무 후 두 번째 좌선이 시작되는 8시 45분까지 잠시 짬이 나면 천천히 숲속 길을 걸었다. 온 몸으로 나무들이 내뿜는 진한 향기와 화학물질을 흡입한다. 두 발로는 지구 어머니의 숨결을 흡입하고 그녀의 사랑과 치유의 에너지를 가득 느낀다. 지구의 심장부에서 강력하게 퍼져나오는 자기장과 열기가 내 몸, 특히나 제 1차크라에서 강렬하게 감지된다.

만약 지금 당신이 어지럽고 집중이 잘 되지 않고 뭔가 부조화되었다고 느낀다면 잠깐이라도 시간을 내어 산길을 걸으라고 말하고 싶다. 우리는 지구 어머니와 연결되어야 조화로울 수 있다. 지금 서구의 영적 소사이어티에서는 영적 그라운딩(Spiritual Grounding)에 대한 연구가 활발하다.

핀란드는 다른 나라보다 우울증, 알코올 중독, 자살률이 높았던 나라이다. 이에 핀란드 정부는 수천 명을 대상으로 한 흥미로운 연구에 비용을 지원했다. 연구 참여자들은 자연과 도심을 방문한 후에 그들의 기분과 스트레스 정도를 측정했다. 그 결과 인간들은 한 달에 적어도 5시간 이상 자연에 둘러쌓여 있어야 건강한 정신 상태를 유지할 수 있음이 밝혀졌다. 한 시간 정도만 숲속을 걸어도 우리들의 몸과 마음은 상쾌해지고 주의력도 향상된다는 것이다. 이처럼 땅을 밟는 것을 영적 그라운딩(Spiritual Grounding)이라고 한다. 그라운딩은 다른 표현으로 '지구와의 합일(Earthing)'이다.

전자 기기와의 이별

첫 날 아침에 우리는 휴대폰, 태블릿, 그리고 컴퓨터 등 전자기기와 이별하는 의식을 치렀다. 온전히 나의 내면과 깊게 연결되기 위해 방해되는 전화기를 일주일 동안 보지 않겠다는 의도를 구체적으로 몸으로 실천한 것이다. 강사는 커다란 바구니를 앞에 가져다 놓고 한 사람씩 자기 이름

꼬리표를 붙인 전화기를 넣게 했다. 전화기를 넣고 돌아서는 참가자들을 위해 용기와 결단을 격려하는 종소리를 울려주었다.

8시 45분부터 밤 9시 45분까지는 중간의 식사 시간과 법문(Dharma Talk) 시간, 마음챙김 요가(Mindful Yoga) 시간을 제외하고, 기본적으로 45분 좌선, 30분 걷기 명상을 반복했다. 하지만 식사도 명상 수련, 요기 업무도 일 명상 수련, 요가도 움직이는 명상 수련, 모두가 명상이었다. 좌선을 하다가 다음 순서로 전환할 때마다 우리들은 다시금 마음을 챙겼다.

마음을 챙겨 걷다보니 터벅터벅이 아니라 발뒷꿈치를 들고 살포시, 천천히 걷고 있는 자신을 발견하게 됐다. 앞뒤로 섬머슴처럼 흔들어대던 두 손은 배꼽 아래에 단정하게 포개져 있었다. 그렇고 보니 마치 조선시대 궁궐의 임금 앞에서나 했을 법한, 조신하고 정중한 태도를 갖게 됐다. 그렇게 조심스럽고 현존하는 몸가짐은 아기 붓다, 또는 나 스스로의 내면 아이 또는 내 안의 신성을 향한 것이었다. 스피릿 록에서의 안거가 지난 지금도 나는 조선시대의 궁녀들처럼 조용하게 행동거지를 살피고 다닌다.

의식을 의식하는 순간

묵언 속 정진을 계속하던 어느 날 아침 눈을 뜨는 순간, 스스로 각성의 상태에 있음을 발견했다. 와. 놀라운 경험이었다. 물론 눈을 뜨는 순간 내가 들숨이었는지 날숨이었는지는 기억나지 않는다. 람다스 등 미국의 영적 구루들은 스승으로부터 그런 질문을 많이 받았다고 고백한다. "자네, 아침에 일어나는 순간의 숨이 들숨이었나, 날숨이었나?"

UCLA MARC(Mindful Awareness Research Center)의 디렉터인 다이애나 윈스턴 역시 미얀마에서 스승 우판디타와 함께 수행 정진할 때 스승으로부터 그런 질문을 받았다고 한다.

언젠가 잠을 자면서도 깨어 있는 상태가 된다면 들숨이었는지 날숨이었는지를 알아차릴까, 나는 그저 피식 웃고 말았다.

우리는 침묵으로도 교감한다

일주일간 묵언 수행 이후에는 오히려 침묵이 더 편해졌다. 말이란 것이 얼마나 제한된 것이고 오해를 불러일으킬 수 있는 것인지를 온 몸으로 체험했기 때문일 것이다. 그리고 침묵 가운데 오히려 다른 수행자들과 더욱 가깝게 연결되고 일체감을 느낄 수 있는지도 직접 느꼈다.

나와 TMF 프로그램을 함께 하고 있는 질(Jill)이라는 클래스메이트는 예전에 한 번도 얘기를 나눠본 적이 없지만 일주일간 묵언수행을 함께 하고 나서는 만날 때마다 포옹을 하고, 길 떠난 독립군 서방 돌아온 것처럼 서로를 반가워하게 됐다.

"우리가 묵언 수행 함께 하면서 뭔가 보이지 않는 끈이 형성된 것 같아. 느껴져?"

그녀의 말에 나는 말 없이 고개를 끄덕이며 웃는다.

수행할 수 있는 몸을 만드는 채식

　스피릿 록 명상센터에서 가장 푸짐한 식사는 점심이다. 색깔 아름다운 샐러드에 콩으로 만든 채식주의자를 위한 음식 재료인 템폐 요리, 향기 가득한 야채 카레, 렌틀 콩 요리 등이 메인 디시로 제공됐다. 케일 데친 것과 현미밥, 끼누아 익힌 것, 삶은 병아리콩도 거의 매끼 상에 올랐다. 나는 채식주의자는 아니지만 그렇다고 고기를 그다지 좋아하는 것도 아니라서 이곳에서의 식사를 무척 즐겼다. 요리하는 것을 좋아하는 나는 이곳 주방에 취직해 평생 명상하며 살고 싶다는 생각도 했었다.

　저녁 식사는 샐러드에 수프로 간단하게 먹는다. 나중에 리트릿 마치고 얘기를 나누다 보니 출가한 사람들도 아닌데 너무 식사가 박하다고 생각하는 이들도 있었다. 하지만 스피릿 록의 식사는 다른 곳에 비하면 양반이다. 부처님 시대 때의 수행승들은 걸식으로 한 끼를 먹었다. 전 세계적으로 분포해 있는 위빠싸나 무료 명상센터인 고엔카 명상센터에 들어가면 아침과 점심 식사가 제공되고 저녁은 주스 한 잔 또는 차 한잔 밖에 주지 않는다. (처음 들어간 사람들은 과일도 조금 먹을 수 있다.) 처음에는 좀 힘들겠지만 사람의 위라는 게, 어느 정도는 길들이기 나름이다.

　먹을 때에는 이 음식이 내 앞에 오기까지 그야말로 우주 전체가 개입했음을 성찰한다. 한 입, 한 입, 먹을 때마다 이를 되새긴다. 그리고 내 몸에 에너지원을 공급하고, 내 몸이 원하는 것을 넣어주고, 정진할 수 있도록 천천히 꼭꼭 씹고 알아차려가며 먹는다.

　이렇게 식사 명상을 하다 보면 과식할 일이 없어진다. 배가 딱 부른 순간 알아차리고 수저를 놓게 되는 것이다. 우리는 때로 심심해서, 그리고 때로는 외로워서 먹는다. 각성 상태에서는 이를 분간할 줄 알게 된다. 그리고 심심해지면 명상하면 되고 외로우면 자애명상을 하면 된다.

침묵, 쉽지만은 않다

리트릿 둘째 날부터, 참가자들은 약 6-7명씩 임의로 그룹이 짜여져 선생님들과 면담 시간을 가졌다. 리트릿 참가자들이 지금 어떤 상태인지를 체크업 하는 시간이다. 이 시간에는 말이 허락된다.

모두들 많이 힘들어하고 있었다. 아무리 자기가 원해서 리트릿에 참가했지만 집을 떠나 있어서 괴롭고, 벌레들이 날아들어서 괴롭고, 내 입맛에 맞는 음식이 제공되지 않아 괴롭고, 요기 일이라고 배정된 일 하는 것도 괴롭고, 전화기 없이 하루 종일 멍 때리고 있는다는 것도 괴롭단다. 거기에 본래 세상에서의 삶이 힘들어서 그걸 해결해보려고 명상센터에 들어왔는데 그 생각도 나서 괴롭단다. 우리들 사는 게 본디 다 괴로움이다.

내 차례가 되었을 때 나는 다른 참가자들에게 적잖이 미안해졌다.

"다른 참가자들에게 미안한 마음마저 드네요. 난 지금 이곳 스피릿 록에서 내 생애 가장 행복한 시간을 보내고 있거든요. 여기 오기 전, 나는 아침 저녁으로 1시간씩 하루에 총 2시간 이상 명상을 했습니다. 그것으로도 부족해 틈만 나면 명상을 했어요. 지금 하루 종일 명상할 수 있어 너무 좋습니다. 또한 자연을 좀 더 자주 찾아야겠다, 생각 중이었는데 걷기 명상 때 산길을 걸을 수 있어 너무 행복합니다. 식사 또한 저는 어차피 채식주의자에 가까운 식사를 하던 터라 여기에서 주는 음식이 너무 맛있네요."

나 역시 최초의 리트릿은 힘들었었다. 한 15년 전쯤 처음 참가했던 처음 리트릿 때는 혼자 속으로 백 번을 더 후회했다. "내가 미쳤지. 시간 들이고 돈까지 써가면서 이런 델 왜 왔어. 에고, 내가 미쳤지." 하지만 그때조차도 리트릿을 마칠 때 쯤에는 자연과 일체가 되는 지복을 느꼈었다.

전 세계의 명상가들 중에는 일상 생활에 돌아와 돈을 벌면 그 돈을 가지고 다시 리트릿에 참가하고 마치면 세상에 나와 돈을 벌고 다시 그 돈으로 리트릿에 참가하는 이들도 있다고 들었다. 사람이라는 게 늘 변하는 존재이니 내 마음이 어떻게 바뀔지는 모르겠다만 지금 현재 같아서는 나 역시 여건이 허락되는대로 침묵 속에 거하고 싶어진다.

리트릿 끝나기 하루 전, 저녁 식사 후에 약 30분간의 말하는 시간이 주어졌다. 물론 말하기 싫은 사람은 누군가 말을 걸어와도 손을 저음으로써 계속 침묵하겠다는 의사를 밝히면 된다. 나는 후자를 택했다. 침묵으로 갖게 된 현존의 기쁨, 그 섬세한, 깨어지기 쉬운 에너지를 깨기 싫었기 때문이다.

보시도 수행

마지막 날에는 스피릿 록의 매니저들이 참가자들에게 보시 안내를 했다. 우리들이 냈던 참가비는 이곳 스피릿 록 명상센터를 운영하는데 필요한 최소한의 비용이란다. 선생님들은 단 한 푼도 받지 않고 지금 이곳에서 일주일간 봉사한 것이라면서, 마음을 내어 선생님들께 보시(Dana)를 하면 좋겠다고 말했다.

많은 참가자들이 상당한 금액을 보시하고 있었다. 수표를 가져오지 않은 이들은 매달 일정 금액을 보시하겠다는 약정서도 쓰고 있었다. 먼저 그 나라와 그 의를 지키는 이들에게 그 모든 것이 더해지는 것을 직접 목격하는 순간이었다.

스피릿 록의 형성 과정

이제 나의 경험에 대해서는 이 정도로 줄이고 스피릿 록 명상센터가 어떻게 운영되고 있는지에 대해 소개하려 한다.

스피릿 록 명상센터의 창립자 가운데 가장 핵심적인 인물은 잭 콘필드 (Jack Kornfield)이다. 그는 타이랜드, 인도, 미얀마 등지의 수도원에서 불교 수도승으로서의 교육을 받았다. 그가 가장 큰 영향을 받았던 스승은 아잔차, 마하시 사야도 등이다.

미국으로 돌아온 그는 매사추세츠 지역에서 조셉 골드스타인, 샤론 잘츠버그 등 현재 미국 명상계를 주름잡고 있는 이들과 함께 '통찰 명상회 (Insight Meditation Society)'를 창립하고 1974년, 미국 서부 지역에서 첫 번째 리트릿을 가졌다. 잭 콘필드를 비롯해 이 리트릿에 참가했던 실비아 부르스타인(Sylvia Boorstein), 애나 더글러스(Anna Douglas), 하워드 콘(Howard Cohn), 그리고 제임스 바레즈(James Baraz) 등 마치 법률회사의 변호사들을 연상케 하는 유대인 성을 가진 이들은 1977년, '다르마 재단(Dharma Foundation)'을 결성하고 서구 세계에 마음챙김 수행을 소개하는가 하면 전 세계를 여행하며 명상을 가르쳤다. 또한 묵언 정진 리트릿을 개최하고 위빠싸나 운동을 확산시키고자 〈인콰이어링 마인드(Inquiring Mind)〉라는 간행물도 출간했다.

1984년 통찰명상회 서부 지역 회원들은 마린 카운티(현재 스피릿 록 명상센터가 있는 곳) 지역에서 수행 중인 이들과 힘을 합해 토지를 구입하고 '서부지역 통찰명상센터(West Coast Insight Meditation Center)'를 설립한다. 이 커뮤니티는 성장을 거듭해 영구적인 다르마 센터를 계획하게 된다.

이들은 1987년, 북가주 샌제라니모 밸리 지역의 411에이커 규모의 미개척 자연보호구역을 구입했다. 1988년에는 이 소유권이 우드에이커 랜드(Woodacre Land)로 넘어갔고 스피릿 록 명상센터라는 이름이 공식적으로 채택되었다. 1988년에는 스피릿 록의 미래를 꿈꾸는 위원회가 처음으로 회의를 가졌고 〈스피릿 록 소식지〉 첫 호가 발행되었다. 1990년에는 현재 주 명상 홀로 사용되고 있는 건물이 들어서고 사무실, 관리 직원 숙소가 완성됐다. 1994년에는 100명을 수용할 수 있는 주방과 식당이 완성됐다.

1997년에는 일정 기간 상주하며 하는 레지덴셜 리트릿의 첫 회 기념식이 열렸다. 리트릿 참가자들의 숙소는 1998년 7월에 문을 열었다. 이 숙소에서 짧게는 이틀 밤으로부터 길게는 2달까지 다양한 길이의 리트릿을 할 수 있다.

1990년부터 스피릿 록 명상센터의 리트릿 참가자들은 엄청난 속도로 늘어났다. 수백 명의 참가자들이 이곳에서 명상 수업, 하루 종일 하는 프로그램, 일주일 동안 하는 프로그램 등에 참여하고 있다. 스피릿 록 명상센터가 태동한 이후 1만 명 이상이 기꺼이 재정적 시간적 지원을 해 발전을 도모했다.

스피릿 록 명상센터가 들어선지 2022년 현재 이제 32년이 됐다. 그동안 이곳에서는 역사적인 이벤트도 많이 열렸다. 2000년에는 국제 불교 스승 컨퍼런스에 참석하기 위해 달라이라마가 스피릿 록을 찾았고 틱낫한 스님, 람다스 등 우리 시대의 영적 스승들도 차례로 스피릿 록을 방문했다.

미주 한국 불교의 미래

스피릿 록 명상센터가 성공적으로 지속가능하게 운영되는 것을 보면서 아직 '한국인'이라는 문화적 카르마를 놓지 못하고 있는 나는 많이 부러워졌다. 우리의 불교 역사는 고구려 소수림왕 때부터인 서기 372년부터가 아니던가. 물론 조선조 동안 숭유억불 정책으로 불교가 탄압되긴 했었지만 1645년의 장구한 세월 동안 불교가 우리의 정신적 지주였음에도 불구하고 과연 한국에 스피릿 록 명상센터만큼 잘 운영되고 있는 명상센터가 있는지 모르겠다.

스피릿 록 명상센터뿐만 아니라 미국 곳곳의 명상센터의 캘린더는 거의 쉬는 기간 없이 꽉꽉 차있다. 그리고 어떤 명상 선생이 어떤 주제로 리트릿을 한다는 캘린더가 발표되면 순식간에 신청이 마감된다.

고작 100여년의 역사를 지닌 미국 불교계이지만 그 전파 속도는 무척 빠르고 신도들 모두가 신실하게 수행 정진하고 있다는 점에서 우리나라와는 분위기가 사뭇 다르다. 또한 자신들을 불교신자라고 밝히는 이들은 사회 경제적으로 중산층 이상의 코카시안들이 대부분이다. 이들은 명상센터의 건립을 위해 금전적 시간적 보시를 아끼지 않는다.

또한 요즘 미국인들은 카리브해 연안으로 바캉스를 가기 보다 휴가 기간 동안 국내의 명상센터로 향하는 경향이 있다. 침묵 가운데 자연의 품에 안겨, 아무 것도 하지 않으며 진정한 휴식과 충전을 하기 위해서이다.

미주 지역의 한국 불교 발전을 위해 이제라도 한인 불자들이 뜻을 모아 대지를 구입하고 불사를 일으켰으면 하는 바램이 인다. 어쩌면 그것이야말로 이민자들로 이루어진 미국이라는 나라에 한국인으로서의 정체성을 가지고 기여할 수 있는 가장 뜻깊은 헌신일 수도 있다는 생각이다. 혼자 힘으로는 쉽지 않겠지만 함께 힘을 모을 때, 불가능한 것만도 아닐 터이다.

[2017년 8. 9월]

호주 퍼스,
자나그로브 사원의 추억

"마음을 놓고 평화로워지는 법을 알고 있다면, 당신은 세상 사는 것에
대해 알아야 할 모든 것을 알고 있는 것이다."   - 아잔 브람

"삶의 문제들을 풀기 위해 얼마나 많이 노력하셨나요? 아마도 죽을 때
까지 뿐만 아니라, 죽고 나서도 몇 생애 더 삶의 문제들을 풀어보겠다고
애쓸 거에요. 문제를 풀려 애쓰는 대신, 이 세상은 감각의 장난일 뿐이라
는 것을 이해하도록 하세요. 오온이 그들의 일을 하는 것일 뿐, 당신과
는 아무런 상관이 없습니다. 사람은 사람이고, 세상은 세상입니다."

            - 아잔 브람

각산스님과 아잔브람 스님의 인연

각산스님은 미주현대불교 독자들에게도 그리 낯설지 않은 출가자일 것
이다. 미주현대불교 30주년 기념 행사로 LA에서 열린 명상대회에 오신
각산스님은 100여 명의 LA 동포들을 대상으로 카리스마 넘치는 명상 지

도를 펼쳤었다.

각산스님은 조계종에서 출가하셨지만 한국의 전통 참선 외에도 전 세계 여러 명상센터에서 다양한 명상 전통, 여러 명상 스승과 함께 정진하셨다고 한다. 그 가운데에서도 호주 퍼스(Perth)에 있는 보디냐나 사원(Bodhinyana Monastery)의 아잔 브람 스님에 대한 각산스님의 사랑과 존경은 각별한 듯 했다.

각산스님과 아잔브람 스님의 첫 만남은 2011년으로 거슬러 올라간다. 각산스님은 스리랑카의 고대 숲속 수행처인 나우야나(Nauyana) 명상센터에서 은둔 수행하던 2011년, 아잔브람의 명상법을 접하게 되었다고 한다. 엄청난 추진력을 지닌 각산스님은 바로 그 길로 아잔브람을 찾아 지구 남반구 끝쪽, 퍼스에 위치한 보디냐나 사원을 방문한다. 이후 각산스님은 아잔브람의 초기불교 명상수행법을 전수받아 수행에 큰 증진을 이루었다고 한다.

각산스님은 한국에 명상 수행 열풍을 일으킨 출가자이기도 하다. 2013년, 한국에 처음 남방불교와 선불교간의 국제교류를 꾀한 봉암사 〈초기불교와 간화선의 만남〉으로부터, 2014년 〈만해마을 명상힐링캠프〉, 2016년 〈세계명상대전〉, 2018년 〈DMZ세계평화명상대전〉에 이르기까지 그는 초대형 명상 이벤트들을 끊임 없이 창조해왔다.

각산스님은 이런 행사에 자신의 스승이자 도반인 아잔브람 스님을 초대해, 한국의 수행자들에게도 아잔브람 스님의 가르침을 직접 접할 기회를 제공해왔다. 또한 참불선원은 아잔 브람 스님의 한국 대행사라고도 할 수 있는 '아잔 브람 한국명상센터'의 역할도 담당하고 있다.

이번 수행 여행은 각산스님이 한국의 여러 법우들과 함께 했던 일련의 성지 순례 여행과 맥을 같이 한다. 한국명상총협회와 참불선원에서는 각산스님의 인도로 이미 2014년 11월, '대만불교 명상법 성지 순례 여행' 길에 올랐고 4년 뒤인 2018년에는 태국과 미얀마 등 정통초기 불교 성지 순례 여행을 떠났었다. 그리고 2019년 11월 9일부터 15일까지 5박7일의 일정으로 서호주 퍼스의 '자나그로브 명상센터'와 '보디냐나 선원'에서 직접 수행하는 여행을 기획한 것이다.

내가 묵언수행에 목 메는 이유

각산스님과 함께 비행기를 타고 호주 퍼스까지 날아온 50여 명의 법우들과 함께 11월 10일(일) 퍼스 공항에서 만나 인근 지역을 여행하고 2박3일간 자나그로브 명상 센터에서 묵언정진하던 시간은 그야말로 눈깜짝할 사이에 지나갔다.

나의 마지막 묵언수행은 1년 전, 한국의 고엔카 명상센터에서였다. 물론 2019년 초, 각산스님과 함께 하는 명상대전에도 참가하긴 했지만 행사 준비위원이었던 터라 온전히 침묵 가운데 있을 수 없어 아쉬웠었다.

이번 호주에서의 안거 역시 기간이 너무 짧았고 나는 아잔 브람 스님의 영어 법문을 한국어로 통역하는 일을 맡았던 터라, 완전하게 모든 것을 내려놓고 묵언수행을 하기에는 무리가 있었다.

결국 나는 2019년의 부족했던 묵언수행을 12월 26일부터 일주일간 이글락(Eagle Rock) 시에 있는 샴발라 명상 센터에서의 안거로 채웠다.

왜 이렇게 묵언수행에 연연해하는지 궁금증을 갖는 독자들도 있을 것 같다. 가장 중요한 이유는 나 스스로 아무 것도 하지 않고 침묵하는 시간이 정기적으로 필요해서이다. 그리고 또 다른 이유는 UCLA MARC(Mindful Awareness Research Center)에서 인가받은 마인드풀니스 명상 선생님들은 1년에 적어도 5일 이상 묵언 정진을 필수로 해야 하기 때문이다.

참불선원 법우들과의 만남

퍼스 공항에서 12시간 이상을 기다려 명상 순례 여행 길에 오른 한국 참불선원 법우들과 만나 호텔로 들어갔다.

다음 날인 11월 10일(일)은 하루 종일 퍼스 도심지를 관광했다. 퍼스는 서호주의 주도로 170만의 인구가 살아가고 있는 깨끗하고 평화로운 도시이다. 비교적 젊은 도시로 미국 LA 인근, 어바인 시와도 비슷한 분위기였다.

오전에는 퍼스 시내에 위치한 킹스파크(Kings Park)와 식물원(Botanical Garden)에서 걷기 명상을 했다.

킹스파크 입구에는 전쟁에 희생된 이들 모두에게 바쳐진 기념비와 그들을 기억하기 위해 늘 타오르고 있는 불꽃이 있었다. 1895년도에 세워진 이 기념비에는 "고요한 성찰이 당신의 헌정이 되기를(Let silent contemplation be your offering)"이라고 써있었다. 묵언수행을 목적으로 여행 길에 오른 이들의 가슴 한 복판에 이처럼 큰 울림을 주는 문장이 또 있을 수 있을까.

일상을 떠나 온 이들에게는 모든 것이 경이로 다가온다. 멈추었기 때문이다. 킹스파크 식물원에는 진기한 남반구의 식물들이 가득했다. 아프리카에서 옮겨 심었다는 바오밥 나무도 그 가운데 하나였다. 〈어린왕자〉에도 등장해 이름이나마 친숙한 바오밥나무를 아프리카가 아닌 오세아니아 대륙에서 대하는 감동은 컸다. 그 나무의 여정, 낯선 장소에서의 뿌리내림 그 모든 세월들이 그 큰 나무 앞에 선 순간 고스란히 내게 전달됐기 때문이다.

만을 이루고 있는 '엘리자베스 키(Elizabeth Quay)'는 도심의 상업용 고층 건물들이 해안을 따라 펼쳐져 있는 지역으로 특히 석양 무렵, 지는 해가 빌딩들의 유리 창에 반사되는 모습이 멋진 풍경을 연출한다.

자나그로브 명상센터에서의 안거

다음날 아침, 일행은 자나그로브 명상센터를 향해 길을 떠났다. 자나그로브 명상센터는 타일랜드의 아잔차 스님을 스승으로 출가한 아잔브람 스님이 원장으로 계신 명상센터이다.

보다 정확하게 조직의 구조를 설명하자면 '서호주 불자 협회(Buddhist Society of Western Australia)'라는 승가공동체가 있고 이 승가의 스님들이 정진하며 신도들이 보시하러 방문하는 곳은 '보디냐나 사원(Bodhinyana Monastery)'이다. 그리고 아잔 브람 스님은 이 사원의 주지스님이시다. 그리고 재가자들의 묵언정진을 위한 안거 장소(Retreat Center)가 '자나그로브 명상센터(Jhana Grove Retreat Center)'이다. 보디냐나 사원과 자나그로브 명상센터는 걸어서 15~20분 정도 거리에 위치하고 있다.

아잔 브람 스님이 서호주로 파견된 것은 1983년도. 당시 1000달러 정도의 선금으로 구입한 93에이커의 숲은 말 그대로 아무런 건물도 없던 허허벌판이었다고 한다.

스님은 이곳에 파견돼 벽돌 쌓는 일, 화장실 짓는 일 등 온갖 노가다 일을 다 했다고 법문 때마다 자주 언급하신다. 그 유명한 '2개의 삐뚤어지게 놓인 벽돌' 일화가 탄생한 곳도 바로 이 사원에서이다.

지금껏 여러 명상 센터에 다녀봤지만 자나그로브 명상 센터는 일단 시설 면에서 단연 최고의 센터 가운데 하나라고 생각된다. (분별의 습을 용서하시길…)

센터의 중앙에는 돌로 쌓은 대형 탑이 있고 탑의 한쪽 방향에는 대형 명상홀, 명상홀의 건너편은 부엌 겸 식당이 들어서 있다. 다른 한 방향으로 보면 안거 참가자들이 쉴 수 있는 공간이 보이고 또 다른 한쪽 방향에서 보면 구릉 아래로 숲이 내려다보인다.

대형 명상홀은 3개의 방으로 나뉘어져 있다. 가운데 가장 큰 방이 단체 명상 방이고 작은 두 개의 방에는 붉은 색 카페트가 깔려 있는데 걷기 명상을 위한 전용 공간이다. 아잔 브람 스님은 늘 "여러분들을 위해 레드카페트를 깔아놨다."고 농담을 하신다.

숙소는 가운데 간이 부엌이 있고 한 건물 내에 6개의 방이 들어가 있다. 방에는 샤워실과 화장실이 딸려 있다. 북가주의 스피릿록 같은 명상센터도 대개 방은 독방일지라도 샤워실은 기숙사 스타일로 공동 사용하게 되어 있는데 이렇게 각기 방에 딸린 화장실을 대하자니 어찌나 감사하던지,

마치 명상센터 계의 5성급 호텔에라도 들어온 느낌이었다. 자나그로브 명상센터가 한 번에 수용할 수 있는 인원은 총 60명. 이런 건물이 10동 정도 있다는 얘기다.

호주에서 공양 시간에 김치를 대하는 감동

식당은 아주 넓었고 스태프들이 정성껏 아침과 점심 식사를 준비해주었다. 한국인들의 리트릿인 점을 배려해서인지 메뉴에 김치와 밥이 나오는데 어찌나 감동적이었는지 모른다. 그 김치가 또 대충 담은 짝퉁 김치가 아니라 제대로 담근 배추김치로 아삭하고 싸한 발효의 맛까지 느껴져 먹을 때마다 머리를 조아리며 감사해 했다.

보통 명상센터에서는 오후 불식이다. 고엔카 명상센터의 경우, 처음 온 이들에게는 차와 함께 약간의 과일이 제공되는데 이곳에서는 치즈 조각과 다크 초콜릿, 약간의 과일, 그리고 점심 때 먹고 남은 케이크 등 후식류가 나왔다. 한 끼니를 제대로 먹지 않았지만 치즈 몇 조각과 초콜릿 몇 조각만 먹어도 상당히 든든했다.

나중에 아잔 브람 스님이 자나그로브의 9일짜리 리트릿 참가자들에게 하는 인터넷 강좌의 법문을 들어보니 스님은 리트릿센터 내에서 무엇을 먹던, 무엇을 하던, 그 어떤 것에도 그다지 강제적인 규제를 두지 않으시는 것 같았다. 너무 피곤하면 '그게 몸이 원하는 것이니' 단체 명상 시간에도 가서 자라고 하셨다. 저녁 때 너무 배가 고프면 식당 문이 항상 열려 있고 냉장고에 먹을 게 있으니 알아서 먹으라고 하셨다. 지나치게 꽉 짜여진 수행 스케줄이 버거울 때도 있는데 아잔 브람 스님의 유동적 운영이 몸과 마음을 모두 활짝 열어주는 것 같았다.

아잔 브람 스님의 상징 곰돌이 인형

우리 일행은 2박 3일 동안 각산스님의 지도에 따라 50분 좌선, 10분 걷기 명상을 반복했다. 저녁에는 아잔 브람 스님이 법문을 해주셨다.

자나그로브 명상 홀의 제단을 중심으로 양옆에는 스님들이 앉는 자리가 마련돼 있다. 제단 왼쪽의 방석 위에 웬 곰돌이 인형이 놓여 있다. 나중에 보니 그 자리는 아잔 브람 스님 것이었다. 스님의 곁사람을 보고 이렇다 저렇다 말하는 것이 경망스럽게 느껴질 수 있겠지만 나는 아잔 브람 스님의 모습과 곰돌이 인형 사이에 뭐라 말로 표현할 수 없는 유사성을 발견했다. 맨 처음 그 자리를 아잔 브람 스님 자리라고 표시해놓는 방법으로 곰돌이 인형을 놓아두겠다는 생각을 누가 했는지 모르겠다만, 탁월한 선택이었다고 생각한다. 스님이 계시지 않을 때도 곰돌이 인형만으로도 그 분의 현존이 느껴지는 기분이 드니 말이다.

쉬는 시간에 야외를 걷다 보면 호주 대륙에만 있는 캥거루 가족들을 지천에서 볼 수 있었다. 먹이 사슬의 피라미드 가운데 아래쪽에 위치한 초식동물들은 늘 포식자의 위험에 깨어 있다. 수행자들의 발걸음이 만들어내는 '바스락' 소리에도 풀을 뜯어먹던 캥가루들은 경계 태세를 갖춘다. 3마리의 가족들이 평화롭게 풀 뜯어먹는 것을 가만히 지켜보던 나는 조금씩 조금씩 발걸음을 그들 가까이로 옮겼다. 첫 발자국에 바짝 긴장하던 캥가루는 자신을 지켜보는 호모 사피엔스로부터 해치려는 의도가 전혀 없는 것을 확인하자 다시금 먹는 일에 몰두한다. 아기 캥거루가 엄마 배의 주머니로부터 나와 걷다가도 다시금 태어나기 전처럼 엄마 뱃속으로 들어가곤 했다.

각산스님과의 걷기 명상

각산스님은 스님께서 걷기 명상을 하시던 자나그로브의 숲들을 일행에게 보여주시며 걷기 명상을 이끄셨다. 아잔 브람 스님의 법문에 늘 등장하던 그 숲이 바로 내 눈앞에 펼쳐졌다. 푸르게 하늘로 뻗어 있는 나무가 있는가 하면 뒤틀린 나무, 삶이 다해 쓰러져 있는 나무 등 상상 가능한 모든 나무들이 그곳에 있었다.

과연 파릇파릇 생명력 넘치는 나무보다 더 아름다운 것은 뒤틀리고 어려움을 겪으며 움푹 들어간 옹이가 있는 나무들이었다. 우리들도 삶의 굴곡을 지나며 생긴 상처들이 나이테처럼 형성될 터이다. 그리고 그 상처가 실은 우리 마음이 만들어낸 것임을 깨달음으로 진정한 치유가 일어났을 때, 나의 상처는 다른 존재들을 도와줄 수 있는 힘이 된다는 것을 숲은 고요 속에 말하고 있었다.

죽은 나무 아래에서는 버섯과 묘목들이 자라나고 있었다. 우리 몸이 그 기능을 다 하는 날이면, 몸이 산화되면서 다른 생명체가 그곳에서 자라날 것이다. 이 거룩한 순환의 고리를 일행은 산길 명상을 통해 눈으로 직접 확인했다.

진정한 발우공양 의식 체험

이튿날에는 자나그로브 명상센터에서 20분 정도를 걸어가 보디냐나 사원을 방문했다. 그리고 스님들을 뵙고 남방불교의 전통대로 직접 스님들 발우에 공양을 올리는 체험을 했다. 사실 사원에는 신도들이 마음을 다해 준비한 음식이 언제나 넘쳐난다. 그래서 비구들은 탁발을 한다기 보다 공양을 받는 것이라고 해야 옳다. 그럼에도 불구하고 형식적이기는 하지만 신도들이 밥(Rice)만이라도 한 숟가락씩 떠서 비구들의 발우에 던져주는 행위는 아름다운 의식(Ritual)이었다. 이러한 행위를 통해, 스님들은 다시 한 번 모든 것을 내려놓고 수행자 본연의 자세로 돌아갈 수 있을 터였다. 공양을 받기에 응당한(應供) 수행자가 되어야겠다는 다짐을 하루에 한 차례, 되풀이한 날들이 수십년이 될 때, 그 존재는 뿌리에서부터 변화될 수밖에 없을 것이다.

발우를 채운 스님들은 보디냐나 사원 식당 2층의 법당에 둥그렇게 모이고 어디에서부터 왔는지 신도들도 그 공간을 가득 메웠다. 염불 (Chanting)과 스님들의 축복이 이어진 후, 신도들이 자리를 뜨고 나면 스님들의 식사가 시작된다. 하루 한번의 식사는 처음부터 마칠 때까지 마음챙김 수행의 연속이다.

스님들에게 공양을 올린 우리 일행은 산길을 걸어 각산스님께서 수행하셨다는 숙소(꾸띠) 앞까지 둘러봤다. 홀로 자신을 만나고, 내가 아닌 것들에 대해 개입하지 않고 내려놓으셨던 스님이 진정한 자유로움에 도달했던 순간의 환희를 보디냐나 숲은 기억하고 있을까, 궁금했다.

아잔 브람 스님은 2박 3일간의 안거 기간 중 총 4번의 법문을 들려주셨다. 이번 여행 가기 전부터 그의 법문을 들으며 통역 연습을 했던 나는 이내 그의 열혈 팬이 되어버렸다. 그는 이제껏 내가 접했던 그 어느 스승보다 쉽게 다르마를 설명하는 출중한 능력을 지녔다. 가장 쉽게 설명한다는 것은 가장 잘 이해했다는 의미일 수 있을 것이다.

케임브리지에서
이론물리학을 전공한 스님

1951년 8월 7일생으로 제법 세수가 많은 아잔 브람 스님은 런던의 가난한 노동자 집안에서 태어나 피터 베츠(Peter Betts)라는 속명으로 자라나셨다. 그는 이미 고등학교 때 불교 서적을 접하고 불교에 관심을 갖게 되었다 하니, 전생에 불법과의 인연이 보통 깊은 게 아닌 것 같다.

케임브리지 대학교 이론 물리학과(스티븐 호킹 박사와 같은 전공)를 졸업하고 1년여 학생들을 가르치던 그는 타일랜드로 건너가 아잔 차 스님을 은사로 출가해 9년간 그 아래서 수행했었다. 이후 호주로 건너가 남반구 최초의 사찰, 보디냐나 수도원과 자나그로브 명상센터를 세운 그는 전 세계인들을 대상으로 불법을 전하는가 하면 또한 명상을 지도하고 있다. 국내에 번역된 스님의 책도 10여권이나 된다.

아잔 브람 스님은 매주 금요일마다 보디냐나 수도원에서 법문을 하고 명상을 인도하고 있는데 이 클래스는 유튜브로 실시간 스트리밍되기도 하고 실시간 스트리밍 이후에는 동영상으로 업로드되고 있다.

일반인들도 이해할 수 있는 쉬운 언어로 말하는 것은 물론, 아잔 브람

의 트레이드마크인 썰렁개그(영국식의 블랙 유머)까지 더해 재미있기까지
한 그의 동영상은 불교인들뿐 아니라 고통받고 있는 수많은 현대인들에
게도 인기가 높다.

최근 런던 지하철을 타고 가던 스님은 역으로 나가기 위해 올라가는 방
향의 에스컬레이터에 서 있었는데 내려가는 방향으로 가던 한 여성이 "어
머나, 유튜브 스님(Youtube monk) 아니세요? 스님의 법문 동영상이 저
를 심각한 우울증으로부터 구해줬어요!!!"라는 인사를 받았다고 한다.

아잔 브람 스님의 존재감

이를 증명하듯 120년 전통의 심신의학 분야 최고 영향력을 지닌 〈왓킨
스(Watkins)〉지에서 선정한 '2018년 세계에서 가장 영향력 있는 현존 영
적 스승 100인' 리스트에 프란치스코 교황, 달라이 라마, 틱낫한 스님, 데
스몬드 투투 대주교와 함께 아잔 브람 스님이 오르기도 했다.

북반구에서 시작된 불교가 남반구인 호주에 맨처음 전래된 것은 1848
년 골드러시 때부터이다. 호주로 이주했던 스리랑카 노동자와 중국인들
에 의해 불교가 전래되기 시작했지만 본격적인 불법의 전파는 1950년대
들어 호주 불교 협회(Australia Buddhist Society)가 창립되면서부터라
고 할 수 있다.

아잔브람 스님이 호주 퍼스에 보디냐나 사원과 자나그로브 명상센터
를 세우기 시작한 것은 1983년이다. 이 즈음, 그는 서호주불교협회
(BSWA - Buddhist Society of Western Australia)를 설립해 출가자들

에게는 철저한 비구계를 지킬 것과 헌신적인 명상교육을, 그리고 재가자들에게는 실생활에 응용할 수 있는 접근 가능한 명상 교육을 펴나갔다.

1998년에는 비구니 스님 전용 수행공동체를 설립했고 2009년에는 비구니 스님에게 계를 주었다. 타일랜드 숲속 전통에서 비구니 스님들에게 계를 주었던 것은 1천 년만에 처음 일이었던지라 타일랜드 본국에서조차 이 사건은 상당한 논란을 불러일으켰었다. 하지만 비구니 스님들이 계를 받았던 것은 붓다 시대로 거슬러 올라가는 만큼, 서양인으로 타일랜드 불교계에 들어가 이처럼 혁명적인 일을 추진한 스님의 용기에 박수를 보내고 싶다.

수행이란 모든 것을 놓아버리는 것

"잡초에 물을 주지 말고 꽃에 물을 주라."는 가르침과 함께 "여러분들은 배우자의 잡초에 물을 주나요? 꽃에 물을 주나요?"라는 스님의 질문에 일행은 "어쩜 저렇게도 정곡을 찌르나?" 라는 듯한 표정이었다.

해탈이 무엇이냐는 한 법우의 질문에 스님은 "아무 것도 원하는 것이 없는 상태"라고 답해주셨다. 모든 것이 완벽하게 만족스러워 아무 것도 원하는 게 없는 상태, 아무런 탐욕도, 저항도 없는, 탐진치가 완전히 소멸된 상태가 바로 깨달음이요, 해탈이라는 것이다.

〈숫타니파타〉에서 붓다도 그렇게 말했었다. "황소처럼 고삐를 끊고, 코끼리처럼 냄새나는 덩굴을 짓밟으니 나는 다시는 더 모태에 들지 않을 것이다. 그러니 신이여, 비를 뿌리려거든 비를 뿌리소서."

"수행조차도 무엇을 얻기 위해 하는 것이 아닙니다. 수행이란 모든 것을 놓아버리는 것입니다. 더 깊은 수행, 더 깊은 깨달음조차 원하지 않는 상태가 되어 보세요. 무언가를 바라는 마음, 무엇인가를 하려는 마음을 놓아버려요. 모든 행위를 놓아버리고 고요하게 멈추세요."

스님의 말 한 마디 한 마디는 진지하게 수행하는 이들의 가슴을 콕콕 찌른다.

또 한 법우는 바쁜 일상 가운데 어떻게 하면 수행을 할 수 있겠느냐고 물었다. "밥 먹을 때, 온전히 집중해서 먹고, 아이랑 놀아줄 때엔 온전히 그 아이에게만 집중하세요." 그렇다. 시간이 없어서 수행 못한다는 핑계를 단 한 방에 내려놓게 만드는 가르침이 아닐 수 없다.

아잔 브람 스님의 법문은 쉽지만 깊다. 스님은 늘 썰렁한 개그 하나를 준비해 말하신다. 가끔씩은 "여러분도 지금쯤은 아마도 나의 썰렁한 개그를 모두 외우실 거예요."라고 말씀을 하시는데 나도 이제 몇 가지 개그를 기억하게 됐다.

스님은 자신이 이렇게 썰렁 개그를 좋아하게 된 이유를 아버지로 돌린다. 스님의 아버지는 "네가 어디서 무엇을 하든, 너는 언제나 내 아들이고 내 집의 문은 네게 열려있다."며 어머니 사랑보다 깊은 사랑을 표현하셨었다고 하는데 언제나 농담으로 분위기를 부드럽게 만드는, 다정다감한 분이었던 것 같다.

배꼽 빠지게 웃고, 또 때로 감동하고, 가끔씩은 "와우!" 하며 놀라 입을 벌리고 있는 사이, 몸과 마음의 긴장은 모두 풀어지고 편안해지고 결국에는 고요해지도록 유도하는 아잔 브람 스님은 어느덧 내가 가장 좋아하는 영적 지도자 가운데 한 분이 되셨다.

밖에서 찾으려는 노력을 모두 내려놓고 점점 내면을 향해 고요히 침잠해 들어가면 나를 괴롭힌다고 믿었던 고통의 본질도 결국은 무상한 현재의 경험 가운데 하나라는 통찰이 일어나고, 지금 이곳의 모든 것을 있는 그대로 보는 가운데 불평 거리가 아니라 현재 삶을 이루고 있는 기적에 대해 감사한 마음을 가질 수 있었다.

아잔 브람 스님은 가는 날 아침까지 우리들을 배웅하러 나오셨다. 마인드풀니스보다 붓다의 가르침을 더 잘 함축한 '카인드풀니스(Kindfulness)'라는 신조어를 만들어낸 스님의 깊은 깨달음과 이를 나눠주심에 감사드린다. 댕기 감기로 인한 기침을 많이 하시던데, 다음 번 만나뵐 때까지 건강하시길, 기원한다.

수행을 마친 일행은 무어리버와 란셀린 사막, 피너클스, 로트네스트섬, 항구 도시 프린맨틀을 관광한 후 각자 삶의 현장으로 돌아갔다. 수행 후 펼쳐지는 눈앞의 경치는 안식의 집착 대상이 아니라 그저 감사할 '경이'였다.

[2020년 2월]

사막의 나라 모로코

"사막이 거룩하다면 그것은 우리가 거룩함을 기억할 수 있게 해주는 잊혀진 장소이기 때문이다. 사막으로의 모든 순례가 자신을 향한 탐구인 것은 그런 이유일 것이다. 숨을 곳이 없는 사막에 설 때, 우리 자신이 발견된다."

– 테리 템페스트 윌리엄스

딱히 사막을 좋아했던 건 아니었다. 어쩌다 보니 살고 있는 곳이 사막지대인 LA였다. 사막이라고는 해도 LA는 우리가 고전적으로 알고 있는 사막의 이미지와는 상당히 다르다. 시원하게 하늘로 솟아오른 야자수가 길거리에 그늘을 드리워주고 있으며 스프링쿨러가 고르게 물을 주는 잔디밭은 늘 비내리는 런던 못잖게 푸르다.

하기야 그것도 옛날 얘기가 됐다. 요즘 캘리포니아는 물이 절대적으로 부족해 정부 차원에서 잔디밭에 물을 주지 말고 그냥 말려 죽이라고 권고할 정도이다. 잔디밭 대신 사막형 정원으로 바꿀 때에는 정부에서 공사비까지 지원해준다.

서론이 길었다. 이런 여러 이유로 LA에 살고 있으면서도 사막에 살고 있다는 생각을 하지 못할 때가 많았다는 얘기다.

항상 꿈꿔온 사막 여행

마음은 항상 외로운 집시, 뼈 속 깊이까지 노마드(Nomad)인 나는 길 위에 있을 때 가장 행복하다. 집은 베이스캠프, 또 다시 떠날 것을 준비하는 장소이다. 두달 동안 원없이 런던을 여행하고 돌아왔는데도 또 뭔가 헛헛한 느낌이 드니, 나의 역마살에 대해서는 말 다했다.

이건 뭐지? 나는 내 영혼에게 말을 건다. 아주 어릴 때부터 꿈꾸어왔던 여행지, 그곳이 나를 부르고 있었다.

낙타 등 위에 올라 출렁이는 모래밭을 하염없이 걷고 싶었다. 별빛 아래 텐트에서 하루 밤을 지내며 별들과 이야기를 나누어도 좋았다. 밤이면 심장을 울리는 북소리가 둥둥 울려퍼지는 가운데 캠프파이어의 불길을 바라보며 다른 행성에 있을지도 모르는 또 다른 나의 영혼과 조우해보고 싶기도 했다.

그곳은 영화 〈영국인 환자(English Patient)〉에서 알마시 백작과 캐서린이 모래폭풍에 갇혀 하룻밤을 보내게 된 곳이기도 하고 〈아라비아의 로렌스〉에서 로렌스가 파견됐었던 모래들의 파도이기도 하다.

아니, 그 전이었던 것 같다. 사막에 대한 그리움이 가슴 속에 싹텄던 것은 훨씬 전이었다. 쌩떽쥐페리의 〈어린왕자〉를 사랑했던 게 어디 법정 스님뿐일까. 〈어린왕자〉와 주인공 '나'가 '아름답다' 여기고 사랑했었던 사막은 내게도 고스란히 그 신비로운 빛을 발한다.

"사막은 아름다워. 사막이 아름다운 것은 그것이 어딘가에 샘을 숨기고 있기 때문이지." 어린왕자가 했던 말이다.

주인공 '나'는 사막을 사랑했었다고 한다. 사막에서 모래 언덕 위에 앉

220

으면 아무 것도 보이지 않고 아무 것도 들리지 않지만 무언가 침묵 속에서 빛나는 것이 있다고 했다. 그리고 그는 사막이 가장 깊숙한 곳에, 보이지 않는 곳에 샘을 감추고 있기 때문에 아름답다는 어린왕자의 말에 공감한다. 어린왕자가 '나'를 감동시킨 것은 꽃 한송이에 대한 그의 성실성, 그가 잠들어 있을 때에도 마음 속에서 빛나고 있는 장미 한 송이 때문이라고 했다. 그리고 '나'는 그를 보호해줘야 한다는 생각을 한다. 그러다가 '나'는 사막에서 우물을 발견한다.

사막, 감추어진 샘, 어린왕자, 장미, 우물, 이런 키워드들의 나열은 파울로 코엘료의 책, 〈연금술사〉에서도 고스란히 반복된다. 사막, 감추어진 보물, 샘물, 사막의 여인, 간절한 꿈, 우주 등의 주제어들은 〈어린왕자〉의 그것과 거의 일치한다.

모로코의 사막,
메르주가로 향하다

그래서 나는 길을 떠났다. 나의 행선지는 북아프리카의 모로코였다. 그런데 우습게도 실제 〈영국인 환자〉에 나왔던 사막은 모로코 바로 옆의 나라인 튀니지에서 촬영됐다고 한다. 그나마 〈아라비아의 로렌스〉에 나왔던 사막은 요르단과 모로코에서 찍었다고 하니 완전히 헛짚은 건 아니었다.

내가 비행기를 타고 모로코에 첫 발을 디딘 도시는 마라케시였다. 모로코에 가기 전, 영국에서 한 달여 기간을 있었던 터라, 몸은 쌀쌀한 날씨에 적응돼 있었다. 갑자기 뜨거운 사막에 도착하자 내 몸은 갑작스런 변화를 무척 힘겨워했다. 여행지에 도착하면 호텔에 잠 잘 때 빼고는 발을 혹사시키며 싸돌아다니는 나였지만 몸 상태가 상태인지라 3시간이 넘도록 그냥 침대에 누워 있었어야만 했다.

휴식은 치유를 가져온다. 몸도 마음도 그렇다. 아무 것도 하지 않고 쉬기만 해도 원상복구가 되건만, 우리는 죽음이 바로 눈앞에라도 다가온 듯, 늘 마음이 분주하다. 하기야 죽음이 눈앞에 와 있을 때 우리가 할 수 있는 게 뭐가 있겠냐마는, 그럼에도 불구하고 우리의 마음 습관은 늘 쉬는 것을 가장 어려워 한다.

낮잠 자고 일어나 아직 비몽사몽간에 밖으로 나간 나는 이슬람 모스크도 둘러보고 제마엘프나 광장의 바자르들을 오가며 사람 혼을 빼어놓을 정도로 예쁘고 유혹적인 모로코 수공예품들을 둘러보기도 했다.

사막으로 갈 때는 스카프를 준비해!

사막 투어의 필수품 가운데 하나는 스카프이다. 내 평생, 모로코에서 만큼 스카프를 잘 활용했던 적이 없다. 이슬람 문화권에서 여성들은 히잡이라 불리는 천을 머리와 목에 두르고 다닌다. 유혹의 씨를 말리려는 장치이다. 여성 매매가 흔했던 이슬람 문화권에서 여성의 정조에 대해 대단한 가치를 부여했기 때문일 게다. 히잡을 두르고 있으면 희한하게도 여성성을 숨길 수 있다. 히잡 두른 여인들을 보고서야 나는 비로서 목과 어깨, 그리고 풀어내린 머리카락이 얼마나 성적 매력을 더해주는지를 처음으로 깨닫게 됐다.

그리고보니 이슬람 여성들은 사막처럼 자신들의 여성성을 히잡 아래 감추어두고 살아간다. 그녀들이 자신들만의 남자 앞에서 히잡을 벗으며 드러낼 은밀한 여성성을 상상하니 클림트의 그림 〈입맞춤〉을 보는 듯, 숨이 막혀온다.

현지인에게 들은 재미있는 얘기 하나를 풀어놓겠다. 국민의 95퍼센트 이상이 이슬람교도인 모로코에서는 남녀가 호텔에 갈 경우, 한 방에서 자려면 결혼증명서를 제출해야 한단다. 불륜의 경우, 또는 미혼 남녀가 합방을 할 원인 자체를 차단하겠다는 거다.

그렇다고 양극과 음극이 끌리지 않을까? 합하려 하지 않을까? 어림 반 푼어치도 없는 얘기다. 돈이 있다면 이들은 방을 각각 두 개 예약해 한 방을 비워두고 다른 한 방에서 극적으로 상봉한다. 하지만 돈이 없을 경우엔, 약간의 돈으로 호텔 매니저를 매수한다. 그래서 모로코에서는 뭔가를 봐주는, 전근대적인 비리가 아직까지도 왕왕 행해지고 있단다.

다시 스카프 얘기를 돌아가자. 모로코를 여행할 때엔 이슬람 문화권에서 튀어보이지 않기 위해 스카프를 머리에 둘러싸매 히잡 비슷한 효과를 낸다. 길다란 스카프로 머리를 가리고 목까지 둘러주면 깊은 곳에 여성성을 감추고 있는 이슬람 여성의 모습이 된다.

사막의 베르베르족들은 스카프 한 쪼가리를 가지고 아라비아의 로렌스가 했던 것처럼 머리에 길게 내린 후 이마를 두르는 끈으로 고정시키기도 하고 뱃사람 신드바드처럼 터번으로도 쓰는 등, 멋지게 활용할 줄 안다. 카피에 또는 쉬마그라 불리는 이 스카프는 건조한 사막에서 뜨거운 햇빛과 모래바람을 막기 위한 생존 방식으로 발전된 것이다.

모로코 스타일, 흥정법

많은 여행자들이 마라케시에서 모로코 사하라 사막 여행을 떠난다. 호텔에는 의례 사막 투어에 대한 브로슈어가 비치돼 있다. 각자 호텔 주인이나 여행사를 통해 투어를 예약하면 그 다음날 여행사에서 호텔에 픽업을 와 미니버스에 올라타게 된다. 호텔 주인 따라 붙이는 웃돈은 제각각이지만 여기저기 알아본 결과, 2박 3일 여행상품의 가격은 대략 700디르함 정도면 되는 것 같다.

어차피 물려달라고 할 수도 없는 것이면서 투어에 참가해 차를 타고 가는 다국적 여행자들은 얼마에 투어를 예약했는지를 서로에게 물어본다. 나는 호텔 주인이 보여준 브로슈어 가격이 너무 비싼 것 같아 제마엘프나 광장을 거닐다가 한 여행사를 발견하고 들어가서 정말 무자비한 기세로 깎아 투어를 예약했다. 나름 정말 협상을 잘 했다고 생각했었는데 막상 투어 버스에 타고 보니, 중간 정도의 가격이었지, 결코 싸게 하지는 않았다는 것을 알게 됐다. 갑자기 배가 싸르르, 아프려 했다.

여기서 깨닫게 된 모로코에서의 협상 철칙 하나를 소개하자면 부르는 것의 절반보다 더 아래로 후려치라는 것이다. 그래도 결국 물건이나 서비스를 파는 자는 밑지면서 판다며 거래를 할 것이다. 그가 "오케이, 던 (OK. Done.)"을 외칠 때면 웬지 손해를 보는 느낌이 든다. 거래가 받아들여지면 그냥 제3세계국민들에게 보시한다, 셈 치고 기분 좋게 사주자. 그래 봤자, 몇 푼 안 된다.

사막 가는 길, 아이트 벤 하두

모래 구릉이 이어지는 사하라가 있는 곳은 메르주가(Merzouga)로, 마라케시에서도 570킬로미터, 자동차로 9시간 정도 떨어진 곳이다. 하루만에 다녀 오기는 무리라 1박2일, 2박 3일 관광상품을 이용한다.

내가 예약한 것은 2박3일 코스였다. 어떤 이들은 모로코의 다른 도시에서 메르주가로 직접 와 일몰, 일출만 보거나 또는 일몰을 포함한 1박 관광을 하기도 한다.

마라케시를 출발한 미니버스는 캘리포니아 주변과 별반 다를 바 없는 풍경들을 지나친다. 야자수, 황토색 바위, 듬성듬성 나 있는 물 없이도 잘 사는 선인장 종류의 플랜트들이 주마등처럼 지나간다. 그리고서야 깨달았다. 내가 살고 있는 곳이 사막이라는 것을 말이다. 어쩜 이렇게도 판박아놓은 듯 똑같은 풍광이 계속될까. "진리를 밖에서 구했지만 못 찾고, 문득 돌아보니 내 주변 어디에나 진리가 편재하고 있더라"는 송나라 때 어느 비구니 스님의 오도시가 다시금 떠오르는 순간이었다.

"종일토록 봄을 찾아 다녔건만 봄을 보지 못했네.
산으로 들로 짚신이 다 닳도록 헤맸네.
돌아와 매화 향기를 웃으며 맡으니,
봄은 가지 끝에 벌써 무르익었네."

중간에 투어 버스는 1987년 유네스코 국제문화유산에 등재된 아이트 벤 하두(Ait-Ben-Haddou)에 멈췄다. 3헥타르에 걸쳐 퍼져 있는 이 지역

225

은 사막 한 가운데 물이 있어 형성된 오아시스 마을로 흙을 쌓아올려 지은 건축물, 카스바가 밀집해 있다.

이러한 요새 마을을 크사르(Ksar)라 부르는데 건축물 자체가 흙으로만 지어져 자연의 일부처럼 보이는 것이 매력적이다. 또 외부와 접촉하는 것이라고는 아주 작은 크기의 출입문과 창문밖에 없고 망루를 세워 외부의 침입을 감시하고 있어 철통 같은 안전체제를 갖추고 있다.

기묘한 바위, 사막, 오아시스 마을, 시간 여행을 떠나온 듯한 건축물로 인해 아이트 벤 하두는 영화 로케이션 헌터들이 퍽 좋아하는 지역이 됐다. 이미 1960년 〈아라비아의 로렌스(Lawrence of Arabia)〉를 촬영했고 1988년에는 니코스 카잔차키스의 원작을 영화화한 〈그리스도 최후의 유혹(The Last Temptation of Christ)〉을 찍었다. 2000년에는 〈검투사(Gladiator)〉, 그리고 2004년의 〈알렉산더(Alexander)〉에 이르기까지 총 20편 정도의 영화가 이곳을 배경으로 만들어졌으니 영화 팬들이라면 더욱 의미 깊은 곳이 될 것 같다.

베르베르인의 양탄자

로컬 가이드의 안내로 여행 투어 팀 일원은 이 지역 토착민인 베르베르족의 집을 방문했다. 작은 창문만 나 있는 집은 비바람 피하려는 목적에만 충실해 보이지만 벽에는 주인장 가족들이 직접 만든 멋진 양탄자들이 몇 겹씩 걸려 있어 이국적인 아름다움을 더해주고 있다.

주인장 아저씨는 〈반지의 제왕〉 등장인물 가운데 하나인 마법사 간

달프의 옷과 비슷한 베르베르족 남자들의 전통의상 간도라(Gandora)를 입고 있었다.

"어서오십시오." 라며 여행자들을 반긴 그는 일단 민트티부터 한 잔 대접하겠다며 부산을 떤다. 은쟁반 위에는 알록달록한 색깔의 유리잔들과 함께 주둥이가 기다란 은주전자가 놓여있다. 그 주전자를 하늘 높이 올려 분수대 위에서 떨어지는 것처럼 극적인 효과를 내며 민트티를 따라 잔을 돌린다. 모로코인들은 단 맛을 좋아하는지, 내가 모로코에서 마셨던 민트티들은 대부분 어린 시절 여름날 마셨던 설탕물처럼 혀에 쥐가 날 것 같은 맛이었다.

그는 "이제 베르베르인들이 전통적으로 카페트 만드는 법을 보여주겠다"며 아내인지, 딸인지 모를 히잡 두른 여성에게 시범을 보여달라고 말한다. 그녀는 조용히 양털을 브러시로 빗어 실을 만드는 모습과 기계로 양탄자 만드는 과정을 보여준다.

그리고 어느새, 그녀와 주인장은 그들이 이미 만들어 놓은 색색의 양탄자를 펼쳐보이기 시작했다. 크기와 색깔, 무늬가 제각각인 양탄자는 정말 하나 갖고 싶을 정도로 유혹적이다. 가격이 좀 나가긴 하지만 그렇다고 아주 비싸지는 않다.

다국적으로 이루어진 우리 투어팀에서는 누구 하나 사겠다고 나서는 이가 없었다. 주인장은 집안의 재고를 모두 바닥에 펼쳐 보인다, 싶을 정도로 과하게, 쉬지 않고 카페트를 선보였다. 괜히 주인장과 눈이 마주쳤다가는 미안해서라도 하나 사야할 것 같은 분위기라, 나는 하릴 없이 전화기만 들여다보고 있다.

가진 걸 전부 펼쳐 보여준 주인장은 아무도 사겠다는 지원자가 나오지 않자, 금방이라도 울음을 터뜨릴 것 같은 표정으로 앉아 있었다. 아! 이 민망한 상황이 과연 어떻게 정리되려나, 불편해도 이렇게 불편할 수가 없었다.

결국 스페인에서 온 젊은 처자가 욕실에서 발 닦을 정도 크기의 작은 카페트를 하나 구입해준 덕에 우리 팀은 무사히 일어나 그 집을 나올 수 있었다.

베르베르인의 집에서 카페트 쇼를 보았던 첫날엔 여정 중간 쯤에 있는 한 작은 호텔에서 하루 밤을 묵었다. 여러 나라에서 온 다국적 여행자들은 타진(Tagine)과 빵으로 식사를 마치고 민트티를 마시며 내일 체험하게 될 모래 사막에 대한 기대감을 나누었다.

메르주가의 모래사막 언덕

다음날 아침 일찍 일어나 버스를 타고 하염없이 달리다 보니 오후녘 드디어 모래사막이 눈앞에 펼쳐지기 시작했다.

멀리에서보니 사막에는 분홍색, 하늘색, 노란색 꽃들이 피어 있는 것 같았다. 가까이 다가가보니 이게 웬 걸, 관광객들이 버리고 간 플래스틱 백들이 사막의 풀에 걸려 만들어낸 허상이었다. 2001년 히말라야를 등반할 때도 이와 비슷한 장면을 목격했었다. 관광객들이 아무 생각 없이 내던진 쓰레기는 지구 환경과 소중한 자연 유산을 무참히 파괴해가고 있다.

오후 5시, 드디어 사막 투어가 시작되는 메르주가(Merzouga)에 도착했다. 모로코 남동쪽에 위치한 메르주가는 알제리 국경과도 가까우며 사하라의 모래언덕을 즐기기 위해 전 세계 여행자들이 몰려드는 곳이다.

우리의 투어 가이드,
버락과 하싼

운전기사는 우리들에게 오늘 밤에 필요하지 않은 짐은 차에 두고 내리라고 지시한 후, 낙타들이 기다리고 있는 곳으로 일행을 안내했다. 그곳에서부터 우리는 사막의 투어를 담당하고 있는 여행 가이드들의 손에 맡겨졌다. 우리 팀의 투어를 맡은 가이드는 올해 스물을 갓 넘은 베르베르족 청년, 하싼(Hassan)과 버락(Barak)이었다.

"미국 대통령 이름과 똑같아요."라는 나의 말에 그는 멋적은 듯, 어깨를 으쓱해보인다.

머리에는 터번을 몇 겹씩 두른 버락은 베르베르족 남자들의 전통의상 간도라(Gandora)를 입고 있었는데 어찌나 멋지던지, 한 벌 구해 입고 싶을 정도였다.

낙타 타고 사막을 걷다

한 줄에 굴비처럼 엮여 있던 낙타들은 관광객들을 차례로 태우더니 자리에서 일어났다. 낙타의 다리는 두 번이 꺾이는 구조로 되어 있어 (인간과 다른 포유류는 대부분 무릎이 하나라 한 번 꺾인다) 일어날 때마다 여간 흔들리는 게 아니다.

우리는 저물어가는 태양을 뒤로한 채 트래킹을 시작했다. 버락과 하싼이 앞장 섰고 우리 투어 팀 20여 명은 일렬로 낙타 위에 올라타 마치 아라비아의 대상 무리들처럼 움직이기 시작했다.

이틀이나 시간을 투자한 후 보게 되었다는 이유 말고도 사막은 그 자체로 아름다웠다. 이제 막 지기 시작한 태양 덕분에 온통 금빛이었던 모래가 황토색, 주황색으로 변해가며 장관을 펼쳤다. 그 위에 길게 늘어진 낙타와 각기 다른 색색의 스카프를 두른 여행자들의 그림자가 더해졌다. 시간이 마냥 천천히 흘렀다.

그렇다고 천천히 흐른 시간이 마냥 게으르게 다가온 건 아니다. 해질 무렵의 변화무쌍한 하늘의 색채에 반사된 모래밭은 시시각각 놓칠 수 없는 풍경을 연출하고 있었다. 매 순간, 마음을 챙기며 바로 지금, 바로 여기와 하나가 되어 사막을 바라본다. 어느덧 나와 사막은 하나가 된다.

신비하다. 사막은 자연 상태에 구현된 완벽한 미니멀리즘이다. 그런데도 하늘과 모래밭, 그리고 낙타, 이 3가지 요소가 만들어내는 엄청나게 다양한 조합을 눈 앞에 대하자면 그저 놀라울 뿐이다.

모래언덕(에르그쉐비Erg Chebbi)은 바람이 만들어낸 파도 모양의 패턴이 신비로웠다. 여성적이면서도 때론 남성적인 모래언덕을 보며 가장 아름다운 상태는 남성성과 여성성의 완벽한 조화임을 다시 한 번 깨닫는다.

우리를 싣고 걷는 낙타는 쉬지 않고 배설물을 똑똑 떨어뜨린다. 낙타의 변은 물기가 전혀 없고 동그란 모양이라 또르르 굴러 약간 낮은 구릉에 모인다. 히말라야 야크들의 배설물처럼 낙타의 변 역시 땔감으로 사용한다고 하니, 사막이라는 제한된 환경 속에서 지속가능한 연료를 찾아낸 베르베르족들의 삶의 지혜, 그 끝이 과연 어디까지인지가 새삼 궁금해진다.

사막을 여행하는 여러 방법 가운데 낙타 타기 만큼 자연친화적인 것도 없다. 마초적인 남성들은 4×4 트럭을 타며 사막을 둘러보기도 한다. 타는 사람이야 신날지 모르겠으나 4×4가 남긴 타이어 자국이 어찌나 흉물스럽던지, 아예 사하라 투어에서 없앴으면 싶었다.

낙타 등 위에서 균형을 잡기가 어렵다며 신발을 벗어들고 맨발로 걷는 여행자들도 있었다. 나 역시 맨발로 걷고 싶은 마음이 굴뚝 같았지만 낙타 타기도 날이면 날마다 할 수 있는 게 아니라는 생각에 꾹 참았다.

사막에서의 하룻밤

버락과 하싼이 안내한 텐트에 짐을 풀고 나는 모래언덕에 올라 자리를 잡고 앉았다. 뉘엿뉘엿 지는 해를 바라보며 나는 어린 왕자가 된 듯, 해지는 걸 바라본다. 어느덧 사방은 노을이 붉은 물감 풀어놓은 것처럼 가득했다. 사막에도 땅거미가 지더니 이내 어둠이 찾아왔다.

쌩 떽쥐뻬리는 사막이 아름다운 것은 어딘가에 물이 숨어 있기 때문이라 했다. 풀도 드문 이곳, 과연 어디에 물이 숨어 있는 걸까. 물은 생명의 근원이다. 사막은 생명이 살 수 없는 곳 같지만, 가까이 들여다보면 꼭 그런 것만도 아니다.

모래밭 사이로 간간히 잡초들이 보였다. 어디에서 날아와 이곳에 뿌리를 내렸는지 모르겠지만 이 잡초들은 낙타의 소변을 빨아들였는지, 숨어 있는 물을 먹었는지 강인하고 꿋꿋하게 자라고 있다.

나로 하여금 사막을 꿈꾸게 했던 몇 가지 영화와 소설 작품 가운데 〈영국인 환자(English Patient)〉는 단연 넘버 원이다. 캐서린과 알마시 백작이 모래 폭풍에 갇혀 꼼짝달싹 하지 못한 채 머리카락을 만지고 사랑의 싹이 돋아나던 순간을 기억한다. 그 은밀하며 유혹적인 금단의 사랑에 사막은 최적의 배경이 되어 주었다.

캐서린은 알마시에게 이런 글을 썼었다.

"우리는 권력자들이 지도 위에 멋대로 그린 경계선이 아닌 진정한 나라입니다."

어디, 나라 뿐일까. 우리는 하나 하나가 우주다.

버락과 하싼, 그 외에 미리 텐트에 와 있던 베르베르 족 여행 가이드들은 속을 야채와 고기로 채운 빵으로 저녁 식사를 준비해줬다. 투박하고 심플한 노마드의 음식이다.

베르베르인 청년, 버락

저녁을 먹은 후에는 텐트 바로 옆에 캠프 파이어가 마련됐다. 불이 피어오르는 가운데 전통복장 간도라를 입은 베르베르인 여행 가이드들은 북을 손바닥으로 두드리며 분위기를 돋웠다. 전 세계에서 온 여행자들은 언어, 인종, 문화의 이질감을 잊은 채 하나가 되어 언어 이전의 울림인 '북소리'에 몸을 맡겼다.

내 옆에는 우리 가이드인 버락이 앉아 있었다. 올해 스물을 넘겼지만 그는 자신의 정확한 생일을 모른다고 했다. 그의 가족은 사막에서 생활하는 노마드로, 달력이나 시계 같은 물건을 갖고 있지 않다고 한다.

예전에 아리조나주의 호피 아메리카 원주민 보호구역을 여행한 적이 있다. 전기도 개스도 상수 하수 시설도 없는 호피족들은 느리게 흐르는 시간을 만끽하며 순간 순간에 충실하게 살고 있었다. 그야말로 해가 중천에 떠 있으면 점심 때요, 뉘엿뉘엿 지기 시작하면 저녁 때인 것이다.

버락은 또한 태어나 단 한 번도 '학교'라는 곳엘 가보지 않았다고 했다. 하지만 이 청년은 모국어인 아랍어 외에도 영어, 프랑스어, 독일어, 이태리어까지 능통했다. 어떻게 한 언어의 알파벳을 모르면서도 그 언어를 이처럼 습득할 수 있는 것인지, 놀라웠다.

그의 집에는 라디오도, TV도 없단다. 그리고 그는 태어나서 단 한 번도 '영화'라는 것을 본 일이 없다고 했다.

캠프 불이 약해지고 내가 춥다고 하자, 그는 낙타 옆에 가면 따뜻하다며 나를 인도했다. 낙타 옆에 가니 낙타의 몸에서 온기가 은은히 전해져 왔다. 사막의 남자인 그는 사막에서의 생존 방법에 대해 폭넓은 지식을 갖고 있었다.

"낙타는 하루 종일 먹어요."

그가 말했다. 정말 가까이 다가가보니 낙타는 아침에 먹었던 건초를 계속해서 되새김질 하고 있었다.

신비하지 않은 생명이 없지만 낙타는 신비의 끝판왕이다. 낙타는 사막 생활을 잘 견디도록 진화되었다. 유난히 예쁜 낙타의 눈은 심한 모래바람으로부터 눈을 보호하기 위한 이중눈썹 덕이다. 낙타의 가죽과 털은 뜨거운 낮의 태양과 추운 밤으로부터 보호해준다.

낙타 등의 혹에는 지방이 저장돼 있다. 이 혹에 저장된 지방의 양이 평균 45킬로그램이라니 엄청나다. 그래서 낙타는 며칠 굶어도 끄떡 없다.

하지만 물은 어떨까. 낙타가 어떻게 물을 마시고 저장하는지를 버락으로부터 듣고 나는 기겁을 했다. 주변에 물이 있으면 낙타는 10분 만에 100리터 정도의 물을 마실 수가 있다고 한다. 또한 온 몸에 고르게 퍼지도록 저장을 해도 이상이 없단다.

지금은 바로 지금 일만 생각해요

"내일 우리 몇 시에 일어나야 하죠?"

하늘에 별도 아름답고 가까이 베르베르족의 북 소리도 멋지게 들리는 가운데 나는 버락에게 질문을 했다.

"왜 지금 이 완벽한 순간에 내일을 생각해요? 지금은 바로 지금 일만 생각해요. 그래도 충분해요."

이교도 청년에게 한 방 맞았다. 교육기관이라는 곳엘 가본 적 없는 이였지만 그의 한 마디, 한 마디에 농축돼 있는 삶의 지혜에 나는 할 말을 잃었다.

다시 무리가 있는 곳으로 온 우리들은 전 세계 각국에서 온 여행자들과 이야기를 나눴다. 여행자들은 핀란드, 독일, 프랑스, 캐나다, 오스트레일리아, 불가리아, 그리고 한국과 미국 등 다양한 문화적 배경을 가진 사람들이었다. 우리는 태고적 동굴 생활 하던 시절, 사냥이 끝난 후 불을 바라보며 하루를 정리하던 최초의 인류들처럼 함께 불을 바라봤다.

하나 둘씩 잠을 자러 텐트에 들어가 캠프파이어 주변에는 몇 명 남지 않았다. 나는 일행과 멀리 떨어져 혼자 밤하늘의 별들을 바라봤다. 내가

사는 도시의 밤하늘에서도 보았던 별들이지만 빌딩과 가로등이 없는 배
경이다보니 크기도 밝기도 훨씬 컸다.

별들과의 대화

나는 별들과 대화를 나누기 시작한다. 1897년에 고갱(Gauguin)이 그
렸던 그림의 제목이자 우리 모두 살면서 피할 수 없고, 늘 짊어지고 다니
는 질문, "우리는 어디에서 왔으며 우리는 무엇인가. 그리고 우리는 어디
로 가는가(D'où Venons Nous / Que Sommes Nous / Où Allons Nous)."
라는 화두를 다시금 되새겨본다. 나는 어디에서 왔으며 나는 무엇인가.
그리고 나는 어디로 가는가.

별들은 은은한 빛을 뿜으며 내게 말해온다. 나는 귀를 기울인다. 그리
고 가슴이 따뜻해져옴을 느낀다. 별은 이렇게 얘기했던 게 아닐까.

"지금 이 순간에 거하세요. 개체로서의 에고가 완전히 사라진 당신은
우주 전체입니다. 이 세상 그 어떤 것도 당신 아닌 것이 없습니다. 이 순
간들이 연결돼 영원을 이룹니다. 당신은 지금 그 모습 그대로 아름답고
완전합니다."

그렇게 영혼의 대화를 나눈 뒤 나는 고요함 속에 잠자리에 들었다. 여
행을 준비하면서도부터 사막의 밤이 춥다는 경고를 여러 곳에서 들었던
지라, 4월 중순이었음에도 불구하고 나는 패딩 자켓을 준비해갔었다.

과연, 사막의 밤은 후덜덜이었다. 나는 가지고 있는 모든 옷을 꺼내 입
고 패딩 자켓까지 든든히 입은 후 이불을 덮었다. 하지만, 세상에 추워도

이렇게 추운 경험은 처음이다. 히말라야의 산 위에서도 이것보다는 나았던 것 같다. (생각해보니 그때는 마이너스 온도에도 견디는 슬리핑백을 가져 갔었다.) 춥다 보니 화장실은 또 왜 그리 가고 싶은지, 족히 10번은 잠이 깨서 밖으로 나가 모래밭에 물 주기를 반복했다.

다음날 새벽, 히말라야 산사에서 들었던 것 같은 "뚜~" 하는 소리에 눈을 떴다. 기상 나팔 소리였다. 옆 자리에 누웠던 독일 여성이 자기도 거의 못 잤다며 반쯤 감긴 눈을 하고 앉아 있다.

해가 채 떠오르기 전, 우리는 다시 낙타에 올라 카라반을 시작했다. 20분쯤 지나자 해가 떠오르기 시작한다. 빨갛게 하늘이 물들다가 오렌지색, 금빛으로 바뀐다. 어제 해가 지던 장면을 거꾸로 틀어놓은 듯한 모습을 보며 사막과 아쉬운 작별인사를 한다.

다시 돌아온 문명 세계

처음 낙타에 올라탔던 장소에 와 버락, 하싼과 작별 인사를 했다. 그리고 우리는 인근 호텔 부속 식당에서 커피와 빵으로 아침 식사를 하며 다시 문명과 조우했다.

그렇게 아쉽지만 그렇다고 하루 더 하기도 망설여지는 사막 투어를 마쳤다. 마라케시로 돌아가는 버스 안에서 오래 전 알게 된 존 덴버(John Denver)의 노래, 〈애니의 노래(Annie's Song)〉가 생각나 흥얼거렸다.

"당신은 숲속의 밤처럼, 봄날을 산들처럼, 빗속의 산책처럼, 사막의 폭풍처럼(like a storm in the desert) 졸리운 듯 푸른 바다처럼 내 모든 감각을 채워줍니다. 내 모든 것을 다시 한 번 채워주세요. 당신을 사랑하게 해주세요. 내 삶을 당신에게 드리게 해주세요. 당신 웃음 속에 빠지게 해줘요. 당신 품 안에서 죽게 해주세요. 당신 곁에 눕게해주세요. 영원히 당신 곁에 있게 해주세요. 당신을 사랑하게 해주세요. 그리고 절 사랑해주세요."

사막의 폭풍 같은 애니, 과연 그녀는 어떤 여자였을까, 궁금해진다.

모래 사막은 모로코 여행 중 가장 아름답고 멋진 곳이었다. 내게 사막이 아름다운 이유는 무얼까. "모든 장식과 잉여, 문명 등을 잘라내고 난 후 남는 존재의 에센스"이기 때문일까. 그래, 그런 것 같다.

사막 도시 LA에 돌아와서도 나는 여전히 모로코 사막에서의 하루 밤을 바로 어제 일처럼 기억한다. 그처럼 떠나고 싶었던 사막이 이제 또 다른 의미로 내게 다가온다. 모든 것은 있는 그대로 여여하다.

[2016년 6월]

타일랜드 여행기

타일랜드를 여행지로 선택한 이유

그동안 다녔던 여행 장소와 그곳에서 지냈던 시간을 세어볼 때, 나는 유럽을 몹살나게 좋아하는 문화적 취향, 즉 산냐를 가지고 있었던 것 같다. 지금은 모든 문화에 대해 열린 마음과 호기심을 가지고 대하지만 예전에는 그렇지 못했었다.

홍콩을 경유하여 네팔을 찾았을 때 히말라야 고산의 티베트 불교 사원을 방문했던 적이 있지만 당시의 여행은 임자체 등반, 즉 산에 오르는 것이 주요 목적이었다. 그러다보니 2012년 여름철 즈음까지 나는 아직 제대로 된 동남아시아 불교 국가 순례에 나서지를 못하고 있었다.

언젠가는 불교 성지 순례를 해봐야지 하는 마음으로 자료조사를 하던 중, 부처님이 태어나고 해탈하고 포교하던 네팔과 인도도 좋지만, 전 국민의 85-90퍼센트가 불교신자인 타일랜드야말로 꼭 둘러봐야 할 곳 가운데 하나임을 알게 되었다. 나의 타일랜드 여행에의 소망은 그렇게 시작되었다.

그러던 차, 지난 2012년 7월과 8월 두달간의 시간을 낼 수 있었다. 이제 전반전을 마친 나의 삶, 그리고 나 자신을 돌아보고, 앞으로 인생 후

반전은 어떤 방향과 작전으로 살아갈 것인가를 성찰하기 위해서는, 내가 이제껏 살아왔던 도시를 떠나보는 것이 필요하다고 생각했다. 돌이켜보면 당시는, 물고기가 물을 떠나고 나서야 비로소 제가 살고 있었던 곳이 물이었다는 것을 알게 되는, 결국 세수할 때 코 만지는 것처럼 쉬운, 뻔한 일상을 새삼스레 강렬하게 경험하는, 그런 체험이 몹시도 필요했던 시점이었던 것 같다.

자신이 사는 곳에서 매 순간을 각성하며 살고, 펼쳐지는 삶에 대해 아무런 판단과 저항 없이, 무상함을 허용하는 가운데, 순간순간의 마법을 지속적으로 느낄 수만 있다면, 굳이 나처럼 이렇게 하늘과 길거리에 돈을 뿌리면서 다닐 일이 없을 것이다. 그런데, 나는 역마살을 타고 태어났는지 가끔씩 타향의 물을 마셔줘야 영혼이 비로소 춤을 추고 생기를 공급받아 전진할 수 있으니, 이것이 과연 여행의 신 헤르메스의 저주인지 축복인지, 도대체 알 길이 없다.

타일랜드로 떠나기 전, 기대에 벅차 계획도 세우고 정보검색도 열심히 해봤지만 인터넷에 떠도는 정보라는 것이 각기 개별적인 자아와 그 세계와의 만남에 대한 기록인지라, 내게 유용한 정보는 한정되어 있다는 느낌이었다. 이것 저것 다 따지며 계획하고 짐을 꾸리다 보면 꼭 발목을 잡히는 일어 벌어진다.

그래서 내가 가장 잘 쓰는 방법을 택하여 무조건 떠났다. 무식하면 용감한 법이니까, 그냥 맨 땅에 헤딩하는 것처럼, 무조건 속옷 몇 개만 싸들고 떠나는 것이다. 그럴 때 세상은 나의 용기 또는 무모함에 축복을 해주기도 하고, 때로는 혹독한 수업료를 요구하기도 한다. 그래도 그냥 저지른다.

국제적인 도시 방콕에 도착하다

비행기가 방금 방콕의 수완나품 공항에 랜딩했다는 기장의 안내방송이 들린다. 방콕은 타일랜드의 수도이자 아시아에서 가장 국제적인 도시 가운데 하나다. 내가 탄 비행기가 방콕에 도착한 시간은 오후 8시경이었는데도 입국심사대가 꽉 차 있다. 그래도 제법 여러 나라를 다녀봤지만 이렇게 바쁜 공항은 평생 처음 본다. 전광판은 부지런히 돌아가며 전 세계 각국에서 방금 도착한 비행 편들의 실황을 알려주고 있었다.

입국 심사대에는 전 세계에서 온 여행자들이 지친 몸을 이끌고 서 있었다. 집채 만 한 배낭을 메고 있는 배낭족들, 민족의 대이동 수준의 숫자가 함께 여행하는 대가족과 단체관광단, 수트 케이스만 달랑 들고 서 있는 사업가들, 그야말로 온갖 인간 군상들이 입국 심사대에 줄을 서고 있었다.

타일랜드에서 관광은 주요 산업이다. 국가 전체 수입(GDP)의 12퍼센트, 총고용의 20퍼센트를 관광사업에 의존하고 있으니, 거의 아시아 대륙의 이탈리아 수준이라 할 만 하다. 이렇게 멋진 문화재를 남겨 자손들을 대대로 먹고 살게 해주신 조상들에게 타일랜드인들은 감사드려야 할 것이라는 생각을 했다.

공항은 그 나라의 현관과 같은 공간이다. 방콕 공항에서 놀라웠던 것은 명상할 수 있는 공간과 기도실을 두고 있다는 것이었다. 물론 이슬람 국가들과 몇몇 유럽 도시에도 기도실이 있기는 하다. 하지만 방콕 공항은 이에 더해 승려들을 위한 리셉션 공간까지 두고 있어 더욱 놀라웠다.

시내로 나서니, 길거리에는 자동차와 함께 오토바이를 개조해 만든 뚝뚝이가 털털 요란한 소리를 내며 다니고 있었다. 길거리 곳곳에서 미국의 대표적 패스트푸드 브랜드인 맥도날드가 보였다. 맥도날드 매장 앞의 로널드 맥도날드 대형 캐릭터도 이곳 방콕에서는 타이 사람들처럼 두손을 공손히 합장하고 손님들을 맞고 있다. 85~90퍼센트의 인구가 불교를 믿고 있으니 인사하는 방법이며 생활방식 모든 것에 있어서 종교의 영향을 받지 않을 수 없어서일 게다.

포교의 측면에 있어서 타일랜드는 그야말로 불국정토라 할 만한 곳이다. 과연 타일랜드인들의 불교적 세계관과 마음공부가 그들의 삶에 어떤 영향을 미치고 있는지는 알 길이 없지만 말이다.

방콕의 현대화 속도

방콕의 현대화는 놀라울 정도다. 매력적인 불교사원과 문화 유적들 때문에 이곳을 찾는 관광객들이 많다 보니, 국제적인 거대 자본들도 그 유동인구들을 겨냥해 투자하기를 주저하지 않는다. 현재(2012년 기준) 건설 중인 고층 리조트 콘도미니엄 프로젝트도 한 두 건이 아니다.

공항에서 도심까지 이어진 지하철은 청결 정도나 속도 등 어떤 면에 있어서도 전 세계 최고라 할 만한 한국에도 뒤지지 않았다. 도시 전체에 조화롭게 들어선 현대적인 고층건물들이 빽빽한 빌딩 숲을 이루고 있다.

외국인들이 많이 찾는 국제적인 도시에는 의례 뭔가 신나는 일이 벌어지게 마련이고 더 많은 사람들을 불러모으게 된다. 그래서일까. 방콕 시내에는 젊고 매력적이고 활발한 젊은이들의 모습이 유난히 눈에 띤다.

방콕 시내는 내가 이곳에 오기 직전에 여행했던 베트남의 호치민시티와 여러 면에서 비교가 되었다. 무엇보다 방콕에는 자동차가 많았다. 물론 방콕 도심에 국한되어서이지만 호치민시티에서는 거의 대부분의 시민들이 모터사이클을 이용하는 것에 비해, 이곳에서는 바퀴 4개 달린 자동차들이 더 많이 거리를 오가고 있었다.

교통법규를 지키는 것에 있어서도 호치민시티와는 많이 달랐다. 호치민시티는 완전히 '네 맘대로 하시어요' 스타일로 운전자들이 무법천지였는데 이곳에서는 비교적 질서가 있었다. 영국과 일본처럼 운전석이 오른쪽에 있다는 것이 우리나라와는 달랐다. 개발도상국에서 자주 마주치게 되는 극빈자들의 모습은 이곳에서도 예외 없이 도심 곳곳에서 발견된다. 벤츠와 함께 달리는 현지인들의 대중교통수단은 언제 설까 걱정스러울 만큼 지저분하고 낙후됐다. 대형자본의 투자와 개발에서 밀려난 그늘 같은 뒷모습이 다시금 삶의 무게를 되새기게 한다.

방콕인들의 생활 속 수행

나는 호텔에 짐을 풀자마자 밖으로 튀어나갔다. 시내 거리 곳곳에 있는 상점들을 들여다보니 각자 나름대로의 제단을 마련해두고 있는 모습이 미국에 살고 있는 타일랜드인들과 별 차이가 없어 보인다. 빨간 색 휘장 안에는 황금색의 빛나는 불상이 모셔져 있다.

이는 우리 식으로 '삼신각'에 비유할 수 있을 것 같다. 국민의 대다수가 불교 신자이지만 타일랜드인들은 고대 애니멀리즘과 민속 종교로부터 물려받은 영가 의식을 일상 속에서 수행한다. 아침마다 그들은 집과 사업체 안에 마련된 '싼프라폼(San Phra Phum, 땅의 정령 또는 영가들을 위한 집이라는 뜻)' 제단 앞에 코코넛, 과일, 밥, 꽃 등의 제물을 바친다.

잠시 길 거리에서 주스를 사 마시려고 발걸음을 멈추니, 여성복을 파는 가게가 눈에 들어왔다. 예쁘장한 여주인이 가게가 한산한 틈을 타 향을 피워 머리와 가슴에 가져다 대고 흔들더니 가게 안의 불상 앞에 꽂고 있다. 그 모습이 참 어여뻐 보인다.

사귀고 있는 남자친구와 결혼해서 아이 낳고 잘 살게 해 주십사고 부처님께 간곡히 머리를 조아리는 것인지, 아니면 병환 중인 아버지를 낫게 해 달라는 것인지, 어찌 그 속을 알 수 있을까.

하지만 근무시간 틈틈이 불상 앞에 머리를 조아린다는 것은 자신의 마음 깊은 곳을 돌아본다는 이야기렸다. 그녀의 모습을 지켜보며, 나는 과연 하루에 몇 차례나 내 마음 중심을 들여다보고 있는지를 돌아봤다. 틱 낫한 스님이 운영하시는 수행처에서는 매 시간마다 종소리가 울릴 때면 그곳에 있는 모든 수행자들이 하던 일을 멈추고 현재로 돌아온다고 하는데, 타일랜드에서는 그런 종소리가 눈 앞에 펼쳐지고 있었다.

와불을 모시는 열반사원

내가 투숙한 호텔은 깨끗하고 시설도 좋았다. 호텔 투숙객들에게는 몇 곳의 명소 관광을 무료로 해준다고 해서 '옳다구나' 하고 관광을 신청했다. 관광을 떠나기로 한 아침, 프런트데스크에서 전화가 걸려왔다. 가이드가 벌써 와 있다는 것이다. 피터라는 서양 식 이름으로 자신을 소개한 가이드는 자동차에 앉아마자 돈이 되는 관광 상품을 팔기 위해 입에 침이 튀도록 안내책자를 들춰가며 설명을 하기 시작했다. 오늘 그가 호텔에서 제공하는 서비스로 보여주게 되어 있었던 것은 대형 와불상이 누워 있는 왓포이다.

왓포의 정식명칭은 '왓 프라체투폰 비몬 망카라람'이라는 긴 이름이다. 방콕에서 가장 크고 오래된 사원 가운데 하나로 관광객들의 발걸음이 끊이질 않는 곳이다. 16세기에 건축된 왓포는 2008년 유네스코 세계기록유산에 등재되며 더욱 인기를 끌고 있다.

왓포는 훗날 차크리 왕조, 라마 1세의 왕실 사원으로 사용되었다. 라마 1세 때는 500명의 승려와 750명의 수도자들이 이곳에 거주했고, 라마 3세 때는 석판을 교재 삼아 교육을 행하던 일종의 개방대학이었다고 한다. 그래서 타일랜드인들은 왓포를 '국가 최초의 공립대학'이라고 부른다. 이는 사람들이 언제든지 읽고 배울 수 있는 의학, 역사, 교양 과학에 관한 1360개의 대리석 조각들 덕분에 붙여진 이름이다. 의학, 해부학, 정형외과에 관한 대리석 비문은 타일랜드 전통 마사지 원칙의 기원이 되었다.

왓포에서 가장 유명한 것은 길이 46미터, 높이 15미터의 옆으로 누워있는 황금색 와불이다. 와불의 발에는 성스러운 표시가 새겨진 자개가 아름답게 상감되어 있다. 열반 전, 누워 있는 붓다의 조각을 모시고 있어 붙여진 왓포의 또 다른 이름은 열반사원이다.

와불을 친견하는 느낌은 놀라웠다. 나는 몇 분 동안 그저 입을 헤 벌리고 다물 줄을 몰랐다. 타일랜드인들의 붓다에 대한 사랑의 크기가 이 물리적인 크기와 비례하는 것 같았다. 옆으로 누워 한 손으로 머리를 받치고 있는 세존은 엷고 신비한 미소를 입가에 띠고 있었다.

세존께서 열반하시기 바로 전 모습과 표정이 바로 이러했을까. 몸은 분명, 식중독으로 고통 속에 있었을 텐데, 와불의 표정은 우주의 이치를, 너와 내가 따로 없음을, 모든 것이 내 마음 하나임을 깨달은 법열로 인해 더할 나위 없이 행복하고 평화로워 보였다. 그 고요함이 와불을 경배하는 이들의 마음에까지 고스란히 전달되고 있었다.

사원에서는 관광객들이 지폐를 건네면 동전으로 바꾸어주고, 관광객들은 사원 주변에 뼹 둘러 그 동전을 넣으면서 자신의 소망을 빌고 있었다. 그들을 향해 '달을 가리키는 손가락에 머물고 있구나' 하는 분별을 일으키다가, 그저 머무는 바 없이 마음을 내는 것이 뭐가 문제인가, 하고 내려놓았다.

언제부터인가, 나는 더 이상 무언가를 바라거나 빌지 않는다. 그냥 순간순간을 알아차리고 허용할 뿐이다. 무엇을 빌고 바란다는 것은 현재에 대한 미묘한 저항임을 알고, 그것 역시 내려놓는 연습을 반복해서이다.

하지만 혹시 나의 바램 없음은 바라는 것이 없고 싶다는 바램의 발현이 아니었을까. 완전히 그것에 집착하지 않으며 자유자재로 마음을 내는 것이야말로 대자유인의 모습이 아닐까. 사원에서 머리를 조아리며 무언가를 간절히 바라는 이들을 바라보며 나는 혹시라도 내가 붙들고 있는, '바라는 것이 없어야 한다'는 상은 무엇인지를 돌아보았다.

타일랜드에서 경험해야 하는 것들

왓포 사원 안에는 인간의 몸에 대한 연구를 했던 흔적이 여기저기에서 발견된다. 사원 곳곳에는 인체의 마사지 경락 포인트, 차크라를 그려 넣은 석판들이 진열돼 있고 정원에는 마사지의 실제와 요가 자세를 보여주는 조각들도 있었다. 왓포가 단순한 사원이 아니라, 역사, 의학, 교육 기관이 합쳐진 장소임을 알 수 있는 대목이다.

마음이 곧 몸이요, 몸이 곧 마음인 것을 그들은 알고 있었던 것이다. 이처럼 오랜 마사지의 전통을 갖고 있는 나라이어서인지 타일랜드에서 꼭 해봐야 하는 체험 가운데 하나는 마사지이다.

그런데 실제 방콕 시내에서의 마사지는 어떤 모습일까. 마음과 몸이라는 궁극적 요소에서 마음을 떼어내고, 몸의 말초신경만 자극하는, 또는 그저 스트레스에 쌓였던 몸의 긴장을 푸는 것에만 집중하는 것으로 타이식 마사지가 이해되고 있는 이 시대가 안타까웠다.

방콕 시내에는 엄청난 숫자의 마사지 스튜디오들이 있다. 요금이 200바트(5-6달러) 정도부터 시작되니 말할 수 없을 만큼 마사지 서비스 가격이 싸다. 마사지 스튜디오의 숫자가 넘치다 보니, 마사지사들은 입구에 늘어앉아 지나가는 관광객들에게 호객행위를 한다.

하얗게 분을 바르고 입술을 빨갛게 칠한 젊은 여성들이 허벅지를 드러내고 모여 앉아 있는 마사지 스튜디오의 입구는 그 모습이 마치 홍등가 같다. 실제 방콕 시내 곳곳에는 마사지와 함께 보너스 서비스를 제공하는 곳도 있다고 한다.

이런 곳을 보니, 예전에 한 친구가 남편이 방콕으로 혼자 출장을 가게 되었다면서 걱정스러워 하던 기억이 났다. 부부는 세상의 그 어떤 인연보다도 신뢰가 바탕이 되어야 할 관계일 터인데, 일어나지도 않은 앞날에 대한 고민으로 오히려 그런 상황을 부추기고 있는 우리 중생들의 번뇌는 언제쯤 끝이 날까.

타일랜드인들의 한국 사랑

방콕의 대표적 사원 내부는 한국 여행사나 미국 여행사를 통해 관광 예약을 했다 하더라도 타일랜드인 여행 가이드만이 따라 들어올 수 있다. 이것은 자국민의 일자리를 보호하기 위해서 타일랜드 정부가 마련한 정책이다. 나를 안내한 가이드는 구렁이 담 넘어가는 것 같은 영어로 나름대로 열심히 설명을 하려 애쓰고 있었는데 그의 극심한 액센트를 어떻게든 알아들으려 애쓰다보니 피곤함이 몰려왔다.

그러다가 사원에서 한국어로 설명을 하고 있는 타일랜드인 가이드를 마주쳤다. 그가 자신이 이끄는 그룹에게 자유 시간을 주었을 때, 몇 마디 이야기를 나눌 수 있었다.

"어머, 한국어를 하시네요?"

"네, 한국 여행자들이 많아서 배웠습니다."

그에 따르면 타일랜드인 가이드 가운데 한국어를 구사하는 이들은 훨씬 더 좋은 조건에서 일할 수 있다고 한다. 이들은 한국의 TV 프로그램을 보면서 한국어를 익힌단다. 특히 코미디 프로그램을 보면서 한국의 문화와 웃음 코드를 읽는데 열심이라고 하니 공짜로 되는 것이 하나도 없다.

요즘 여행을 하면서 느끼는 것은 국제 사회에서의 한국의 위상이다. 한 10년 전까지만 하더라도 한국이 어디에 붙어있는지를 머리 쥐어짜면서 설명해야 했었는데 요즘은 한국인이냐고 먼저 물으면서 친근감을 표현한다. 스마트폰과 스마트 TV로 유명한 삼성, LG, 그리고 K팝과 한국 드라마로 인해 동남아시아인들에게 있어 한국은 가장 동경하는 나라 가운데 하나가 되어 있는 것이다.

방콕의 거리에서 과일과 음식을 팔고 있는 상인들조차 라디오로 가수 빅뱅의 〈하루하루〉를 들으면서 일하고 있었다. 소지섭이 주연한 드라마의 포스터가 도배되어 있는 방콕의 버스들은 쌩쌩 거리를 달리며 타일랜드인들의 한국 드라마 사랑을 보여주고 있었다.

3개월의 수행자 체험

어쩌면 한국 불교가 타일랜드, 그리고 동남아 불교 국가로 역수출될 수 있는 가능성이 이 대목에 있는지도 모른다. 그저 경배와 기도의 대상인 부처님이 아니라 인간이 도달할 수 있는 최고 자각 상태의 가능성을 보여준 붓다의 길을 따라가는 한국 불교, 그리고 한국불교와 함께 한국의 문화가 함께 전달되며 더욱 더 아름다운 세계 공동체가 만들어지기를 소망했다.

나를 안내하던 가이드는 모든 타일랜드 남자들이 일생에 한 번은 3개월 이상씩 사원에 들어가 수도승 생활을 해야 한다고 말했다. 한국 남자들이 군대에 가야 하는 것과 마찬가지이다. 나의 가이드도 역시 3개월의 수도승 생활을 마쳤다고 한다.

타일랜드에서는 승려가 되면 질 좋은 교육을 무료로 받을 수 있고, 생활에 대한 걱정에서 벗어날 수 있어 집안이 가난할 경우, 많은 이들이 승려가 되는 것을 고려한다. 한 집안에 승려가 나오면 마치 변호사나 의사가 나온 것처럼 가문의 영광으로 여긴다고 한다.

요즘은 한국에서도 장기 단기 템플 스테이를 체험할 수 있어 참 좋아졌다. 그런데 절에 머문다고 수도승의 삶을 경험하는 것은 아니다. 이는 오히려 명상 센터의 묵언안거에서 가능하다.

삶을 통틀어서 일정 기간 수도승 같은 생활을 해본다면 우리 삶이 얼마나 더 풍요로워질까. 꼭 필요한 발우와 가사 한 벌, 바랑 한 개 달랑 짊어지고 끊임없이 "나는 누구인가? 어디에서 왔는가? 그리고 어디로 가고 있는 것인가?"를 치열히 고민할 때 우리들은 비로소 지도를 갖고 목적지를 향해 나아가는 여행자가 될 수 있지 않을까.

아니, 어쩌면 나도 없고, 어디로 향해야 한다는 목적지도 없고, 그런 지도도 없음을 여실히 깨닫고 바로 지금 바로 여기 눈앞에 펼쳐지는 이 화엄법계를 여행 하듯 감격에 찬 마음으로 살아 내게 될 것이다.

그랜드 팰리스와
에메랄드 사원

수많은 여행자들을 방콕으로 끌어들이는 또 다른 자랑거리는 그랜드 팰리스(프라 보롬 마하 라차 왕)다. 방콕을 여행할 때, 꼭 들려봐야 할 명소로 방콕 시내, 역사적 건물들이 밀집돼 있는 그랜드 팰리스 관할구, 프라나콘 디스트릭(District Phra Nakhon)에 위치해 있다. 차오 프라야 강 어귀, 라타나코신 섬 한가운데다.

해외 여행을 할 때, 왕궁과 사원을 제외한다면 둘러봐야 할 명소의 숫자는 확 줄어들 것이다. 이미 절대왕정은 사라졌지만 한 시대의 권력 중심지였던 왕궁은 그 나라의 최고 장인들이 만들어낸 건축미학의 백미이니만큼 놓치지 말고 볼 필요가 있다. 어리석은 백성들의 눈에 번듯하게 지어진 왕궁은 신성불가침의 왕권과 동일시되었기에 왕족과 집권층들은 권력의 중심인 왕을 신비화 하기 위해, 화려하고 웅장한 왕궁을 지으려 애썼다. 아! 어느 세월을 거쳐야 우리는 눈에 보이는 것이 단지 그림자임을 깨달을 것인가.

그랜드 팰리스는 1782년 5월 6일, 방콕을 타일랜드의 새로운 수도로 제정한 라마 1세에 의해 건축되기 시작했다. 왕의 수도를 옮기겠다는 결정에 대한 백성들의 반응은 그때나 지금이나 도와주지는 못할 망정 말이 많기는 마찬가지였다. 라마 1세는 백성들의 기선을 제압하고 새로운 수도에 대한 정당성을 부여하기 위해 이전 왕조인 수코타이와 아유타야 때보다 더 크고 웅장한 궁전을 지어야 했다.

그 결과 놀라운 궁전이 탄생했다. 타일랜드는 물론이요, 지구상 그 어느 곳에도 없었던 궁전, 감히 비교조차 할 수 없는, 금은보석으로 치장한, 휘양찬란하고 아름다운 궁전인 그랜드 팰리스가 완성된 것이다. 태양이 시샘이라도 하듯, 찬란한 빛을 내리쬐면 황금빛 지붕들은 그 빛을 황금빛 첨탑에 비춰 다시금 하늘로 반사하며 번쩍번쩍 빛을 낸다. 궁전과 왕실 전용 사원을 합한 그랜드 팰리스의 면적은 218400평방미터(70만 평)이

나 된다. 그랜드 팰리스는 의심할 바 없이, 인간이 만들 수 있는 가장 화려하고 아름다운 건축물 가운데 하나이다.

그랜드 팰리스는 1년 사시사철 하루 중 어느 때에 가더라도 수많은 관광객의 홍수로부터 자유로울 수 없다. 방콕 공항에서 사람들의 물결을 보며 '와!' 하던 느낌이 다시금 살아난다. 바로 이걸 보겠다고, 모두들 그렇게 기를 쓰고 방콕으로 왔던 것이다.

그랜드 팰리스에 들어서서 눈앞의 첫 건물을 대하며 입이 벌어지지 않는 사람과는 사랑에 빠지지 말자. 손수 뜨개질해 만든 목도리를 선물해도, 이탈리아 시골 마을 성당에 잠들고 있던 벽화를 보여주더라도 그(그녀)는 시큰둥한 반응을 보일 테니까.

타일랜드인들은 왕실과 사원을 건축할 때도 그들 정신세계를 구성하고 있는 힌두교와 불교의 이상향인 수미산을 형상화하려 애썼다. 특유의 다겹 층 지붕이 불교의 세계관에서 세계의 중심에 솟아있다는 상상의 수미산을 상징하고 있는 것이다. 쁘라삿이라는 건물형태는 지붕 중앙에 부처의 임재를 상징하는 탑을 올려 신성을 극대화시키고 있다. 특히 왕궁 건축에 적용된 쁘라삿은 신과 부처의 거주공간인 천상계로부터 내려오는 신성한 권위를 표현함으로써, 왕권에 정당성을 부여한다.

그랜드 팰리스의 여러 궁전들은 번쩍번쩍 빛나는 황금과 아름다운 색깔의 보석들로 장식돼 화려하기가 이루 말할 수 없다. 지붕 끝 모서리는 불꽃 모양의 장식부위가 하늘을 향해 바짝 고개를 처들고 있는 형태로, 한참 동안 바라보고 있자면 감당할 수 없을 만큼 눈이 부셔 시력이 멀어질 정도다.

그랜드 팰리스에는 왕실의 거주 통치 행정시설 이외에도 왕실 전용사원인 왓프라께오가 있다. '아름다운 보석으로 만들어진 성스러운 스승의 상을 간직하고 있는 사원'이라는 의미인데 '에메랄드 사원'이라는 별칭으로 더 잘 알려져 있다.

불교국가의 면모를 과시라도 하듯, 타일랜드 전역에는 발에 밟힐 만큼 많은 사원들이 있지만 에메랄드 사원은 규모와 미학적 가치에 있어서 일단 보는 사람을 제압한다. 법당 안에 가만히 앉아 있자면 그 화려함과 장엄함, 그리고 신비로움에 한동안 말을 잊게 된다.

꽉 막힌 방콕의 거리 한가운데서
마음을 닦다.

방콕 시내의 교통체증은 상상을 초월한다. 인구 1천만이 모여 사는 곳이니 당연한 얘기일 게다. 거기에 물밀듯 밀려드는 관광객과 유동인구까지 더해지니 시내가 얼마나 복잡할지는 쉽게 상상할 수가 있을 것이다.

값싼 숙박시설과 카페 레스토랑이 즐비하게 늘어서 있어, 전 세계 배낭여행자들의 메카라 불리는 카오산로드에서 한나절을 보낸 후, 타이 전통 공연을 보기 위해 투어가이드의 차에 올랐을 때다. 사람 냄새 물씬 나는 카오산로드에서 조금이라도 더 시간을 보내고 싶어 한 시간쯤 후에 만나면 안 되겠느냐고 물었더니, 시내의 교통체증이 엄청나기 때문에 공연에 늦지 않고 도착하려면 3시간은 잡고 떠나야 한단다.

그때 시간이 4시. 때마침 하늘에서는 비가 퍼붓기 시작한다. 비에 익숙한 아열대 지방의 아시아 국가든, 여간해서 비가 내리지 않는 사막지대이든, 한번 비가 내리기 시작하면 차들은 미끌어지기 일쑤이며, 크고 작은 교통사고가 나기 마련이다. 그렇게 되면 평소에도 심한 교통체증에 더욱 진한 그림자가 드리워진다.

오후 4시부터 2시간 50분을 출고된지 10년이 넘는 토요타 코롤라(담배 냄새가 지독하게 났었다) 안에 갇혀 있었다. 시계 바늘은 똑딱똑딱 한 발자국씩 잘도 전진하고 있건만, 어찌된 일인지 운전기사가 핸들을 꺾는 길마다 차들은 움직이질 못할 정도로 꽉 막혀있다.

나는 이때만 하더라도 어디든 오래 갇혀 있다 보면 안절부절 못하고 가슴이 터질 지경이 됐었다. (지금은 견딘다고 할 것도 없이 가만히 있을 수 있다) 노란색 얼굴을 한, 심슨 패밀리 애니메이션의 아이들처럼 "이제 다 왔어요? (Are we there, yet?)"을 몇 차례나 반복해 물었는지 모른다.

그러면서 또 한 번 마음공부를 한다. 지금 이 상황에서 내가 차 밖으로 뛰어내려 구두를 벗어던지고 달리지 않는 이상, 달라질 상황은 없다. 이럴 때, 내가 할 수 있는 최선의 선택은 무엇인가.

정답은 늘 그렇듯, '이 순간을 있는 그대로 즐기는 것 (Carpe Diem)', 있는 그대로 바라보고 알아차리는 것이다. 방콕 시내를 이처럼 느린 템포로 움직이며 볼 수 있는 것을 행운이라 여기는 거다. 아니면 호흡을 깊게 들이마시고 내쉬면서 명상에 들기에도 좋은 시간이다. 그도 못하겠다면 운전사와 투어가이드에게 타일랜드와 그 사람들에 대해 이것저것 물어보면 될 터였다.

처음 차에 올라서는 궁금한 것도 많고 보고 싶은 것도 많았던지라, 쉬지 않고 주위를 돌아보는가 하면, 동승자에게 대답하기도 쉽잖은 질문들을 속사포로 던져가며 상당히 귀찮게 했었다. 하지만 그것도 한두 시간이지, 2시간이 넘도록 차가 꼼짝 못하고 있으니 더 이상 궁금한 것도 없고 통제할 수 없는 짜증만 밀려오기 시작한다.

그렇게 차 안에 갇혀 있기를 꼬박 두 시간째였다. 라디오에서 6시를 알리는 시보가 나오면서 뭔가 장엄한 노래가 울려 퍼지기 시작했다. 자기들끼리 말을 주고받던 운전사와 투어가이드도 일순간 조용해졌다. 앞의 신호등이 모처럼만에 푸른 색으로 바뀌고 차를 움직일 수 있는 공간이 생겼음에도 도로 위의 모든 차량들은 일제히 약속이라도 한듯, 멈춰섰다.

드디어 그 장엄한 음악이 끝나고 정규방송이 흘러나왔다. 길 거리의 차들도 거북이 걸음이지만 움직이기 시작했다. 방금 무슨 일이 일어난것인지, 물어보려 입술을 모으기도 전에 투어가이드가 먼저 자진신고를 한다.

"타일랜드에서는 오전 8시와 오후 6시, 두 차례 라디오에서 국가가 흘러나옵니다. 그러면 무엇을 하고 있던지 간에 멈춰서서 국가를 들어야 하죠. 이를 어길 때는 경찰이 와서 티켓을 발부하기도 해요."

조국을 떠난지 오래라, 요즘 한국에서는 어떤지 모르겠다. 80년대 초만 하더라도 아침에 국기를 게양할 때, 그리고 일몰 무렵 국기를 내릴 때면 장엄하게 애국가가 울려퍼지고 국민들은 하던 일을 일제히 멈춘 채, 국기에 대해 경례를 했어야 했다.

〈이중간첩〉이라는 영화에도 비슷한 장면이 나온다. 이중간첩인 한석규는 자신의 신분을 위장한 채, 남한의 정보부 요원으로 일하고 있었는데 동료와 대화를 나누고 있던 중, 애국가가 울려 퍼지며 국기가 내려간다. 그 정보부 요원은 만사 제쳐놓고 가슴에 손을 얹으면서 국기에 대한 예를 갖춘다. 아무리 한석규가 자신의 신분을 감추고 이중간첩 연기를 잘 한다 할지라도 마음 속에 없는, 또는 어릴 때부터 세뇌받지 못한 행위를 꾸며 할 수는 없는 노릇이었다. 무심하게 애국가는 흘러나가고 한석규는 아무 거리낌없이 고무호스로 차닦기를 계속하는 장면은 해방 이후 대한민국 정부가 얼마나 우리들 내면의 의식을 철저하게 사로잡고 있었는지를 극명하게 보여주었다.

이제 조국을 떠나 미국시민으로 살고 있으면서도 가슴 깊은 곳에서 우리들은 여전히 한국인이다. 한국인이라는 의식이 어떻게 우리에게 심어졌으며, 어떤 것을 있는 그대로 보지 못하게 하는지, 이제는 무조건적인 세뇌에서 벗어나 마음을 챙겨가며 돌아봐야 할 때가 아닐까.

방콕의 운송 수단들

방콕은 아시아 도시들 가운데 그래도 제법 산업화가 진행된 곳이라 자전거나 스쿠터, 모터사이클보다는 네 바퀴 달린 자동차가 훨씬 많다. 시민들 대다수가 헬멧을 쓰고 스쿠터를 교통수단으로 이용하는 호치민시티와는 상당히 비교되는 모습이다.

담배 냄새로 쩌든 코롤라는 공연이 시작되기 딱 10분 전에 극장 앞에 멈춰섰다. 그 차를 타고 온 나 자신도 대단하지만 무료한 시간을 잘 참고 운전해준 운전기사와 투어가이드가 새삼스레 존경스러웠다.

방콕의 여러 탈 것 가운데 승용차로 이동을 한 것은 그날이 마지막이었다. 다음 날부터 나는 '빠름, 빠름, 빠름'이라는 모바일 서비스 광고를 만들어낼 만큼 성격 급한 대한민국 국민답게 방콕에서 가장 빠른 대중교통 수단을 발견해낼 수 있었으니까.

택시를 타려고 호텔 앞을 나섰더니 주황색 조끼를 입은 사내가 슬쩍 다가와 모터사이클 택시를 타겠느냐고 묻는다. 그날 가려고 했던 장소는 샹그리라 호텔로, 묵고 있던 숙소에서는 끝과 끝의 위치였다. 안 그래도 저녁 시간이라 차들이 꼬리에 꼬리를 물고 있는 것을 보고는 물어물어 지하철이라도 타려 했던지라, 옳다구나 반가워 그러겠다고 했다.

그는 모터사이클의 손잡이에서 여분의 헬멧을 건네며 턱을 잠깐 위 방향으로 가리킨다. 분명 헬멧을 머리에 쓰라는 얘기렸다. 헬멧을 쓰고 안전끈을 조인다. 그가 까만색 가죽의자에 앉았다. 아래부분이 넓게 펼쳐지는 치마를 살짝 들어 올려 편하게 자리를 잡는다. 그리고 그의 뒤에 바짝 다가가 허리를 꼿꼿이 세우고 손은 단지 보조장치로 그의 허리춤에 가져다 댔다. 순간, 20대 때 뒷좌석에 나를 태우고 LA 시를 활개치고 다니던 남자 생각이 광속으로 머리를 스쳐지나간다.

부릉부릉, 그가 엔진을 밟는다. "떠납니다." 그가 뒷좌석에도 들리도록 커다랗게 외친다. "준비완료!" 나도 맞받아 친다. 바람을 가르듯 그의 모터사이클이 달리기 시작한다. 시내버스와 승용차, 택시, 모터사이클을 개조한 동남아시아 국가에서 자주 볼 수 있는 툭툭이까지, 퇴근 무렵의 길거리는 모든 탈 것이 총출연한 퍼레이드 같았다.

그 중에서 가장 빠른 속도를 내는 것이 바로 모터사이클들. 차선 무시는 기본이다. 신호대기에 걸리면 요리조리 택시와 버스 사이를 잘도 빠져나가 신호등 바로 앞에 섰다가 파란 불로 바뀌면 '쌩' 하고 튀어나간다. 졸지에 난 웨딩드레스만 안 입었을 뿐, 홍콩 영화 〈천장지구〉에서 유덕화의 모터사이클 뒷자리에 앉았던 오천련이 된 것 같다.

막히는 것 없이 탁 트인 방콕의 공기를 폐부 깊숙한 곳까지 들여마신다. 방콕의 도로변 어디에서나 볼 수 있는 스트릿푸드 벤더에서 흘러나오는 음식 냄새로부터 휘발유 타는 냄새, 스모그 냄새 등 인간 삶에서 만들어지는 온갖 냄새가 여과 없이, 그대로 맡아진다.

모터사이클 택시 외에도 방콕 시내에는 다양한 대중교통수단이 있다. BTS(지상철, 세상에 보이그룹 BTS와 똑같은 약자이다), MRT(지하철), 버스, 택시, 툭툭이 그리고 수상보트가 그것이다.

택시는 짐을 가지고 이동할 때나, 교통이 혼잡하지 않은 시간, 그리고 대중교통수단을 이용한다면 여러 번을 갈아타야 하는 경우에 유용하다. 대부분 택시기사들은 기본적인 영어는 했고 영어를 잘 못 할지라도 행선지의 이름을 타일랜드어로 써서 보여주면 씩 웃으며 친절히 데려다줬다. 아마도 가장 많은 여행객들이 이용하는 교통수단이 바로 이 택시일 것이다. 미국의 택시는 대부분 노랑이나 초록색인 경우가 많고 영국의 경우 검정 또는 흰색이 대부분인데, 방콕에는 택시 색깔도 여인들의 랩스커트 색깔처럼 다양하다. 혼자서 타는 것이라면 비쌀 수도 있지만 만약 서너 명이 함께 이동한다면 대중교통수단보다 더 저렴할 수도 있는 것이 택시다.

지상철인 BTS는 방콕 시내에서 가장 빠르고 편리한 교통수단이다. 아침 6시부터 자정까지 매 3-5분 간격으로 운행된다. 요금은 구간 당 다른데 시내 웬만한 곳은 20-45바트(약 50센트-1달러 정도, 2012년 현재)다. 그리고 130바트를 내고 일일정액권(Day Pass)을 끊으면 하루 종일 몇 번이라도 탈 수 있다. 5번 이상만 탄다면 본전은 뽑는 셈이다.

툭툭이를 한 번 안 타보면 후회할 것 같아 하루 쇼핑을 나서며 올라탔다. 호텔에서 나가면 주변에 진을 치고 있던 툭툭 운전사가 슬며시 다가와 "툭툭?" 하며 호객행위를 한다. 행선지를 알려주며 얼마를 받을 거냐고 묻는다. 물론 호텔 프론트데스크에서 목적지까지 대략 얼마인지 견적을 갖고 나왔다. 대부분 툭툭 운전기사들은 예상 가격보다 훨씬 높은 액수를 불렀다. 이럴 때는 사정 없이 가격을 후려 치는 게 장땡이다. 그런데 툭툭 운전사들은 죽기살기로 돈을 벌려는 이들보다는 설렁설렁 쉬엄쉬엄 일하는 이들이 더 많았던 것 같다. "200바트."하고 부른 가격에 "150바트" 하며 깎았더니 "싫음 말고." 하며 여유를 부리는 게 아닌가. 결국 호텔에서 알려준 견적보다 무려 50바트(그래봤자, 1달러 조금 넘는 액수다)를 더 내고 툭툭이에 올라탄다. 이름답게 툭툭툭툭, 모터사이클 엔진소리가 요란하다. 앞의 동력은 모터사이클이지만 뒤에는 마차처럼 넓은 좌석을 더해 승객들은 열린 공기와 함께 편안하게 이동할 수가 있다.

수상보트는 거리별, 보트별로 노선과 금액이 다양한데 보통 10~30바트 사이다. 수상보트보다 요금이 10배 가량 비싼 롱테일보트도 있다고 하는데 직접 타보지는 못했다. 버스는 노선도 너무 다양하고, 영어 이정표도 없어서 이용하기 쉽잖다.

비행기를 타고 여행지에 도착해서도 우리들은 계속해서 크고 작은 탈 것을 타고 이동한다. 우리들의 인생 자체가 어쩜 끊임 없이 계속되는 길 위가 아닐까. 길이 끝나고 목적지에 도착하고 나면 하겠다는 생각이 통하지 않음을 나는 길 위에서 깨닫는다. 어쩜 길이 전부다. 한 순간도 놓칠 수 없는 우리들의 길 위의 삶이여!

[2012년 8월]

법인스님과의 차담

"고려시대 백운거사 이규보는 '우리 삶에 무엇이 남는가? 오직 차 마시고 술 마시는 일이라네(喫茶飮酒遺一生古來風流從此始)' 라고 말했다. 어느 뉘는 화를 낼지 모르겠다. 어디 맑고 고결한 차와 술을 비교하느냐고. 허나 생각해 보라. 일체가 공(空)이라고 했다. 어찌 술에 본디 선악과 미추가 있겠는가. 오직 절제하지 못하고 조화롭지 못하는 인간이 문제이지. 차마시는 나의 고아함을 뽐내고 집착하면 그도 독이다. 근심을 풀어 놓고 기쁨이 오가는데 때로는 술이, 때로는 차가 제격이겠다. 오직 그때 그때!"   － 법인스님

"스님. 이 향 받침, 참 예쁘네요. 저것과는 비교가 안 되는데요."
차를 한참 마시다가 법인스님께서 향에 불을 붙여 사방 반 뼘도 채 안 되는 백자 향 받침에 꽂으셨을 때 오갔던 대화이다.
"비교하지 마세요. 이것은 이것대로 예쁘고 저것은 저것대로 예쁘죠. 장미꽃은 장미꽃대로 예쁘고 안개꽃은 안개꽃대로 예쁜 것처럼… 저 향 받침이 들으면 얼마나 섭섭해 하겠어요?"
법인스님은 피아니시모의 조용함, 안단테의 속도, 그리고 첼로처럼 낮은 음정으로 말씀하셨다. 그 잔잔하면서도 정곡을 찌르는 일갈의 법문에

나는 또 한 차례, 일각했다.

이 세상 모든 존재가 부처라는 것을 깨닫고 나서도 또 다시 사고의 습으로 이런 무례를 저질렀다. 나는 마음 속으로 폄하했던 '저 향 받침'에게 머리 숙여 사죄하고 참회의 기도를 올렸다.

일지암 주지 법인스님과의 만남

해남 대흥사에서 한달째 머물던 어느 휴일 저녁, 저녁 공양을 마치고 일지암에 올라 법인스님께 차를 청했다.

사찰에 머물던 모든 순간이 행복했지만 또 한 차례 분별, 비교의 습을 일으켜볼 때 내가 가장 좋아했던 시간은 스님과의 차담 시간이었다.

법인스님은 다성(茶聖) 초의선사가 머무셨다는 일지암에서 공양주 없이 홀로 살고 계시는 수행자이다(2018년 당시). 스님은 오늘날 템플스테이에 해당하는 '새벽숲길'이라는 프로그램을 불교계 최초로 시작한 장본인이기도 하다.

매 순간이 꽃봉오리인 차 마시기

아무리 값비싼 브루고뉴 와인 페어링 디너도 일지암에서 법인스님과 함께 하는 차담만큼 호사스러울 수는 없었다.

항아리에 담아 숙성시킨 물을 은으로 만든 주전자에 넣어 끓인 차 물은 이미 예사로운 물이 아니다. 스님은 예쁜 차통(Tea Box)에 담겨 있던 청차(Blue Tea), 홍차(Red Tea), 황차(Yellow Tea), 보이차까지 종류대로 꺼내어 우려주셨다. 로컬 작가들이 만든 찻주전자와 찻잔, 초승달과 초가집을 수놓은 다포는 로열 알버트 찻잔과는 또 다른 매력으로 카페 일지암을 찾은 게스트들을 감동시킨다. (또, 저지른다. 이 비교하는 습.)

영롱한 색깔을 마시고, 조르르 흐르는 소리를 마시고, 향기로운 내음을 마시고, 미각의 절정을 마시고 나면 몸은 미묘한 각성의 상태가 된다. 피와 함께 기운이 돌고 의식은 더욱 부드러우면서도 또렷해진다.

차를 마실 때는 찻물을 탕관에 따르고 불을 붙이고 물 끓기를 기다리고, 끓인 물을 식히고, 찻잔과 다관을 덥히고, 찻잎을 다관에 넣고, 차를 우려내고, 우려낸 차를 수구에 옮기고 다시 찻잔에 따르는 그 모든 순간에 깨어 있게 되고 그 순간들과 만나게 된다. 차를 입에 머금고 마시는 순간만이 아니라 모든 순간이 꽃봉오리임을 체험하는 것이다. 그렇게 매순간 깨어 있으면서도 애씀이 없는 상태에서 즐기는 차, 그래서 선 지식은 차 마시는 것과 선이 다르지 않다는 의미로, '다선일여(茶禪一如)'라 말씀하셨던 것이다.

일지암과 스탠드바

차를 우려 앞에 앉은 손님들의 찻잔에 차를 따라주는 것을 팽주라고 한다. 법인스님은 몸에 베어 자연스럽고도 멋스러운 손놀임으로 객들에게 차를 따라주신다. 객들의 몸을 차의 온기가 덥혀 주고, 한 입 머금은 차는 흐릿했던 정신도 명징하도록 깨워준다. 이는 분명 각성의 상태이지만 이제까지 깨어있지 않은 채 살아가던 일반인들로서는 평상시의 의식 상태와 다르기에, 변성 의식 상태라고도 할 수 있다.

앞에 앉은 이들은 따뜻한 차로 인해 몸이 열리고 마음이 열려 스님에게 고민도 말하고 상담을 청하기도 한다. 그러면 스님은 사람들의 고민을 비판하지 않고, 조언하지 않고 그냥 들어주신다. 침묵으로 이야기를 듣던 스님은 객의 말이 끝나면 잠시 눈을 감는다. 그렇게 존재(Presence)와 하나가 된 스님은 최소한의 언어로 객을 껴안는, 따뜻한 공감의 언어를 풀어놓으신다. 그 대화의 치유력에 많은 이들이 어깨를 들썩이며 눈물을 흘리기도 한다. 그래도 괜찮다. 눈물이란 가슴과 마음이 열릴 때 나오는 정화(Purification)의 액체이니까.

나는 스님이 한 가운데 앉아 나누는 차담을 보며 불경스럽게도 여성 바텐더들이 있는 스탠드바를 떠올렸다. 남자들을 따라 스탠드바에 가봤던 경험을 기억해보자면 여성 바텐더는 앞에 앉은 남성 손님들에게 그들이 마시고 싶어하는 술을 따라주는 것과 함께 물꼬를 틀 수 있는 말을 몇 마디 던졌었다. 그녀들은 부스에 선 채로, 아내 또는 애인이 있어도 외로운 남자들, 또는 혼자라서 외로운 남자들의 말을 '있는 그대로', '비판 없이', '포용하며' 들어줬다.

파울로 코엘료의 책, 〈11분〉의 주인공인 마리아 역시 '비판없이' 남자들의 말을 들어준다. 수많은 남자 손님들이 그녀를 찾아오는 것은 그런 이유 때문이었다. 그녀는 마리아의 발가락을 만지며 우는 남자, 자기 엉덩이를 좀 때려달라는 남자, 욕을 해달라고 애원하는 남자 등 별의 별 남자들을 다 만난다. 그 남자들은 여염집 여자들에게 털어놓을 수 없는, 은

밀한 욕망을 직업 여성인 마리아에게는 여과 없이, 솔직히 털어놓는다. 그녀가 비판하지 않고 조용히 들어주기 때문이다.

법인스님 역시 스탠드바에 서있는 여성 바텐더들처럼 차담에 참가한 이들의 말을 있는 그대로, 비판 없이 들어주신다. 그래서 사람들은 다담을 나누다 힐링을 체험하는 것이다. 스탠드바에서 그녀들이 내놓은 음료 역시 향기롭고, 맛이 있다. 차이점이라면 그녀들이 따라주는 음료는 인간의 의식을 각성과는 완전히 반대방향으로 이끈다는 것이다.

법인스님은 '청년출가학교'와 '청년암자학교'를 운영하는 등, 유독 이 땅의 소외받은 청년들에게 남다른 애정을 품어왔다. 스님과의 만남으로 많은 청년들이 다선일여를 체험하기를, 그리고 스스로가 만든 상처를 있는 그대로 바라보고 치유를 경험하기를 바래본다.

[2018년 6월]

인도로 요가 유학을 떠나다

"그저 잠깐 산책하러 밖으로 나갔다가 결국 석양 때까지 머물렀다. 그
것은 밖으로 나간 것이 아니라 내 안으로 들어간 것이었다."

– 존 뮤어(미국의 자연주의자)

"익숙치 않은 각도로 몸을 움직이면 새로운 감각이 깨어나듯, 생각의 각
도를 달리하면 의식의 개화가 일어난다."   – 나디아

요가에 빠지다

"그저 잠깐 산책하러 밖으로 나갔다가 결국 석양 때까지 머물렀다. 그
것은 밖으로 나간 것이 아니라 내 안으로 들어간 것이었다."

존 뮤어 트레일(John Muir Trail)이라는 등산로에 이름이 붙여진 자연
주의자 존 뮤어가 한 말이다. 시에라 네바다의 아름다운 경관에 대해 이
처럼 잘 묘사한 표현이 또 있을까. 잠깐 산책하러 나갔다가 먹는 것, 그
밖의 모든 계획을 완전히 잊어버리게 만들 만큼 아름답고 매혹적이며 변
화무쌍한 자연에 대한 그의 표현은 명상과 요가를 접한 나의 고백과 유
사하다.

그저 마음이 편안해진다니까 명상을 시작했고 몸이 편안해져서 요가를 시작했다. 명상을 체계적으로 배우고 싶어 UCLA MARC(Mindful Awareness Research Center)에서 운영하는 명상 지도자 과정을 공부하고 나니, 우리가 몸을 갖고 있는 한, 마음이란 게 몸과 떠나 따로 존재할 수 없는 것임을 알게 됐다. 그래서 요가를 시작했다가 나의 명상 클래스 학생들에게 몸이 편안해지고 명상할 때 조금 더 오래 앉아 있을 수 있는 요가를 '선무당 사람잡듯' 가르쳐주기도 했다.

　그러다가 좀더 깊게 파보고 싶다는 마음이 생겼다. 그래서 인도행 비행기를 타고 명상과 요가의 메카라는 도시, 리시케시에 와서 요가 학교에 등록을 했다.

　나는 후회한다. 왜 요가를 시작했을까? 그저 강물에 발만 담그려고 했었는데 강물이 나를 끌어들인다. 이제 다시 요가를 하지 않는 상태로 돌아갈 수도 없다. 요가는 그만큼 매혹적이다.

　물론 미국에서도 요가 지도자가 될 수 있는 자격증 과정이 있다. 하지만 그 무엇보다 비용이 비싸다. 그리고 한 달 내내 진행하는 인텐시브 코스는 그리 많이 없다. 토요일과 일요일 이틀 동안 하루 종일 가서 교육을 받는 식으로 6개월 정도에 마칠 수 있는 프로그램이 가장 일반적이다.

　인도의 경우, 항공료, 숙소, 음식, 그리고 교육과정까지 포함해도 미국에서 교육 받는 것보다 훨씬 저렴하게 교육을 받을 수 있다. 그 무엇보다 나는 요가가 탄생한 본고장에서 요가를 수행하고 싶었다. 제 아무리 유명하고 유능한 미국인 셰프가 김치 만들기 클래스를 운영한다 한들, 한국 주부가 알고 있는 김치 담그기 노하우를 따라갈 수 없을 것이란 생각에서였다.

요가와 명상의 메카, 인도 리시케시

내가 지금 머물고 있는 요가 학교가 있는 곳은 인도의 리시케시라는 곳으로, 1960년대 이후 비틀즈가 이곳에 오면서 전 세계의 히피와 자연주의자, 영성가들의 관심을 끈 곳이다. 리시케시 거리를 돌아다니다 보면 비틀즈를 그린 벽화가 있다. 또한 비틀즈 카페라는 곳도 갠지스 강이 바라다 보이는 좋은 위치에 있다. 강을 내려다볼 수 있고 음식도 괜찮은데다 또래의 영성 구도자들을 만날 수 있어서 여행자들 사이에서 인기가 높은 곳이다. 비틀즈가 수행하던 아슈람도 이 지역에 있는데 지금은 그저 잡초와 돌이 뒹구는 곳이다. 그런데도 입장료를 받는다.

채식주의에 대한 재고

이곳은 영적인 도시답게 육류 판매가 법으로 금지돼 있고 이곳의 모든 식당과 카페들은 채식만 제공하고 있다. 리시케시에서 유제품은 통용되고 있다. 그러니 채식주의자들 가운데 가장 철저한 비건(Vegan)은 아닌 셈이다. 학교의 식당에서 매일 제공하는 식사들 역시 요거트, 파니르 치즈 등 가끔씩 유제품이 나왔다.

한 달 넘도록 채식만 하면서 나는 천천히 몸이 변화됨을 느꼈다. 우선 무엇보다 배설이 너무 시원하고 배설물의 냄새가 말, 소와 비슷해졌다. 몸이 무겁고 피곤한 느낌도 사라졌다. 시야도 더 맑아졌다. 존 레논의 노래, 〈내 사랑(Oh! My love)〉의 가사처럼 "난 바람을 볼 수 있고 하늘도 볼수 있어요. (I see the wind, oh! I see the sky)"란 상태를 몸으로 체험한다.

길거리에서 마주쳤던 암소와 송아지들이 너무 예쁘다. 내가 앞으로 그들을 또 먹을 수 있을까. 그들의 눈을 한참 들여다보고 있다 보면 사랑과 평화가 느껴진다. 크리슈나가 타고 다녔다는 동물인 그들은 신들의 땅, 인도에서 아무런 간섭이나 방해도 받지 않고 평화롭게 존재하고 있다. (물론 무슬림들이 주로 사는 지역에서는 예외이다. 그들은 소를 잡아 해외로 수출하기도 하고 잡아먹기도 한다.)

좀전에 언급한 비틀즈 카페의 메뉴에는 재미있는 구절이 적혀 있다. 돼지, 소, 양의 얼굴을 그려 놓고 "단순히 당신들 인간들이 두 다리로 걷는다는 사실 때문에 4개의 다리로 걷는 우리들보다 우월한 것은 아닙니다. 우리는 존재이지 식재료가 아닙니다."라는 구절을 보고 깊게 공감했다.

요가와 명상 수행자들은 결국 채식주의자의 길로 들어서는 경우가 많다. 채식을 하면 질병으로부터도 자유로워지고, 몸도 가벼워질 뿐만 아니라 에너지 자체가 바뀌어서 현존을 몸으로 예민하게 느끼기 때문일 것이다. 한국의 고승들 가운데 채식과 생식만 하던 분들은 가끔씩 인간 세상에 내려와 화식하는 인간들로부터 나는 체취를 강하게 느꼈다고 하던데, 깊게 이해가 간다.

내가 다니고 있는 학교의 셰프는 똑같은 인디언 음식인데도 어찌나 맛있게 만들어내는지, 난 평소 LA에 있을 때보다 2배 이상의 양을 매끼니 먹었다. 식사 전과 식사 후에는 그에게 합장을 하며 감사함을 표현했다. 먼 땅에서 아프지 않게 건강해지는 음식을 만들어준 그에게 축복이 가득하기를 기도한다.

인도에서는 인도 방식으로

식당 한쪽에는 원할 경우, 더 첨가할 수 있는 조미료가 놓여 있는 장소가 있다. 많은 이들이 여기에서 차를 만들어 마시고 있었다. 옆에 가서 어떻게 만드나 봤더니, 생강, 강황, 계피가루, 꿀, 레몬을 넣은 음료를 만들고 있었다. 리시케시의 카페들은 여기에 사과 식초를 더한 음료를 '디톡스 티(Detox Tea)'라는 메뉴로 판매하고 있다. 다들 건강에 깨어있는 사람들이라, 많은 건강 팁을 교환할 수 있었다.

숙소는 개인 방과 나눠쓰는 방 두 가지로 나뉜다. 나는 몇 푼 아끼는 것도 중요하지만 2달 넘는 시간 동안, 쾌적하게 지내는 것이 더 중요한 것 같아서 개인 방을 선택했다. 방에는 트윈 사이즈 침대 하나와 옷장, 책상, 그리고 작은 테이블이 하나 놓여 있다. 욕실은 변기, 샤워 꼭지, 그리고 세수를 할 수 있는 싱크가 있다. 샤워 꼭지 아래에는 플라스틱 양동이(우리가 흔히 말하는 바케스)가 놓여 있다.

인도의 샤워실은 대부분 온수의 용량이 그리 많지 않다. 그래서 샤워기를 틀어놓고 마냥 몸을 씻다 보면 중간쯤, 뜨거운 물이 다 떨어지고 차가운 물이 나오게 된다. 나는 이미 네팔에서 이런 경험을 했던 터라 처음부터 양동이에 물을 받아서 작은 바가지로 몸에 물을 끼얹는 방식으로 목욕을 했다. 불평을 늘어놓을 게 아니라, 주어진 상황에 대해 열려 있는 마음으로 지켜보곤 했던 마음챙김 명상 수행이 꽃을 피우는 순간이었다. 특히 1월에는 산에서 불어오는 강풍과 갠지스 강물이 만나 보통 추운 게 아니었다. 뜨거운 물을 바가지로 퍼서 몸에 끼얹는 옹색한 목욕으로도 나는 충분히 행복할 수 있었다.

나는 첫 한 달을 불면으로 고생했다. 하루 종일 요가 실습과 수업으로 곤히 잠들 수 있는 모든 조건이 충족되었음에도 불구하고 새벽 2시 경부터 태풍이 불어올 때처럼 일어나는 큰 바람 소리 때문이었다. 판단하는 마음을 내려놓고 있는 그대로 열린 마음으로 들으려 했지만 그럴수록 더욱 또렷해지는 의식 때문에 잠을 잘 수 없었다. 나는 캐나다에서 온 로버트가 준 귀막이에다 소음 차단되는 헤드폰까지 뒤집어쓰고도 몇 시간 잠을 잘 수 없었다. 너무 많은 사랑도 병이고 너무 민감한 것도 병이다.

코스 시작 전의 불 의식

요가 지도자 과정은 200시간 과정과 300시간 과정으로 나뉘어져 있다. 200시간을 마친 사람들만이 300시간을 이수할 수 있고 이렇게 되면 총 500시간의 트레이닝을 마친 요가 지도자가 된다.

이곳의 요가 지도자 과정은 불의 의식(Fire ceremony)을 치르는 것으로 시작된다. 요기 구루들과 함께 하얀 옷을 입은 신입생들이 모여 앉아 불 앞에서 향을 피우고, 성수를 뿌리는 등의 제의를 마치면 구루가 학생들 목에 꽃으로 만든 화환을 걸어주며 환영을 하고 이마에는 빨간색 빈디를 찍어준다.

아무 것도 아닌 것을 특별하게 만드는 것이 의식들(Ritual)이다. 의식에 의해서 세상 모든 것들은 의미를 더하게 되고 그와 상호 작용하는 우리들마저 변화시킨다.

"약초와 향을 태우는 것을 낭비라고 생각할 수도 있겠죠. 하지만 무언가를 태우면 고체나 액체였던 것이 기체로 변화(Transformation)합니다. 그리고 가장 가벼운 형태가 된 기체는 그 공간을 정화해주죠."

전 세계 인류가 가지고 있는 아름다운 전통적 의식을 보존하고 일상 생활 속에서 행하는 것은 폭력적 종교와 정치 체제로 인해 잊혀졌던 고대의 지혜를 되살리는 첫발걸음이라 생각된다. 의식(Ritual)은 바로 김춘수 시인이 썼던 "누군가의 이름을 불러주는" 행위에 다름 아니다. 마음을 다해 매 순간, 삶이라는 의식을 행할 때, 인간의 고통스럽던 삶은 신의 거룩한 삶으로 변화한다.

하루 종일 요가, 요가, 요가

200시간 지도자 과정은 아침 7시에 수업이 시작된다. 한 달 후 300시간 지도자 과정은 6시 30분부터 하루가 시작됐다. 200시간이 됐든, 300시간이 됐든 하루 종일 거의 쉬는 시간 없이 꽉 짜여진 커리큘럼이었다.

3시간의 요가 포즈 연습 외에도 코스는 요가 철학, 프라나야마와 명상, 해부학, 요가 테라피, 요가 수업 실습, 산스크리트어와 만트라 챈팅 등의 수업으로 구성돼 있다. 나는 요가 철학 시간을 아주 좋아했다.

요가 철학은 베다 시대로부터 전해져오는 고대인들의 지혜와 만나는 시간이다. 농사를 지으면서, 잉여물이 생기면서, 권력이 생기면서, 남을 지배하기 시작하면서 인간들은 자신을 돌아보고 궁극의 존재와 연결되는 방법을 잃어버렸다. 서구의 선진국들은 대부분 대항해시대에 다른 나라를 식민지화하여 부를 축적한 나라들이다. 다른 나라를 침략하지 않아 경제적으로 조금 후진한 나라라고 해서 정신 문화까지 열등한 것은 아니다. 오히려 '나(Self)'에 대한 존중 만큼 남들을 존중하는 그들 삶의 방식과 철학은 선진국보다 훨씬 더 진화되어 있다.

해부학은 뼈 이름과 근육 이름을 잘 몰라 다른 학생들보다 고생을 더 했다. 하지만 300시간 트레이닝 때는 너무 좋은 선생님을 만나 우리들의 몸에 대해 잘 이해할 수 있게 됐다. 단순히 가슴을 펴주는 것만으로도 심장에 무리가 덜 가게 되고 피가 더 잘 통하게 되어 고혈압 증세가 좋아지고 우울증에도 좋은 효과가 있단다. 나비 효과는 날씨에만 해당되는 이야기가 아니다. 자세 하나만 바꾸어도 삶이 변화한다.

만트라 클래스도 특별했다. 만트라를 외우는 게 무슨 의미가 있을까, 생각했었던 건 정말 큰 오만이었다. 한 번은 클래스에서 실험을 했었는데 체중이 많이 나가는 남학생을 한 명 선정해 여학생 4명이 손가락으로 들어올리는 것이었다. 물론 처음에 그는 4명의 여성이 안간힘을 써도 끄떡하지 않았다. 두번 째는 클래스 전체가 "옴" 만트라를 마음을 다해 10번 정도 함께 챈팅하고 "소처럼 강하게, 깃털처럼 가볍게(Strong as a cow, light as a feather)"라는 만트라를 10번 챈팅했다. 그 후에 그 남학생을 들어올렸는데 세상에, 정말 깃털처럼 가볍게 부상하는 것이었다. 우리들은 모두 "끼약"하며 경악했다. 이 세상 모든 것이 진동이고 파장임을 두 눈으로 확인하던 순간이었다.

그 후 난 오후 수업 시간, 에너지가 떨어지는 것처럼 느낄 때면 "옴" 만트라를 혼자 챈팅한다. 신, 우주 등 수많은 의미가 담긴 "옴" 만트라는 그만큼 강력한 음절이다. 또 하나, "나는 -이다. (that I am)"의 의미를 지닌 "소함"이라는 만트라의 파장도 엄청났다. 아주 느린 속도로부터 시작해 아주 빠르게 반복적으로 "소함"을 챈팅하고 난 후, 나는 눈물을 뚝뚝 흘렸고, 말로 표현할 수 없을 정도의 편안함과 확장감을 느꼈다.

나와 유사한 부족^{Tribe}와의 만남

두달 간의 인도 요가 유학은 많은 추억과 새로운 친구들, 그리고 깨달음을 내게 주었다. 특히 비슷한 취향과 성향의 내 종족(My Tribe)을 만난 것은 큰 행복이었다.

내가 유난스러워인지, 나는 주변에 친구가 별로 없다. 그리고 기껏 한자리에 모여서 남의 이야기를 하거나, 새로 나온 디자이너 핸드백 이야기를 하는 이들과는, 정말 미안하지만 대화를 이어나가기가 쉽지 않음을 느낀다. 그런 의미에서 나는 내가 속했다고 느끼는 또래집단이 별로 없었고, 그래서 늘 독립군이었다.

200시간 지도자 과정 첫 날, 약 50명의 학생들은 돌아가며 자기 소개를 했다. 많은 웃음과 공감이 오갔던 시간이었다. 어쩜 우주가 이렇게도 비슷한 종족들을 이 한 장소에 모아주었는지 웃음이 났다. 학생들은 루마니아, 스웨덴, 독일, 프랑스, 이탈리아, 영국, 포르투갈, 스페인, 세르비아, 체코 공화국, 러시아, 중국, 홍콩, 타이완, 타일랜드, 베트남, 몽골, 캐나다, 미국, 아르헨티나, 멕시코, 브라질 등 그야말로 전 세계에서부터 모였다.

하지만 희한하게도 자기가 태어난 나라에 살고 있는 이들은 무척 드물었다. 이탈리아에서 태어난 알레시오는 베를린에서 산다고 했고, 스페인에서 태어난 타말은 캐나다에서 살고 있단다. 또 이들 가운데 다수는 최근 자신이 해오던 일을 그만두고 새로운 삶을 경험해보기 위해 리시케시에 와 있다고들 했다. 나 역시 한국에서 태어났지만 미국 LA에 살고 있고, 당시 방송을 그만두고 요가 지도자 과정에 갔었다. 그들 모두는 명상과 에너지 힐링, 마사지 테라피 등 기존 체제에서 비주류로 폄하했던 정신적인 것들에 관심이 많았다.

한 달 동안 함께 먹고 함께 차를 마시고 함께 공부하고 요가를 하면서 학생들은 무척 가까워졌다. 나는 네덜란드에서 온 재키(Jakie), 그리고 말레이시아에서 온 재닛(Janet), 몽골에서 온 루비(Ruby)와 무척 가까워졌다. 만난지 얼마 되지 않았어도 같은 관심사와 같은 에너지 레벨 덕에 우리 모두는 우리들이 같은 부족(Tribe)임을 알아보고 축하했다.

아틀란타에서 온 멜로디는 여사제 트레이닝 코스를 마친 아주 특별한 여성이었다. 그녀는 우리가 코스를 함께 하는 동안, 초승달과 보름달이 뜨는 밤이면 정원에 학생들을 모아놓고 달 의식(Moon Ceremony)을 집전했다. 지구 어머니의 에너지를 느끼기 위해 맨발로 땅을 밟기도 하고, 함께 손을 맞잡고 춤을 추기도 하면서 우리들은 인간이라는 생명체가 해, 달, 별에 의해 얼마나 많은 영향을 받는지, 이 세상이 서로 연결돼 영향을 주고 받음을 몸으로 느낄 수 있었다.

6달째 여행을 하고 있다는 휘트니란 미국인 젊은 여성은 요가 선생인 엄마를 둔 덕에 어린 시절부터 몸에 대한 각성이 몸에 베어 있었다. 몸을 이겨내야 할 대상으로 여기지 않고 자연스레 수용하는 그녀의 태도는 '요가 지도 연습(Teaching practice)' 수업 시간에 빛을 발했다. 훗날 각자 사는 곳으로 돌아가 요가 클래스를 지도하게 될 때를 준비하며 가르치는 연습을 할 때의 그녀는 "참 잘했어요. (Well done.)", "아름다워요!(Beautiful!)"를 적절히 섞어가며 학생들 역할을 하는 클래스메이트들을 격려했다.

몸을 대하는 그녀의 편한 태도가 내게 유독 인상 깊게 다가왔던 데는 이유가 있다. 몸이 남달리 유연한 것도 아닌데다가 운동 지진아였던 나는 요가에 대해서도 "무조건 하면 된다."는 식의 태도를 가지고 지나치게 무리를 하기 일쑤였고 그 결과 인대를 다치기도 했었다. 그 누구보다 나 스스로를 못 살게 구는 나의 성향은 가르치는 연습을 할 때도 고스란히 나타났다. "양손을 좀 더 바닥 가까이 대세요.", "좀 더 견뎌봐요."

이 수업을 통해 더욱 처절하게 깨달았다. '말은 그렇다고 하지만 아직 멀었구나. 아직 난 나를 있는 그대로 수용하질 않는구나. 뻣뻣하면 뻣뻣한 대로, 잘 못하면 못하는 대로 그냥 나를 봐줄 수가 없구나, 나는.'

물론 노력은 아름다운 것이지만, 그리고 노력은 인류 진화와 견성의 이유이기도 하지만 고요히 있는 그대로의 나를 격려해주고 만나주고 도닥여주는 연습이야말로 "빨리, 빨리."를 외치며 빠른 속도로 발전하려 하는 한국인들 모두에게 가장 필요한 수행이 아닌가, 싶다.

아일랜드 출신으로 런던에 거주한다는 노라는 자신의 감정을 많이 누르며 살아왔다고 한다. 요가 학교에서 함께 공부하는 두 달 동안 그녀는 정갈하게 빗어넘긴 머리카락과는 전혀 다른, 즉 평소의 그녀와 다른 여러 일탈 행위들을 하며 스스로를 해방시키고 있었다. 저녁 시간에 클래스메이트들이 자주 시간을 보내던 샴발라 카페에서 그녀는 다른 연주자들과 함께 카페에 비치돼 있던 북을 치며 스스로 옭아맸던 여러 끈들을 느슨하게 풀어주고 있었다. 깔끔하게 빗어 넘겼던 머리카락은 열정적으로 북을

칠 때면 삐져 나오고 바람에 흩날리듯 엉크러지기도 했다. 그녀의 머리카락이 변화되는 모습은 그녀 내면의 변화를 보여주는 것 같아 보였다. 지금쯤 그녀는 시리아 난민들을 위한 자원봉사를 하러 레바논에 가 있을 것이다.

뉴욕에서 왔다는 브리트니란 여성은 암말처럼 탄탄한 허벅지와 엉덩이를 가졌다. 약혼 중이라는 그녀는 지난 해 약혼자의 수입이 상상할 수 없을 정도로 좋아 함께 전세계를 여행했다고 한다.

수업 시간 전, 다른 학생들이 조근조근 잡담을 나누고 있을 때, 브리트니의 목소리는 늘 도드라졌다. 그녀는 "세상에(Oh! My God!)"이란 표현을 정말 자주 사용했다. 그녀는 늘 화자(Speaker)였다. 나는 그녀가 대화를 하면서 상대방의 말을 듣는 모습을 본 적이 없다. 그래서 그녀는 나의 좋은 스승이었다.

수행하기 전, 나는 늘 말하는 사람이었다. 나는 어쩜 다른 사람들의 말을 들어줄 만한 가슴의 여유가 없었던 것인지도 모른다. 수행을 하고 처음 바뀐 것은 바로 침묵하면서 다른 이들에게 사랑 어린 관심을 보내게 되고, 대화를 나눌 때는 온전히 대상에게 집중하며 상대의 말을 들어주게 되었다는 것이다.

나는 마음 속, 비판의 소리를 매 순간 내려놓으며 진정으로 애정 어린 관심을 가지고 그녀를 지켜보기 시작했다. 요가 아사나(자세) 수업 시간이면 몇몇 여학생들은 수업에 참여하지 않고 뒤에 앉아 그저 참관을 한다. 생리 중인 여성들은 아사나를 하지 않는 게 좋기 때문이다.

나는 폐경이 지나, 단 한 번도 아사나 수업을 빼먹지 않았다. 그런데 젊은 브리트니 역시 단 한 번도 수업을 빠지지 않았다. "브리트니. 너 생리

안해?" 궁금증 끝에 물어본 내게 그녀는 호르몬 이상으로 생리를 하지 않는다고 대답했다.

그제서야 나는 그녀의 수다스러움을 완전히 이해할 수 있었고 추호라도 마음 속에서 분별심을 냈던 것을 반성했다. 그녀가 약간 남성적인 경향이 있고 목소리가 기차 화통 삶아 먹은 것처럼 컸던 데는 여성 호르몬의 불균형이 이유였을 수도 있다는데 생각이 미친 것이다.

우리는 오직 모를 뿐이다. "저 사람 왜 저렇지?" 라고 할 게 아니라, "저 사람이 저기가 불편하구나." 라고 이해하면 연민의 마음이 인다. 연민은 우리를 연결시키고 분별은 우리들을 분리시킨다. '우리는 본래 연결된 존재' 라고 백날 말로만 반복하면 무슨 소용이 있나. 대상을 이해하고 연민의 마음을 일으키고 사랑을 보내고 하다보면 이 세상 모든 것과 연결이 된다. 그럴 때 우리는 바늘 구멍처럼 수축되지 않고 온 우주를 품을 만큼 커지고 넓어진다.

타일랜드에서 온 탠은 정말 사랑스러운 여인이다. 교통사고 후 치유의 목적으로 요가를 시작했다는 그녀는 2개월 살러 오면서 무슨 살림을 그처럼 바리바리 싸왔는지, 그녀의 방에 가면 그야말로 없는 게 없었다. 에스프레소 커피메이커, 작은 쿠킹 스토브, 보울 등 그녀 방의 책상 위는 주방 기기로 가득했다. 그녀는 프랑스에서 온 제이드란 여성과 한 방을 쓰고 있었는데 제이드는 그녀의 책상을 '부엌'이라 부르며 놀려 댔다. 나도 그 방에 가끔 놀러가 그녀가 만든 커피와 짜이 티를 맛봤다. 그녀는 또 피시소스와 타일랜드 식 매운 고추도 몇 개 가져와 식사 때마다 인도 음식에 더해 먹었다. 내게 한국어로 "언니"라 부르던 그녀의 사랑스러운 표정이 가끔 떠오른다.

그녀는 수업이 없는 일요일에 자신의 스승이 머물고 있다는 게스트하우스의 부엌으로 나를 초대해 타일랜드 식 그린카레를 만들어주기도 했다. 타이 음식을 직접 만들어 먹는 그녀의 표정은 "음. 바로 이맛이야." 그 자체였다. "탠, 너도 채식주의자야?"라고 물으면 그녀는 "응. 그런데 파트 타임 채식주의자야."라고 대답해 나를 웃겼었다.

아름다운 스승들

학생들뿐 아니라 선생님들도 지금 떠올려보니 모두 참 아름다운 사람들이었고 그리워진다. 힌두교 사제이자 우리들에게 만트라를 가르쳤던 만딥은 아름답고 맑은 목소리로 산스크리트어 만트라를 가르쳐주었다. 내게 만트라 수업 시간은 그나마 좀 쉴 수 있는 시간이었다. 수업이 시작되면 눈을 감고 만딥이 하는 챈팅을 듣는데, 가만히 듣고 있으면 눈물이 나곤 했다. 만트라를 배울 때엔 만딥이 한 줄을 챈팅하고 우리가 한 줄씩 따라하는 식이다. 다른 수업 시간에는 선생님들의 인도식 영어를 이해하느라 촉각을 곤두세웠지만, 이 시간 만큼은 어차피 너도 모르고 나도 모르는 산스크리트어여서 마음을 내려놓고 영혼이 노래하도록 허락한 시간이었다.

만딥은 베다 점성술에도 능통했다. 그는 원하는 학생들에게는 따로 점을 봐주기도 했는데 그를 만나고 온 학생들은 하나같이 "너무 잘 맞는다."며 감탄했다. 나는 이미 나의 운명을 어느 정도 알고 있었지만 베다 점성술에서는 과연 어떤 말을 하나 궁금해 그를 찾아갔다. 그는 이제껏 나의 삶이 결코 쉽지 않았음을, 이제 힘든 시간이 모두 지나갔음을, 나는 영적 수행을 해야 하는 존재임을, 이제 많은 이들에게 깨달음과 가르침을 펼치게 될 것임을 이야기해주었다.

그는 점성술에 따라 각자에게 부족한 에너지를 보충하는 보석을 추천해주기도 했는데 나의 경우는 화성으로부터의 에너지가 불균형이라면서 붉은 색 산호를 권했다. 난 워낙 보석에 별 관심이 없었다. 특히 산호는, 누가 돈을 주면서 가지라고 해도 거절할 만큼 싫어했던 보석이다. 하지만 달의 움직임이 파도의 변화를 가져오고 "옴" 챈팅 하나가 에너지의 변화를 가져오는 것을 눈으로 확인했던 나는 이런 말을 들은 이상, 그냥 나 몰라라, 할 수가 없었다. 울며 겨자먹기로 콩알만한 크기의 산호 반지를 구입해 오른손 넷째 손가락에 끼웠다. 앞으로 내 삶이 산호 반지로 인해 어떻게 더 달라질지, 지켜볼 예정이다.

요가 철학 시간에는 요가의 경전이라 불리는 파탄잘리의 〈요가 수트라〉를 배웠다. 산스크리트어로 쓰여진 이 책은 요가 수행이 무엇인지, 어떻게 사마디를 얻는지에 대해 정제된 언어로 서술하고 있다. 처음에 우리를 가르치던 철학 선생님은 자그마한 체구에 얼굴이 유난히 검고, 머리와 수염이 히끗히끗하며 행색이 남루했다. 그는 자신이 배운 대로, 마치 서당에서 훈장이 "하늘천, 따 지"의 운을 떼면, 학생들이 소리내어 읽으며 천자문을 떼는 방식으로 〈요가 수트라〉를 가르쳤다. 산스크리트어 수트라를 읽은 후 5번씩 따라하라고 하니, 미국과 유럽 교육에 익숙한 학생들이 제대로 말을 들을 리 만무하다.

수업이 시작된지 둘째 주가 됐을 때엔 학생들이 하나 둘씩 수업에 빠지기 시작했다. "철학수업 안 들어왔더라?" 라고 묻는 말에 몇몇 친구는 "차라리 혼자 방에서 수트라 책을 읽는 것이 더 도움이 될 것 같아서."라고 응답했다.

나는 아이들이 철학 선생님을 대하는 태도에 마음이 아파왔다. 그가 유창한 영어로 현란한 철학을 논하지는 못하지만 뚝뚝 끊어지는 영어로, 말보다 침묵하는 순간이 더 많았던 그의 강의는 곱씹어보면 우러나오는 지혜가 많은, 차 맛 같은 강의였다.

하지만 아이들은 그의 거북이 속도의 강의를 들어줄 만큼 한가하지도, 인내심이 깊지도 못했다. 강의 시작 3주째 들어섰을 때엔 18명 학생 중 10명 정도는 수업에 들어오지 않았고 나머지 학생들도 자리만 채우고 있다 뿐이지, 전화기를 만지작 거리며 딴짓을 하고 있었다.

세상 모든 것을 애정으로 바라보다 보면 그것도 병이 된다. 나는 그 남루한 행색의 선생님을 보며 가장 낮게 임하는 신성을 봤다. 그에게 하는 것이 예수에게 하는 것이요, 붓다에게 하는 것이라 생각됐다. 샴발라 카페에서 클래스메이트들과 이야기를 나누던 어느날 밤, 나는 꺼이꺼이 울음을 터뜨리며 말했다.

"그에게 그의 지혜를 풀어낼 만한 기회를 주어야 한다고 생각해."

미국 뉴포트비치에서 온 제임스라는 20대 청년은 내 어깨를 도닥이며 말했다.

"스텔라. 나도 같은 생각이야. 클래스메이트들 앞에서 너의 생각을 제안하는 게 어때?"

나는 이제껏 사람들 앞에 나서서 말을 해본 적이 없다. 좋은게 좋은 것이라며 그냥 넘어가고, 나대면 눈에 날 것 같아서 그냥 넘어가고, 나만 생각 있는 것 아니다란 생각에 그냥 넘어가고, 다 그렇게 사는 거라는 생각에 그냥 넘어가곤 했다.

하지만 다음 날 나는 용기를 냈다. 수업 시간 전, 나는 클래스메이트들의 주의를 환기시키며 이렇게 말했다.

"잠깐만 주의를 집중해주길 바래요. 우리 철학 선생님에게 그가 당연히 받아야 할 존중과 관심을 주었으면 좋겠어요. 물론 그의 강의를 듣는다는 게 그리 쉽지는 않지만, 그에게 주의를 기울인다면 그는 깊은 맛이 우러나는 지혜를 우리들에게 쏟아줄 거라고 생각해요. 그 역시 우리들과 똑같은 재질로 지어진 인간임을 기억했으면 해요. 그 사실 하나만으로도 그는 우리들의 사랑과 관심을 받을 모든 조건을 갖춘 것, 아닐까요."

나의 의견에 몇몇 학생들은 동조했다. 하지만 결국 그에 대한 불평은 디렉터인 마헤시의 귀에까지 들어갔고 마헤시 학장은 철학 선생님을 새로 교체했다.

새롭게 철학을 가르치게 된 선생님은 바누라는 이름의 27세된 젊은이였다. 나이에서 오는 차별을 막기 위함인지 그는 태어나서 단 한 번도 수염을 깎아보지 않은 사람처럼 긴 수염을 휘날리는 모습이었다. 그는 보라색 천을 휘휘 두른, 남성용 치마도 몇 차례 입고 왔다. 예전 선생님이 침묵하는 시간이 많아 한 시간 강의 중 30분도 채 말하지 않았던 것에 반해 바누는 쉬지 않고 강의를 했다. 직접 수행을 해봐도 이해하기 힘든 〈요가 수트라〉를 그는 여러 차례 반복하고 강조하며 가르쳤다. 마치 그렇게 반복해 강조하면 돌 같은 단단한 머리에 수트라가 새겨지기라도 할 것처럼.

내가 가장 좋아했던 선생님은 인도네시아에서 태어난 인도인 선생님, 자야였다. 그가 가르친 과목은 하타 요가 아사나다. 학생들이 조용해질 때까지 침묵을 지킨 후에 그는 "깊게 숨을 들이쉬고, 옴. 요게나 치타씨야 빠데나바참"으로 이어지는 요가 시작 만트라를 낮은 목소리로 챈팅했다. 만트라의 마지막 구절인 "하리 옴."을 하고 나면 요가 스튜디오 공간은 알 수 없는 성스런 기운으로 가득차는 것 같았다. 그는 한 가지 동작을 5분이고 지속하게 했다. 그의 수업 시간의 요가는 움직이는 명상 수행이었다. "고통스러워요?" 이렇게 물은 후 그는 한참을 침묵한 후 한 마디를 더한다. "견디세요. (Bear it.)"

요가란
나를 극복하는 것이 아니라 수용하는 것

그는 서 있는 자세(타다사나), 아래로 보는 개 자세(아도르 묵하 스와나싸나) 등, 이제껏 아무 생각 없이 했던 자세들이 얼마나 많은 곳에 주의 집중을 요하는가를 알려주었다. 의식이 완전히 몸에 머무는 체험, 몸과 마음이 하나가 되는 체험이 거기에 있었다. 한 동작을 오래 하고 나면 고통 뒤에 찾아오는 즐거움도 느껴졌다. 토요일이면 커다란 쿠션(Bolster)을 이용해 완전히 휴식하는 회복요가를 하곤 했는데, 나는 내 몸과 진정으로 연결되는 기쁨에 눈물을 흘리기까지 했다.

수업 시간에 그는 "가슴을 여세요."라는 말을 참 많이 했다. 가슴을 열면 심장에 산소가 잘 공급되고 피가 잘 돌게 된다. 그리고 사람은 결국 몸에 따라 결정되는 존재인지라 가슴이 열리면 마음이 열리게 된다. 자세하나만 바꾸어도 웬만한 질병은 다스려지는 것은 그런 이유 때문이다.

엉덩이를 여는 자세도 여럿 했다. 엉덩이를 여는 자세를 할 때 많은 여성들이 꺼이꺼이 통곡을 한다. 우리들의 억압된 감정이 아랫배와 엉덩이 부위에 모여있다는 것이다. 나는 평소에 워낙 감정을 다 오픈하고 다녀서인지 엉덩이가 열리는 것으로 인해 감정이 폭발하는 체험은 하지 못했다. 멜로디와 노라 등 몇몇 여학생들이 힙 오프닝(Hip opening) 동작을 하며 소리를 내어 울기 시작하자 자야가 낮은 음성으로 말했다.

"괜찮아요. 그냥 떠나보내세요. (It's ok to cry out. Just let it go.)"

요가는 삶이다. 명상으로 시작된 나의 구도는 요가를 만나 더욱 풍부해졌다. 붓다의 수행 방법에 더해 고대인들의 지혜의 꽃인 요가 수행을 겸한다면 마음도 몸도 더욱 편해지지 않을까. 현재에 머물기 위해 늘 하는 연습 가운데 하나가 몸의 감각, 몸의 호흡에 집중하는 것이다. 몸은 마음으로 향하는 출입구이기 때문이다.

[2018년 4월]

몸치 요가 선생이 되다

반복하는 것은 강화된다

"독수리가 하늘 높이 날기 위해서는 그 전에 몇 번이고 세찬 바람 속에서 나는 연습을 해야 한다. 그렇지 않으면 아무리 독수리라 할지라도, 다만 땅 위를 기어다녔을 것이다."   — 피카

"모든 습관은 노력에 의해 굳어진다. 잘 걷는 습관을 기르기 위해서는 많이 걸어야 한다. 잘 달리기 위해서는 많이 달려야 한다. 잘 읽게 되려면 많이 읽어야 한다. 지금까지 습관적으로 하고 있던 일을 중단하려면 그 습관을 차츰차츰 쇠퇴시켜야 한다. 만약 열흘 이상 잠만 잔 사람이 걷기 시작한다면 발이 매우 약해졌음을 알 것이다. 그러니까 그대는 어떠한 습관을 얻고자 한다면 그것을 많이, 그리고 자주 되풀이하면 된다."   — 에픽테토스

몸치였었던 어린 시절

요즘은 어떤지 모르겠으나 내가 초등학교 다니던 시절에는 1학년 때에

283

도 '수우미양가' 성적을 메겼었다. 장녀로 태어난데다가 자녀에 대한 기대감이 높았던 부모님을 둔 덕에 나는 모든 것이 100점이어야 했고 모든 과목이 '수'이어야만 했다.

그런데, 1학년 말 성적표를 받아들고서 나는 벌어진 입이 다물어지지 않았다. 국어 산수 사회 자연 모두 '수'였지만 미술과 체육이 '우'였던 것이다. 만약 그때 내가 미술과 체육 과목에 '수'를 받았더라면 내 삶은 어떻게 변했을까, 나는 가끔 생각한다.

그 시절의 나는 성적표를 받아들고 가슴이 철렁 내려 앉았던 경험을 했던 것 같다. 마치 심장이 매직마운틴의 프리폴(Free Fall)을 탄 것처럼 수직 하강했다. 어떻게 내 성적표에 '우'가 있단 말이야? 삶의 경험을 있는 대로 받아들이지 못하던 7살짜리 소녀였던 나는 강력히 저항했다.

그런데 그 미술과 체육 '우'가 2학년 성적표에도 그대로 이어졌다. 아직 나이가 어린 만큼 무엇이든 될 수 있고 아무 것도 되지 않을 수 있는, 무한가능성이 있었음에도 나는 1학년 담임교사의 '미술, 체육 우'의 평가대로 내가 만들어지도록 내버려 두었던 것이다.

그리고 한 학년씩 올라갈 때마다 나는 미술과 체육 과목에 대해 포비아에 가까운 두려움을 키워갔다. 중학교 때엔 체육 교사가 어찌나 무섭던지, 체육 시간이 죽기보다 싫었다. 지금이었다면 폭행 고발 당하기 딱 좋은 그 교사는 시범 동작을 잘 따라하지 못하는 학생들을 딱딱한 출석부로 머리를 때리는 건 다반사요, 대걸레의 막대 부분으로 엉덩이를 때리기도 했었다.

고등학교 때의 체육 교사는 내게 무슨 미운 털이 박혔는지 나만 보면 마음에 안 든다는 표정이었다. 체육 시험을 이론으로 본다면 어떻게 해보겠었는데 실기는 아무리 해도 잘 되지 않으니 더욱 체육 시간이 싫어지고, 두려워지고, 더 안 하고, 더 못하게 되었다. 그 결과, 내 평생 처음으로 체육 과목에 '가'를 받았다. 이게 가당키나 한 일인가. 전 과목 모두 '수'를 받아도 시원찮을 내가 '가'라니. 때마침 교련도 '양'을 받아 나는 졸지에 '양가'집 규수가 되고 말았다.

우리 때엔 고등학교 3학년 때 '체력장'이라는 게 있어서 학력고사 시험 결과에 체력장 점수를 더해 대학 지원서를 냈었다. 윗몸일으키기, 100미터 달리기, 팔굽혀펴기, 철봉 매달리기, 앞으로 몸 굽히기, 왕복달리기, 제자리멀리뛰기, 멀리던지기, 턱걸이, 오래달리기(1500m) 등의 종목이었다. 보통 학생들은 100미터를 14-18초 사이에 달렸는데 나의 경우는 25초나 됐었다. 철봉은 채 올라가지도 못하고 떨어졌고, 앞으로 몸을 굽혔을 때엔 손이 무릎까지도 안 닿았었다. 진짜 몸치도 이런 몸치가 없었다.

대부분의 학생들은 20점 만점에 20점을 기본으로 받고 대학을 갔는데 나는 20점 만점에 11점이었다. 참고로 11점은 참가하기만 하면 받을 수 있는 점수이다. 그러니 결국 남들보다 9점을 덜 받고 대학입시에 임했다는 얘기다.

대학 때도 교양 체육 과목으로 수영을 선택했는데, 아무리 해도 맥주병 신세를 면하기가 힘들었다. 수영으로 몸매를 가꾸던 엄마는 자기가 수영을 가르쳐주겠다며 나를 자신이 다니는 실내수영장에 데리고 갔었는데, 내가 수영하는 모습을 보더니 "아니 왜 넌 뜨질 않니?" 하며 희한하다는 표정을 지었었다.

두려워하던 미술과 체육에 도전하다

미국에 와서 나이 서른이 되던 해, 나는 더 이상 미술과 체육 과목에 '우'를 받던 오래된 나에 머물지 않겠다는 선언을 나 스스로 했다. 미술은 학교 다니면서 한두 해씩 '수'를 받았던 해도 있었다.

뮤지엄에 가서 그림 보는 것을 그렇게도 좋아하면서 직접 붓을 들기는 두려워하는 나의 두려움을 극복하기 위해 나는 민화를 배웠고, 사군자 클래스를 다녔으며 라이프 드로잉 클래스도 나갔다. 그리고 LACC(Los Angeles City College)에서도 드로잉 클래스를 택해 커다란 포트폴리오 가방을 들고 다니며 그림을 그렸다. LACC 선생님은 가끔씩 학생들에게 잘된 그림 샘플을 보여준다며 내 그림을 뽑아 보여주기도 했는데 그럴 때면 그림 그리기를 두려워하던 지나간 시절이 아쉽다 못해 억울하게 느껴졌다. 두려움만 없었다면 나는 얼마나 많은 것들을 화폭에 온갖 색깔로 표현해냈었을까.

수채화와 파스텔화를 한참 그리던 시절, 침대에 누우면 천장이 온통 캔버스였다. 중앙에 꽃을 그리고, 저 구석에는 나비를 그려야지, 하며 나는 밤새 천장을 캔버스 삼아 그림을 그리곤 했었다.

그리고 '우'에서 더 나아가 '가'까지 받았던 체육에도 도전했다. 매일 매일 빠르게 걷거나 달리기를 했고 주말이면 산으로 하이킹을 다녔다. 헬스 클럽에 가서 덤벨과 바를 들고 근육운동도 한참 했었다. 당시 내 몸은 거짓말 조금 보태서 거의 비너스 조각상이었다.

어린 시절 자전거 배울 기회를 갖지 못했던 나는 일요일이면 DMV 주차장에 가서 머리가 깨져가며 자전거도 배웠다. 그런데 충분한 연습을 하지 못해 아직도 자전거는 다시 타고 다니기가 겁난다. 주말이면 바닷가에서 비키니에 짧은 랩스커트만 두르고서 롤러블레이드도 제법 탔었다. 체육 '우' 받던 시절에는 꿈도 못 꾸던 여러 가지 몸으로 하는 운동들에 하나둘씩 도전한 것이다.

나이가 들어가면서 스트레칭의 중요성을 깨닫게 되고 요가 클래스에 한 번 들어갔다가 완전히 매혹됐다. 그렇다고 처음부터 요가가 쫙 몸으로 다가왔던 건 아니다. 요가 선생님이 뭐라고 계속 어떻게 동작을 해야 하는지를 설명하는데, 마음이 콩밭에 가있다 보면 그 설명을 놓치기 일쑤였다. "지금 뭐라고 했지?" 하며 선생님의 동작을 살펴봐도 때로 선생님이 학생들을 지도하느라 입으로만 지시를 할 때면 학생들 중에 제일 잘 해보이는 이의 동작을 훔쳐보며 따라하곤 했었다. 워낙 몸이 뻣뻣했던지라 몸을 앞으로 굽히는 전굴자세도 거의 내려가지 않아 막대기 취급을 받곤 했었다.

몸치, 요가 선생이 되다

하지만 반복하는 것은 강화된다더니, 그렇게 서투르게 요가를 따라 하다가 온 몸 구석구석을 풀어주고 당겨주면서 몸과 마음이 자유로워지는 경험을 하게 됐다. 거기다 명상을 시작하면서 결국 마음으로 돌아가려면 몸과 연결되어야 한다는 것을 깨닫게 됐고 요가가 바로 몸으로 하는 명상이라는 것도 알게 되었다.

시절인연이 맞아 나는 인도 리시케시로 요가 지도자 교육을 떠났었다.

그후 이곳 저곳에서 가르치는 연습을 하다가 최근에는 시니어들을 대상으로 요가를 가르치고 있다. 클래스에서 동작 시범을 보이면 학생들은 입을 헤 벌리며 내 몸의 유연성에 감탄하곤 한다. 그럴 때마다 난 내가 얼마나 몸치였는지, 얼마나 몸이 뻣뻣했는지를 얘기해준다. 단지 매일, 아니 매일 할 형편이 되지 않더라도 자주 반복 연습하면 몸은 그 원인 제공에 대한 결과를 정직하게 보여준다고 말해준다.

근육 부자가 진짜 부자

2021년 6월경부터 나는 내 운동 패턴을 완전히 바꾸었다. 그전에는 유산소 운동을 더 많이 하고 마무리로 근육운동을 하는 방식이었는데 이제는 유산소 운동은 하지 않거나 일주일에 한 번 30분 정도만 한다. 그리고 근육 운동을 중점적으로 한다. 운동하는 시간도 15-30분 정도밖에 하지 않는다.

그 정도만 해줬는데도 1년이 지난 지금 내 몸은 내 평생 최고로 다듬어졌다. 한참 처져 덜렁거리던 팔뚝 살이 탄력있게 근육으로 바뀌었고 교통사고 이후 가늘어져 있던 허벅지도 다시 제 자리를 찾았다.

무엇보다 평생 물렁물렁, 출렁출렁하던 내 뱃살에 단단한 복근이 생겼다는 것이 가장 큰 변화이다. 머핀 위의 부풀어오른 부분 같던 옆구리 살들은 어느덧 자취를 감추고 배 앞쪽에 초콜릿 조각 같은 근육이 잡히기 시작했다. 이제 조금만 더 시간이 지나면 완전히 임금 왕 자, 또는 식스팩 모양의 근육이 자리를 잡을 것 같다.

희한한 것은 복근이 생기면서 베짱도 두둑해졌다는 것이다. 워낙 내 경계(Boundary)를 지키지 못하고 남들 말에 잘 휘둘리던 성격이었지만 이제 누가 뭐라고 해도 "그건 너의 견해, 너의 생각일 뿐"이라고 여기게 됐다. 그리고 이제 "나는 나의 길을 가련다."는 일종의 뚝심을 유지할 수 있게 됐다.

사우나에서 내 몸을 본 친구들은 도대체 어떤 운동을 했냐며 가르쳐달라고 난리다. 요즘은 나도 내 몸의 변화를 보며 아주 흐뭇하다. 얼굴의 주름이야 날이 갈수록 늘어가지만 체형은 지속적인 근육 운동과 요가로 30대 못지 않다고 스스로 느끼며 정신 승리 중이다.

여러 운동을 해봤지만 복근 강화에 가장 좋은 운동은 하나 짜리 바퀴가 있고, 그 바퀴의 가운데 축을 중심으로 양쪽에 손잡이가 달린 '앱 롤러 휠(Ab Roller Wheel)'을 사용한 것이다. 하지만 아무런 근력도 없는 상태에서 이 운동을 한다는 건 불가능하다. 이 운동을 하기 위해서는 어느 정도 코어 근육이 있어야 한다. 다리 들어 올리기(Leg Raise), 플랭크 등의 운동을 지속적으로 하다 보면 어느날 상체를 완전히 낮추면서 앱 롤러 휠을 끝까지 밀었다가 다시 내 앞으로 가져오는 것이 가능해진다.

그 외에 내가 하는 운동으로는 무게가 있는 막대기를 어깨에 걸치고 하는 스쿼트가 있다. 이는 나이 들수록 재산보다 귀한 허벅지 근육을 키워주는데 아주 좋은 운동이다. 또 무거운 아령을 들고 머리 위로 올려 천천히 팔을 머리 뒤로 내렸다 올리는 운동도 한다. 이 운동은 처진 팔뚝 살을 잡아준다.

그러나 몸의 변화에 가장 큰 원인은 바로 간헐적 단식과 키토 다이어트(저 탄수화물, 고 지방 다이어트)이다. 초반에는 상당히 철저하게 지켰는데 요즘은 설렁설렁 한다. 인간이 하루 3끼를 먹기 시작한 것은 인류의 진화 역사를 볼 때 상당히 최근의 일이다. 위를 비워두는 시간을 적어도 16시간 이상 유지하는 것이 간헐적 단식인데 그 긍정적 효과는 엄청나다.

어쨌든 간헐적 단식, 키토 다이어트, 그리고 근육운동, 이렇게 삼박자가 맞아떨어질 때 우리 몸은 변화하지 않을 수가 없다. 그리고 내 몸은 이를 증명해준다.

매일 매일의 반복이 변화를 가져온다

이 모든 것이 매일 매일의 반복으로 가능했다. 나라고 매일 운동을 하고 싶을까. 오늘은 마냥 게으름을 부리고 싶다는 생각이 드는 날이 하루 이틀이 아니지만 스스로와의 약속을 지키기 위해, 그리고 운동 후의 좋은 느낌을 알기에 매일 운동을 하러 간다. 일단 가기만 하면 10분이라도 운동을 하게 된다. 그리고 그렇게 조금이라도 매일 하면서 우리 뇌는 바뀐다.

명상도 이와 마찬가지이다. 몰아서 주말에 1시간 앉는 것보다 5분씩이라도 매일 수행하는 것이 중요하다. 그것이 하나의 패턴이 되고, 습관이 되면서 우리 뇌가 바뀌고 몸이 바뀌고 생각이 바뀌고 삶이 바뀌는 것이다.

디오니소스의 후예와 같은 성향이 다분하고, 쉽게 흥분하고 쉽게 가라앉았던 나는 어느날 부터인가 조금 냉정하다 싶을 정도로 평정을 유지할 수 있게 되었다. 물론 나 역시 아직 다른 사람들의 부정적이고 통제적이라고 생각되는 행위나 언어에 반응한다. 하지만 그것 역시 내 생각임을 알기에 충분히 내가 현재 느끼는 감정을 느껴주되 예전처럼 분노에 치를 떠는 일은 없다.

몸치였던 내가 꾸준한 운동으로 요가 선생이 되고 지구력과 근력, 그리고 유연성을 갖게 됐다. 반복하는 것은 강화됨을 몸은 증명해준다. 마음 역시 마찬가지이다. 탐진치를 일으키면 점점 더 탐진치를 잘 일으키게 된다. 화난다고 'X팔' 하는 사람들은 왜 돌이 여기에 있냐며 화를 낸다. 자꾸 화를 반복했기에, 즉 연습 또는 수행을 했기에 화내는 것을 아주 잘 하게 된 것이다.

그렇게 볼 때 우리는 어떤 의미에서 각자 모두가 수행자이다. 무언가를 반복하고 있기 때문이다. 그 반복하는 내용이 무엇인가에 따라 우리는 붓다의 삶을 살 수도, 중생의 삶을 살 수도 있는 것이다.

그러니 무엇을 반복할 것인가, 무엇을 연습 또는 수행할 것인가, 그것은 당신이 결정할 일이다. 나는 요즘 아무 것도 하지 않는 것을 연습한다. 내가 무엇을 한다는 것을 완전히 내려놓았을 때가 바로 진정한 명상임을 최근 반복해서 연습하며 그 행복을 경험하고 있기 때문이다. 또 한 가지 참 중요한 연습이 있다. 바로 "당신이 행복하기를, 평화롭기를" 하는 바램을 전하는 메따 수행이다. 이것 역시 자주 하면 잘 하게 된다. 그러면서 나 스스로에 대해서도 좀더 친절한 마음을 갖게 된다. "당신이 행복하기를, 그리고 평화롭기를."

[2022년 7월]

삶을 사랑하라 인도에서

"우리들이 무언가를 강렬하게 소망할 때, 우주는 아주 작은 것에서부터 이를 들어주기 위한 움직임을 시작한다."   - 파울로 코엘료

참 오랜 기간을 나는 이런 믿음으로 살았다. 오직 바로 지금, 바로 여기뿐이라고. 죽음 후면 모두 끝이라고. 그래서 바로 지금, 이곳의 경험에 주의를 기울이고 살았다. 지금 이 순간이 내가 그렇게도 기다렸던 그 순간이요, 지금 이곳이 내가 그렇게도 가고자 했던 바로 그곳이며, 지금 내 앞에 있는 사람이 내가 그렇게도 함께 있고자, 만나고자 했던 바로 그 사람이라고 믿었다.

그래서 "있을 때 잘 해."를 체화했다. 줄 때 꽉꽉, 아낌없이 줬다. 그 좋은 사람, 지금 만나고 헤어지면 언제 또 만날지를 기약할 수 없기 때문이었다. 아빠가 돌아가셨을 때, 그래서 후회가 적었다. 함께 있을 때, 많이 사랑했고, 함께 있어서 너무 행복하다고 말씀드렸고, 내가 해드릴 수 있는 최대한을 드렸기 때문이다.

시절인연이 맞아 내게 허락된, 가장 좋은 것도 지금 즐기자는 주의였다. 향기로운 커피도 지금 아니면 식어서 맛이 없게 되니 뜨거울 때 마셨다. 내게 있는 가장 좋은 그릇에 담아 최대한 즐겼다. 내 어머니 시대의 여인들

이 아끼는 그릇을 장롱 속에 고이 모셔두기만 하고 자신을 위해선 단 한 번도 써보지 못하고 세상 떠나는 미련스러움을 익히 봐와서였다.

그런 면에서 나는 철저한 에피큐리언이었다. 기독교 식의 믿음, 즉 죽어서 천당 가기 위해 현재 이 순간을 저당잡힌다는 것은 있을 수 없는 일로 비춰졌다. 어디 기독교뿐일까. 국적 없는 한국식 불교적 세계관, 즉 "내생을 위해 이곳에서의 삶을 참고 견딘다."는 것 역시 겉모습만 다를 뿐, 마찬가지로 보였다.

마음챙김 수행을 시작하며 "나, 참 잘 살아왔구나."라는 생각이 들었다. 늘 현재 여기에서의 경험을 소중히 여기고 주의를 기울이며 즐겨왔기 때문이다. 하지만 눈 감고 앉아 있는 시간이 길어지면서 나는 내가 얼마나 선택적으로 현재의 경험을 대해 왔는지를 알아차리기 시작했다.

아름다운 것, 즐거운 것에 대해 철저히 깨어 있기는 그리 어렵지 않다. 아니, 어쩜 이것 역시 마찬가지일지 모른다. 아름다운 것, 즐거운 것이 지나가도 우리는 그 추억을 붙들고 놓아주질 않으니까. 힘든 현실을 살아가는 힘을 여행지에서 가졌던 며칠 간의 추억에 의존한다면 이는 현재를 사는 것이 아니다. 좋다고 내가 분별한 것에 대해 붙잡고 놓아주지 않으려하는 것, 그것이 집착이다.

아름답지 않고 즐겁지 않은 현재의 순간에 설 때면, "이 또한 지나가리라."라는 마음으로 이를 견뎌왔다. 하지만 이 역시 현재의 순간을 있는 그대로 알아차림 하는 것은 아니었다.

물론 이 세상 모든 것들의 자성이 영원하지 않음을 알고 기억한다는 것은 중요하다만, 나는 그 순간 내가 일으키는, 너무 미묘해서 간과하기 쉬운 나의 저항을 액면 그대로 보았다.

인도의 화장실에서, 화장지도 없고, 변기 커버에는 누군가가 신발을 신고 올라갔었는지 흙발 자국이 찍혀 있고, 지린내가 진동하는, 그런 순간에 섰을 때, 그 순간의 경험에 대해 '좋다 나쁘다', '즐겁다 괴롭다'는 분별심을 내지 않고, 고요하게 존재한다는 것이 쉽지만은 않았음을 고백한다. 나는 저항하고 있었다. "아주 잠깐이면 돼."라고 내게 속삭이고 있었다.

인도 요가 유학을 위해 리시케시에 머물던 시절, 클래스메이트들이 자주 가던 샴발라 카페의 화장실에서 확 풍겨오는 지린내에 얼굴을 찌푸리며 나는 깨달았다. "뭐가 그렇게 싫어? 뭘 그렇게 저항하니? 지금 이 순간의 삶이 일어나고 있어. 이 순간을 있는 그대로 받아들여봐."

그렇게 스스로를 알아차리고, 그런 나를 보듬고 받아들였다. 그리고 내 몸 안의 가래와 콧물, 창자에 쌓여 있는 배설물들을 관했다. '내가 그러고 있구나. 몸 안에 있을 때에는 더럽다고 생각하지 않고 몸 밖에 나가니까 얼굴을 찌푸리고 있구나.'

삶에 대한 완전한 항복

매순간, 삶은 내가 가장 필요한 경험만을 내게 가져다준다. 내 삶의 매 순간은 나의 초상이다. 삶은 그저 일어났다가 무심하게 사라진다. 그 움직임에 딱 붙어 그것과 하나가 되어 그 파도를 타던지, 아니면 아예 멀찌감치 떨어져서 강건너 불구경 하듯 이를 바라보던지 하면 된다. 그런데 우리는 삶의 경험을 붙잡되 그것과 하나가 되질 못한다. "나는 네가 아니다. 그런데 너는 왜 이러니?" 한다.

클래스메이트들이 샴발라 카페에서 북을 두드리고 이야기를 나누고 있을 때, 나는 갠지스 강을 바라보고 앉아 눈을 감고 나를 들여다봤다. 아이들은 내게 말을 건네려다가 자기들끼리 한 마디씩 했다. "스텔라는 이미 삼매야. (Stella is already in Samadhi)" 나는 그 말을 듣고 여린 미소로 답할 뿐, 계속 눈을 감고 나를 만난다. 그날의 깨달음은 깊었다.

나는 어느덧 눈물을 주르륵 흘리고 있었다. 다음이 그날의 깨달음이다.

삶의 모든 순간을 분별심을 내려놓고 친절한 마음으로 깨어서 주의를 기울이다 보면 삶의 덧없음, 무상함을 체득 증득하게 된다. 여기에서 한 걸음 더 나가다 보면 그 덧없는 삶을 있는 그대로 사랑하게 된다. 우리는 사랑을 모르지만 어머니는 사랑을 안다. 사랑은 어머니 마음이다. 자라나는 태아를 위해 내가 좋아하던 것을 포기하고 매 순간 깨어 있는 것이 사랑이다. 마음챙김 수행을 하다 보면 삶의 매순간에 대해 자연스레 어머니의 마음을 갖게 된다. 이것이 무조건적 사랑(Unconditional Love)이다.

무조건적 사랑은 무조건적 수용과 다르지 않다. 삶이 내게 가져오는 모든 것을 있는 그대로, 감사한 마음으로 받아들이게 되는 것이다. 그리고 내 의지를 완전히 내려놓고 삶이 이끄는 대로 살게 된다.

내가 어디에 있던지, 무얼 하던지, 그 순간의 삶은 내가 삶을 대하는 태도를 고스란히 투영한다. 내가 즐거워하고 기뻐하던 순간도 사랑하게 되고 내가 싫어하고 거부하던 순간도 있는 그대로 받아들이게 된다. 사랑하게 된다. 현재 이 순간의 삶을 이루는 모든 요소들 역시 있는 그대로 사랑하게 된다. 지린내 나는 인도의 화장실도, 옆에서 쉴새 없이 남의 얘기 해대는 사람들까지도 말이다. 나는 삶과 하나가 된다. 비판 없이, 저항 없이, 열린 마음으로 주의를 기울이며 삶을 느낀다. 쳐들어온 군대의 창 칼에 억지로 무릎을 꿇는 것이 아니라, 스스로 내 삶의 주도권을 사랑하 는 님에게, 사랑하는 삶에게 내어주게 된다. 항복(Surrender)하게 된다. 내가 내 의지로 계획하고 사는 것보다, 내가 사랑하는 삶이 이끄는대로 사는 것이 편함을, 그것이 내게 가장 좋은 것임을, 완벽한 것임을 알게 되 는 것이다.

그러다 보면 삶의 입장을 헤아리게 된다. 모든 것은 상대적이다. 내가 삶을 사랑하면 삶도 나를 사랑한다. 삶 역시 자신을 있는 그대로 받아들이 는 '나'라는 존재가 어여쁘다. 이 작은 존재가 원하는 바를 이뤄주고 싶 다. 삶을 있는 그대로 받아들이다 보니 바라는 것도 별로 없는 이 존재가 혹여라도 바라는 그 작은 바램의 진동을 삶은 알아차린다. 파울로 코엘 료가 말한 "우리들이 무언가를 강렬하게 소망할 때, 우주는 아주 작은 것 에서부터 이를 들어주기 위한 움직임을 시작한다."는 말은 바로 이 뜻일 것이다.

하지만 이미 삶을 무조건적으로 사랑하는 당신에게 있어서 삶이 당신의 소망을 가져오든, 그렇지 않든, 이는 그리 큰 문제가 아니다. 삶의 경험이 무엇이 됐든, 우리들은 이미 이를 있는 그대로 받아들이고, 있는 그대로 사랑하고 있기 때문이다. 머무는 바 없이 받아들이고 있기 때문이다.

삶과 나의 사랑

나는 삶이라는 연인을 있는 그대로 받아들이는 궁극적 여성이다. 그리고 삶은 완전히 비어 있는 내 존재를 그대로 통과하며 자신의 법을, 디자인을 펼치는 궁극적 남성이다. 그렇다. 나는 샥티요, 삶은 시바이다. 시바와 샥티의 만남, 결합, 하나됨, 환희를 느낀다.

인도 힌두 성전 안의 대형 시바 링감과 요니를 보며 미개한 신을 믿는 나라는 못살고 고등종교인 유일신을 믿는 이들은 잘산다는 것을 무슨 깨달음이라고 되는 양, 얘기하지 말자.

그보다는 당신이 당신의 유일신과 하나가 되어 있는지 스스로 자문해 보길 바란다. 그 유일신을 사랑한다고 말하면서 그 신이 당신에게 허락한 지금 이 순간의 삶을 얼마만큼 있는 그대로, 감사함으로 받아들이고 있는지, 물어보라. 혹여 있는 그대로의 삶이 분통터져 "주여, 이 고통을 거두어주시기를 예수님 이름으로 기도합니다." 하고 있지는 않은지, 살펴보라. 진정한 기도는 "주여, 제 잔이 넘치나이다." 밖에 없다. 정말 그렇다.

모든 것이 사랑이고, 모든 것이 붓다이며 모든 것이 예수다. 세상에 사랑 아닌 것은 없고, 마찬가지로 붓다 아닌 것도 예수 아닌 것도 없다. 만물에서 붓다를 보고 존중하고 예를 갖출 때, 우리들의 삶은 빛을 발하고 완성된다.

이는 우리 조상들의 신앙과도 정확히 일치한다. 장독대 신, 부엌 신, 뒷간 신 등 생활 공간 곳곳에 모두 신을 모셨던 조상들은 그 공간을 존중하고 예를 갖춘, 마음챙김의 달인들이었다. 내 나이 정도의 한국인이라면 어린 시절, 무슨 행동을 하든, 조신하게 하라는 가르침을 부모님으로부터 받았을 것이다. 조상님들의 마음챙김 수행과 그 열매인 예절법도는 21세기를 살고 있는 우리들에게도 여전히 유효한 가르침이다.

　매순간 삶이 내게 가져다주는 경험을 사랑하는 것과 함께 시간을 정해놓고 눈감고 앉아 가만히 삶의 목소리에 귀를 기울이고 삶의 손짓에 주의를 기울일 일이다. 삶의 목소리와 손짓은 내가 고요하고, 비어있을 때 가장 잘 느낄 수 있다. 그리고 그 엄청난 사랑의 목소리와 손짓을 느끼면 나를 모두 내어주며 항복하게 된다. 내가 나를 비울 때 삶은 일어나야 하는 방식으로 일어났다, 사라질 것이다. 당신이 그 머무를 바 없는 사랑을 알아차리고 삶과 함께 아름다운 춤을 출 수 있기를.

[2018년 6월]

고양이 예삐 이야기

"제 어미가 입으로 물어다가 아무도 찾아낼 수 없는 곳으로 데려가도록
어린 고양이가 제 몸을 맡기듯 당신을 가만히 맡겨보세요"

– 장 그르니에의 〈고양이 믈루〉 중

" 고양이일지라도 고도의 집중된 응시력을 이용하면
물속의 두부를 수면으로 끄집어 올리는 힘을 발휘할 수 있는데,
하물며 사람이 저 정도의 집중력과 노력이 있으면
무엇인들 못 이루겠는가. "

- 숭산 스님

예삐라는 이름의 고양이

2017년 전, 9월의 어느 날이었다. 아는 후배를 만나기 위해 LA의 마당 쇼핑몰 내의 한 매장에 갔다가 생후 2개월이 갓 넘는 아기 고양이를 보게 됐다.

예전에도 고양이를 키웠던 적이 있던 나는 이 녀석을 보는 순간, 사랑에 빠졌다. 첫 눈에 사랑에 빠진다는 게 무엇인지 나는 그때 알아차렸다. 나는 수

행자들이 가장 경계해야 할 아름다운 대상을 욕망하는 덫에 빠진 것이다.

"한 번 안아봐도 되나요?"라는 나의 간청에 주인은 고개를 끄덕이는 것으로 응대했다.

이름을 물었더니 예쁘란다. 너무 예뻐서 예쁘란다. 예쁘는 정말 예뻤다. 아몬드형의 눈, 자그마한 얼굴, 앙증맞은 코와 입… 어느 한군데 미운 곳이 없었다. 이마에는 M자형의 무늬가 있었다.

여러 종자가 섞였지만 그래도 굳이 분류하자면 고등어 태비 종이다. 미국에서 가장 흔한 고양이 종류 중 하나로 체구는 자그마하다.

새끼 고양이들에게는 온 세상이 경이의 대상이다. 작은 움직임도 놓치지 않고 궁금증을 표현하는 예쁘를 바라보는 나는 온 몸에서 찌르르 전율이 흐르는 것을 알아차렸다.

도저히 이 아가를 두고 발걸음이 떼어지지 않았던 나는 고양이 주인에게 물었다.

"저, 예쁘를 일주일만 빌려주시면 안 될까요? 잘 보살피다가 데려올께요."

예쁘를 키우던 박선생님은 선뜻 나의 요청에 그렇게 하라고 허락해줬다.

나는 예쁘를 강보에 싸서 집으로 데려왔다. 처음에 집을 낯설어 하던 예쁘는 가구 아래 들어가 숨기도 하고 까칠한 태도를 보였지만 냉장고에 넣어두었던 정어리를 꺼내면 어느 틈엔가 쪼르르 내 앞에 와 있었다.

그렇게 꿈같은 일주일을 보내고 예쁘를 데려다주려니, 발걸음이 떨어지질 않았다. 나는 겨울철에 입는, 그것만 입으면 이불이 따로 필요 없을 정도로 따뜻하고 보드라운 감촉의 내 잠옷에 예쁘를 싸서 가져다주면서 이렇게 부탁했다.

"예삐도 아빠(박선생님) 밑에서만 크는 것보다는 섬세한 엄마의 보살핌을 함께 받는 것이 더 좋을 것 같아요. 제가 일주일에 하루만 예삐를 데려다가 봐드리면 어때요?"

박선생님은 나의 간곡한 요청에 썩 내키지는 않아 하면서도 "예스" 하셨다.

그렇게 일주일에 한 번씩 집에 데려와서 지내다가 데려다주기를 반복하고 있었는데 연말이 가까워오자 박선생님은 술자리가 계속 된다며 당분간 나더러 맡아 키우라고 했다. 나는 속으로는 "야호"를 외치면서도 겉으로는 표정 관리를 하며 마치 마지못해 하는 듯, "정 그러시다면 그렇게 할께요." 라고 했다.

그러다가 지난 2018년 1월, 인도로 요가 유학을 떠나게 되면서 다시 박선생님께 예삐를 데려다 드렸다. 인도 요가 학교의 기숙사에 기거하면서 그리 많은 이들과 연락을 주고 받지는 않았지만 박선생님과는 정말 뻔질나게 카톡 메시지를 나누었다.

"예삐, 잘 지내요? 사진 좀 투척해주세요."가 주요 메시지였다. 그러면 박선생님은 예삐가 온 몸을 동그랗고 말고 잠자는 모습, 쥐 모양의 인형을 가지고 노는 모습 등을 찍어서 보내주셨다. 사진만 보고도 나는 예삐에 대한 그리움에 눈물을 뚝뚝 흘리기도 했다.

예삐 엄마 되기

그리고 지난 해 6월 다시 LA로 돌아왔을 때, 박선생님은 운영하던 사업체를 접고 애완동물이 허락되지 않는 아파트에 입주한다며 예삐를 내게 맡기셨다. 그리하여 나는 예삐의 엄마가 되었다.

나는 집이 없더라도 예삐만은 번듯한 집이 필요할 것 같아, 고양이 콘도(캣타워)를 구입해주기도 했다. 고양이 콘도를 주문해서 도착한 첫날, 조립을 마치고 예삐를 집 안에 넣어주자, 예삐는 정작 고양이 콘도에는 별 관심을 보이지 않고 그것이 담겨온 상자를 더 좋아했다.

고양이를 키우고 있는 친구에게 이런 현상을 얘기하자 그 친구는 웃으면서 내게 이렇게 말했다.

"고양이들이 워낙 그래. 그래도 한 1년 정도 세월이 지나면서, '자리만 차지하는 것, 이제 버려야지', 생각하면 딱 그때쯤부터 이용하기 시작해."

경험에 근거한 그녀의 말은 사실이었다. 예삐의 경우 6개월 이후부터 자신의 집에서 낮잠도 자고 맨 꼭대기 층에 올라가 창밖을 바라보기도 하게 되었으니까.

고양이와 함께 하기 위해 이사를 결정하다

그런데 지난 달, 집주인이 내가 고양이를 키운다는 사실을 알게 되었다. 처음 입주할 때 계약서에 '노 펫(No Pet)'이라는 항목이 있었던 것을 나는 기억조차 하지 못했었다. 나는 울며 겨자먹기로 이사를 나가야 하는 상황에 처하게 됐다.

물론 예삐를 다른 곳에 입양시키는 선택사항도 있었다. 하지만 이제 나는 예삐와 떨어질 수 있는 관계가 아니다. 이 말이 억지임을 안다. 좀더 정확하게 표현하자면 나는 예뻐와 함께하기로 이미 마음을 먹었다.

새로 아파트를 알아보면서 깜짝 놀랐다. 요즘 아파트 주인들 가운데는 반려동물에 대해 상환하지 않는 보증금(Nonrefundable Pet Deposit)을 부과하고 한 달에 45~60달러정도의 반려동물 임대료를 부과하는 곳이 많다는 것을 알게 됐다. 물론 대부분의 장소는 반려동물 금지였다.

점점 1인 가구가 늘고 있다. 그리고 혼자 사는 이들 중에는 강아지나 고양이를 키우는 이들이 제법 많다. 그런데 아파트 임대료는 점점 높아가고 거기에다 강아지, 고양이가 뭘 얼마나 한다고 반려동물 임대료까지 받는지…. 강아지는 모르겠다만 고양이는 집을 망가뜨릴 염려도 거의 없고 목욕을 시키지 않기 때문에 물을 더 사용할 일도 없는데 말이다.

다른 생명체를 가까이에 두고 함께 산다는 것이 얼마나 독신자들의 정서 함양에 도움이 되는지, 말로 다 설명할 수 없다. 반려동물로 인해 이 사회가 얼마나 더 아름다워질 수 있는지에 대해 우리 모두의 이해가 필요한 것 같다. 그리고 그들에 대한 제도적인 권익 보호가 있어야 한다는 생각이다.

어쨌든 나는 맹자의 어머니가 아들을 위해 3번 이사를 했던 것에는 미칠지 모르지만, 딸내미 같은 예뻐를 위해 이사를 결정했다.

고양이들은 관찰의 대가

예뻐가 모든 고양이를 대표한다고는 할 수 없지만 예뻐를 지켜보면서 나는 고양이들의 관찰력과 인내력에 혀를 내두른다. 아침이면 예뻐는 자기 집 2층에 올라가 창밖을 내다본다.

뭐가 그리 볼 게 있나, 나도 옆에 서서 밖을 봤더니 바람에 나뭇잎이 흔들거리고 있는 것이 보인다. 가끔씩은 참새들이 머리를 바쁘게 흔들며 짹짹거리는 것도 볼 수 있다. 참새들이 시야에 들어오면 예삐는 너무 좋아서 희한한 소리를 낸다. 또 전깃줄을 타고 곡예를 부리는 다람쥐가 지나갈 때도 있다. 그럴 때, 예삐는 미동도 않은 채 다람쥐를 응시한다. 그렇게 그녀는 한 시간도 넘게 고요히 앉아 있다.

예삐가 창밖의 움직임을 관찰하는 것을 보며 나는 옛 선사들이 했던 "화두를 참구할 때에는 고양이가 쥐를 잡듯이 해야 한다."는 말을 떠올렸다. 아직 예삐는 쥐를 잡아본 적은 없지만 뭐든 작은 생명체가 움직이는 것을 보면 거의 쥐를 앞에 둔 것 같은 행동을 보인다.

고양이가 쥐를 잡으려고 할 때에는 쥐구멍 앞에 쪼그리고 앉아서 단 한 순간도 눈을 떼지 않고 오직 쥐구멍만 뚫어져라 응시한다. 결국 어느 한순간도 잡념을 두지 말고 일념으로 마음을 챙기며 집중하고 한결 같은 마음으로 수행하라는 뜻에서 선사들은 이런 표현을 즐겨 사용하셨던 것 같다.

숭산스님과 고양이

고양이는 또 숭산스님과도 에피소드가 있는 동물이다. 숭산스님이 마곡사의 후원에서 소임을 맡아 보던 때의 이야기이다. 제사에 쓰기 위해 손두부를 만들어 커다란 나무통에 담가두었는데 다음날 아침에 보니 두부한 모가 사라졌단다. 귀신이 곡할 노릇이었다. 스님은 더욱 철저히 문단속을 하고 잠들었는데 다음 날 나가보니 역시 마찬가지였다.

사람이 출입한 흔적이 없는데 두부가 사라진 게 이상해, 스님은 밤을 새서라도 두부 도둑을 잡겠다는 일념으로 나무통 뒤에 숨어서 지켜보고 있었다.

그런데…. 새벽 3시가 가까워질 무렵, 고양이 한 마리가 아무런 기척도 없이 나타나 두부 담긴 통을 향해 다가가는 것이 보였다. 스님은 가만히 숨을 죽이고 고양이의 거동을 살폈다. 고양이는 두부가 담긴 나무통 가에 자리를 잡고 앉아 고요히 미동도 하지 않은 채, 통 안의 두부를 지켜보더란다.

그랬더니… 세상에, 이런 일이. 나무통 속의 두부 한 모가 고양이의 눈길을 따라 물 위로 떠올랐고 고양이는 얼른 두부를 낚아채 먹고는 작은 구멍을 통해 밖으로 나갔다고 한다.

이 이야기는 사실 논쟁의 여지가 많다. 고양이는 육식동물이라 내가 실험해본 바에 의하면 예삐는 두부에 손도 대지 않는다. 하지만 절에 살면서 먹을 게 없어지면 뭐는 못 먹을까, 싶기도 하다.

두부 도둑이 누구인지를 찾아낸 스님은 "고양이일지라도 고도의 집중된 응시력을 이용하면 물속의 두부를 수면으로 끄집어 올리는 힘을 발휘할 수 있는데, 하물며 사람이 저 정도의 집중력과 노력이 있으면 무엇인들 못 이루겠는가."라는 깨달음을 얻었다고 한다. 그러니 숭산스님이 큰 깨달음을 얻고 가르침을 펼 수 있었던 모멘텀은 고양이가 제공한 것인지도 모를 일이다.

니까야 중 고양이의 경

상윳따니까야 가운데 '고양이의 경'은 고양이와 쥐의 비유로 수행자와 여인의 이야기를 풀어낸다.

"수행승들이여, 옛날에 한 고양이가 어린 쥐 한마리를 쫓아 하수도의 쓰레기 더미 위에 서서 '이 생쥐가 먹이를 구하러 나오면 그때 내가 그를 잡아먹어야지' 라고 생각했다.

수행승들이여, 그때 그 생쥐가 먹이를 구하러 나왔다. 고양이는 곧바로 그를 잡아서 뜯어먹었다. 고양이는 생쥐의 내장을 갉아먹고 창자도 먹었다. 그래서 생쥐는 죽음의 극심한 고통과 괴로움을 겪지 않을 수 없었다.

수행승들이여, 이와 같이 수행승이 아침 일찍 옷을 입고 발우와 가사를 들고 탁발을 하기 위해 마을이나 거리로 들어가는데 몸을 가다듬지 않고 말을 조심하지 않고 마음을 수호하지 않고 주의 깊음에 머물지 않고 감관을 제어하지 않고 간다고 하자.

그는 거기서 가볍게 옷을 걸치거나 야하게 옷을 걸친 여인들을 보게 된다. 그렇게 가볍게 옷을 걸치거나 야하게 옷을 걸친 여인들을 보게 되면 탐욕이 그의 마음을 엄습한다. 탐욕이 그의 마음을 엄습했기 때문에 그는 죽을 정도의 고통이나 괴로움을 겪게 될 것이다. (고양이의 경, S20.10, 전재성 번역)"

이 경은 사띠하지 않을 때, 쉽게 감각적 쾌락에 대한 욕망에 빠지고 재난을 겪게 된다는 가르침을 담고 있다. 아무 생각 없이 먹이를 구하러 쥐구멍을 나온 생쥐는 사띠가 확립 되지 않은 탁발수행자이다. 그리고 쥐구멍을 바라보고 있는 고양이는 수행자를 감각적 쾌락에 빠트리고자 기회를 호시탐탐 엿보고 있는 여인에 비유된다. 선가에서 고양이를 사띠의 대명사처럼 이야기하는 것에 비해 볼 때, 어찌 보면 그 역할이 바뀐 셈이지만 어쨌든 고양이는 깨어 있음을 강조하는 소재로 자주 언급되고 있음을 알 수 있다.

고양이 믈루

장 그르니에(Jean Grenier)의 저서, 〈섬(Les iles)〉에는 '믈루'라는 이름의 고양이가 나온다. 알베르 까뮈의 선생님이기도 했던 장 그르니에는 믈루라는 이름의 고양이를 통해 자기자신과 인간에 대한 이야기를 펼친다. 구절구절, 어쩜 이렇게도 잔잔하면서도 섬세하고 아름답게 글을 쓰는지, 나는 그를 내가 좋아하는 작가 반열에 올려놓기를 망설이지 않는다.

그르니에는 어린 고양이 한 마리를 주워다가 '믈루'라는 이름을 지어주고 일상의 모든 것을 함께 나눈다. '믈루'와 그의 특별할 것 없는 일상은 그르니에의 따뜻한 시각으로 인해 더없이 신비롭고 아름답게 묘사된다.

결론부터 말하자면 화자인 그르니에는 그렇게도 가까이 삶을 함께 하던 '믈루'를 수의사 쎄르벡씨의 도움을 받아 안락사 시킨다. 그에게도 이유는 있었다. 먼 도시로 이사를 가게 되었는데 '믈루'는 온 몸에 상처를 입고 불구의 몸이 되어 부엌 구석의 상자 속에 처박혀만 있다. 거리에 내놓았을 경우 믈루가 어떻게 될지 기약할 수 없다. 거기다가 믈루는 털이 여기저기 보기 흉하게 빠져 누구에게 맡아달라고 부탁할 수도 없다. 그리고 고양이라는 동물은 사람보다 장소와 사랑에 빠지는지라 종착지를 알 수 없는 그의 불안한 여행 길에 그를 동행할 수도 없다.

떨어질 수 없어 예삐를 데리고 이사가는 것을 택한 나로서는 믈루를 안락사시키는 그르니에에게 "안 돼!"라고 소리치고 싶지만 그 나름대로의 충분한 이유를 이해하고 받아들인다.

싸늘하게 식은 믈루의 시신을 자신의 집 정원에 묻고서 남은 이사 준비를 하며 끝나는 이 작품은 짧지만 긴 여운을 남긴다.

그르니에는 블루가 침묵으로 이런 말을 그에게 했다고 썼다.

"나는 저 꽃이에요. 저 하늘이에요. 또 저 의자에요. 나는 그 폐허였고 그 바람, 그 열기였어요. 가장한 모습의 나를 알아보지 못하시나요? 당신은 자신이 인간이라고 생각하기 때문에 나를 고양이라고 여기는 거에요. 대양 속의 소금 같이, 허공속의 외침 같이, 사랑 속의 통일 같이, 나는 내 모습 겉모습 속에 흩어져 있답니다. 당신이 원하신다면 그 모든 겉모습들은 저녁의 지친 새들이 둥지에 들 듯, 제 속으로 돌아올 거에요. 고개를 돌리고 순간을 지워버리세요. 생각의 대상을 갖지 말고 생각해 보세요. 제 어미가 입으로 물어다가 아무도 찾아낼 수 없는 곳으로 데려가도록 어린 고양이가 제 몸을 맡기듯 당신을 가만히 맡겨보세요"

와… 놀랍다. 생명 자리에서 우리는 결국 하나임을, 내가 너임을, 네가 나임을, 내가 우주임을, 네가 우주임을, 나라 할 만한 것이 없음을, 너라고 할 만한 것도 없음을, 우리는 그 무엇도 아니고 동시에 그 어느 것이라도 될 수 있음을, 그르니에는 블루가 전하는 침묵의 언어 속에서 듣고 있다.

그리고 "어린 고양이가 어미에게 제 몸을 맡기듯, 당신을 가만히 맡겨보세요." 라는 블루가 전하는 달콤한 말을 통해 아무런 저항 없이 현존 앞에 항복(Surrender)하는 지혜와 참기쁨을 말하고 있다.

고양이들의 게으름은 이 세상 어떤 부자들도 향유할 수 없는 사치이다. 고양이들의 "가르릉" 소리는 그 어떤 만족감의 표현보다 더 큰 충만함을 듣는 사람으로 하여금 느끼게 해준다.

나는 밤에 수행을 하다 말고 가끔씩 예삐를 껴안고 눈물을 뚝뚝 흘린다. 예삐와 나, 모두 같은 재질의 생명체로 만들어져 있음을 온 몸으로 느끼며 전율한다.

한치 앞도 내다보지 못하는 것이 우리들의 삶이지만, 그래도 큰 변수가 없다면 나는 아마도 예삐가 마지막 숨을 들이쉬고 내쉬는 것을 목격하게 될 것이다. 그 보드라운 털을 만질 수 없다는 것은 큰 슬픔일 것이다.

하지만 오지 않은 미래를 미리 걱정할 이유가 무엇인가. 나는 예삐의 보드라운 목털을 만지며 예삐와의 인연에 감사한다. 예삐를 통해 세상을 향한 사랑이, 연민이, 더욱 자라남을 체험한다.

"인생의 여러 고통으로부터 탈출할 수 있는 유일한 방법은 음악과 고양이이다."   – 알버트 슈바이처

예삐의 소우주

드디어 이사를 했다. 뭘 그리 많이 끼고 살았는지 이사한 지 거의 한 달이 다 되어가지만 아직도 풀지 못한 상자가 있다. 내가 키우고 있는 고양이 예삐의 브러시와 장난감이 들어 있는 상자를 가장 빨리 꺼내 사용하고 싶었지만, 도대체 어느 구석에 숨어 있는 것인지 나올 생각을 않는다.

예삐의 털을 빗기지 않고 그냥 방치할 경우, 온 집안에 털뭉치가 돌아다니는 사태가 발생하게 된다. 그리고 나는 지금 심각한 비염으로 고생 중이다. 그래서 난 요즘, 급한대로 내 머리를 빗는 브러시로 예삐의 털을 빗겨주고 있다.

이사오기 직전, 고양이용 브러시로 털을 빗겨주면 예삐는 너무 좋은지 온 몸을 베베 꼬으면서 행복을 표현했다. 만족감을 표현하는 "히힝" 소

리를 내는가 하면, 때로 몸을 뒤집어 배를 보이기도 했다. 그런 예삐를 보다 보면, 아무리 바쁘더라도 털 빗기는 것을 수행만큼 중요한 하루 일과로 포함하게 된다.

창문 통해 새들을 관찰하는 고양이

그전에 살던 집은 옹색하나마 작은 정원이 있어 아침이면 새들이 "짹짹" 소리를 내며 찾아들었다. 예삐는 아침이면 "호로록" 소리와 함께 목에 달아준 방울을 딸랑거리며 내게 창문을 열어달라고 말한다. 창문 너머, 나무 위로 찾아오는 새들을 관찰하기 위해서이다.

소리에 민감한 나는 예삐의 방울 소리에 잠이 깨어 수행하러 방석에 앉기 전, 일단 예삐를 위해 창문부터 열어주며 하루를 시작한다. 그러면 예삐는 내가 사준 자신의 집(Cat Tower) 맨 꼭대기에 앉아 창밖을 바라본다.

한 번은 나도 '도대체 뭐가 그리 재미있는 게 있기에 매일 아침 저렇게 똑같이 앉아 있나?' 싶어 예삐와 함께 한참 동안 창밖을 관찰한 적이 있다. 키큰 바나나 나무에 참새들이 몇 마리, 수다를 떨며 부산하게 움직이는 모습을 볼 수 있었다. 또 전선을 따라 다람쥐가 곡예를 부리는 것도 보였다. 나뭇잎은 바람에 살랑살랑 움직이고 있었다.

그저 고요해보였던 코딱지만한 정원은 나름대로의 교향악이 펼쳐지는 소우주(Micro Cosmos)였던 것이다. 그리고 그 소우주 속에서 일체의 법이 일어났다 사라지기를 반복하고 있었다.

예삐는 흡사 수행자처럼 꼼짝 않고 앉아서 그 모든 일어남과 사라짐을 관찰한다. 눈하나 깜짝 않고서. 위에도 썼듯이 고양이들의 관찰력에는 혀를 내두르게 된다. 일단 한 대상에 주의를 집중하면 결코 물러서는 법이 없다. 세존께서 고양이에 대한 비유를 괜히 하셨을까.

정원은 못 만들어주어도…

그런데 새로 이사온 집은 예삐가 아침마다 바라볼 만한 정원이 없었다. 보다 정확하게 말하면 정원을 찾아오는 새들, 즉 움직이는 작은 생명체가 없었다.

어쩜 개미 새끼 한 마리 보이지 않는지… 이러다가 예삐가 너무 지루해서 우울증이라도 걸리면 어떡하나, 걱정이 될 정도였다.

내가 주인이 아닌 이상, 듬성듬성 누런 풀이 나 있는 정원에 나무를 심을 수도 없는 일. 나는 어떻게 예삐를 위해 새들을 불러올까, 머리를 굴리며 아는 집사에게 자문을 구했다. '집사'란 고양이 주인들을 일컫는 별칭이다.

개는 주인에게 충성하지만 고양이 주인들은 누가 시키지 않아도 스스로 나서서 고양이를 모시는 '집사 역할'을 자처하기 때문에 고양이를 키우는 사람들은 서로를 집사님이라고 부른다.

그녀 역시 아파트에서 고양이를 키우고 있었는데 고양이가 심심해할까봐 벌새(Humming bird)들을 유인하는 넥타(설탕물을 섞은 음료)를 컨테이너에 달아 매달아둔다고 했다.

전자 상거래 사이트인 아마존에 들어가보니 종류도 다양한 벌새 유인 넥타와 그것을 매다는 컨테이너 상품들이 있었다.

여러 자료들을 참고해본 결과, 벌새 유인 컨테이너는 빨간색이어야 효과적이라는 것을 알게 되었다. 벌새들은 시력이 좋아서 멀리 떨어진 곳에서도 붉은 색 꽃을 보면 날아온다는 것이다.

설탕을 풀어 시럽을 만들어도 될 터이지만 처음 시도하는 것인지라, 실패를 줄이기 위해 이미 만들어져 있는 것을 구입했다. 도착한 상품은 빨간색 병과 함께 빨간색 꽃 장식까지 달려 있었다.

그런데, 아뿔싸. 이 집 창문에 벌새 유인 컨테이너를 매달자니 창문 창살 때문에 똑바로 내려지지가 않는다. 이런저런 하드웨어를 매달아보다가 난 결국 포기했다.

다른 사람들은 도대체 어떻게 벌새 유인 컨테이너를 설치하나, 유튜브를 검색해봤더니 대부분 나뭇가지에 매달고 있었다. 에고…

고양이 위해 나무 화분 마련

그리하여 나는 결국 벌새들이 좋아하는 빨간 꽃을 피우는 나무 화분까지 구입했다. 벌새들이 좋아하는 나무로는 묵능소화(Tecoma Capensis), 한라산참꽃나무(Azalea), 부들레야(Butterfly Bush 또는 Buddleia), 서양측백나무(Cape Honey suckle), 미모사(Mimosa) 등이 있다. 물론 붉은 색이 아닌 꽃도 있지만 대부분은 붉은 색이다.

이 나뭇가지 사이로 이미 구입해놓은 벌새 유인 넥타가 들어있는 컨테이너를 매달아놓으면 꽃이 피던 안 피던 새들이 찾아오는 것이다.

이번에 알게 된 것은 이 꽃들은 새들을 유인하는 물질을 만들어냄으로써 꽃가루를 옮겨 열매를 맺는다는 것이었다. 꽃가루를 옮겨주는 것은 나비와 벌들뿐인 줄 알았는데 그게 아니었다.

아침마다 새들이 짹짹 거리며 나무에 찾아드는 것은 나무의 꽃에 먹을 것이 있어서이고, 꽃들은 새들에게 먹을 것을 제공해주는 댓가로 발품 하나 팔지 않고도 꽃가루를 암술에 옮김으로써 열매를 맺는다.

나는 자연의 지혜로움(Intelligence)에 다시 한 번 경이로움을 느꼈다. 그렇구나, 그렇게 우주가 운행되는구나. 스스로 수고로움을 하지 않고도 자신이 원하는 바를 얻어내는 나무들로부터 많은 것을 배운다.

미국의 유명한 불교 학자 알란 왓츠(Alan Watts)의 강의 중에도 이와 비슷한 내용이 있다. 정확하게 한 마디 한 마디 번역한 것은 아니지만 기억 속 강의를 요약해보자면 대충 이런 것이었다.

"어느 날, 들판에 서 있다가 대기 중을 날아가는 민들레 홀씨를 보고 손을 뻗어 잡아 바라보았다. 민들레 홀씨는 자기 몸을 가볍에 만들어 바람에 자신을 내맡긴다. 그러면 바람은 민들레 홀씨를 원하는 곳으로 날라다 준다. 자신이 직접 하지는 않지만 스스로의 힘을 빼고 맡김(Surrender)으로써 민들레 홀씨는 발 없이도, 걷지 않고도 멀리 날아가 번식할 수가 있는 것이다."

그러고보면 오직 인간만이 어떻게든 자신이 해보겠다고 갖은 애를 쓴다. 자연을, 우주를, 스스로를 믿지 못함에서 오는 결과이다. 수행 역시 마찬가지이다. 아무리 입에 침이 마르도록 수행의 긍정적 효과를 얘기해 줘도 대부분은 시큰둥한 표정들이다.

그들은 반복함으로써 서서히 결과가 드러나는 수행보다, 당장 즉각적인 변화가 올 것이라 믿는 '쎈 놈'을 '내가 하기' 원한다. 그것은 약(Drug) 일 수도 있고, 술과 쇼핑, 부적, 성형수술, 연애, 여행 등 탐진치를 일으키는 모든 대상일 수도 있다.

가만히 눈을 감고 고요히 앉아 모든 일어나는 것을 있는 그대로 관찰하다 보면 이 경험들의 무상함과 함께 관찰하는 존재를 만나게 되고, 그 관찰자를 관찰하기에 이른다. 그렇다보면 경험하는 대상과 경험하는 자가 둘이 아님을 알게 된다.

저항해야 할 것도 탐욕을 일으킬 것도 없다. 그저 힘을 빼고 현재에 모든 것을 완전히 맡기고 쉰다. 내가 한다는 상 없이, 그저 존재해본다. 우주가, 삶이 알아서 작용하도록 허용하면서 말이다. 그렇게 완벽하게 맡길 때의 기쁨은 이 세상에 속한 쾌락이 아니다.

아난존자가 1차 결집 전날 새벽, 스스로 아라한이 되려고 열심히 수행하던 노력을 결국 포기하고 쉬려 자리에 눕던 순간, 깨달음이 찾아왔다는 이야기를 기억해본다.

깨달음이란, 열반이란 나의 노력으로 얻는 것이 아니다. 내가 사라지는 순간, 자연적으로 찾아온다. 어쩌면 세존께서 스스로를 여래(如來, 땃따갓따)라 불렀던 것도 이런 이유가 아니었을까, 싶다.

여래의 원어인 땃따갓따의 문자적 의미는 '이와 같이 가신 분 또는 이와 같이 오신 분'이다. '진리의 세계로부터 온 존재'라는 뜻도 있다. 이와 같이 찾아오신 존재, 즉 내가 사라진 곳에 홀연히 드러난 존재가 바로 여래이다. 또한 모든 경험이 머물지 않고 지나가게 놓아둠으로 아무 것도 붙잡지 않아 본래 공한 상태의 마음으로 있는 존재가 여래인 것이다.

예삐로 인해 만나는 새로운 우주

고양이 한 마리에 대한 사랑인지 집착인지로 인해 나는 새로운 우주를 경험한다. 고양이를 사랑하는 나, 새를 사랑하는 고양이, 꽃을 사랑하는 새… 이 순환은 아마도 끊임 없이 계속될 것이다.

이 세상 모두가 이와 같지 않을까. 강아지 애호가는 개들을 통해, 개를 돌보며 얼마나 많은 세상을 이해하게 될까. 정원을 가꾸는 사람들, 낚시를 좋아하는 사람, 조류 관찰을 즐기는 자, 산에 오르기를 좋아하는 사람들도 모두 마찬가지이다. 한가지 대상에 대한 깊은 관심, 주의 집중, 반복은 이처럼 새로운 세계를 우리 앞에 펼쳐 놓는다. 그리고 결국에는 이 우주가 아무런 애씀 없이도 한 치의 어긋남 없이 잘 운행되고 있음을 깨닫게 한다. 우리의 욕망의 대상은 결국 우리들로 하여금 피안의 세계를 깨닫게 해주는 창(Window)이 되는 것이다.

역사상 애묘인들

약 1만 년 전부터 인간과 함께 살기 시작한 고양이들은 역사속에서 수많은 이들의 사랑을 독차지했었다. 그 가운데에는 "그 사람도?"라고 반문하게 될 만한 유명인사들도 상당 수이다.

미국의 작가, 마크 트웨인은 여러 마리의 고양이를 키웠었다. 그는 고양이 이름을 짓는 데에도 창조력을 한껏 발휘했다.

라오디케이아의 주교로 구약성경을 시문 형태로 편집했었던 아폴리나리스라는 이름을 붙여준 고양이도 있었고, 바알세붑, 사탄, 죄(Sin), 조로아스터 등 상당히 종교적인 뉘앙스를 지닌 이름도 여럿 지었다.

'밤비노'란 이름의 고양이를 잃어버렸을 때에는 〈뉴욕 타임스〉에 광고를 내기도 했고 보상금으로 5달러(당시의 물가를 생각해볼 때 대단한 액수이다.)를 내걸기도 했었다.

〈노인과 바다〉의 작가, 헤밍웨이도 애묘인으로 잘 알려져 있다. 스탠리 덱스터라는 선장이 선물한 백설공주(Snow White)라는 이름의 고양이는 발톱이 6개 있는 다지증을 앓고 있었다고 한다.

그룹 퀸(Queen)의 리드 싱어인 프레디 머큐리(Freddie Mercury) 역시 소문난 고양이 아빠이다. 그는 런던의 대저택에 고양이들만을 위한 공간을 마련하기도 했었다. 투어 때면 그는 집에 전화를 걸어 고양이 한 마리 한 마리를 바꿔 달라고 하며 대화를 나누기도 했다고 한다.

지금처럼 인터넷으로 무료 전화를 할 수 있는 것도 아닌 시절, 그는 비싼 통신료를 지불하면서 고양이들이 밥은 잘 먹었는지, 화장실은 잘 갔는지를 일일히 챙겼었다고 한다. 프레디 머큐리가 처음 키웠던 두 마리의 고양이 이름은 만화영화로도 유명한 〈톰과 제리〉란다.

그는 후천성면역결핍증 진단을 받은 후, 삶의 마지막 날들을 애인과 함께 여러 고양이들과 지냈었다. 특히 '들라일라(Delilah)'라는 이름의 삼색 고양이는 죽음을 앞둔 그에게 많은 기쁨을 주었다고 한다.

고양이에 관한 명언

고양이 애호가들은 고양이와 지내던 기쁨, 고양이와 함께 하며 깨달은 지혜를 이런 언어들로 표현했다.

"고양이와 함께 한 시간은 결코 낭비가 아니다. (Time spent with cats is never wasted.)" —지그문트 프로이트(Sigmund Freud)

"세상을 지배하는 것은 고양이이다. (Cats rule the world.)"
　　　　　　　　　　　　　　　　　— 짐 데이비스(Jim Davis)

"인간이 고양이를 소유하는 게 아니다. 고양이들이 우리들을 선택한다. (Cats choose us; we don't own them.)" — 크리스틴 캐스트(Kristin Cast)

"잠자는 고양이를 보면서 긴장한다는 것은 불가능하다. (You can't look at a sleeping cat and be tense.)"　　— 제인 폴리(Jane Pauley)

　남의 자식 자랑처럼 듣기 싫은 것도 없다던데… 본의 아니게 자식 같은 고양이 얘기를 늘어놨다. 하지만 당신이 자식을 키우며 삶의 희로애락을 경험하고 인생의 무상함을 체득하는 것처럼 내게는 고양이 예삐가 인드라망 같은 세상을 경험하는 하나의 입구이다.

　그 대상이 무엇이든, 욕망은 모든 현재의 경험과 마찬가지로 무상하며 고통이고 자성이 없다. 욕망의 대상과 함께 그 대상을 향한 욕망을 고요히 관찰하다 보면 대상과 관찰자의 경계가 사라지며 존재 속으로 녹아드는 순간이 온다.

　그 창을 통해 세상을, 더 나아가 우주를 경험하면서 또 한 편으로 이 경험의 무상함을 기억한다면 욕망은 당신을 욕망 너머로 데려다줄 뗏목이 될터이다.

[2019년 7월]

오래된 가구에 대한 연민

"가구란 그런 것이 아니지.
서랍을 열 때마다 몹쓸 기억이건 좋았던 시절들이,
하얀 벌레가 기어 나오는 오래된 책처럼
펼칠 때마다 항상 떠올라야 하거든…
가구란 추억의 힘이기 때문이다.
세월에 닦여 그 집에 길들기 때문이다."

―박형준 시인

먼저 박형준 시인(1966-)의 〈가구의 힘〉이라는 긴 시의 일부를 소개한다. 얼마 전에 졸부가 된 외삼촌의 집에 여러 번 초대받았지만 시인은 그 집에 가기를 그리 좋아하지 않는다.

시인의 어머니는 방마다 TV가 있는 것을 무척 부러워하지만 아들은 자신의 무능함을 아파하면서도 "그 집이 뭐 여관인가? 빈방에도 TV가 있게?"라고 응수한다. 졸부 외삼촌 집의 책장에는 세계문학전집이 숨도 쉬지 못할 정도로 눌려 있다. LA에서도 소문난 부잣집에 어쩌다 초대라도 받아 가보면 눈을 둘 만한 그림 한 점 없이 버거울 정도로 장식이 많은 이태리 가구에 초대형 사이즈의 TV와 가전제품만이 일관성 없게 놓여진 것을 볼 때가 있다. 돈이란 누가 어떻게 쓰느냐에 따라 숭고해질 수도 있고, 천박해질 수도 있을 것이다. 나는 그 집의 이발소 그림을 보며 돈이 취향까지는 살 수 없다는 말을 떠올렸다. 아마도 시인은 외삼촌 집에서 나와 비슷한 감정을 느꼈을 것이다. 다음은 그 시의 한 구절이다. 지면을 아끼기 위해 행은 편집했다.

"가구란 그런 것이 아니지. 서랍을 열 때마다 몹쓸 기억이건 좋았던 시절들이, 하얀 벌레가 기어 나오는 오래된 책처럼 펼칠 때마다 항상 떠올라야 하거든. 나는 여러 번 이사를 갔지만 그때마다 장롱에 생채기가 새로 하나씩은 앉아 있는 것을 보았다. 그 집의 기억을 그 생채기가 끌고 왔던 것이다.

새로 산 가구는 사랑하는 사람의 눈빛이 달라졌다는 것만 봐도 금방 초라해지는 여자처럼 사람의 손길에 민감하게 반응하지만, 먼지 가득 뒤집어쓴 다리 부러진 가구가, 고물이 된 금성라디오를 잘못 틀었다가 우연히 맑은 소리를 만났을 때만큼이나 상심한 가슴을 덥힐 때가 있는 법이다. 가구란 추억의 힘이기 때문이다. 세월에 닦여 그 집에 길들기 때문이다."

시인의 어휘력보다 더 크게 나를 사로잡은 것은 그가 오래된 가구에서 느끼는 감정과 정서였다.

남들이 쓰다 버린 슬픈 가구

가능하면 널찍한 공간을 즐기는 것이 좋아 가구를 구입하지 않고 살았더니 세월과 함께 늘어가는 옷가지, 책, 그릇, 화장품이 도대체 정리가 되지 않는다.

　가구 한 점은 그 각각의 기능성과 함께 공간을 살갑게 채워주는 존재이다. 고양이 예삐로 인해, 팔자에 없는 이사를 결정한 나는 이왕 이사가는 새 집, 필요한 가구들을 채워넣기로 결정했다.

　여러 날, 오랜 시간을 투자해 인터넷 쇼핑을 해봤지만 도저히 마음에 드는 가구를 발견할 수가 없었다.

　요즘 가구들은 소재들도 합판 나무들이거나 알루미늄 등이라 도저히 정감이 가지 않는다. 하기야 가구가 원목이어야 한다는 나의 고집은 도대체 어디에서부터 출발한 견해일까. 인류의 오랜 습을 고스란히 유전자로 물려받은 탓일까.

　지나치게 단순한 디자인은 뭔가 멋스러움이 없어보였고, 허세 가득하게 과장된 스타일은 거북스럽게 느껴졌다. 공장에서 막 출시된 반짝반짝한 가구에는 뭔가 설명할 수 없는 천박함이 흐른다. 에고, 한참 멀었다. 어쩜 이렇게도 상이 많고, 마음에 안 드는 게 많은지, 나는 나의 까탈스러움에 다시 한 번 마음을 들여다보았다.

내 안식이 좋아하는 가구들

　예삐라는 고양이에게 한 눈에 반한 나의 안식에는 약간 생채기가 난 듯, 앤티크 분위기가 나면서 튀지 않는 톤의 흰색 또는 터키석 칼라나 올리브색 가구가 예삐보인다. 그런데 이런 느낌의 가구들은 한 점에 천(1,000) 달러가 넘는 고가에 판매되고 있었다. 내 형편에는 그야말로 그림의 떡이었다.

그래서 차선책으로 생각한 것이 뼈대가 그럴싸한 중고가구를 구입해 내가 손잡이 등 적절한 장식품을 달고 페인트칠도 하고 그림도 그려넣자는 것이었다.

　알아보니 대표적인 경매 사이트인 이베이(ebay) 외에도 러브시트닷컴(Loveseat.com) 등이 있었고 중고가구 마켓플레이스인 오퍼업(Offup), 크레이그리스트(Craiglist), 엣치(Esty.com) 등도 있었다. 특히 엣치닷컴에는 누군가의 손에 의해 다시 태어난 멋스러운 가구들이 가득했다.

저지름, 고통의 시작

　이런 저런 사이트를 매일 저녁 방문하기를 거의 한 달째, 나는 드디어 큰 일을 저지르고 말았다. 러브시트닷컴의 중고가구 경매에 참여한 것이다. 온라인으로 하는 경매였는데 내가 평소 그렇게도 갖고 싶어했던 쉐비시크(Shabby Chic) 스타일의 장미꽃 그려진 화장대와 접혀지는 세크리터리 데스크(Secretary Desk) 등의 아이템에 눈이 확 돌아갔다. 물론 그냥 사용할 수도 있겠지만 샌딩머신으로 거칠어진 표면을 다듬고 초크페인트를 칠한다면 완벽해질 것들이었다.

　드디어 경매 당일, 나는 숨을 가다듬고 10달러에서 시작된 경매에 참여했다. 중간에 가격을 올리는 건 경매의 하수들이나 하는 행위이다. 나는 고수답게 경매 마감 4초 전에 지금까지의 최고 금액보다 5달러를 더 써서 올렸다. 그런데 러브시트닷컴의 경매 체제는 그럴 경우 4분간의 보너스 시간을 더 주는 것이었고 그럴 때마다 괜찮은 가구에는 꼭 또 다른 경쟁

자가 나보다 5-10달러의 금액을 더 불렀다. 결국 그 가구를 꼭 가지려면 더 많은 금액을 불러야 했다. 그러다보니 쉐비시크 화장대의 경구 10달러에서 시작해 결국은 650달러에 낙찰이 됐다. 끼약, 엄청난 금액이다.

나는 계속 지르다가 150달러가 넘으면서 포기했다. 운반비도 계산에 넣어야 했기 때문이다. 승용차로는 어림도 없는 크기여서 트럭을 빌려야 했고, 내가 힘이 좀 좋기는 하지만 여자 혼자서 옮긴다는 건 어림 반푼어치도 없는 얘기였기에 일용직 남성 한 명은 고용해야 하니, 운반에만 150달러는 족히 써야했다.

어쨌든 나는 두 번의 경매를 통해 토머스빌이라는 상당히 괜찮은 가구 브랜드의 화장대와 나잇스탠드 서랍장을 샀고, 그릇들을 넣어놓는 차이나 캐비넷도 구입했고 서랍이 달린 식탁도 구입했다.

트럭을 빌려 가면서 나는 그야말로 지옥을 경험했다. 차라리 하루 종일 사용해도 되는 프로그램을 선택할 것이지, 좀 쌀 것 같아 시간 당 요금제를 선택했는데 가는 날이 장날이라고 무슨 차가 그리 막히는지, 나는 그야말로 똥줄이 타는 것 같았다.

막상 가구가 보관된 웨어하우스에 가서 내가 낙점한 가구를 직접 봤더니, 사진으로 짐작한 것과는 많은 차이가 있었다. 사진은 거짓말을 하지 않는다던데, 아마도 내가 사진으로 표현된 진실을 보려 하지 않았는지도 모른다. 식탁은 다리가 너무 짧아, 그곳에 앉아 밥을 먹으려면 의자의 다리 몽둥이를 분질르든, 뭔가 특단을 내려야 할 처지였다.

나는 나의 선택에 기가 막혔지만 그 상황에서도 현재의 경험을 있는 그대로 알아차리며 내 선택에 책임질 차선을 생각했다. "그래 가구 다리를 연결하면 되지, 뭐."

그렇게 일용직 노동자와 가구를 싣고 와서 페티오에 내려놓고서는 이제이 가구들을 어떻게 고치는 게 좋을까, 고민을 시작했다. 일단 저 짤막한 식탁부터 어떻게 해결해야 했는데, 쓸만한 원목 가구 다리를 알아보니 배보다 배꼽이 더 컸다. 이걸 어떻게 한다지, 아직까지도 깊은 고민 중이다.

　아침 저녁으로 수행 하러 방석 위에 앉아서도 마음 속에 가구들이 오가는 것을 경험했다. "아, 마음이 방황하고 있구나, 알아차리고 다시 현재의 경험에 집중한다. 아, 뭐 이런 번잡한 일을 시작했다지? 후회감 만땅. 아, 마음이 과거로 갔구나, 알아차리고 다시 현재에 집중한다. 홈디포 말고, 좀 더 괜찮은 다리를 구입할 수 있는 사이트는 없을까? 이런, 마음이 미래로 갔구나." 다시 알아차리고 현재로 돌아오고, 그 뒤 이 과정을 무한 반복했다.

나를 다독이며

　나는 나의 저질러 버린 행으로 인한 마음의 번잡함, 걱정과 후회의 감정을 오가며 오온의 윤회를 철저하게 경험한다. 그냥 놀이로 생각하자. 실제가 그렇다. 맨처음 마음으로, 즐겁게 유희로 여기며 고쳐봐, 망쳐도 돼. 한 번도 넘어지지 않고 걸음마를 배우는 아가는 없잖아. 마찬가지야. 너의 선택에 대해 신뢰를 가져. 괜찮아. 별 일 아냐. 고작 물건이야. 언제든 처리할 수 있어.

　플러그만 뽑으면 되는데 그것에까지 생각이 미치지 못해 게임에 지는 것으로 괴로워하는 게이머나 누가 시키지도 않은 중고가구 사다가 쟁여놓고 온갖 지옥을 경험하는 나나, 참 혀를 끌끌 차게 되는 상황이다.

정리 좀 해보겠다는 의도로 가구를 구입했다가 집안꼴은 더 엉망이 되었다. 워낙 정리에 재주가 젬병이다 보니 아마도 가구 리폼 마치는 시점이 되려면 서늘한 가을 바람이 불어올 때 라야 할 지도 모르겠다.

사람도 물건도, 아름다운 이별을

그래도 예전에 내가 고쳐 놓은 가구 한 점을 보며 마음의 위안을 삼는다. 인도에서 구입해온 도자기로 된 문고리를 달아 장식하고 광택 없는 흰 페인트로 색칠한 장롱은 나의 옷가지와 이불들을 잘 정리하게 해주며 볼 때마다 흐뭇함을 선사했었으니까.

이사를 준비하며 깨달았다. 정말 징하게 많은 것들을 끼고 살았구나. 물건 다이어트를 해야 한다, 늘 생각만 있었는데 이번 기회에 과감하게 정리하려 한다. 이 세상 모든 것과 마찬 가지로 사람도, 물건도 만날 때가 있었으니 헤어질 때도 있는 것이다. 내게 더 이상 필요하지 않은 물건들을 필요한 이들에게 잘 떠나보내는 것이 아름다운 이별을 준비하는 것일 게다.

그렇게 하나둘씩 떠나보내고 나면 남는 것은 텅빈 공간일 것이다. 이 세상 떠나는 날, 그렇게 텅빈 공간에서 만났던 모든 것들과의 인연에 감사하며 머무는 바 없이 알아차림과 함께 현재의 순간으로 다가올 죽음을 껴안는 연습, 그 연습도 매일 해야 막상 그 순간이 다가왔을 때 잘 할 수 있는 것일 게다.

[2019년 8월]

326

왜 밥을 사야 할까?

밥에 관한 한두 가지 생각들

"부처님 공양 말고 배고픈 사람 밥을 먹여라." —아시아 속담

"우리들이 밥을 함께 먹을 때 우리는 상대방에 대해 많은 것들을 알게
된다."
—앤소니 부르댕(Anthony Bourdain)

"내가 밥 살게"

"밥 사." 라는 말을 들을 때, 나는 왜 이리 불편할까. 한 모임에서 알게
된, 그야말로 '지인'이 내게 한 말이다. '지인'이라는 말은 친구라고 할 수
있을 만큼 가깝지 않다는 뜻이요, 선배나 후배라고 할 만큼 살갑지도 않
다는 얘기다. 고작해야 이름 정도, 그리고 그 모임에 나오는 사람이라는
정도의 정보만 갖고 있는 이가 왜 그렇게도 당당하게, 마치 맡겨놓은 것
달라는 식으로 딱 잘라 "밥 사."라고 명령을 하는지, 나는 또 다시 내 몸
으로 돌아와 감각을 살폈다.

"사"라는 명령어가 불편한가, 아니면 '밥'이라는 목적어 때문에 불편한
걸까. 다른 명령형으로 한 번 바꾸어보자.

"커피 사."

"디저트 사."

이 역시 정도의 차이는 있지만 여전히 불편하다. 물론 밥을 산 사람이 내가 밥 샀으니 네가 커피 정도는 사라고 했다면 불편하게까지는 느끼지 않겠다만, 그 역시 내가 먼저 사겠다고 한 게 아니라, 그 사람이 먼저 사라고 한 것이니 만큼, 아주 미묘한 저항은 일어날 것 같다.

과연 나는 내가 돈을 지불하고 다른 사람과 나누는 게 싫은가. 내가 말로는 나누고 싶다 하면서 내면 깊숙한 곳에서는 별로 그렇게 하고 싶어하지 않는 이기적 유전자의 소유자인가. 한참을 가슴에 손을 얹고 생각해 보지만 그것도 아니다.

그렇다면 내 존재가 가장 원하고 있는 것들을 한 번 생각해보자. 내가 원하는 것들은 다른 사람들도 원하는 것일 테니.

"나를 좋아해줘."

"나를 사랑해줘."

"나를 존경해줘."

있는 그대로 보아주는 사랑이 아닌, 자신만의 방식으로 나를 통제하거나 조정하려 드는 의도에서 나온 이런 말들 역시 불편하다. 진정으로 사랑한다면 "나를 사랑해줘." 라고 하는 대신 나의 '사랑하지 않음'을 있는 그대로 허용할 테니까.

아. 나는 다른 사람들이 내게 이래라, 저래라 명령하는 것을 싫어하는구나. 그렇다면 그건 또 왜 그렇게 불편한가. 한 나라의 국민이기 때문에 나는 국가가 "세금내." 하는 것을 당연하게 여기고, 어떤 모임에 나갈 때 "회비 내." 하는 것을 당연하게 여기면서 말이다.

한 나라의 국민이 되는 것은 내가 원한 바가 아닌 운명이라 치더라도, 어느 모임의 회원이 된 것은 내가 내 의지로 결정한 것이고, 그 모임의 회원이 된 이상, 회원의 의무를 다해야 한다는 것은 납득할 만한 일이라고 여기는구나. 그래서 그런 것에 대해서는 저항이 없구나, 깨닫는다.

누구든 자신이 자원하여 무언가를 할 때, 하고 싶어지고 신명날 것이다. 하지만 살다 보면 누군가의 "밥 사."라는 말에 싫으면서도, 가능한 한 싫은 기색을 표정에 드러내지 않고 밥을 사야할 때가 있다.

아니, 이 말은 억지다. 예전에는 나도 그럴 때가 있었다. 남들의 욕망을 대신 살아줄 때, 즉 내가 나로서 존재하고, 무엇보다 내 내면이 원하는 것에 귀를 기울이고 나의 슬픔과 기쁨을 알아주기 이전, 남들이 원하는 바를 내가 들어줘야 사랑받고 인정받을 수 있다는 생각에서 난 많은 날들, 나이기를 포기했었다. 그래서 속으로는 밥을 사고 싶지 않으면서도 호탕한 척 밥값을 내곤 했다.

둘이 만나거나, 셋이 만나거나, 여럿이 만나도 항상 밥값을 내는 사람들이 있다. 내가 아는 기독교 장로님 한 분이 그렇다. 아직 선뜻 그처럼 통크게 베풀 만한 용기가 없는 나는 그런 이들을 대할 때, 감사와 함께 존경심마저 인다.

때로 내가 누군가와 밥을 먹고 있는데 식당에서 나를 알아본 사람이 나도 모르게 밥값을 내주고 가는 경우가 있다. 이럴 때엔 정말 밥 한 끼이지만 그 고마움의 정도가 장미 100송이라도 배달된 것처럼 크게 느껴진다.

공양에의 기억

나도 그랬던 적이 있다. 추운 한겨울 밤 늦은 시각, 늦은 저녁을 먹기 위해 다이너(Diner, 24시간 문을 여는 미국식 식당)에 들어갔다가 한쪽 구석에 노숙자가 앉아 있는 것을 보았다. 그는 테이블 앞에 커피인지, 차인지, 아니면 그냥 따뜻한 물 인지 모를 머그컵을 두고 앉아 있었다. 아마도 너무 추운 날씨인지라 밖에서 자면 동사할 수도 있어서 였을 거다. 24시간 문을 여는 다이너에서는 뭐든 마실 것 하나라도 시키면 쫓겨나지는 않을 터이니 추운 겨울 밤을 그리 춥지 않게 보낼 수 있어서였던 것 같다.

〈소공녀〉는 어린 시절 읽었지만 내 삶에 참 큰 영향을 준 동화이다. 그 노숙자를 본 나는 배가 고프면서도 주운 동전으로 구입한 빵을 거지에게 선뜻, 자기 몫보다 더 챙겨 주었던 세라 라는 소녀를 떠올렸다. 나는 종업원을 불러 그에게 가장 푸짐한 양의 브랙퍼스트를 시켜주면서 그에게 나라고 알리지 말고, 그냥 누군가가 식사를 보냈다고만 말하라고 했다.

잠시 후 식사가 배달되었을 때 그가 지었던 표정을 나는 지금도 잊지 못한다. 세상에서 가장 행복한 미소, 마치 기적이 일어난 것을 목격하는 것 같은 그의 얼굴은 가장 작은 존재로 현현한 예수였다.

그는 코로 흠뻑 음식의 냄새를 만끽하고, 천천히 한 입 한 입 음미하며 계란과 해쉬브라운, 소시지 등으로 꾸며진 브랙퍼스트를 먹었다. 지금 생각해보니 그야말로 밥을 앞에 두고, 마인드풀한 식사를 몸소 행하고 있었던 것이다.

왜 밥을 나누고자 하는가

이제껏 주변 사람들에게 "요리 좀 한다."는 칭찬을 듣곤 했던 나는 기회 닿는대로 음식을 만들어 나눠준다. 그 가운데는 "어머, 식당 차려야 되겠어."라는 다소 과한 칭찬을 하는 이들도 있다. 나는 그 칭찬이 마냥 좋아 그냥 고래가 되어버렸었다. 칭찬 한 마디에 정신줄 놓고 춤을 추어버리는 거다.

그래서 가끔 돌아본다. 나는 진정 나누고자 나누는가, 아니면 칭찬이 좋아 나누는가. 인류는 사회에서 고립되는 것을 가장 두려워한다고 한다. 과거 무리에서 고립된다는 것은 맹수로부터 추격 당할 기회가 더 많아지는 등 생존에의 위험에 더 노출된다는 뜻, 즉 죽음을 의미했기 때문이다. 그렇기 때문에 우리들은 내면에서 원하지 않는 것일 지라도 공동체가 원하는 방향으로 나의 미래 직업을 결정하기도 하고, 가슴 떨림 없는 배우자와 결혼을 하기도 한다.

하지만 이제 깨어살기 시작하면서 나는 그렇게 인류의 습대로 살기를 거부한다. 나는 내가 원할 때 내 의지로 밥을 사고 싶다. 내가 먼저 마음을 낸 게 아닌 상태에서 누군가의 "밥 사."라는 말에 의해 밥을 사게 되는 것을 원치 않는다. 그런 말을 들을 때, 많이 불편하다. 그리고 이제 그 불편한 마음에 대해 피하려 하지 않고, 충분히 불편함을 함께 해준다. 그리고 내가 꼭 그 말을 따르지 않아도 되도록 나의 자유를 허용한다.

밥을 산다는 것에 대한 우리들의 상

그런데, "밥 사"라는 반말은 매우 불편하지만 후배들이 "선배, 밥사줘

(요)." 라고 하는 말은 많이 좋아한다. 그만큼 나를 편하게 느끼고 있다는 얘기일 것 같아서이다.

이건 또 뭔 상(相)인가. 글로 적고 보니 나의 이중잣대가 보인다. 후배는 되고 그리 친하다고 느끼지 않는 나이 든 사람은 안 된다는 건가? 반말을 싫고, 존댓말로 하거나 어리광부리듯 하면 된다는 건가.

뭔 상(相)이 이렇게 많은지, 모든 상이 상 아님을 알면 곧 여래를 본다(凡所有相皆是虛妄 若見諸相非相 卽見如來)고 했거늘, 이렇게 "밥 사." 라는 같은 내용에 대해서도 대상에 따라, 말하는 방법에 따라 오만 가지 상을 갖고 있으니 어찌 여래를 볼 것인가.

어쨌든 밥 얘기가 나왔으니 한국인이 갖고 있는 밥에 관한 상(相), 또는 한국인이 밥에 관해 이런 상(相)을 갖고 있다는 나의 상(相)을 한 번 모아봤다.

"밥 한 번 먹어요."

우리는 정말 아무렇지도 않게 식사에 사람들을 초대한다. 사실 그렇지 않아야 할 별다른 이유도 없다. 특히 우리나라처럼 각자 개인의 몫은 밥과 국뿐, 나머지 반찬들을 함께 나눠먹는 패밀리 스타일의 식사에서는 더욱 그렇다. 지나가던 객이 식사 시간에 문을 두드리면 들어오라고 해서 밥 한 그릇만 퍼주며 있는 것을 나눠먹을 수 있는 것이다.

외국인들이 우리나라에 왔을 때 "밥은 먹었냐?" 라는 질문을 받고, "밥 안 먹었으면 먹고 가라."는 제안에 눈물날 만큼 감동하는 것은 우리 식의 식사 형태에 기인한 인심 때문일지도 모른다. 만약 우리 나라의 식사 형태가 에피타이저, 메인디시를 각자의 양만큼만 준비해 먹는 스타일이었다면 이런 인심이 생겨나지 않았을 수도 있을 것이다.

유럽에서는 식사 시간에 남의 집을 찾아가는 것이 금기시 할 만큼의 실례로 여기는 경향이 있다고 나는 느꼈다. 먹는 것을 너무도 중요하게 여기다보니 그런 것 같다. 얼마나 먹는 것을 중요시 하는지, 밥을 먹으면서도 예전의 기억 나는 식사에 대해 이야기한다.

어쩌면 부처님 시대의 사문들이 밥을 빌어먹으며 수행에만 전념할 수 있었던 것도, 아시아 문화권의 식사 형태 덕일지도 모르겠다. 유럽처럼 식사 때에 딱 맞는 양의 에피타이저, 메인디시, 디저트만 준비한다면 아라한 아니라, 부처님 할아버지가 오더라도 나눠줄 음식이 없었을 테니까.

이처럼 편안하고 부담없게 남들을 식사에 초대하는 문화권에서 자라서인지 우리나라 사람들은 처음 본 사람들에게도 참 쉽게 식사에 초대한다. 이제껏 한국인들의 사교와 식사 행태를 관찰해본 결과, 보통 처음 초대한 사람이 밥값을 내는 경우가 많은 것 같다. 그런데 두번째 만날 때는 어떠한가. 물론 처음 밥을 산 사람이 나이가 많거나, 돈이 많거나, 지갑 열기를 즐겨하는 사람이라면 매번 만날 때마다 밥 사는 것을 마다 하지 않는다. 하지만 고만고만한 나이 차이라던가, 아직 살아가느라 허리띠를 졸라야 할 경우, 우리들은 한 사람이 사고 나면 그 다음에는 말 하지 않아도, 다음 사람이 돌아가며 밥을 사는 것을 일종의 사회적 불문율로 하고 있는 것 같다. 적어도 나는 그렇게 느꼈다.

미국에 처음 와 학교에서 알게 된 현지인과 친구가 되고 싶은 마음에, 한국에서 친구가 되기 위한 과정 중 첫번째인 식사 제안을 한 적이 있었다.

얼추 5번 정도 계속 밥을 산 후였던지라, 나는 그녀가 6번째 정도의 만남에서 "이번에는 내가 살게." 라는 말을 할 줄 알았다.

그러나 그녀는 내가 밥을 살 때마다 "너, 너무 친절하고 인심이 후해." 라는 말은 진심에서 우러나 했지만 그렇다고 자신이 밥을 사겠다는 의사를 표현하지는 않았다. 처음에는 "어떻게 이럴 수 있지?" 하는 마음이었지만 이제 뒤늦게 깨닫는다. 그녀에게는 그런 상, 또는 식이 없었다는 것을. 즉 나와 다른 문화권에서 자랐기에 그녀에게는 '친구가 한 번 밥을 사면 다음에는 내가 산다'는 상이 없었던 것이다.

친구가 이번 주에 밥을 사면, 그 다음 주는 내가 사는 것은 한국에서 60~80년대에 청소년기를 보내며 자라온 이들 사이에 형성된, 어떤 삶의 매뉴얼에도 없는 사회적 습이요 상이다. 그러나 다른 문화권의 사람들은 우리와 똑같은 상을 갖고 있지는 않다. 그 다른 것을 정죄하고 판단하는 것이 아니라, "아, 그들은 그렇구나." 라고 알아주면 된다. 밥을 사고 싶으면 사고, 혼자 먹고 싶으면 혼자 먹으면 된다. 괜히 인심 후한 척, 나눠줄 필요는 없다.

"부처님은 늘 밥을 얻어드셨다"

하지만 밥 한 끼가 그 무엇이라고, 혼자 밥통 끌어안고 먹겠다는 건가. 그는 어쩌면 내 앞에 찾아온 '아라한'이요, '가장 낮은 모습으로 현현한 예수'일 수도 있는데.

사실 밥 한 번 안 산 인물로는 부처님 만한 분이 없다. 불교 경전을 들여다보면 대중들이 모두 부처님께 밥 샀다는 얘기이다. 물론 식당에서 샀다는 표현이 아니라, 당시의 사회 구조 때문에 집에서 상을 차려 공양을 올렸다는 에피소드들이 구구절절 나온다.

부처님은 그에 대해 "고맙소. 정말 잘 먹었소."라는 인사도 하지 않으셨던 것 같다. "밥 한 번 살게요." 라는 대중들의 초대에 그저 고개를 끄덕하는 것으로 응대하고, 본인 한 사람뿐만 아니라 500여 명의 비구들까지 떼거리로 몰고 가서 드셨으니, 부처님 한 분에게만 공양을 하려던 사람이 만약에 있었다면 "내가 호구냐? 어떻게 500명을 데리고 나와." 라며 법정 소송까지 갔을 수도 있겠다.

하지만 당시 사람들은 어떻게든 부처님과 그의 제자들에게 한 번이라도 공양을 올리고자, 그 기회를 서로 가지려고 했었다. '암바빨리'라는 기녀가 부처님을 뵙고 감화받아 부처님께 공양을 올릴 수 있게 되었을 때의 이야기이다. 릿치비인들은 그녀에게 십만금을 줄 테니 공양할 수 있는 기회를 자신들에게 달라고 했었다. 그때 암바빨리는 "귀공자님들. 제게 베살리 시를 영지와 함께 다 준다고 해도 부처님께 공양 올리는 기회를 양도하지 않을 것입니다." 라고 했다.

부처님을 일컫는 10가지 명호 가운데 '응공(應供)'이란 것이 있다. 이는 천상과 인간으로부터 존경과 공양을 받아 마땅한 '아라한' 이라는 뜻이다. 사실 따져보면 우리 모두가 천상과 인간으로부터 공양을 받고 있다. 내 앞에 온 밥 한 그릇은 천지의 공양이다. 햇살과 비, 흙, 나비와 벌, 수많은 인간의 수고가 그 밥 한 그릇에 담겨 있다. 그러니 공양을 올리는 우주에 고마운 마음을 갖고, 아라한처럼 살 일이다.

"공짜 점심은 없다."

밥 한 번 함께 먹는 것에 그리 큰 의미를 두지 않는 문화권에서 자라나다 보니, 나는 식사 초대가 정말 캐주얼하게 열린 마음으로 새로운 사람을 알아가는 과정인 줄로만 알았다. 그런 초대에 열린 마음으로 응했다가 나중에 정말 험한 소리를 많이 들었다. 사람들이 밥을 살 때엔 (늘 그런 건 아니지만, 때로는) 뭔가 보이지 않는 의도가 있는 것 같다. 그래서 그 유명한 "공짜 점심은 없다. (There ain't no such thing as a free lunch.)"라는 표현이 있는 것이다. 특히 남성들이 여성들에게 밥 한 번 먹자는 말을 곧이곧대로 받아들였다가는 나중에 뭔 소리를 듣게 될 지 모른다.

스스로 한 번 가슴에 손을 얹고 생각해보자. 나는 과연 아무런 댓가를 바라지 않고, 순수하게 밥을 사는 것인지. 나도 그런 줄 알았다. 하지만 호흡을 있는 그대로 바라보고, 몸의 감관을 있는 그대로 살피던 가운데 나는 무의식에 감추어져 있던 내가 밥 사는 의도를 알아챘다. 더 친해지고자, 우정의 크레딧을 쌓고자, 나를 좋아해주길 원해서, 그의 마음에 들고자, 너무 얻어만 먹었으니 체면을 유지하고자… 밥을 사는 이유의 근원까지 가본 나는 물론 순수하게 밥을 함께 나누고 싶다는 이유도 있지만 그 외의 청정하지 못한 이유들도 있음을 알아챘다.

그러니 남들이 무언가를 원하며 밥을 살 때, 어떻게 정죄할 수 있단 말인가. 내가 그 요구를 들어주지 못할 것 같다면 응당 식사 제안을 거절해야 할 터이다. 그리고 그런 관계라면 밥을 함께 먹는 것이 그리 편하지도 않다. 커피나 차 한 잔으로도 충분히 이야기를 나눌 수 있다.

왜 우리는 무언가를 부탁할 때도 밥을 매개로 할까. 어쩌면 계속 되던 전쟁과 기근으로 너무 끼니를 건너뛰는 날들이 많아서였을 수도 있다. 그런 우리 민족의 아픔과 부족함 역시 가만히 눈을 감고 헤아려본다. '나는 부족하다', '더 채워야 한다'는 오래된 관념은 조상들의 무의식으로부터 우리들의 무의식으로 대물림되었을 것이다. 한국인들만이 그런 건 아니다. 이는 인류 공통의 결핍 DNA이다.

하지만 지금 이 순간, 무엇이 그리 부족한가. 현재에 모든 걸 맡기고 고요히 그 결핍감을 바라본다. 시간이 지날수록 결핍의식은 서서히 사라진다. 이제 그 텅 빈 가슴의 구멍이 평화로운 충만함으로 가득찬다. 아무 것도 바라는 게 없다. 행복도, 평화도 바라지 않는 상태가 된다.

"밥 한 번 먹어요."

한편 "밥 한 번 먹어요."는 허영심과 가식의 대명사로 불리는 할리웃 배우들도 자주 하는 말인 것 같다. 앤드류 로이드 웨버의 뮤지컬 〈선셋대로(Sunset Blvd.)〉에 보면 "밥 한 번 먹어요. (Let's have lunch)" 라는 노래가 있다. 가사를 살펴보면 실제론 식당에서 웨이터로 일하면서도 남들에게는 바빠보이려 할리웃의 빅샷(Big Shot)과 약속이 있다고 허영을 부린 후 "나중에 밥 한 번 먹어." 라는 말로 마무리하는 내용이다. 밥 먹자고 제안하는 사람이나 그러자고 응대하는 사람이나 그저 공허한 메아리일 뿐, 10년이 지나도 밥 한 번 함께 먹지 않으리라는 걸 안다.

지인들 중에도 그런 사람들이 있다. "언제 밥 한 번 먹어요." 라고 제안하지만 카톡 한 줄 하는 일이 없다. 산에 가야 범을 잡고 님을 봐야 뽕도

따는 법이거늘, 소통이 전혀 없는 관계에서 어찌 밥 먹을 기회가 만들어질 수 있단 말인가. 이는 말에 대한 부처님의 바른 언어 생활에 관한 가르침 중 허망한 말(妄語), 입에 발린 말(綺語)에 해당된다.

"언제 밥 한 번 먹어요."라며 입에 발린 말을 하는 대신 진실하고 정직하게 나의 마음을 들여다보고 현재 내 마음이 편안할 정도의 제안을 해보자. 정말 밥 사지 않아도 된다. 요즘 세상 사람들은 너무 많이 먹어서 과체중이다. 이제 더 이상 밥 사는 것이 뭔가 베푸는 것과 동일어는 아님을 기억하자.

"걔는 밥 한 번 사는 꼴을 못 봤어."

뒷말 할 때, 한 존재에 대한 평가를 할 때, 우리는 이 말을 참 자주 한다. 그런데 왜, 그가 나에게 밥을 사야 할까. 밥을 함께 먹는다는 행위가 그렇게 캐주얼한가.

1시간 함께 하고 싶은 사람과는 커피 또는 차 한 잔 하자고 제안한다. 2시간 이상 함께 하고 싶은 사람과는 저녁을 먹자고 한다. 서너 시간 함께 하고 싶은 사람과는 술을 먹자고 한다. 8시간 이상 함께 하고 싶은 사람과는 골프를 치자고 한다.

1시간도 함께 하고 싶지 않은 사람인데 왜 밥을 사야 할까. 만약 그 사람이 당신에게 밥을 한 번도 안 샀다면 과연 나는 그가 밥을 함께 먹고 싶어하는 사람인지, 2시간 정도 함께 있을 만한 사람인지를 돌아보는 게 나을 것이다.

그저 내가 사고 싶으면 사면 되고, 사고 싶지 않으면 안 사면 된다. 남들이 밥을 사고 말고는 철저히 그 사람의 자유이다. 그러니 내 자유와 내 의도가 소중하다면 남들의 밥을 사지 않는 자유와 의도를 존중하자. 밥 한 끼가 그 무엇이라고 대상을 정죄하면서 내 마음의 평정을 깨뜨리는가.

기억에 남는 식사 대접 프로젝트

일간지의 푸드 섹션에 꽤 오랜 기간 기사를 기고하면서 나는 소문난 맛집에도 많이 다녀봤고, 유명 셰프들이 어떤 요리를 만드는지도 가까이에서 지켜보는 경험을 하게 되었다. 요리하기를 즐겨 하다 보니 집에서도 꽃으로 장식된 예쁘고 맛있는 요리들을 만들곤 한다. 그런 요리를 친구와 지인에게 대접했을 때, 그들의 표정이 환하게 밝아오는 경험은 나를 전율하게 한다.

내 인생의 여러 계획 가운데 '기억에 남는 식사 대접 프로젝트'를 넣게 된 것은 그런 이유이다. 내가 대접받고 싶은대로 남들을 대접하며 나는 참 행복하다. 밥 한끼는 아무 것도 아닐 수 있지만, 이처럼 우리를 행복하게 해주는 큰 의미를 지니기도 한다. 색즉시공이요, 공즉시색이다. 그러니 마땅히 머무르는 바 없이, 집착하는 바 없이 마음을 내어 식사를 대접, 즉 공양을 올리면 된다.

하지만 누군가 "밥 사" 라고 한다고 해서 무조건 마음을 내진 않을 것 같다. 아직 내 꼬라지가 이 정도밖에 안 됨을 나 스스로 알아준다. "밥 사"라고 말하는 이에게 편안하게 밥을 살 수 있을 만큼 경계가 사라진 우주심을 갖게 되는 날이 올 수도 있고, 오지 않을 수도 있을 것이다. 그래도 괜찮다.

[2022년 9월]

마이크 앞에서 못다 한 이야기

"나의 언어의 한계는 나의 세계의 한계를 의미한다." - 비트겐슈타인

"귀를 훔치지 말고 가슴을 흔드는 말을 해라." - 유재석

방송 진행자를 꿈꾸던 소녀

라디오 방송국에서 일한 지 오랜 시간이 지났다. 워낙 한 곳에 뿌리 내리고 딱 붙어 있지 못하는 체질이라 한 철 방송을 하고 나서, 한 철은 떠났다가 다시 와서 일하기를 수 년간 반복했다.

중고등학교 때, 처음 들었던 라디오 방송이 황인용이 진행하는 '밤을 잊은 그대에게'였었다. 그후, 이종환의 '밤의 디스크 쇼'로 채널을 옮겨가며 제대로 라디오 방송의 묘미에 빠져들었던 것 같다.

'이종환의 밤의 디스크 쇼'에는 당시의 톱 스타들이 많이 출연했었다. 그들과 입담 좋은 이종환의 대화를 이불 속에서 들으며 깔깔깔 웃었던 밤이 하루 이틀 늘어 갔다. '밤의 디스크 쇼'를 듣지 않고 학교에 가면 친구들과 대화조차 할 수 없었던 시기였다.

340

다른 아이들처럼 대학교수가 되겠다거나 의사가 되겠다는 꿈은 애저녁에 가져본 적이 없다. 하지만 심야방송을 매일 들어서였을까? 어느 틈에 스튜디오에서 헤드폰 끼고 마이크 앞에 앉아 있는 스스로의 모습을 자연스럽게 마음 속에 그리고 있었다. 음악에 대해 설명도 하고 라디오를 듣는 여린 감성을 쓰다듬어 주는 나를 생각하니 가슴이 뛰어 왔다. 그래, 어쩜 나는 그렇게 만인의 연인이 되고 싶었던 것 같다.

대학을 졸업하고 우연히 라디오 방송국에서 일할 기회가 찾아왔다. 아니, 정확하게 말하면 치열하도록 그 기회를 찾았었다. 친척 중 한 분이 KBS 라디오의 고위간부였었는데, 그 분을 찾아가 급여를 안 받아도 좋으니 무조건 일할 기회를 달라고 떼를 썼다. 지금 생각해보니 그 분의 입장이 얼마나 곤혹스러웠을까, 헤아려진다.

이처럼 막무가내였던 내게 기회가 왔다. 88 올림픽을 앞두고 있던 때라 한국을 찾은 외국인들을 만나 영어로 인터뷰한 후, 방송을 하는 리포터 일이 내게 주어진 것이다. 대학 4년을 다닌 게 고작인데, 다시 말해 현지에 유학을 다녀온 것도 아닌데 나의 짧은 영어실력이 뭐 그리 신통방통 했겠는가? 하지만 인터뷰 한 카세트테이프를 10번, 아니 스무 번도 더 반복해 들어가며 방송을 준비했던 것 같다. 그 열정을 공부에다 쏟았으면 아마 서울대학교를 수석으로 입학했을 것이요, 고시에도 떡 붙어 가문의 영광이 되었을 게다.

당시 KBS며 MBC에 방송 한 번 해보겠다고 모여든 날고 기는 리포터 지망생들이 얼마나 많았겠는가. 그 치열한 경쟁 세계에서, 당시 많은 이들이 도전하지 못하던 독특한 분야를 개척한 덕에 나는 어렵사리 내가 원하던 방송세계에 입문할 수가 있었다.

우주는 간절한 소망을 듣는다

그러다가 미국 땅을 밟았다. 미국에서는 모두들 자신의 꿈을 접어두고 삶을 위한 투쟁을 해야만 하는 줄 알았었다. 이름도 기억 나지 않는 무역회사에 한 달을 다녔다. 매일 울었던 것 같다. 이게 아닌데, 내 삶이 어디로 가는 건지 알 수 없었다.

돈을 못 벌어도 좋으니, 가슴이 뛰는 일을 하고 싶었다. 지금이야 나의 몸도, 내가 하는 일도 진정한 내(참 나)가 아니라는 것을 잘 알지만 한참 어렸던 그때엔 일과 나를 동일시했기에 원하는 일을 하지 못한다는 건 가장 큰 괴로움이었다.

퇴근 후 집에 돌아오는 길에는 늘 석양이 있었다. 지는 해를 바라보며 소리 내어 울면서 나는 우주에 선언을 했다. "이 사무직 일은 한 달로 족해. 나는 돈을 벌지 못하는 한이 있더라도 내가 하고 싶은 일을 하고 말 거야."

지금에야 그 신비를 이해한다. 맞다. 파울로 코엘료가 〈연금술사〉에 썼듯이 우주는 우리들이 무언가를 간절히 바랄 때, 아주 작은 것에서부터 재배치를 하기 시작한다.

마침 때를 맞춰 라디오코리아가 개국했다. 그로부터 오래지 않아 여고 시절, 밤마다 들었던 그 전설적인 '이종환의 디스크 쇼'의 진행자인 이종환씨가 LA로 왔다. 이종환씨는 한인 방송국 KCB에서 방송도 진행하고 운영에도 참가하고 있었다. 우주는 내 목소리가 이종환씨의 귀에 착 달라붙게 조율을 했고 나는 KCB 미주한인방송에 입사하게 됐다.

당시 내가 진행했던 프로그램은 아침 6시부터 7시 30분까지 방송되던 'FM 모닝 쇼, 스텔라와 함께'였다. 아직도 기억한다. 처음 진행자로서 마이크를 잡던 순간의 가슴 떨림과 감격을 말이다. 그 이후 KCB, 라디오서울, JBC, 그리고 현재 몸 담고 있는 라디오코리아까지 LA의 거의 모든 라디오방송을 전전하며 일을 해왔다.

때로는 내 의사와 상관 없이 일을 쉬어야 했었던 때도 있고, (쉬운 말로 짤려서 또는 팽 당해서) 때로는 순전히 여행을 다니기 위해 방송을 놓았던 적도 있었다.

방송하면서 내가 삶에서 배우고 느낀 감동을 청취자들에게 전해주는 것을 참 좋아하지만 한 자리에 붙어있어야 한다는 건 여전히 내게 있어 견디기 힘든 고역이다. 청취자들에게 영감을 불러일으키기 위해 진행자들은 더 큰 감흥을 가져야 한다고 생각한다. 내게 있어 낯선 곳에서의 일주일 간의 여행은 한 도시에 1년을 살면서 쌓아가는 영감의 크기보다 훨씬 컸다.

그래서 가끔은 한 달 분의 방송을 녹음하고 정처 없이 떠돌아다니기도 했다. 그렇다 보면 '사는 게, 까짓 것, 동전짝만 해 보인다'던 그리스인 조르바처럼 배포가 커진다. 죽는 게 별 것 아니라고 생각되면 세상에 두려울 건 아무 것도 없다. 길 위에서의 시간은 내게 늘 더 큰 사람이 될 것을 가르쳐주었다.

구업 짓지 않는 방송

방송 하는 사람들 사이에서는 '방송쟁이들이 가장 방송을 듣지 않는다.'는 얘기가 자주 입에 오른다. 남의 방송을 모니터 하는 일은 나의 방송을 비추어볼 수 있는 좋은 거울인데도 말이다.

애정과 사명감으로 시작한 방송이었지만 사랑도 일도 세월이 지나면 타성에 젖는 법이다. 어느새 내 프로그램 진행 준비조차도 저녁 밥상 차리는 주부마냥 오늘은 또 무슨 얘기를 해야 하나 빈곤한 아이디어를 쥐어 짜내는 형편이 되었다.

사정이 이렇게 되다 보니 남의 방송 프로그램이 어디 듣고 싶겠는가? 남들은 방송을 듣고 보며 휴식을 취할 테지만 방송인들에게 있어 진정한 휴식의 의미는 방송 없는 시간과 공간의 창조에 있을 것이다.

언제 어느 채널을 통해 그 방송을 듣게 되었는지 그 순간을 꼭 집어 기억할 수는 없다. 하지만 라디오에서 들었던 불교 방송은 내 귀를 쫑긋 세우게 만들었다. 불법 강의였는데, 그저 차를 타고 다닐 때나 틀어놓은 소리로는 부족했다. 그 법문 방송을 듣기 위해 마음을 가다듬고 방송시간을 기다리며 노트까지 준비했다.

그러면서 생각했다. 나도 이런 방송을 해야 할 텐데. 이처럼 듣지 않고는 배겨낼 수 없는, 전파가 아깝지 않은 방송을 말이다.

전파를 통해 만나게 된 불법은 내 영혼에 커다란 기쁨이 되었다. 주말 저녁이면 의례 늦은 시각까지 노래방이며 카페를 전전하게 되지만 당시 불교 방송이 시작되던 시각이 되면 애인 숨겨놓았냐는 질문을 뒤로 하며 불교방송을 듣기 위해 집으로 향했었다. 세상과 인간의 인식체계에 대해 과학적이면서도 알기 쉽게 설명하는 불교방송의 법문은 나의 견고한 아집과 단단한 고정관념을 내려놓게 만들었다.

세상을 살면서 누구든 한 번쯤은 이런 질문들로 고민했을 터이다. "나는 무엇인가? 나는 어디에서 와 어디로 가는 걸까?" 폴 고갱의 그림 제목이기도 했던 이 질문의 무게는 내게 있어 밤잠을 설치게 할 만큼 크게 다가왔었다.

방송을 통해 들었던 법문은 이런 질문에 대해 많은 부분, 답을 해주었다.

가끔씩 한 번 만나고 싶다는 극성 팬들의 전화를 받을 때가 있다. 불교 방송을 들으면서 애청자들의 진행자를 향한 흠모와 감정을 비로소 이해할 수 있게 됐다. 절제된 목소리로 찬찬히 불법을 설명하던 그 목소리의 주인공을 직접 만나 보고 싶다는 생각도 했었으니까 말이다.

방송이란 불특정 다수에게 동시에 다가갈 수 있는, 아주 좋은 매체이다. 진정 방송은 어떻게 쓰이냐에 따라 한 개인의 인생을 바꾸고 좋은 연을 만들어갈 수 있는 엄청난 힘을 가졌다. 불교 방송을 들으며 오랫동안 색이 바래 있던 방송에의 열정과 감동이 되살아났었다. 마이크 앞에서의 이 한 마디가 소음이 되지 않기를, 그리고 지친 영혼에게 위로와 희망을 가져다 주기를 나는 불교 방송을 들으며 다시금 소망하게 되었다.

나는 말 공장에서 일합니다

요즘 진행하고 있는 프로그램, '오 해피데이!'는 라디오코리아채널 (AM1540 KHz)을 통해 주말인 토요일과 일요일, 오후 3시부터 2시간 동안 방송된다. 주말 프로그램을 선호하는 이유는 가끔씩 녹음을 하고 어디론가 떠날 수 있고, 그나마 상업주의에 물든 광고주로부터 조금은 자유롭기 때문이다.

언제부터인가 30초짜리 스팟 광고만으로 성에 차지 않은 광고주들이 프로그램에 출연해 자신들의 상품과 서비스를 인터뷰 하는 것이 일반화되었다. 그리고 영업부에서는 아예 광고 스팟 광고와 인터뷰를 끼워 계약을 맺곤 한다.

물론 광고주들의 인터뷰 가운에는 시청자들이 알아 두면 좋은 정보도 있다. 하지만 대부분은 마음 공부 하는 자로서 가슴에 손이 얹어지는 오염된 정보들이다. 전파에게 미안한 내용들을 방송해야 할 때마다 나는 가슴을 내려친다.

흔히 라디오 방송국을 말 공장이라고 폄하해서 칭하곤 한다. 말 공장 직원으로서 가장 고통스러웠던 시간들은 단지 방송사고가 일어나지 않게 하기 위해 뭔가를 지껄여야 하는 때다. 방송에서 3-4초의 공백이 얼마나 길게 느껴지는지, 방송을 듣다 보면 당신도 느낄 것이다. 단지 그 침묵의 공백을 메우기 위해 뭔가를 주저리 주저리 말하고 난 후에는 말로 또 업을 지었다는 생각에 참 많이 괴로워 했다.

우주의 공명을 따라 하는 말
한마디가 복을 부른다

방송을 하면서 나는 청취자들에게 뭔가 대단한 감동이나 정보를 주기보다는 말로 구업을 짓지 않으려 하는 것에 더 집중해왔었다. 또한 말을 할 때는 내가 말하는 대상에게 가장 아름다운 선물을 바친다는 마음으로 말을 해왔다. 그래서 아무 정성 없이 내뱉듯 말하는 사람들을 볼 때면 참 안타까운 마음이 들곤 한다.

말에는 힘이 있다. 때로 한 마디 말은 사람을 죽이기도 하고 살리기도 한다. 칭찬 한 마디는 한 존재가 갖고 있는 가능성을 활짝 꽃 피게 하는 신비한 힘을 가졌다.

말의 힘이 얼마나 컸던지 우리 조상들은 말 한 마디로 천냥 빚을 갚는 다고 했다. 과연 천 냥이란 어느 정도의 돈이었을까, 새삼 궁금했다. 찾 아봤더니 오늘날의 화폐가치로 치자면 약 3억 6천만 원 정도, 달러로는 30만 달러가 넘는 액수다. 사람에게 감동을 주는 적절한 말 한마디의 가 치는 엄청나다는 얘기다.

칭찬 한 마디는 한 인간의 삶을 송두리째 바꾸기도 한다. 긍정적인 방 향으로 말이다. 하지만 비판하는 말, 저주하는 말, 남의 이야기를 전하는 말은 한 인간의 삶을 곤두박질치게 한다.

사람을 죽인다는 것이 실제 총칼을 들어 다치게 하고 숨이 끊어지게 하 는 것만을 의미할까? 그렇지 않다. 말 한마디가 가슴에 남긴 상처는 칼 자국보다 더 오래 남고 상처보다 더 치유되기 어렵다.

더욱 기막힌 것은 내가 한 말이 우주공간을 돌아 다시 내게로 온다는 사실이다. 부메랑의 법칙은 말에 있어서도 예외가 아니다. 다른 이들에게 해준 칭찬과 격려의 말들은 다시 내게로 돌아온다. 다른 이들에게 내뱉은 비판과 저주의 말들도 다시 내게로 돌아온다.

우주가 공명하는 방식을 따라 하는 말들은 내 삶의 가장 강력한 기도 요, 절실한 기원이다. 말하는 나를 바라보기 시작하면 내 입을 통해 공기 를 진동시키는 내 말에 대해서도 좀 더 신경을 쓰게 된다. 그럴 때 삶에는 말의 열매들이 가져다 주는 기적들로 가득해진다.

미주현대불교 독자들 모두 입술의 열매들이 가져다 주는 풍요로운 결 실을 한껏 즐기는 한 해가 되길 소망한다.

[2012년 12월]

죽음의 문턱에서 마음을 챙기다

"마음을 잘 돌보면 몸이 고마워합니다. 그리고 몸을 잘 돌보면 마음이
고마워합니다.　　　－ 데비 햄튼(뇌 건강 전문 작가)

몸에 경보장치가 올리다

지구별에 여행 와서 49년을(2014년 현재) 살다 보니 이제 한두 군데 아
픈 곳이 나타나기 시작한다. 나름 마음을 담는 그릇인 몸을 잘 챙기며 살
아왔다 자부했었다. 그런데 지난 주말, 예기치 않은 일이 생겼다.

오른쪽 아랫배가 마치 갈고리로 쑤시는 것 같은 증상이 계속됐다. 그전
에도 달이 차오를 때면 이 비슷한 증상이 보였던지라 이렇다 말겠지, 싶고
그냥 참았다. 한국인은 몸에 관한 한, 참 인내심이 크다. 웬만한 두통, 복
통은 그저 운명이라 여기고 살아가는 것 같다. 나 역시 예외는 아니었다.

그런데 어찌 된 것이 시간이 지나도 나아질 기미가 전혀 보이지 않았다. 아니
오히려 갈수록 더욱 심해졌다. 사태가 이 정도 되자, 그냥 무시하고 방치하면
안 되겠다는 마음 속 경계경보장치가 '띠옹띠옹' 알람을 울리기 시작했다.

일단 인터넷에 '오른쪽 아랫배 콕콕'이라는 검색어를 넣었다. 그런데 이

348

게 웬 일인가. '충수염'이라는 무시무시한 병이 의심된다는 것이었다. 충수염이란 우리들이 흔히 맹장염이라고 알고 있는 병명이다.

기독상조회 보험으로는 병원비 폭탄

겁이 더럭 났다. 보험이라고는 지난 3월 말, 오바마케어를 들지 않을 경우 내야 하는 벌금을 피하기 위해 들어놓은 보험 아류 상품밖에 없었기 때문이다. 좀 더 솔직히 고백하자면 방송국에 인터뷰하러 온 '기독상조회'라는 비영리기관의 프로그램에 가입했다. 쯧쯧, 부처님이 아시면 뭐라 하실까.

하지만 내게 돌을 던지지 마시길. 본래 저 산이 동산이냐, 서산이냐를 놓고 싸우는 것은 아랫동네 사는 중생들이지 산은 말이 없는 법, 아니던가. 산은 우리들이 동산이라 하든, 서산이라 하든, 그저 거기 있을 뿐이다.

요한복음 8장 31절과 32절은 불법을 알게 된 이후에도 참 좋아라 하는 성경 구절이다. "그러므로 예수께서 자기를 믿은 유대인들에게 이르시되 '너희가 내 말에 거하면 참 내 제자가 되고 진리를 알지니 진리가 너희를 자유케 하리라.'"

붓다와 예수가 이 시대에 만난다면 형님 아우 하면서 함께 술잔을 기울이기도 하고, 멀지 않은 나무 아래 좌정하고 앉아 선정에 들며 영혼으로 합일되는 극치감을 맛보았을지도 모른다.

말이 났으니 말이지, 그동안 참 많은 불교단체와 인터뷰를 하면서 상조회를 만들겠다는 포부를 들어왔는데 막상 가입하려고 하니 자격을 갖춘 기관이 눈을 까뒤집고 봐도 없었다. 반면 기독의료상조회는 '오바마케어'

의 건강보험 개혁법(H.R. 3590)에 인정된 기관이다. 가입할 경우 오바마케어에 별도로 가입을 하지 않아도 벌금 부과 대상에서 제외된다. 기독의료상조회는 일반 건강보험회사가 아니라 회원들의 회비로 운영되는 비영리단체인데, 매달 일정 금액을 지불하는 대신, 의료비용 폭탄을 맞는 경우가 생길 때, 일정 한도액까지 지불해 주고 있다.

그런데 막상 병원 갈 일이 생겨 기독상조회의 병원치료비 지원 규정을 살펴보니 더욱 눈앞이 캄캄해졌다. 내가 가입한 프로그램은 골드, 실버, 브론즈 가운데 가장 저렴한 브론즈. 진찰을 받을 수 있는 병원도 몇 안 되고 수술을 받을 경우 디덕터블(Deductible)이 5000달러나 됐다. 오바마케어 미가입 시 받게 되는 벌금만 피하겠다는 생각으로 가장 월 납부액이 싼 프로그램을 들었더니 막상 혜택이 필요한 경우, 강 건너만 바라보며 가슴을 내려치게 된 것이다.

사람 일 모른다. 평소 몸에 좋다는 것만 챙겨 먹고 주 5일 이상 꾸준히 운동을 했는가 하면 '옴마니밧메훔' 찬트까지 틀어놓고 명상도 꾸준히 했건만 '병'이라는 무시무시한 에너지 앞에서 인간은 낙엽처럼 나약한 존재였다.

기독상조회에 가입한 나의 옹색한 변명은 이제 그만 접는다. 불교상조회란 것이 조직적으로 생겨 정부에서도 인정하는 기관이 되어, 보다 많은 붓다의 제자들이 세상사에서도 도움을 주고 받을 수 있게 되기를 소망할 뿐이다.

병원에 가서 검사를 받다

인터넷 검색을 해보니 한국에서 맹장염 수술비용은 약 50만원 정도란다. 거기에 항공료를 더하더라도 차라리 한국에 가서 수술을 하고 오는 편이 훨씬 비용 면에서 절약이 된다는 이야기다.

의사인 동생의 남편은 몇 년 전 심한 복통을 앓았었는데 '이러다 말겠지.' 하다가 결국 맹장이 터져 복막염까지 됐었단다. 병원을 시골집 뒷간보다 더 뜨악하게 보던 나였지만 이제는 더 이상 통증을 참고만 있을 수 없는 지경에 이르렀다.

병원에 갔더니 피도 뽑고, 초음파 촬영에 컴퓨터 단층촬영(CT - Computerized Tomography)까지 난리법석을 떨며 내 몸을 검진했다. 졸지에 쌩돈이 후루룩 빠져나간다. CT 촬영을 하기 위해 누워 있자니 만감이 교차한다. "피워보지도 못한 꽃, 이렇게 시드는구나."하는 생각, 의도하지도 않았는데 눈에서는 따뜻한 액체가 흘러내린다. 신파극도 이런 신파가 따로 없다.

하지만 다음 순간, 또 다른 생각이 든다. 아직 일어나지도 않은 미래에 대해 걱정하는 나 자신을 알아차린다. 오른쪽 배의 갈고리는 쉬지 않고 공격을 해대어, 숨을 쉬기도 힘들다. 그래도 호흡에 집중을 하며 아픈 나를 내려다본다. 삶과 죽음이 종이 한 장 차이임을 다시금 관(觀)한다.

죽음의 문턱 경험

그러면서 또 한 차례, 생각이 과거의 한 지점으로 시간여행을 떠난다. 내가 가장 죽음에 가까운 경험(Close to death experience)을 했던 때다. 한 10년 전 여름이었던 것 같다. 자메이카로 여행을 떠난 적이 있었다. 남들 모두 신혼여행을 가는 여행지에 나홀로 떠났던 여행이었다. 리조트에 머물다가 그것도 시들해져 단체 여행을 하겠답시고 신청을 했다. 한 예닐곱 명의 개별여행객들이 하나가 되어 인솔자를 따라 계곡과 근해에서 다양한 레저활동을 체험하는 프로그램이었다. 커다란 타이어에 올라탄 이들이 굴비처럼 한 줄로 엮여 계곡물을 따라 떠내려가는 신나는 체험 뒤, 바나나보트 타기를 하던 순간이었다. 일행 중 한 사람이 우리가 타고 있는 바나나보트를 마구 흔들어댔다.

수영을 못하는 나는 "안돼(Don't!)" 라며 외마디 소리를 내질렀다. 하지만 그는 뭐가 즐거운지 깔깔대며 보트 흔들기를 계속 했다. 결국 우리가 타고 있던 바나나보트는 일엽편주처럼 뒤집혔다. 그리고 나는 보기 좋게 바닷물에 빠지고 말았다. 허우적거리며 어떻게든 보트를 잡으려 애쓰던 나는 안간힘을 쓰면 쓸수록 더욱 바닷물 깊은 곳으로 빠져들어감을 느꼈다.

'내가 이렇게 죽는구나. 제대로 사랑 한 번 못 해 보고, 시베리아 횡단 여행도 못 해보고, 사하라 사막에서 별헤는 밤을 경험해보지도 못하고 이렇게 허망하게 죽음의 순간이 왔구나.'

어떻게든 살아보려고 애쓰다가 바로 그 순간 이런 생각이 들었다.

'스텔라. 죽음의 순간이 왔어. 삶과 죽음이 동전의 양면이라고 늘 말했잖아. 또 다른 과정이 이제 시작되려 하는 것뿐이야. 자! 한 번 멋지게 죽음을 껴안아봐.'

내 안의 내면의 소리에 따라 나는 바닷물 속으로 찾아온 죽음의 순간을 있는 그대로 껴안았다. 가족도 일도 LA에 두고온 자동차(내 소유로 되어 있던 가장 큰 액수의 물건)도 저 세상까지 가져갈 수는 없다. 모든 것을 놓고 가야 한다. 좋았던 기억마저도 두고 간다.

그 순간 마치 오르가슴을 경험한 직후 만큼이나 완벽한 릴렉세이션이 찾아왔다. 아, 죽음의 순간은 황홀하다.

그런데, 내가 아직도 숨을 쉬고 있었다. 그리고 나는 수면 위로 떠올랐다. 이게 죽음 후의 세계인가 싶었다. 아!!! 나는 오렌지색의 구명조끼를 입고 있었던 것이다. 절명의 순간에 나는 구명조끼를 입고 있었다는 사실조차 기억하지 못하고 있었다.

하지만 그때 죽음 인근에까지 갔던 체험은 내게 그 어떤 종교서적보다도 더한 가르침을 주었다. '카르페 디엠(Carpe Diem).' 현재에 머무르는 것, 오지 않은 미래를 걱정하지 말고 이미 흘러간 과거에도 연연하지 않고 바로 지금 이곳에서의 현재에 머물며 그 순간을 즐기는 것 외에 삶은 없다는 것. 짜디짠 바닷물을 코로 마셔가며 채득한 삶의 교훈은 귀했다.

다시 진찰대 위

순간 CT 촬영기에서 안내방송이 나온다. "숨을 들이쉬십시오." "숨을 멈추십시오." "숨을 쉬십시오." 참선도 숨이고, CT촬영도 숨이다. 나는 참 많은 순간을 해왔던, 그래서 너무나도 익숙한, 깊은 호흡을 했다. 편안해진다. '까짓것 죽으면 죽는 거지, 뭐.' 삶에 대해 연연함을 갖던 단계에서 이제 두둑한 베짱까지 생긴다. '죽으면 죽으리라.' 나는 순간 세상이 동전짝만해보인다던 그리스인 조르바가 된다. 촬영을 마치자 의사는 강 건너 불구경 하듯 컴퓨터 화면을 보며 말한다. "장이 좀 부어 있는 것 같네요."

환자는 숨이 넘어갈 것 같은데 의사는 간뗑이가 부었다는 농담보다 더

쿨(Cool)하게 말한다.

"항생제 처방해줄테니 끝까지 드세요."

몸에 가능하면 양약을 집어넣지 않았지만 이번에는 순한 양처럼 의사 말을 듣는다. 의사의 처방전을 받아들고 평소 안면이 있던, 아니 내가 존경해 마지 않는, 조금이라도 시간이 생기면 찾아가 그 편안한 엷은 미소를 접하고 싶은 LA, 월턴약국의 김소연 약사를 찾아갔다.

"무리했구나."

김소연 약사의 미소에는 사람의 영혼을 치유하는 놀라운 에너지가 있다.

"항생제 먹는 동안 절대 술 마시면 안 되고 끝까지 먹어야 한데이."

김소연 약사가 준, 상당히 쎈 항생제 두 종류를 두 번인가 먹었더니, 30초 간격으로 배를 후벼파던 갈고리가 활동을 늦춘다. 사람 몸이란 게 뭔지 약간의 약물에도 이렇게 반응이 빠르다.

이 글을 쓰고 있는 지금 이 순간까지 나는 죽지 않았다. 검사 결과는 아직 나오지 않았다. 하지만 설사 불치병에 걸렸다 할지라도 이를 받아들일 마음의 준비는 마쳤다. 병은 우리들로 하여금 이제껏 어떻게 살아왔는가를 돌아보게 해주는 좋은 기회다. "네가 네 몸에 저지른 죄를 네가 알렸다."다.

나는 눈을 감고 깊게 숨을 쉬며 나의 장기들과 대화를 나눈다.

"미안해. 쉬지도 않고 일만 해서 미안해. 이제 더욱 너의 아픔에 귀를 기울이며 사랑해줄께."

또 다시 의도하지 않았는데도 눈물이 흐른다. 마음을 담는 그릇이 몸이다. 성형수술 아니고, 비싼 화장품 바르는 것도 아니고, 명품으로 몸을 감싸는 게 아니라 진정으로 내 한 몸을 잘 가꾸고 사랑하는 것이 지구별에 와 있는 동안 우리들이 감당해야 할, 마음공부의 완성임을 깨닫는다.

[2014년 8월]

나는 내 몸이 아니다

교통사고를 경험하며

"나는 내 몸이 아니다. 나는 내 마음이 아니다. 나는 내 감정이 아니다.
나는 내 생각이 아니다." 　 　 　 　 - 삿구루

서두름과 부주의의 결과

눈 깜짝 할 사이에 그 일이 일어났다. 내 오른쪽 발이 자동차 타이어에
낀 것이다. 그 순간에도 난 현재 삶의 경험을 알아차리고 있었다. 늘 내
의식은 몸의 감각에 연결되어 있었으니까. 그리고 저항하지 않았다. 통증
이 가볍지 않았지만 (아니 사실은 무척 아팠지만) 견뎌냈다. 세상에 견뎌
내지 못할 통증이란 사실 없다.

대학 동문회 회장님으로부터 꼭 동문회 이사회에 나와달라는 부탁을 받
고 차가 꽉 막혀 있는 월셔 가를 운전해 약속 장소에 도착한 것이 7시 조
금 전이었다. 저녁 시간 내내 그곳에 있을 수 있다면 아무 상관 없었겠지
만 나는 얼굴 도장을 찍고, 동문회의 중요 사안에 대해 힘을 실어준 후, 저
녁 8시부터 시작되는 라디오 생방송을 위해 7시 30분 정도에는 그 장소를

떠날 생각이었다. 그런데 자동차 안에 앉아 주차장으로 들어가는 차량들을 보니, 까딱하다간 생방송에 늦을 것 같았다. 그래서 난 바로 옆의 성당에 차를 세웠다. 그리고 차에 벗어두었던 자켓을 챙겨입으며 걷고 있었다.

그 순간에는, 정말 여러 가지 일들이 벌어지고 있었을 것이다. 우리들의 인식 능력으로 인지할 수 있는 현재 순간의 경험치 가운데 우리가 처리할 수 있는 건 과연 몇 퍼센트 정도일까. 왜 이런 질문을 던지는가, 하면 내가 기억하고 있는 그 순간에 대한 기억이 거의 없어서이다. 어쩌면 그만큼 정신줄을 놓고 있었던 것 같다. 오직 이사회에 빨리 올라가서 빨리 마치고 빨리 방송에 늦지 않게 가야겠다는 생각만 있었던 것 같다. 그래, 인정할 건 인정하자. 마음이 미래에 가 있었다.

나는 천사가 아니라 몸을 가진 인간

또 하나 내가 갖고 있는 믿음, 가치관, 잣대, 상(相) 가운데 하나는 보행자가 우선이고 자동차는 나중이라는 것이다. 미국에서는 대부분 운전자들이 보행자가 먼저 지나가도록 배려를 해준다. (하지만 이런 생각을 가지고 중국 또는 베트남에 갔다가는 사지가 멀쩡하게 돌아올 수 없게 될 수도 있다.) 그래서 건널목을 걸을 때엔 마치 초등학교 학생처럼 다가오는 자동차를 향해 손을 들고 자신있게 건너곤 했었다.

한 친구가 내게 말했다.

"너, 사람 아니지? 천사이지? 그렇게 차를 피하지 않고 걸으면서 어떻게 아직까지 자동차 사고 한 번 안 났어? 너는 인간의 몸을 가진 게 아니라

천사인 게 분명해. 그래서 차에 부닥쳐도 이제껏 멀쩡했던 걸 거야."

사고가 나고 나서, 그 친구의 말이 떠올랐다. "친구야. 나, 천사 아니라는 것이 증명됐어. 사고가 드디어 났단다."라고 전화를 해줘야 할 것 같았다.

그동안 에어백이 터진 교통사고도 몇 번 났었지만 이번처럼 몸이 다치기는 처음이다. 그날 나는 앰뷸런스에 실려 시저스 사이나이 병원의 응급실로 옮겨졌다. 하지만 응급실에는 내 사정보다 더 급한 환자들이 득실득실했다.

일단 나의 경우, 멍은 들었어도 피가 흐르는 것은 아니었는데 응급실 안에는 피가 뚝뚝 떨어지는 환자들을 위해 의사와 간호사들이 가운을 펄럭이며 동분서주하고 있었다. 나는 한쪽 구석에 커튼을 쳐서 마련한 공간의 간이침대에 누워 약 한 시간 넘도록 마냥 기다려야 했다.

내가 없어도 세상은 돌아간다

사고가 나자마자 가장 먼저 나는 내 라디오 프로그램 프로듀서에게 전화를 해서 내가 오늘 생방송을 하지 못한다고 알렸다. 병원 침대에 누워서도 '그 놈의' 책임감이 뭔지 인터넷으로 방송이 제대로 나가고 있는가를 확인했다. 동료 진행자가 "스텔라씨가 교통사고를 당해 오늘은 제가 대신 방송한다."는 멘트가 나가고 있었다.

내가 하지 않으면 할 사람이 없을 것 같은 책임감, 한국인들은 이런 것을 '박정희 신드롬'이라고 부른다. 하지만 세상은 내가 없어도 잘 돌아간다. 아무 문제 없다. 요즘 영화로 다시금 한창 인기를 누리고 있는 그룹 퀸의 노래, <보헤미안 랩소디>의 가사처럼 "아무 문제 없어. 누구라도 아무 문제 없음을 알 수 있어. 내게도 아무 문제 없어. 어쨌든 바람은 부니까…(Nothing really matters. Anyone can see nothing really matter. Nothing really matters to me. Anyway the wind blows.)"이다.

저항도 탐착도 버린 제3의 선택

방송이 잘 나가고 있음을 확인하고 나서는 눈을 감고 늘 그렇듯이 몸의 감각에 집중했다. 통증이 올라왔다 내려갔다, 한다. 나타났다가 사라졌다, 한다. 이제껏 수백 번, 눈을 감고 수행할 때 알아차렸던 것처럼 몸의 감각은 늘 변한다. 정해진 것이 없다. 무상하다. 무상한 것은 고통이다. 무상한 것을 붙잡거나 저항하는 데에 우리들의 고통이 시작된다.

하지만 수행자들에게는 붙잡거나 저항하는 대신, 제 3의 선택이 있다. 그저 고요히 알아차리는 것이다. 있는 그대로 일어날 수 있도록 허용하는 것이다.

삶의 매 순간 그런 연습을 했었다. 가까운 사람이 날세운 칼날처럼 그만의 잣대로 나를 비판할 때에도, 그 순간의 경험을 붙잡거나 저항하는 대신, 그저 그 순간 내 몸의 감각에 집중했었다. 어차피 감정이란 잠깐 지나가는 에너지이다. 오랫동안 들여다봤더니 정말 그 이상 아무 것도 아님을 증득할 수 있었다. 그래서 그런 비판을 붙잡고 괴로워하고 섭섭해하는 대신, 그 순간 내 가슴의 저릿함을 있는 그대로 알아차렸다. '수행한다' 셈 치고, 또는 '수행이라'고 생각하고… 가 아니라 실제 '수행하고 있는' 상황인 것이다.

목발 짚고 다니면서 사라진 다리 근육

그날의 사고로 나는 오른발에 붕대를 칭칭 감고 워킹부츠를 신고 목발을 짚고 다니게 되었다. 다리 하나 사용하지 못한다는 것이 이렇게 불편한지, 처음 깨달았다. 그날 이후로 집안은 개판 오분 전이 됐다. 평소에도 깔끔 떠는 성격이 아니라 나름대로의 무질서를 즐기던 나는 바닥에 깔아놓은 삼단요, 오강, 컴퓨터, 물컵 등 내 몸을 둘러싼 1미터 반경의 공간을 보며 "지붕만 있었다 뿐이지 꼭 노숙자 같네."라는 생각을 한다. 그러는 가운데 내가 현재의 경험에 대해 미묘하게 저항하고 있음을 깨닫는다. 그리고 이 순간마저 내게 일어날 수 있는 가장 좋은 경험임을 다시 한 번 받아들인다.

사고가 난지 3주가 조금 더 지난 지금, 나는 양 다리를 비교해보며 소스라치게 놀란다. 짐작은 했었지만 너무 빠르게 사용하지 않은 다리의 근육이 빠지고 있었다. "연습하는 바는 강화된다. (What you practice gets stronger.)"는 법칙은 다리에도 적용되고 있었다. 그렇구나. 다리 근육도 이럴진대, 마음의 근육은 어떨까. 하루라도 수행을 건너뛸 수 없는 이유가 여기에 있다. 다리 근육이 팍팍 줄어드는 것이 눈으로 확인되는 것처럼, 수행의 게으름이 마음의 근육에 어떤 영향을 미치는지, 지혜의 법안으로 본다면 훤히 보일 터이다.

치유된 상처는 인류 모두에게 줄 선물

목발을 짚고 걷다 보면 양손이 모두 목발에 의지해 있어 무얼 들을 수도 없고 하다 못해 화장실 문을 열고 닫는 것도 수월치가 않다. 대부분의 현대인들은 자기 하는 일에 너무 바빠서, 자기의 세계에 너무 함몰돼 있어서 눈을 뜨고도 목발 짚고 다니는 이들이 눈에 들어오지 않는 것 같다. 그래서 투명인간 보듯, 그냥 자기 갈 길을 간다.

그런데 가끔씩 멀리서부터 달려와 문을 열어주며 친절을 베푸는 이들이 있다. 그 친절에 고맙다고 인사를 하다 보면 어떻게 사고를 당했냐, 사고 몇 주차냐, 이런 저런 얘기를 나누게 된다. 그러면서 나는 알게 됐다. 달려와서 문을 열어준 이들 중에는 자신 또는 가족 중 한 사람이 사고를 당했던 경험이 있는 이들이 많다는 것을.

상처가 아물고 치유가 되면, 이는 다른 이들을 도울 수 있는 힘이 된다는 것을 나는 사고를 통해 절감했다. 공감 능력이 아무리 뛰어나다 할지라도 자신이 직접 사고가 나본 것만큼 다른 사고를 당한 사람을 이해할 수는 없는 일이다.

마음의 상처도 마찬가지이다. 사실은 상처랄 것도 없지만 (결국 내가 만든 상처를 내가 부여잡고 있는 것이기에), 상처가 아물고 치유되면 내가 경험했기 때문에 그 아픔을 겪고 있는 다른 이들을 그 누구보다 잘 도와줄 수 있게 된다. 상처는 (치유된다면) 결국 내가 이 세상 사람들에게 줄 수 있는 고귀한 선물이 되는 것이다.

나는 내 몸이 아니지만…

양 다리, 양 발을 자유자재로 사용할 수 있음이 얼마나 큰 자유인지 모른다. 앞으로 목발 짚고 다니는 이들, 또는 지하철에서 앉은 채로 엉덩이 근육을 움직이는 이들을 볼 때, 이제까지와는 다른 시각으로 보게 될 것 같다. 지갑을 열어 보시도 인색치 않게 할 것 같다. 그들 모두 평안하기를, 행복하기를.

이만하기를 정말 감사해 한다. 뼈가 조금 부러지고 금이 갔을 뿐, 신경도 살아 있다. 손이 다쳤다면 얼마나 더 불편했을까. 이만하기를 다시 한 번 감사해 한다.

나는 내 몸이 아니다. 나는 내 마음도, 감정도, 생각도 아니다. 하지만 수행도 결국 몸이 있어야 한다. 다시 한 번 내 몸의 구석구석을 구성하고 있는 세포와 근육, 뼈에 대해 감사한다. 지구별을 떠나는 날까지, 내 몸에 대해 더 감사하고 잘 챙겨주고 해야겠다. 머무는 바 없이 말이다.

[2019년 1월]

"모두 다 무엇인가를 지나가고 있어요."

"종이에 글을 쓰는 것이 신과 대화하는 유일한 방법은 아니다. 신과의 대화는 삶의 여러 순간에, 아주 다양한 방법으로 다가온다. 길을 따라 내려오는 친구의 우연한 말, 고속도로의 다음 모퉁이에 있는 광고판에 있는 말들, 라디오에서 듣는 노래의 가사, 또는 신문에서 본 기사, 또는 그에 대한 감정들, 이 모두가 신의 의사소통 방법이다."

– 닐 도널드 월시(신과 나눈 이야기 저자)

아무 생각 없이 운전하고 가다 보면 빌보드의 광고에 마음을 빼앗길 때가 있다. 윌셔와 윌턴 코너, 세븐 일레븐 위에 서 있는 빌보드도 그랬다.

"모두 다 무엇인가를 지나가고 있어요. Everybody's going through something"

촌철살인의 짧은 한 문장이 눈을 통해 뇌 속으로 전달되며 온 몸이 따뜻해져 오는 경험을 했다. 이 한 마디는 나 자신에게 커다란 위로가 됐고, 다른 사람을 이해할 수 있는 넓은 마음까지 낼 수 있게 해줬다.

우리는 모른다. 도저히 내 상식으로 이해가 안 가는 그 사람이 지금 현재 어떤 폭풍우를 지나가고 있는지를 말이다.

얼굴도 예쁘고, 좋은 차 타고 다니며, 번듯하게 잘 생기고 돈도 잘 버는 남편을 둔 친구가 있다. 그래서 '쟤는 전생에 나라를 구했나? 사람이 어떻게 빠지는 게 하나도 없어?'라는 생각을 하게 만드는 친구다. 어쩌다 그녀가 와인을 한 잔 마시며 속 얘기를 털어놨을 때, 냉랭한 남편의 성격 때문에 한숨 내쉬며 눈물 흘리던 밤이 많았다는 이야기를 들으며, 다시금 생각했다. "모두 다 무엇인가를 지나가고 있어요."

이민 1세대로 미 전국에 성공적인 비즈니스를 일궈놓고 다운타운의 궁궐 같은 고층 콘도미니움에 살면서 얼굴 예쁘고 다소곳한 아내와 유럽 여행도 자주 다녀오는 대학 선배가 있다. 그는 여행 가서도 하룻밤 호텔 값이 내 한 달 생활비보다 높은 곳에 머무는 것은 물론, 미셸린 5스타 레스토랑만 찾아다니며 식도락을 즐기며 살고 있었다.

어느 날, 함께 차를 마시고 있는데 어딘가에서 걸려온 전화를 받더니 다급하게 자리를 뜨며 '보호센터에 머물고 있는 자폐 아들에게 사고가 나서 가야 하니, 다음 번에 다시 보자'는 말을 듣는 순간, 다시 한 번 깨달았다. "모두 다 무엇인가를 지나가고 있어요."

늘 입꼬리가 아래로 향해있고, 세상 고민 다 짊어지고 다니는 표정의 직장 동료가 있다. "에이, 저 사람 얼굴 보면 재수가 없어져."라며 비판의 마음을 일으키기 전에 다시 한 번 눈을 감고 이 말을 반복해보자. "모두 다 무엇인가를 지나가고 있어요." 그는 오늘 아침에도 출근 전, 양로 병원에 입원해 계신 치매 어머니를 찾아가 욕창으로 엉망이 된 몸을 닦아드리고 오는 길인지 모른다.

모든 사람들이 무엇인가를 지나고 있다. 폭풍우는 가끔씩 모든 사람들을 지나가기 때문이다. "저 사람, 도대체 왜 저러지?" 라는 생각이 일면서 미묘한 거부감이 올라올 때일수록 이 말을 떠올려 볼 일이다.

그에게 무슨 일이 생겼는지 우리는 모른다. 매일 살을 맞대고 사는 사람이라 할지라도 우리가 그 사람의 모든 것을 안다고 생각하는 것은 오만이다. 어제까지 괜찮다가도 지금 무슨 일이 일어나고 있는지 모른다. 오직 모를 뿐이다. 과거 상처의 기억이 기어올라와 다시 그 사람이 고통받고 있는지 어떤지 우리들은 알지 못한다.

나 자신도 그렇다. 남들이 내 안에 어떤 일이 일어나는지 어떻게 알겠는가? 그런데도 우리는 때로 남들이 (특히 남편이나 아내가) 말 안 해도 내 속을 알아주길 원한다. 안 알아준다고 원망한다. 그들이 어떻게 알겠는가? 나도 모르는 게 내 속이다.

그러니 무언가 부정적인 감정이, 기억이 올라올 때엔 가만히 눈을 감고 숨을 고르며 몸의 감각을 알아차릴 일이다. 그러다 보면 부정적 감정과 기억에 반응하는 뇌를 잠재우고 알아차리는 지혜의 뇌를 활동하게 할 수 있다. 그렇다 보면 분노의 불이 가라앉는다. 슬픔의 홍수가 잠재워진다. 어차피 감정은 그냥 잠시 지나가는 에너지일 뿐이다. 정말 그것밖에 아무 것도 아니다.

"나 혼자만 고통받고 있는 것이 아니다. I am not the only one "

"모두가 무엇인가를 지나가고 있어요." 라는 말은 이해할 수 없는 세상에 대한 따뜻한 이해의 실마리를 제공했다. 또 늘 나 혼자만 외롭고, 괴롭고, 힘든 상태라고 생각하던 오만을 내려놓게 했다.

나 혼자만은 아니었던 것이다. 상처받은 영혼이 어디 나 혼자뿐일까.

364

우리 모두 다 아팠다. 나 혼자만 고통받고 있는 것이 아니다. 우리 모두 고통이라는 면에 있어선 운명 공동체이다.

나도 그랬다. 자동차 없이 살기 팍팍한 LA에서 차 없이도 다녀봤고, 라면 살 돈조차 없어서 냉동실에 얼려두었던 현미누룽지를 끓여먹으며 연명했던 적도 있었다. 나 또한 누군가의 눈에는 가진 게 무척 많은 사람처럼 보일 수도 있다. 그게 돈이 아닐지라도 말이다. 하지만 내게 있어 지나간 삶이 그렇게 녹록하지만은 않았다. 삶이 그렇게 내게 까칠할 때, 나는 저항했고 저항은 몸의 긴장으로 나타났다.

수행은 어떤 면에서는 몸에 대한 깨어남이다. 숨을 오래 들여다보면서 나는 비로서 내가 얼마나 이완하지 못하는 사람인가를 알아차렸다. 이제 나는 내 숨을 있는 그대로, 내 몸의 감각을 있는 그대로 허용한다. 그러다보면 몸의 감각이 되살아난다. 그리고 살아 숨쉬는 몸의 감각을, 생명의 춤을 추고 있는 몸의 감각을 온 몸으로 느낀다.

그렇게 있는 그대로 허용하는 연습을 하다 보면, 몸의 긴장을 풀며 이완하게 되고, 나를 포함한 세상 모든 것들을 있는 그대로 수용하게 된다. 그리고 감사하게 된다.

"연습하는 것은 강화된다. What you practice gets stronger"

그래서 "에이, X발. 더러워서 못해먹겠네." 하면 계속 더러워서 못해먹게 된다. 하지만 작은 것에도, 아니 도저히 감사할 수 없는 상황에도 감사하게 되면 계속 감사할 일이 생긴다. 주의집중이 에너지가 되고, 에너지가 물체가 된다.

감사할 일이 없는 가운데도 감사할 거리를 찾아 일기장에 적고, 좌정하고 앉아 감사한 마음을 내는 수행을 하다 보면, 놀랍게도 감사할 거리가 매일 매일 더 늘어난다. 연습하는 것은 강화되기 때문이다.

"모두다 무엇인가를 지나가고 있어요. Everybody's going through something"

그렇다. 제 아무리 엘리자베스 테일러의 미모에, 빌 게이츠의 재력을 가진 이들도 현재 무엇인가를 지나가고 있다. 모두 제 십자가를 지고 있는 것이다.

무척 힘들다고 느끼던 시절, 한 작가의 글이 너무 위로가 됐었다. '정희재'라는 이름의 작가인데 그녀 역시 붓다의 제자로 생활 속 수행을 하고 있음을 알고 더욱 반가웠다.

"당신, 참 애썼다
나는 이제 안다
견딜 수 없는 것을 견뎌야 하고
받아들일 수 없는 것들에 지쳐
당신에게 눈물 차오르는 밤이 있음을
나는 또 감히 안다
당신이 무엇을 꿈꾸었고
무엇을 잃어 왔는지를
당신의 흔들리는 그림자에
내 그림자가 겹쳐졌기에

절로 헤아려졌다

입에서 단내가 나도록 뛰어갔지만

끝내 가버리던 버스처럼 늘

한 발짝 차이로

우리를 비껴가던 희망들

그래도 다시 그 희망을 좇으며

우리 그렇게 살았다

당신, 참 애썼다

사느라, 살아내느라

여기까지 오느라 애썼다

부디 당신의 가장 행복한 시절이

아직 오지않았기를

두 손 모아 빈다"

　　　　　정희재 작가의 〈어쩌면 내가 가장 듣고 싶었던 말〉

나는 여기에 더해 한 가지를 더 빈다.

"부디 당신의 가장 행복한 순간이

바로 지금, 바로 여기임을

당신이 고요히 눈 감은 가운데 알아차리기를

두 손 모아 빈다."

[2018년 12월]

당신이 무엇을 꿈꾸는지
나는 궁금하지 않다

당신이 소망하는 바의 진실

"스스로를 그 누구와도 비교하지 마세요. 비교한다면 당신은 스스로를 모욕하는 것입니다." — 빌 게이츠

배우가 되고 싶다는 꿈

20대 때 나는 뮤지컬 배우가 되고 싶었다. 세상에서 가장 가슴이 전율하는 순간이 뮤지컬과 오페라를 볼 때였기 때문이었을 것이다. 인간의 온갖 감정을 남김 없이 불사르는 무대를 대할 때면 삶에 대한 권태와 고통이 사라지고 가슴이 콩콩 뛰고 가슴이 확장되는 것을 느꼈다.

그래서 잠깐이지만 그 꿈을 이루기 위해 나는 매일 댄스 스튜디오를 나갔고 연기 클래스를 다니기도 했었다. 그리고 무엇보다 '나는 왜 배우가 되고 싶어 하는가.'라는 제목의 책을 읽으며 내 소망의 궁극이 무엇인가를 탐구해나갔다.

영어로 되어 있던 그 책을 다 읽은 것은 아니다. 하지만 시작 부분에 책

한 권을 모두 읽은 것과 다를 바 없는, 정말 중요한 내용을 밑줄 치며 읽었던 것은 행운이었다. 바로 배우가 되고 싶어한다고 드러난 내 욕망의 진실은 무엇인가를 파헤치는 내용이었다.

배우가 되고 싶어하는 이유는 다양할 것이다. 돈, 명예, 인기를 추구해서일 수도 있고, 연기가 좋아서, 연기를 통해 다른 사람들을 즐겁게 해주고 싶어서, 내가 좋아하는 배우를 만나기 위해서 일수도 있지만 보다 현실적으로 사람들이 배우가 싶어하는 이유로는 보다 쉽게 마음에 드는 이성을 만날 수 있어서, 나를 버리고 떠난 놈에게 네가 큰 실수했다는 것을 증명하기 위해서, 나를 무시했던 이들에게 나도 대단한 사람이라는 것을 증명하기 위해서이다.

그 책은 만약 정말 연기가 좋아서가 아닌 이유들에 대해, 과연 이를 이루기 위해 꼭 배우가 되어야 하는가를 의심해볼 것을 권했다. 지금 생각해보면 이는 똑같은 질문을 계속해서 함으로써 스스로가 자신의 의도에 대해 생각하고 깨달을 수 있게 하는 방법(Dyad)과 상당히 비슷했다.

돈, 명예, 인기를 원한다면 꼭 배우가 되지 않더라도 이를 이룰 수 있다. 다른 사람들에게 나를 증명하기 위해서도 꼭 배우가 될 필요는 없다.

뿐만 아니라 이 책의 저자는 독자들에게 돈, 명예, 인기를 원하는 이유는 무엇인가를 다시 해체해서 바라보기를 원했다. (지금 생각해보니 이 저자 역시 붓다처럼 마음을 해체해보는 연습을 해본 것 같다.) 그리고 이 작가는 인간이 갖고 있는 모든 욕망의 근원이란 이성에 대한 욕망이라고 결론지었다.

성적 욕망은 사람이 갖고 있는 여러 욕망 가운데 가장 강렬한 것 가운데 하나이다. 성적 욕망은 다른 여러 욕망과 마찬가지로 대상에 감각기관이 접할 때 활활 불타오를 수 있다. 그리고 성적 욕망은 자신을 아름답게 치장하는 것, 강하게 보이는 것, 약하게 보이는 것 등 다양한 방식으로 표출된다.

하지만 지금에 와서 보니 보인다. 성적욕망마저 포함하는 그 모든 욕망의 근원은 자신이 충분치 않다는 잘못된 믿음에서 출발된다.

세상으로, 밖으로, 향하는 관심을 내면으로 거둬들이고 고요히 앉아 그 관심으로 자신 안에서 일어나는 일들을 살피고, 있는 그대로 받아들이기를 거듭 반복하다 보면, 나의 민낯을 있는 그대로 대하며, 그런 나를 거부하지 않고, 부인하지 않고, 만나주는 순간이 온다. 내가 그렇게도 만나고 싶어했던, 나를 있는 그대로 받아들여주고 도닥여주는 이, 평생 동안 나를 변함 없는 눈으로 지켜봐준 또 다른 나를 만나게 되는 것이다. 내가 찾던 그 존재가 깨어나는 순간, 나는 이제 더 이상 밖에서 무언가를 찾아야 할 이유를 잃어버린다.

말을 잘 하고 싶다는 소망

가깝게 지내는 친구가 내게 도움을 요청했다. 어릴 때부터 말하는 속도가 빠르고 살짝 더듬기도 해 가족과 주변 사람들로부터 말을 천천히 하라는 충고를 많이 들었고 그것이 그녀를 더욱 위축시켜 말을 더 못하게 되었다면서 그런 이유로 가능하면 말을 하지 않았더니 이제 가슴을 열어놓고 소통을 해야하는 순간에도 말을 잘 하지 못한다는 것이다.

그녀는 지난 수십년 동안 말 잘 하는 기술에 대한 신간이 나올 때마다 사서 읽었고 온라인 수업도 찾아 들었지만 별다른 발전이 없어 답답했다고 털어놨다.

그러던 어느날 내가 마음에 들어왔다고 했다. 너는 방송인이니 만큼 어떻게 하면 말을 잘 하게 되는지 잘 알 것이라면서, 너만큼 실제적인 기술을 갖고 있는 이도 드물 것이니 매주 1시간 정도 화상 통화를 하며 말 잘하는 방법을 쪽집게 과외처럼 가르쳐 달라고 했다.

그녀가 나를 커뮤니케이션 멘토로 선정한 또다른 이유는 내가 그녀의 험한 말투도 잘 알고 있다는 점, 진심으로 그녀를 보고 솔직한 조언을 해줄 수 있다는 점, 그리고 그녀가 나의 지적과 조언을 편하게 받아들일 수 있다는 점을 꼽았다.

나는 그녀의 제안을 수락했다. 내가 대단한 달변가여서가 아니라 30년 정도의 라디오 방송과 명상수행을 통해 깨달은 소통의 노하우를 나누고 싶었고 그것보다 더 큰 이유는 20년 친구라 하면서도 서로에 대해 피상적으로만 알던 것에서 한걸음 더 나아가 서로를 펼쳐보이고 알아갈 수 있는 기회를 잡고 싶어서였다.

나는 그녀에게 말을 잘 하고 싶어하는 이유를 종이에 적어보라고 했다. 그녀가 원하는 것이 꼭 말을 잘 해야 얻을 수 있는 것들인지를 검증해보기 위한 과정이었다. 처음에는 자신이 원하는 게 아닌, 희한한 주문을 하는 나에게 "이런 것 말고… 좀더 기술적인 너만의 노하우를 듣고 싶다"고 불평하던 그녀는 이내 잘 따라와줬고 솔직하게 이 작업에 임했다. 그래서 우리는 정말 의미 있는 진전을 이룰 수 있었다.

어느덧 한 달 넘게 대화를 나누며 그녀의 포장된 소망을 해체해 나가던 중, 나는 그녀에게 궁극적으로 필요한 것이 그 무엇보다 '자기 자신에 대한 인정', '자기 자신을 마주함'임을 알게 되었다. 그리고 이는 그녀뿐만 아니라 우리 모두의 궁극적 문제 해결이다.

내가 나를 만나주면 고통이 사라진다

내가 나를 있는 그대로 바라보면서 나 자신을 만나줄 때, 모든 결핍의식, 불만, 채워야만 한다는 강박적 사고가 사라진다. 이를 붓다식 언어로 바꿔보면 "현재의 고통을 있는 그대로 알아차리고 내려놓을 때, 고통으로부터 자유롭게 된다"이다.

그런 상태에서는 아무리 표현방식이 어눌하다 해도 대화를 나누는 상대의 마음에 상처를 주는 언어생활을 하지 않게 된다. 즉 언어생활이 문제가 아니라 내가 나를 만나주지 않았던 것이 문제였던 것이다.

자신의 의도에 대한 알아차림 후, 함께 연습했던 것은 무엇보다 "먼저 침묵하라."였다. 현재 내가 어떤 언어생활을 하고 있는지에 대한 알아차림 없이 더 나은 언어생활은 없기 때문이었다. 내가 행여라도 말을 잘 한다면 그것은 30년 넘는 세월 동안 내 언어생활에 그 누구보다 깨어 있었기 때문일 것이다. 방송인들은 생방송 때 헤드폰을 통해 들려오는 자신의 목소리와 단어 선정, 호흡과 공백 등에 대해 예리하게 깨어 있다.

그리고 여러 사람들과 마음을 터놓고 소통을 잘 하려면 무엇보다 나 자신이 정말로 편안한 사람이 되어야 한다. 편안한 사람이 되기 위해 가장 필요한 것은 그 무엇보다 스스로를 있는 그대로 인정하는 것이다. 그렇기 위해서는 몸과 마음에 들어있는 긴장을 알아차리고 이를 풀고 이완하는 수행을 매순간 해야 한다.

내가 진정으로 원하는 것은 무엇인가

　그리고 내 소망의 궁극적 목적을 깨달아야 한다. 말을 잘해서 나는 무엇을 성취하고 싶은 것일까. 결국 그녀가 원했던 것은 (이는 우리 모두의 바램이기도 하다) 말이 잘 안 통하던 이들과 가슴을 열어놓고 소통하는 것이었다.

　이 소망이 꼭 달변가여야 성취되는 것은 아니다. 나는 그녀에게 명상 안거 이야기를 들려줬다. 일주일 이상 아무 말도 하지 않고 함께 침묵 속에 앉아 있던, 이름도 모르고 성도 모르는 그녀(she) 또는 그(he)가 안거가 끝난 순간, 수많은 대화를 나눴던 이들보다 훨씬 가깝게 느껴지는 기적에 대해 말이다.

　침묵 속에 거할 때, 나의 에고는 사라지고 그의 에고도 사라진다. 본래 하나였던 우리는 에고를 내려놓고 진정한 자신으로 만난다. 침묵 속에서의 소통은 한 마디 말 없이도 완벽하다.

　염화시중의 미소는 커뮤니케이션의 최고 지존이라 할 수 있다. 붓다가 연꽃을 들어올리자 마하가섭이 빙그레 웃었다. 말 한 마디 없이 붓다는 다 전했고 마하가섭은 다 알아들었다. 언어 너머의 것에 대해 언어로 설명하려 할수록 멀어질 뿐이다.

　말잘하기 뿐만 아니라 다른 소망을 성취하기 위해서도 내 소망의 궁극적 목적을 깨닫는 것은 무척 중요하다. 돈 많이 벌고 싶다는 소망을 가진 이가 있다고 가정해보자. (가정은 무슨… 우리 모두가 원하는 것이구만.) 대부분의 부자 멘토들은 돈을 많이 벌려면 돈이 벌리는 곳에 가야 한다고 조언할지 모른다. 하지만 이제껏 내가 깨달은 바에 따르면 "나는 돈이 없어. 그러니 돈을 벌어야 해."라는 생각을 갖고 있는 한, 나는 돈을 잘 벌 수 없다.

이 소망 역시 해체해볼 수 있다. 왜 나는 돈을 많이 벌고 싶어하는가. 돈을 많이 버는 것으로 나는 무엇을 궁극적으로 원하는가.

아마 당신은 이렇게 답할 것이다. "돈을 많이 벌면 내가 사랑하는 사람들에게 맛있는 것 많이 사주고 그들이 원하는 것을 많이 해줄 수 있으니까."라고. 그렇다면 다시 묻고 싶다. 사람들이 당신에게 원하는 게 과연 그것일까.

대부분의 사람들이 자신 아닌, 남들에게 원하는 것은 이런 게 아니라 "나를 그냥 좀 놔둬."라는 것이다. 즉 "네 마음대로 나를 바꾸려 하지 말고 나를 있는 그대로 허용해 달라"는 것이다. 그리고 이는 우리가 돈이 없어도 할 수 있는 것들이다. 그런데 우리들은 늘 문제의 본질에는 접근하지 않으면서 주변만 서성인다. 그리고 변명한다. 그래서 우리는 고통 속에 살아가는 것이다.

당신의 소망이 무엇인지 나는 그다지 궁금하지 않다. 당신에 대한 관심이 없어서가 아니다. 가수가 되고 싶다, 의사가 되고 싶다, 백만장자가 되고 싶다, 말을 잘 하고 싶다, 이 모든 소망의 출발이 현재의 내가 부족하다는 것이었기에 그렇다. 나는 당신에게 꿈을 종이에 쓰고 생생하게 꿈꾸는 것이 당신의 꿈을 이뤄준다는 '시크릿' 과(종류)의 이야기에 힘을 실어줄 수 없다.

그보다 나는 당신이 고요히 눈감고 앉아 과연 무엇이 부족해 지금 이 상태에 대해 이처럼 저항하며 현재 아닌 것을 꿈꾸는지를 묻고 싶다. 그리고 붓다처럼 현재의 경험을, 당신의 꿈을 해체해 바라보라고 말하고 싶다. 무엇이 부족해 지금 현재의 경험에 그토록 저항하는가. 그 부족하다고 느끼는 현재의 경험을, 당신의 편견과 덧붙인 이야기를 빼고 있는 그대로 바라보라, 말하고 싶다. 그러면 호흡, 몸의 감각 등 현재의 경험은 늘 변하는 흐름뿐임을 알게 된다.

당신 자신을 포함해 그 모든 것을 현재 그대로일수 있도록 허용하라. 늘 변하는 당신의 마음을 애써 바꾸려고도 애쓰지 말아라. 당신은 이미 충분하다. 뼛속 깊이 새겨진 결핍의식을 내려놓아라. 그 역시 당신이 덧붙인 이야기일 뿐이다.

그리고 바다처럼 넓어질 수도 있고 바늘귀보다도 작아질 수 있는 당신의 마음을 바라보라. 그 마음이란 것이 마음대로 요술을 부린다는 것을 깨달아라. 당신이 경험하고 있는 현재는 당신이 초대한 것이다. 당신이 바라본 현실이 지금 펼쳐지고 있다. 실상이 아니라 당신의 어리석음이 더해져 해석된 세상이다. 그 어리석음이 걷힐 때 세상은 있는 그대로 여여하다.

그러니 현재의 경험에 대해 저항하는 마음을 알아차리고 저항을 내려놓으라. 그러면 말도 잘 하게 되고, 소통도 잘 하게 되고, 풍요로워지고, 건강해지고 행복해진다. 고통의 실상을 인정할 때 고통이 사라지기 때문이다.

끝으로 캐나다의 시인, 오리아 마운틴 드리머의 〈초대(Invitation)〉을 소개한다.

초 대

오리아 마운틴 드리머

당신이 생존을 위해 무엇을 하는가는
내게 중요치 않다
당신이 무엇때문에 고민하고 있고,
자신의 가슴이 원하는 것을 이루기 위해
어떤 꿈을 간직하고 있는가 나는 알고 싶다.

당신이 몇살인가는 내게 중요하지 않다.
나는 다만 당신이 사랑을 위해
진정으로 살아있기 위해
주위로부터 비난받는 것을
두려워하지 않을 자신이 있는가 알고 싶다.

어떤 행성 주위를 당신이 돌고 있는가는 중요하지 않다.
당신이 슬픔의 중심에 가닿은 적이 있는가
삶으로부터 배반당한 경험이 있는가
그래서 잔뜩 움츠러든 적이 있는가
또한 앞으로 받을 더 많은 상처 때문에
마음을 닫은 적이 있는가 알고 싶다.

나의 것이든 당신 자신의 것이든
당신이 기쁨과 함께할 수 있는가 나는 알고 싶다.
미친듯이 춤출 수 있고,
그 환희로 손가락 끝과 발가락 끝까지 채울수 있는가
당신 자신이나 나에게 조심하라고,
현실적이 되라고,
인간의 품위를 잃지 말라고
주의를 주지 않고서 그렇게 할수 있는가

당신의 이야기가 진실인가 아닌가는 중요하지 않다.
당신이 다른 사람들을 실망시키는 한이 있더라도
자기 자신에게는 진실할 수 있는가
배신했다는 주위의 비난을 견디더라도
자신의 영혼을 배신하지 않을수 있는가 알고 싶다.

어떤 것이 예쁘지 않더라도 당신이
그것의 아름다움을 볼수 있는가
그것이 거기에 존재한다는 사실에서
더큰 의미를 발견할 수 있는가 나는 알고 싶다.

당신이 누구를 알고 있고 어떻게 이곳까지 왔는가는
내게 중요하지 않다.
다만 당신이 슬픔과 절망의 밤을 지새운 뒤

지치고 뼛속까지 멍든 밤이 지난 뒤
자리를 떨치고 일어날 수 있는가 알고 싶다.

나와 함께 불길의 한가운데 서 있어도
위축되지 않을수 있는가
모든것이 떨어져 나가더라도
내면으로부터 무엇이 당신의 삶을 지탱하고 있는가

그리고 당신이 자기 자신과 홀로 설수 있는가
고독한 순간에 자신과 함께 있는 것을
진정으로 좋아할수 있는가 알고 싶다.

[2020년 9월]

여섯째

시를 위한 시

시를 위한 시

"나는 시인이 시를 쓸 수 있는 것은 현명함 때문이 아니라, 그 의미를 전혀 알지 못하면서도 고귀한 메시지를 전달하는 예언자들에게서나 볼 수 있는 직관 혹은 영감 덕분이라는 것을 깨달았다." — 소크라테스

시를 통한 성찰

LA 불교계의 큰 별 김소연 법사님이 개설한 카톡 명상방에 주말마다 글을 올린지 제법 시간이 지났다. 밥먹고 평생 반복해온 일이 글쓰고 방송한 것인지라 다른 건 몰라도 글쓰기는 좀 잘 하는 편이다. 그렇다고 명문을 쓴다, 뭐 그런 의미는 아니다. 그저 남들이 보고 명확히 이해가 가고 가독성이 좋게 쓴다는 말이다. 이 또한 반복의 힘을 알 수 있는 대목이다. 내가 그나마 글을 쫌 쓰는 이유는 평생 반복해서다. 명상 수행 또한 반복해서 하면 잘 할 수 있게 된다. 이건 내가 임상실험을 해본 바인 만큼 자신있게 말할 수 있다.

처음에는 UCLA MARC(Mindful Awareness Research Center)의 클래스에서 나왔던 소주제들을 올렸었는데 그것도 시간이 흐르니 소재가

메말라갔다.

그러다가 몇 달째, 깨달음의 시, 현존의 시, 통찰과 영감을 주는 시들을 소개하고 그 시에 대한 약간의 뱀발(사족) 같은 코멘트를 적어서 보내고 있다.

사실 내가 라디오코리아에서 진행하는 '저녁으로의 초대' 프로그램에서도 월요일부터 금요일까지 주 5일 동안 2부가 시작되면서 시를 낭송하다 보니 길고 장황한 설명보다 짧고 함축적인 글에 더 많은 의미를 담은 시를 대할 기회가 많았다.

내가 참가했던 명상 클래스의 선생님들은 명상을 시작하기 전에 잘랄루딘 루미의 시를 낭송하기를 좋아했었다. 〈여인숙〉, 〈카라반〉 등 루미의 시에 쓰인 시어 하나 하나는 우리들 가슴 속에 범종보다 깊은 공명을 일으킨다.

그렇게 소개했던 시들 중에는 박노해의 〈불편과 고독〉, 김중식의 〈이탈한 자가 문득〉, 류근의 〈나무들은 살아남기 위해 잎사귀를 버린다〉, 이기철의 〈첫 줄이 아름다운 시를 쓰고 싶다〉, 정일근의 〈아름다움에 대하여〉 등이 있다.

이들의 시는 때로 펜을 꺾어버리고 싶게 할 만큼 글쓰는 자들의 기를 팍팍 죽이지만 내가 나를 나이도록 허용한 이후에는 내가 그들에 미치지 못하는 글을 쓴다고 판단하기보다, 내 글과 나의 인생 여정이 그들과 다름을 인지하고 내려놓았다.

생애 첫 시를 쓰다

명상방에 시를 올릴 때에는 가능하면 그때 그때의 이슈와 연결고리가 있는 시인의 시를 고르려 애썼다. 그러다가 지난 7월 12일에는 그날 태어난 칠레의 시인 파블로 네루다의 시 가운데 마음공부의 소재가 될 수 있을 만한 시를 고르고자 인터넷을 뒤졌다.

예전부터 좋아하던 '시(Poetry)'라는 시의 번역본을 찾기는 했는데 이게 뭔 말인지 한 눈에 쏙 들어오질 않았다. 스페인어로 씌여진 시를 번역했으니 번역하는 과정에서 1차적으로 본질이 왜곡 윤색 탈색되었을 것이고 또 네루다의 세계 속에서 의미하는 단어와 번역자의 의식에서의 단어가 인식되어진 경험치의 차이와 함께 또 다른 왜곡 윤색 탈색을 가져왔을 것이다.

네루다의 시를 이리 읽어보고 저리 읽어보던 나는 결국 영어 원문을 찾아읽으려 영어 사이트를 검색했다. 유명 시인들의 작품들이 알파벳 순으로 정리돼 있는 '모든 시들(allpoetry.com)'이라는 사이트를 발견하고는 "대박!"을 외쳤다.

사이트 내에서 파블로 네루다의 〈시(Poetry)〉라는 시를 검색했더니 회원으로 등록해야만 볼 수 있단다. 뭐, 그 정도 불편쯤이야 시집 몇 권을 언제든 볼 수 있게 될 판에 못 할 것 없다, 싶어 등록을 시작했다.

이름, 이메일주소, 사진 등 기본적인 개인정보를 채워넣고 났더니 이제 다른 시인들의 작품에 대한 리뷰를 2건 이상 넣으란다. 눈에 띄는 시를 대충 읽고서 '양설(兩舌)'까지 가지 않는 긍정의 평가를 적어 넣었다.

아. 그런데 그게 끝이 아니었다. 시를 검색하려면 내가 쓴 시를 한 편 이상 등록해야 했다. 한국어로도 시를 써본 일이 없는데 영어로 써놓은 시가 있을리 만무했다. 하지만 네루다의 〈시〉를 영문으로 보기 위해 나는 즉흥으로 영어 창작시를 만들어낼 수밖에 없었다.

그래서, 그저 평소 스스로에게 반복하는 구절을 영어로 써서 올렸다.

Dances of Butterfly

I surrendered to the present moment
and let life live through me.
Now, what I am living is
merely Avalokiteshvara's divine dance.

나비의 춤

삶이 나를 통해 살 수 있도록
현재의 순간에 항복했다.
이제 나의 삶은
관자재보살의 성스러운 춤.

이는 삶에 대한 나의 깨달음, 결론에 다름 아니다. 매 순간 내 안에서
일어나는 탐진치를 내려놓았더니, 즉 현재의 삶의 경험에 대해 때로는 좋
다고 매달리고 때로는 싫다고 저항하는 분별을 매순간 내려놓다보니 삶
의 모든 경험에 대해 완전히 항복하는 순간과 조우했다. 그 순간 내가 사
는 것이 아니라 삶이 나를 통해 발현될 수 있도록 모든 힘이 완전히 빠지
고 고요해져 있었다. 이제 내 안에 사는 것은 내가 아니다.

쓰고 보니 신약성서 중 갈라디아서 2장 20-21과 무척 닮아있다. "내가
그리스도와 함께 십자가에 못 박혔나니 그런즉 이제는 내가 산 것이 아니
요 오직 내 안에 그리스도께서 사신 것이라."

대승불교가 꽃피던 시절을 살았던 예수의 초기 설법은 이처럼 붓다의 가르침과 유사했었고 그의 제자들은 예수의 육성을 통해 붓다가 해탈에 이르렀던 수행을 했을 것이다. 내 안의 그리스도라는 것이 역사적으로 존재했던 예수라기보다, 내 안에서 나를 늘 바라보는, 나라 할 것 없는 나의 본질을 의미한다고 해석해 볼 때 이는 관자재보살이라 불러도 좋을 것이라 생각한다.

시를 등록하고 내가 이 사이트에 들어온 이유의 전부였던 파블로 네루다의 '시(Poetry)'를 검색했다. 애매모호하던 표현을 영문과 대조해가며 봤더니 네루다의 시어들이 보다 선명하게 내게 다가왔다. 내가 다시 수정 작업을 통해 올린 시는 명상카톡방 독자들에게 또 한 번의 커튼이 씌워진 상태로 다가갔을 것이다. 아니, 어떤 분들에게는 그 언어의 경계를 넘어 시인의 통찰이 그대로 전해졌을 수도 있겠다.

파블로 네루다의 '시(Poetry)'라는 제목의 시

그러니까 그 나이였을 무렵……
시가 나를 찾아왔다.
모른다.
그 시가 어디에서부터 왔는지,
겨울로부터였는지 강에서부터인지,
언제 어떻게 왔는지 알지 못한다.

아니다.

그건 누가 말해 준 것도 아니고

책으로 읽은 것도 아니며

침묵도 아니다.

내가 헤매고 다니던 길거리,

밤의 한 자락,

뜻하지 않은 타인들,

활활 타오르는 불길 속,

혼자 외롭게 돌아오던 길,

그것들 속에서 얼굴 없이 존재하던 내 가슴을

시가 움직였다.

나는 뭐라 말해야 할지 몰랐다.

내 입은 이름들을 도무지 대지 못했고,

내 눈은 멀었으며,

내 영혼 속에서는 무언가가 시작되고 있었다.

열(熱) 또는 잃어버린 날개…

나는 그 불을 해독하며, 어렴풋한 첫 줄을 나름대로 썼다.

어렴풋한, 뭔지 모를, 순진한 난센스,

아무것도 모르는 어떤 이의 순수한 지혜,

그리고 문득 나는 보았다.

풀리고, 열린, 하늘을, 유성들을, 고동치는 논밭, 구멍 뚫린 그림자,

화살과 불과 꽃들로 들쑤셔진 그림자, 구부러진 밤, 우주를.

그리고 나, 이 미소(微小)한 존재는 그 큰 별들 총총한 허공에 취해,

나 자신이 그 심연의 일부임을 느꼈고,

별들과 더불어 뒹굴었으며,

내 심장은 바람에 풀려버렸다.

노벨문학상을 수상한 시인, 파블로 네루다는 〈일포스티노(Il Postino, 우체부)〉라는 영화에도 등장한다. 20년 전 그의 알듯 모를듯 하던 시가 나이 들고 나니, 산전수전 공중전 다 겪고 나니, 이 세상 온갖 경험 하고 나니, 이제서야 몸을 휘어감듯 다가온다.

그는 일상적 삶의 경험들, 즉 늘 변하고 고통이며 나라고 할 것 없는 일상들을 통해 '순수한 지혜'를 깨달은 것 같다. 이 미미한 존재(그 자신, 그리고 우리 각자)가 심연의 일부임을 깨달았다는 구절은 왜 그의 시가 노벨 문학상을 받았는지를 알게 해주며 온 몸에 소름돋는 감동을 준다.

그는 1945년 칠레 공산당에 입당하면서 산티아고의 카우폴리칸 경기장에서의 집회에서 칠레 공산당 입당을 공식적으로 선언했다.

남북 분단의 아픈 역사로 인해 한국인들은 공산당이라는 말만 들어도 경기(驚氣)를 일으킨다. 공산주의자라는 말을 놔두고 굳이 '빨갱이'라는 폄하된 표현을 사용하는 우리들에게 있어 공산당은 죽음으로도 파낼 수 없는 주홍글씨였다.

하지만 순수한 '~주의'가 배격 받아야 하는 이유는 또 뭐란 말인가. 우리는 왜 그렇게도 공산주의라는 말만 들어도 치를 떠는가. 6.25전쟁 때문이라고들 한다. 경험해보지 않아서 그런다고 어르신들은 호통을 치신다. 하지만, 조금만 떨어져 바라보면 그 또한 우리들 순수의식에 덧입혀진 조건일 뿐이다.

그렇게 조금 거리를 두고 떨어져 바라볼 때, 네루다의 〈나의 당에게〉라는 시는 제목만 바꾸면 〈나의 상가(Sangha, 승가)에게〉가 될 법도 하다.

나의 당에게

파블로 네루다

그대 덕분에 나는
낯선 사람들과 형제가 되었다

그대 덕분에 나는
살아 뻗어가는 모든 세력에 가담했다

그대 덕분에 나는
다시 태어나 조국을 되찾았다

그대는 나에게 주었다
외로운 사람들이 알지 못한 자유를

그대는 나에게 가르쳐 주었다
친절이 불처럼 타오르는 것을

그대는 똑바로 서게 해 주었다
똑바로 뻗어가는 나무처럼

그대 덕분에 나는 배웠다
사람들 사이의 일치점과 상위점을 분별하는 기술을

그대 덕분에 나는 알았다 한 사람의 고통이
어떻게 하여 만인의 승리 속에서 사라지는가를

그대 덕분에 나는 배웠다
형제들의 딱딱한 침대에서 자는 기술을

그대는 현실 위에 나를 붙박아 주었다
꿋꿋하게 바위 위에 서 있는 것처럼

그대 덕분에 나는 악당들의 적이 되고
분노한 사람들을 지켜주는 벽이 되었다

그대는 내가 보도록 해 주었다
빛으로 가득찬 밝은 세계와 커져가는 기쁨을

그대는 내가 사멸하지 않도록 해 주었다
왜냐하면 그대 속에서 나는 이미
나 혼자만으로 끝나는 것이 아니기 때문에

수행 공동체는 세상 그 어느 모임과 마찬가지로 눈에 가시인 사람도 있을 것이고, 나의 에고를 아프게 건드리는 사람도 있을 것이다. 하지만 그대들 덕분에 우리는 붓다가 된다. 그대들 덕분에 나는 배운다. 그대는 나를 보도록 해주는 나 자신이니까.

에필로그

참, 내가 '모든 시들(allpoetry.com)' 사이트에 올렸던 시에는 많은 이들이 좋아요를 누르고 코멘트를 써주었다. "잘 썼다는 말로도 당신 시의 아름다움을 표현하기는 부족합니다. 시인님"이라는 댓글도 있었고 "이 시에서 느껴지는 자유롭고 부담 없는 바이브가 마음에 들어요. 팔로우합니다.", "당신 시는 나로 하여금 내가 느끼고 경험하는 것이 우주적임을 깨닫게 해주었어요. 루미의 시 느낌도 좀 나네요." 등이었다.

하룻강아지 범 무서운 줄 모른다고. 한글로도 시 한 편 써본 일이 없던 나는 갑자기 영어로 시 등단이라도 한 것처럼 시인의 감성으로 세상을 바라보기 시작한다. 시인의 가슴이 있고 지속적인 연습이 따른다면 그 또한 못할 것은 없으리라는 생각이다.

헤르만 헤세의 〈행복〉이라는 시는 암송하며 언제 어디서라도 기억에서 꺼내 나를 포맷할 만큼 좋아하는 시이다.

특히 "모든 소망을 단념하고, 목표와 욕망도 잊어버리고, 그대, 행복을 입 밖에 내지도 않을 때…" 이 구절을 대할 때면 전율이 인다. 진정으로 행복하면, 행복을 추구하지도, 행복을 입에 올리지도 않게 된다. 요순시대의 백성들이 황제가 누군지 몰랐던 것처럼.

당분간 시를 통한 마음 탐험은 계속될 것 같다. 시인들의 영롱한 시어가 당신 가슴에 잔잔한 파문을 일으키기를. 더 나아가 그 파문이 잦아들고 완전한 고요를 맛보게 되기를.

[2020년 9월]

시를 위한 시 2

생애 두번째 시를 쓰다

"시는 역사보다도 더 생생한 진실에 가깝다."   – 플라톤

지난 2월까지 평소 나의 하루 평균 운전 거리는 3마일 정도였다. 집에서 방송국을 오가는 게, 거의 다였고, 팬데믹 이후에는 주2회의 프라이빗 요가 클래스도 쉬고 있다 보니 정말 운전할 일이 별로 없었다.

요즘은 얘기가 조금 달라졌다. 그 사이 방송국도 예전보다는 좀 먼 (그래봤자, 한인 타운 내) 곳으로 옮겨졌고, 주말이면 100마일 넘게 금강선원을 오가기 때문에 마일리지가 훌쩍 늘었다.

운전 경력 32년이라지만 실제 운전을 했던 시간, 그리고 마일리지가 별로 내보일 게 없다 보니 운전을 미끄러질 듯 잘 하지도 못하고, 운전하면서 통찰의 시간을 만나는 경우도 별로 없었다.

예전에는 그 잠깐 동안 운전하는 시간에도 라디오나 팟캐스트 또는 오디오북을 들었다. 하지만 수행을 시작한 후에는 무료한 시간을 채우기 위해 뭔가를 듣기 보다, 운전을 하는 현재의 경험 자체에 주의를 기울이고 있다.

지난 2월 말, 운전을 하다가 LA의 베니스 길을 지나가는데 차도(Driveway) 난간에 자라고 있는 나무의 묘목을 봤다. 키가 5센티나 되었을까. 바람에 날려왔거나 비에 떠내려 온 그 씨는 어쩌다가 그렇게도 위태롭고 자라기에 열악한 곳에 뿌리를 내렸을까. 여차 하면 달리는 차에 의해 짓밟힐 것 같았다.

보통 때엔 차량들의 왕래가 많아 도저히 가능하지 않지만 야밤에라도 와서 도로의 아스팔트를 깨고 나무 뿌리를 조심스럽게 캐어 잘 자랄 만한 곳으로 옮겨주고 싶은 마음이 일었다.

그러면서 나는 적절하다고 생각되는 장소가 아닌 곳에 뿌리를 내린, 작은 나무에서 나 자신을 봤다. 늘 "나는 정말 잘못된 장소, 잘못된 시간(In a wrong place, at a wrong time)에 이 지구라는 별을 표류하고 있는 유성" 같다고 느꼈었다.

적어도 불법을 만나기 전까지는…

그 작은 나무에게서 나를 보고 옮겨주고 싶다는, 개입하고자 하는 마음이 일어났다가 "아, 이것도 개입이구나. 현재에 대한 저항이구나." 라고 알아차리고 내려놨다.

나 개인의 삶에서 고난도 많고 힘든 경험도 많았지만 그 힘든 날들은 불법을 만나고, 오늘의 나를 만나게 하기 위한 극도로 잘 짜여진 인과의 연속이었다. 나를 '나'이도록 만든 것은 그처럼 힘들었다고 생각되던 과거의 경험들(그 과거 속에서는 현재였던)이었다.

그러니 내 업식과 내 편견으로 볼 때 잘못된 장소, 잘못된 시각에 처해 있다고 생각되던 그 작은 나무는 어쩌면 자신의 신화(Myth), 또는 전설(Legend)를 이뤄내기 위한 가장 완벽한 장소, 완벽한 시각에 처해 있는 것일 지도 모른다.

시인님들, 그리고 시 좀 쓰신다 하는 독자분들, 웃지 말아주시길. 그런 마음으로 시를 써봤다. 나의 두번째 시라, 우스울 것이다. 하지만 지금 이 시간에는 이 마음이 진실이기에 용기를 내어 나눠본다.

잘못된 장소, 잘못된 시간에 뿌리 내린 나무

스텔라 박(나비의 춤)
*나비의 춤은 나의 아메리카 원주민 식 이름이다

잘못된 장소, 잘못된 시간에 뿌리 내린 어린 나무
내가 일어났다.
"옮겨주고 싶다."는 윤회의 근원인 욕망이.

잘못된 장소, 잘못된 시간에 뿌리 내린 것이 나무만은 아니다.
너와 나
지구 별을 표류하고 있는 유성들 모두

그러나
잘못된 장소, 잘못된 시간은 없다.
가장 완벽한 장소와 완벽한 시간만이 있을 뿐.

완벽한 장소와 완벽한 시간을 통해
자신을 만나 별이 될 나무.

너와 나 또한

지금 이곳에서 우리 자신을 만나 반짝이고 있다.

지금 이 순간의 경험들, 나에게 깨달음을 주기 위해 내 삶에 찾아온 선물 같은 경험들을 통해 우리는 진정한 내가 누구인지를 알게 될 것이다. 그렇게 표현하고 싶지 않지만 참 나를, 나를 사랑하는 이(Lover)를, 상위자아를, 내 안의 관자재보살을 만날 것이다. 그리고 그 기다려왔던 만남을 축하하고 기뻐하고 감격하며 별처럼 반짝일 것이다. 당신과 나는 지금 이곳에서 바로 진정한 나를 만나 그렇게 반짝이고 있다.

시인 되긴 글렀다. 이렇게 설명해야 독자들이 알아들을 수 있다면 이게 무슨 시인가. 많이 안 써봐서 그렇다고 스스로를 위로한다. 시 쓰는 것도 많이 써봐야 잘 할 수 있는 것, 언젠가 한 번 도전해보련다. 시인들, 나와 보라고 그래. 다 죽었쓰. (농담)

[2020년 10월]

심수봉의 노래를 들으며
한 생각 일으키다

"그녀 노래는 노을 같다는 것을 깨달았지."

– 노영심, 〈내 사랑 심수봉〉 가사 중

대학가요제에서
뽕짝 노래를 부른 심민경

심수봉. 그녀를 처음 접한 것은 1978년, 대학가요제 중계방송을 통해
서다. 당시 나는 중학교 2학년이었다. 그 또래들이 열광할 만한 청소년
문화가 그리 풍부하지 않았던 1978년 대한민국 땅에서 대학가요제는 대
학생들뿐만 아니라 중고등학생들까지도 함께 즐기는 축제였다.

당시 최고 대세는 직접 작사 작곡을 하고 악기 연주와 노래 실력을 겸비
한 그룹사운드였다. 현재 송골매로 알려진, 배철수가 멤버로 있었던 활
주로도 2회 대학가요제에 출연했던 대표적인 그룹사운드다. 이들 그룹
사운드의 실험 정신 강한 음악과 건강한 에너지는 한창 감수성이 예민하
던 10대 청소년들을 매혹시켰다.

396

당시 나를 비롯한 중고등학생들은 가히 출연자들 만큼이나 가슴을 졸이며 생중계를 지켜봤었다. 지금도 생생히 기억한다. 심민경이라는 이름의 9번 참가자가 무대에 홀로 등장해 하얀 그랜드피아노 앞에 앉았던 순간을.

촌스럽게 파마 머리를 한, 별로 예쁘다고 할 수 없는, 조금은 시골 분위기가 풍기는 여성 참가자였다. 이때까지만 해도 난 대학 가요제의 기본 수준이 있는 만큼, 그녀가 피아노 연주와 함께 멋진 발라드를 들려줄 거라고 막연하게 기대를 했었다.

그녀가 막상 피아노를 치며 노래를 시작했을 때, 나는 기가 딱 막혀 입을 헤 벌리고 다물 줄을 몰랐다. "이건 뭐지?" 하는 순간이었다. 뜨악했다는 표현이 가장 어울릴 것이다. 순전히 개인적인 취향이었지만 당시의 나는 뽕짝 또는 트로트 스타일의 노래라면 몸서리가 처질 만큼 싫어했었다. 그런데 한국가요계에 괄목할 만한 발전을 가져오게 했던 대학가요제에 출연한 대학생 심민경이 불렀던 〈그때 그사람〉이 나훈아, 이미자의 노래들보다도 더 촌스러운 트로트 스타일이었던 것이다.

당시 대학가의 음악 풍토를 고려해 볼 때, 트로트 곡인 〈그때 그 사람〉을 들고 대학가요제에 나왔다는 건 남들이 모두 스키니진을 입고 다니는 세상에서 혼자 나팔바지 입고 거리를 활보하는 것만큼이나 '네 맘대로 하시어요' 스타일을 의미한다.

당시 대상은 부산대학교 학생이었던 그룹 '썰물'이 부른 〈밀려오는 파도소리에〉가 차지했다. 다행히 뽕짝을 불렀던 심민경은 순위에 들지 못했다. "그럼 그렇지, 어찌 감히 그 촌스러운 노래를 가지고 대학가요제에 나올 생각을 한 거야?" 친구들과 모여 대학가요제 시상 결과에 대해 설왕

설레하면서 심민경과 그녀가 불렀던 노래 〈그때 그사람〉은 그것으로 나의 기억에서, 그리고 세상으로부터도 잊혀질 줄 알았다.

하지만 나의 취향과는 아무런 상관도 없이, 그리고 나의 짐작과는 완전히 180도 다르게, 그녀의 노래는 그 후로도 계속해서 라디오 음악방송은 물론이고 TV에서까지 흘러나오기 시작했다.

급기야 1년 뒤, 6월에는 온 레코드 가게가 〈그때 그사람〉으로 도배되기에 이른다. 대학가요제 때와 다른 점이라면 심민경이라는 본명 대신 그녀는 촌스럽기 짝이 없는, 그 얼굴 그 노래에 꼭 맞는 심수봉이라는 예명을 사용하고 있었다는 것이다.

심수봉은 스님께서 지어주신 법명

삶의 힘겨운 굴곡을 지나면서 어쩌다 그녀가 기독교인이 되었는지는 모르겠다. 하지만 한때 그녀는 불법을 열심히 공부하던 시절이 있었다고 털어놓는다. 그때 스님께서 그녀에게 수봉(守峰)이라는 이름을 지어주셨다고 한다. '불가에서 도를 이룬다'는 뜻을 가진 수봉이라는 이름이 마음에 들었던 그녀는 연예활동을 본격적으로 시작하면서 심수봉을 예명으로 사용하기 시작했다.

하지만 심수봉의 데뷔 무대가 대학가요제는 아니었다. 그녀는 이미 대학가요제에 나가기 훨씬 전부터 무명가수로 활동하고 있었다. 1970년대 중반부터 명동의 도쿄호텔 스카이라운지에서 학비를 벌기 위해 아르바이트로 피아노를 치고 노래를 불렀단다.

그때 한국 가요사의 일획을 그은 가수 나훈아가 손님으로 스카이라운지를 찾았다. 단박에 대박칠 '물건'임을 알아본 나훈아는 음반사 사장들에게 심수봉을 소개했다고 한다. 그때 심수봉은 계약금 조로 피아노 한 대 값을 받았었다고 하니 파격적이라 할 만한 대우이다.

나훈아와 듀엣으로 부른 〈여자이니까〉는 당시에 녹음된 곡이라고 한다. 하지만 그후, 나훈아는 개인적인 스캔들로 잠적했다. 그녀의 음반 취입도 앞에 나서서 추진하던 바람잡이가 사라지면서 흐지부지 됐다.

심수봉은 대학가요제에 나가면 입상만 해도 공동음반이 나올테니 가수는 못되더라도 음반이나 내보자는 심산에서 출전을 결정했다고 한다. 본선에서 미역국을 먹고 의기소침해 있던 그녀에게 바로 다음날, 지구레코드에서 연락이 왔다. 그렇게 해서 1979년 1월 〈그때 그사람〉 음반이 세상에 나왔고 인기가수 반열에 오른 것은 그해 6월이었다. 그녀는 가히 빛의 속도로 인기 정상의 가수가 된 것이다.

그러던 중 역사의 그날이 왔다. 1979년 10월 26일, 궁정동 회식에 초대가수로 참석했던 심수봉은 역사의 증인이자 희생자이기도 했다. 그녀는 보안사의 수사에 참석해야 했고 군사재판에도 증인으로 나가야 했었다. 이제 막 불이 붙은 그녀의 가수 활동은 10. 26이라는 물세례를 맞아 사그라들었다. 거기에다 1981년, 제5공화국이 들어선 후에는 10. 26 사태와 관련되어 있다는 이유 하나만으로 방송 출연이 금지되기까지 했다.

심수봉의 노래가
가슴에 들리기 시작하다

그런데… 내가 그렇게도 싫어했던 심수봉의 노래가 나이가 들면서 은
근슬쩍 좋아지기 시작한 것이다. 삶이 마냥 밝고 달콤한만 가득하던 시
절에는 그녀의 노래가 내 가슴을 차지할 공간이 없었다. 삶이란 게 분홍
색, 연두색의 밝고 예쁜 모습만이 아니라 쓰디쓴 맛도 있고 핏빛 상처도
있다는 것을 알아갈 무렵, 그녀의 노래가 서서히 귀에 들리기 시작했다.

주로 그녀의 노래를 접했던 것은 노래방이었다. 라디오에서야 내 마음
대로 골라서 들을 수 있는 선택권이 있는데 내가 굳이 그녀의 노래에 채널
을 고정시켰을 이유가 없다. 하지만 친구들과, 또는 회식 뒷풀이로 노래
방에 갈 경우는 이야기가 달라진다. 내가 싫어하는 노래를 부른다고 나
가 있을 수도 없는 노릇 아닌가. 그 좁은 방에서 에코우 빵빵 들어간 음
질로 〈남자는 배, 여자는 항구〉, 〈여자이니까〉, 〈미워요〉, 〈그때
그사람〉을 귀가 따갑도록 들어야 했다.

그런데 가만히 듣다 보니 이 노래들이 촌스럽긴 하다만 뭔가가 있는 거
다. 심수봉 노래들이 가슴을 파고 들어, 가슴 깊숙이 팍팍 꽂히는 첫번째
이유는 그 가사에 있다. 심수봉 노래 가사에 나오는 주인공은 내가 절대
되지 않으려고 애썼던, 남자를 너무 사랑하는, 남자와의 사랑에 목을 멘,
사랑해달라고 애원하는 한심스런 여자다. 남자에게 몸 주고 마음 주고
돈 주고 모든 것을 퍼주기만 할 뿐 사랑을 받지 못하는, 미련하게 사랑하
는, 슬픔에 사무친, 서러움에 어깨를 들썩거리는, 청승맞은, 사랑에 목숨
건 여자다.

하지만 그 노래를 듣고 있자니, 내 안에 억눌러왔던, 거부해왔던, 하지만 내재하고 있는 '사랑밖에 모르는', 사랑지상주의자인 내가 밖으로 튀어나온다. 감정을 꽉 붙잡아매두었던 끈이 스르르 풀리는 경험을 하게 된 것이다. 거기에다 그 처절한 애원의 가사에 꼭 어울리는 절절한 멜로디는 또 어떤가. 그녀의 노래들은 내 눈물샘을 자극하며 사랑 때문에 울어도 괜찮다고 속삭여주는 것이었다.

맨 처음 사랑이라는 가슴 떨리는 감정을 경험했을 때, 난 어쩜 그녀의 노래 가사 속에 등장하는, 즉 심수봉 그녀 자신처럼 사랑에 대해 설레어하고, 가슴 벅차 하고, 기대감 가득했던 소녀였을지도 모른다.

하지만 한 번, 두 번 반복적으로 사랑의 상처를 입게 되자 내 머리는 가슴에게 갑옷을 입으라는 신호를 보내기 시작했다. 마음에 드는 이성이 나타나도, 가슴이 뛰어도, 몇 차례 상처의 기억이 다시금 사랑에 빠지려는 나를 되잡아끌었다.

"안 돼. 다시는 사랑에 빠지지 마. 또 상처받을 게 뻔한데, 왜 시작하려고 하니?"

그녀의 노래 가사들을 보면 그녀가 이제껏 사랑해왔던 남자들은 그리 좋은 남자들이 아니었다는 것을 알 수 있다. 달콤한 말로 사랑을 속삭이며 간이라도 빼줄 것처럼 살갑던 남자가 떠나고 나면 아무 소식 없는, 나쁜 남자의 전형들이었다.

나쁜 남자들에게 매혹되는 여자들은 영어 표현으로 대디 이슈(Daddy Issue)를 가진 여성들이다. 성장기에 아버지가 부재했거나 반대로 아버지로부터 지나친 보호를 받게 되면 딸의 잠재의식에서는 아버지 자리에 다른 남성들을 놓아두고 그들의 관심을 끌어내려 애쓰게 된다. 그러다

보면 정말 괜찮은 성숙한 남자들이 아니라, 늘 알콜 중독자, 마약중독자, 노름중독자 등 문제투성이의 남자들에게 매혹되는 것이다. (나 자신이라고 이러한 심리분석에서 자유로울 수 없다. 이를 깨닫고 많이 치유가 되었다)

심수봉은 충남 서산에서 민속학 이론가로 명망을 얻는 아버지 심재덕씨와 어머니 장형복씨 사이에서 태어났다. 당시 아버지는 60세였고 어수선한 통에 미처 호적에 이름도 올리지 못한 어머니는 26세였다.

서울도 아니고 충남 서산, 남의 말 하기 좋아하고 간섭하기 좋아하는 이웃들 사이에서 그녀와 그녀의 어머니가 겪어야 했던 마음 고생이 얼마나 컸을까, 가히 헤아려진다. 게다가 세 살 때 부모가 헤어진 뒤 아버지는 바로 세상을 떠나 어릴 때부터 홀어머니 밑에서 자라났다고 한다. 아버지 얼굴도 모르는 채, 과부의 딸이라는 놀림까지 받았단다.

아버지의 사랑을 제대로 받아보지 못했던 그녀는 자신을 보호해주는, 큰 나무 같은 남자를 늘 꿈꾸어 왔을 터이다. 하지만 '심리적 짐(Psychological Baggage)'을 채 해결하지 못한 상태에서 남자와의 관계가 시작될 경우, 다치는 것은 여자 쪽이다. 심수봉 자신도 어린 시절의 '지독한 외로움과 괴로움'에 그녀 음악의 뿌리가 있다고 생각한단다.

가끔 나는 박정희 전 대통령의 음악적 취향에 대해 감탄하곤 한다. 얼굴 예쁜 가수나 엔터테이너가 아니라, 심금을 울리는 목소리를 가진 그녀를 술자리에 초대했다는 건, 대한민국의 민주화에 결코 도움이 되지 않았던 인간 박정희의 다른 면을 들여다보게 만들었다.

그녀가 박정희 대통령을 맨 처음 만난 것은 피아노 반주를 하기 위해 한남동 고급 비밀요정에 갔을 때라고 한다. 두 번째는 국무총리 관저 중

축 기념 연회였다. 박대통령은 심수봉에게 "자네 노래를 들으니 눈물이 나더라"고 말했다고 한다. 그리고 세번째이자 마지막으로 심수봉은 궁정동 만찬에서 박대통령을 만나게 된다.

10. 26은 심수봉에게 지워질 수 없는 정신적 충격을 준 사건이었지만 세월이 지나면서 오히려 그녀에게 평범한 가수 이상의 무게를 실어주기도 했다. 하지만 정작 본인에게 있어 궁정동은 정화해야 할 기억일 뿐이다.

문화 속의 심수봉

소설가 김훈의 글은 분명 심수봉의 목소리와 음악세계를 한 단계 격상시켜 주는 평가이다. "심수봉의 여성성 속에서, 여자로 태어난 운명은 견딜 수 없는 결핍이다. 의식화된 것도, 인문화된 것도 아니지만, 심수봉의 노래는 그 결핍을 막무가내로 드러내 보이며, 남자의 안쪽을 향해 직접 쳐들어온다. 심수봉의 목소리를 들을 때 나는 그 여자의 결핍의 애절함에 의해 남자인 나 자신의 결핍을 깨닫고, 그 결핍이 슬픔이라는 것을 알게 된다."

이 남자, 정말 사람 기죽인다. 무슨 글을 잘 써도 이렇게 잘 쓴다지? 무형의 목소리와 노래를 만져질듯한 언어로 형상화하는 능력에 대해서도 기가 막힌데, 그 세세하고 적확한 표현을 대하자면 붓을 꺾고 싶어질 뿐이다.

문화계의 빅샷 김훈이 이처럼 아끼고 사랑하고 찬미하는 심수봉. 본래 어떤 대상에 대한 나의 느낌이 어떤가를 살필 때, 다른 이의 의견을 염두에 두는 것은 아니지만 그래도 그 주체가 김훈 정도가 되면 얘기가 좀 달라진다. 김훈의 글은 확실히 나의 심수봉 사랑에 무게를 실어주었다.

어디 그뿐일까. 국민가수 이문세는 14집 〈빨간 내복〉 타이틀 곡을 〈내 사람 심수봉〉으로 정했다. 이 곡은 개성 있는 가사와 밝은 분위기의 멜로디를 특징으로 하는 싱어송라이터 노영심이 작사작곡했다.

"열여섯에 처음 날 울리던 노래, 그때 난 사실 좀 조숙했지만, 온통 세상이 그 목소리처럼 참 묘한 느낌의 뭔가 있다는 것을 깨달았지. 하루에도 몇 번은 그 속에 빠져 마치 내 얘긴 듯 심각했지만 왠지 내 인생, 그 언제부턴가. 난 그녀 노래와 인연이 있다는 걸 깨달았지…. (중략) … 오늘도 숨차게 돌아온 하루 지친 내 모습이 늘 우습지만, 역시도 나를 반겨 주는 건 그녀 노래는 노을 같다는 것을 깨달았지."

〈내 사랑 심수봉〉의 가사는 싱어송라이터 노영심의 젊은 시절, 감수성을 완전히 사로잡은 심수봉 노래에 대한 추억과 함께 선배 가수에 대한 훈훈한 존경의 마음을 담고 있다. 1979년 〈그때 그 사람〉과 〈여자이니까〉로 일약 스타덤에 오른 심수봉은 1981년부터 2년여 공백기를 거친 후 1984년 〈남자는 배, 여자는 항구〉, 1985년 〈무궁화〉, 1986년 〈사랑밖엔 난 몰라〉, 1987년 〈미워요〉 등 매년 한 곡 이상씩 굵직한 히트곡을 발표했다. 1991년 〈우리는 타인〉, 1994년 〈비나리〉 그리고 1997년 〈백만 송이 장미〉 등으로 그녀의 히트곡 리스트는 줄줄이 이어진다.

그 여러 히트곡 가운데 내가 가장 좋아하는 심수봉의 노래는 〈비나리〉이다. 〈비나리〉의 가사 중에는 "나, 당신 사랑해도 될까요?… 나만을 사랑하면 안 될까요?"라는 구절이 있다. 나도 그렇게 묻고 싶었다. 지금은 얼굴도 기억나지 않는, 과거의 그 남자에게 답을 할 수도 없고 안 할 수도 없는 거시기한 질문을 하고 싶었다.

"하늘이여! 저 사랑 언제 또 갈라 놓을 거에요? 하늘이여! 간절한 이 소망 또 외면할 거예요? 하늘이여! 이 사랑 다시 또 눈물이면 안 되요. 하늘이여! 저 사람 영원히 사랑하게 해줘요." 사랑이란 감정이 가슴을 파고들 때, 상처 많은 여자들은 이렇게 하늘을 향해 응답 없는 기도를 한다.

그러면서도 그녀는 사랑의 본질을 정확히 꿰뚫고 있다. "생각하면 덧없는 꿈일지도 몰라. 허무한 꿈일지도 몰라." 삶이 꿈이지만 그럼에 불구하고 우리들은 그 꿈에 취하고자 한다. 그래서 그녀는 고백한다. "세상이 온통 그대 하나로 변해 버렸어." 라고.

비나리를 발표한 것은 1994년. 이 노래가 탄생한 사연이 재미있다. 1993년 그녀는 MBC 라디오에서 〈심수봉의 트로트 가요 앨범〉이라는 프로그램을 진행하고 있었다고 한다. 심수봉의 남편은 PD로서 진행자인 그녀에게 자상하게 세세한 부분까지 신경을 써줬는데, 그녀는 이런 친절을 자신에 대한 관심이라고 오해했다는 것이다. 그에게로 자꾸만 향하는 마음을 담아 〈비나리〉라는 곡을 만들어 들려주었다고 한다. "어디 자기를 위해 노래를 만들어 주는 사람이 흔해요? 그쪽에서 큰 인심 쓴 것처럼 결혼했어요." 두 차례의 실패한 결혼, 결혼 전에 몰래 숨어서 출산했던 아이, 여자로서 견뎌내기 힘들었던 수많은 상처들이 그와의 사랑, 결혼으로 치유가 됐다.

심수봉을 만나다

2013년 7월, LA에서 약 2시간 떨어진 인디오(Indio) 시의 한 카지노 리조트 호텔에서 심수봉의 콘서트가 열렸다. 콘서트를 앞두고 내가 진행하는 라디오 방송 프로그램에서 심수봉씨와의 인터뷰를 마련했다. 그녀와의 인터뷰를 앞둔 나는 심수봉이라는 인물에 대해 샅샅이 자료를 살펴보기 시작했다.

그러던 중에 그녀의 노래들이 당시 대한민국에서 가장 인기 있었던 예능 프로그램 가운데 하나인 〈불후의 명곡, 전설을 노래하다〉에서 두 차례나 '다시 부르는 심수봉' 편을 방송했음을 알게 되었다. 뿐만 아니라 수많은 토크쇼에 출연한 그녀의 소탈한 모습도 만날 수가 있었다. 하다 못해 어느 교회의 집회였는지 "힘들 때마다 부르며 힘을 얻었다"는 〈날마다 숨쉬는 순간마다〉 찬양 동영상까지 찾아봤다.

그녀의 흔적을 찾아보면서 나는 심수봉이라는 인물에 대해 잔잔한 애정을 품게 됐다. 작은 체구에 기어들어갈듯 작은 목소리로, 수줍은 듯 말하는 그녀의 모습이 얼마나 곱던지, (2013년 당시) 이제 내일모레면 환갑이건만 그녀는 아직도 부끄러워 얼굴 붉힐 줄 아는 소녀의 모습을 갖고 있었다.

그녀는 참 눈물이 많은 여자이기도 하다. 나 스스로도 하도 잘 울어서 '수도꼭지(꼭지만 틀면 바로 물이 나오는 것처럼 울려고만 하면 항상 눈물이 나온다는 의미의 별명)'라는 별명을 갖고 있던 터라, 때와 장소를 가리지 않고 찔끔대는 그녀를 완벽하게 이해할 수 있었다.

인터뷰에서 "혹시 별명이 수도꼭지 아니세요?" 라고 물었더니 "아뇨, 눈물의 여왕이에요."라고 답한다. 상처를 보석으로 만들어낸 진주 조개처럼, 그녀의 눈물은 온 국민의 가슴을 어루만져주는 노래로 화한 것이다.

그녀의 몇몇 히트곡을 듣고 있다 보면 많은 시간을 조용히 앉아 내면의 소리를 듣고 만든 작품이라는 것을 짐작할 수 있다. 실제 그녀는 노래를 만들 때, 많은 시간을 묵상한다고 한다.

그녀는 자신이 이 지구 별에 나툰 인연의 끈을 잘 알고 있다. 그녀는 저 먼 별에 있을 때, 노래로 상처받은 이들의 아픔을 치유하고 메마른 가슴을 촉촉하게 만들고 싶다는 '의도'를 품어 이 땅에 그런 재주를 갖고 태어난 것인지도 모른다.

그녀는 앙코르 곡으로 〈어메이징 그레이스(Amazing Grace)〉를 불렀다. 아마도 자기 가슴을 온통 채우고 있는 예수의 사랑을, 이전에 한 사내로 향한 사랑을 숨김없이 표현했던 것처럼 드러내지 않고는 못 배겨서였을까.

심수봉씨는 내 양손을 잡으며 말했다. "참 영이 순수하신 분 같아요. 꼭 하나님을 만나셨으면 좋겠어요." 나는 그녀의 바램에 대해 "하나님을 하나님이라고 부르지 않아도 이미 하나님이랍니다."라는 말을 하지 않았다. "어떻게 아세요? 제가 하나님을 만났는지 아닌지?" 라고 묻지도 않았다. 늘 세상 만물이 공임을 기억하며 마음대로 나투도록 허용하는 것과 하나님을 만나는 것이 뭐 그리 다를까. 그로 인해 답답했던 마음, 미워하는 마음, 용서하지 못하는 마음으로부터 자유로워져, 잔잔한 미소가 얼굴에서 떠나지 않게 된다면 그것으로 족하다. 더 공부해야 할 것도, 더 추구하고 바래야 할 것도 없다. 심수봉의 애잔한 노래들과 함께 나의 여름이 지나가고 있었다.

[2013년 7월]

잘못탄 기차가 목적지에 데려다 준다

《사랑의 불시착》을 보고서

"잘못 탄 기차가 오히려 목적지로 데려다 준다"　　－ 인도 속담

간만에 드라마를 봤다. 드라마란 것이 한 번 보기 시작하면 적잖은 시간을 송두리째 바치게 되어 있는지라 어지간하면 아예 시작하지를 않는다. 수행할 시간, 일할 시간, 집안 치울 시간도 부족해 매일 쩔쩔 매는 내가 어쩌자고 드라마 〈사랑의 불시착〉에 손을 댔을까. 어쩌면 너무 무미건조하게 살아가는 내 내면에서 달달한 초콜릿 같은 스토리를 필요로 했었는지도 모르겠다. 그리고 조선민주주의인민공화국의 삶이 어떻게 그려지고 있는지도 적잖이 궁금했다.

그렇게 해서 1편을 보기 시작했는데 요즘 한국 드라마 제작팀들의 드라마 만드는 기술이 어찌나 출중하던지 일단 시작을 하고 났더니 다음 편을 보지 않고는 못 배기게 만드는 것이었다. 2019년 12월부터 2020년 2월까지 약 3개월간 방송됐으니 이미 밥으로 치면 식은 밥이건만, 나는 간만에 식음을 전폐하지는 않았지만 짜투리 시간을 모두 투자할 만큼 드라마에 몰입했다.

재벌 상속녀와 북한 장교의 사랑

한국 드라마에서 가장 많이 볼 수 있는 구조는 남자 주인공이 재벌이고 상대역은 얼굴 예쁘고 착하지만 가정형편이 좋지 않은 여성이다. 그런데 〈사랑의 불시착〉은 이런 곰팡이 냄새 나는 지리한 구조를 벗어났다는 점에서 일단 참신했다.

여자 주인공인 윤세리(손예진 분)는 재벌 상속녀이자 자신의 독자적인 브랜드 '세리스 초이스'를 개발 성공시킨 능력지존의 여성이다. 그녀는 '세리스 초이스'의 여러 제품 가운데 익스트림 스포츠 라인을 개발, 직접 시험 패러글라이딩으로 제품을 검증하고자 한다.

하늘에 둥실 떠서 자유로움을 만끽하던 순간, 갑자기 불어닥친 돌풍으로 윤세리는 북한에 불시착하게 된다. 시도 때도 없이 "일 없소."를 외치며 아무런 장식 없이, 꼭 해야할 말만 하는 리정혁 역의 현빈에게 손예진이라는 사랑스러운 여배우가 초승달 눈을 하며 애교를 부리는 모습도 보는 즐거움을 더했다.

남자 주인공인 리정혁(현빈 분)은 북한 장교 중대장이자 총 정치국장의 아들이다. 피아니스트를 꿈꾸며 스위스로 유학을 떠나지만 형의 사망 소식을 듣고 급하게 귀국, 이후 군인이 된다. 그러다 사고로 북녘 땅에 불시착한 윤세리를 집안에 숨기는 바람에 인생이 단단히 꼬인다. 현빈을 매력적이라 생각한 적이 없던 터라, 별 기대 없이 봤다가 그만 흠뻑 젖어들고 말았다.

"잘못탄 기차가 목적지에 데려다 준다."

드라마를 보면서 가슴에 공명을 일으킨 대사가 몇몇 있다.

사고로 불시착한 북한에서 남들이 눈치 채지 않게 윤세리를 남한으로 보내기 위해 리정혁은 그녀를 북조선의 스포츠 대표팀 후보 선수 중 하나로 물밑작업을 해놓는다. 여권 사진을 찍기 위해 평양을 가는 길이었다. 자동차로 가면 몇 시간 걸리지 않는 거리인데 어쩌자고 기차를 탔는지 모르겠으나 그들이 탄 기차가 들판에서 갑자기 서버렸다. 곧 떠날 줄 알았던 기차는 무려 10시간이 넘게 정차한다. 성격 급한 또 다른 남한 사람인 구승준은 "어떻게 이런 일이 있을 수 있냐."면서 입이 댓발이나 나와 투덜거린다.

이미 달달한 사랑의 감정이 싹튼 윤세리와 리정혁은 열차가 정차한 덕에 아쉽기만 한 두 사람만의 시간을 좀더 보낼 수 있게 되고 뜻하지 않은 장소에서 불을 피워놓고 옥수수도 구워먹으며 잊지 못할 추억을 만들게 된다.

기막힌 상황에 어이 없어 하던 윤세리는 어느덧 리정혁에게 어디에서 주워 들은 말을 건넨다.

"인도 속담에 그런 말이 있데요. 잘못탄 기차가 목적지에 데려다준다고."

현재의 내 삶에서 "어떻게 이런 일이 일어나? 있을 수 없어." 하는 경우가 얼마나 많던가. 우리 상식으로 도저히 이해가 가지 않고, 두 번 생각해도 진짜 모르겠는 상황 말이다. 나 역시 지난 해 9월부터 아무리 생각해도 도저히 모르겠는 일들이 줄줄이 펼쳐졌었다. 지금 다시 생각해도 오직 모를 뿐이다.

모르면 답답하다. 왜 삶이 이런 식으로 흘러가는지 모를 때 우리들은 일단 안전지대(Comfort Zone) 안으로 숨으려 한다. 저항하는 순간 닫혔던 가슴은 허상인 에고를 지키고자 여러 장치를 꺼내든다. 본래 하나인 존재를 나와 남으로 분리하는 과정에서 우리는 엄청난 불편함과 두려움을 느끼고, 상처받은 느낌과 분노, 실망감, 좌절감, 죄책감, 무력감, 중압감, 외로움을 느낀다. 그리고 이렇게 가슴이 닫힌 원인을 남들 핑계로 돌린다.

하지만 조금만 높은 눈높이로 올라가 모두 보게 되면 이해한다. 그렇게 안 풀리던 퍼즐이 풀린다, 만다 할 것도 없이 그냥 사라져버린다. 내가 마음으로 지은 견고한 상이 모두 녹아내린다. 신기루처럼 사라진다. 왜냐, 답은 간단하다. 신기루였기 때문이다.

모든 상이 상 아닌 줄 알면, 삶이 꿈임을 알면 고통은 단박에 사라진다. 애쓰면 잘 되지 않는다. 정말 모든 노력을 완전히 내려놓고, 온전히 자성불에게 맡길 때 이런 마법이 일어난다. 그리고 삶은 있는 그대로 은총이다. 감사로 충만하다.

그러니 삶에서 기대치 않았던 일이 펼쳐질 때, 그 현재의 경험에 대해 저항하기보다 "아, 내가 기차를 잘못 탔구나. 하지만 잘못된 기차가 목적지에 데려다준다니까 지금 펼쳐지는 이 풍경을 그냥 즐겨봐."라고 스스로에게 속삭여보면 어떨까. 그리고 그 여정의 모든 순간을 놓치지 말고 만끽해보는 거다.

"바람은 지나가려고 부는 것"

   드라마 〈사랑의 불시착〉은 2부분으로 나뉜다.

   첫 부분은 북한이 주요 무대이다. 리정혁은 자신의 의지와 상관 없이 사고로 북한에 불시착한 윤세리를 남한으로 보내기 위해 고군분투한다. 그러던 중 리정혁은 윤세리를 구하려다 자신이 그녀 대신 총탄을 맞게 된다.

   드라마의 두번째 부분은 윤세리가 남한에 돌아오고 난 후, 남한을 무대로 펼쳐진다. 북의 조철강이란 자가 윤세리를 미끼로 리정혁과 정면대결하려는 과정 속에서 윤세리는 리정혁을 보호하기 위해 온 몸을 던져 총탄을 막아낸다. 즉 두 남녀 주인공들이 자신에게 있어 가장 소중한 생명을 아낌없이 바칠 만큼 서로를 사랑한 것이다.

   이제껏 봐온 드라마, 영화, 소설, 다큐멘터리를 보면 인간이 생과 사를 오갈 때, 의식이 뚜렷하지 않을 지라도, 삶 속에서의 중요한 순간들이 다시금 주마등처럼 스쳐지나간다고 한다.

   제품 품질 평가를 위해 직접 패러글라이딩을 하러 갔을 때 윤세리는 이를 말리는 비서에게 이렇게 묻는다.

   "실장님. 바람이 왜 부는 것 같아요?"

   실장님은 묵묵부답이다.

   "지나가려고 부는 거에요. 머물려고 부는 게 아니고."

   그렇게 말이다. 바람은 지나가려고 부는 것이다. 좀더 정확하게 표현하자면 바람은 지나가는 것, 즉 무상, 고, 무아이다. 하지만 회오리 바람은 윤세리로 하여금 "진정한 사랑"과의 만남을 가능하게 한 원인이 되었다.

   다시금 침상에 누운 그녀의 의식은 이렇게 회고한다.

"저게 저렇게 지나가야 내가 날아갈 수 있는 거고, 당신을 만나기 위해 그 모든 일들을 처음부터 다 다시 겪는 선택, 시간을 돌려도, 백 번을 돌려도, 당신을 알고, 당신을 사랑하게 되는, 위험하고 슬픈 선택을 할 것을 난 알고 있었다. 그 선택을 해서 난 행복했어, 리정혁씨."

우리들 삶도 그런 것 아닐까? 우리 삶에서 지나가는 수많은 회오리 바람들, 그 바람이 원인이 되어 일어나는 결과들을 경험하고자, 그 깨달음을 경험하고자, 우리는 어쩜 삶이라는 장치를 미리 마련했는지도 모를 일이다.

졸지에 남녘에서 온 에미나이 하나 때문에 약혼자의 마음을 빼앗기고 어쩔 줄 몰라 하는 서단이란 인물은 이런 독백을 한다.

"살다가 생기는 많은 일들 중, 왜 생기는지 이유를 알 수 없는 일이 얼마나 되겠습니까?"

그렇게, 우리는 이유를 알 수 없다. 오직 모를 뿐이다. 이를 풀고자 무한 지성과 맞장 떴을 때 깜도 안 되는 우리의 머리를 달그락 거리며 돌려봐도 돌아오는 것은 '도대체 이해가 안 되는' 상황 뿐이다.

윤세리를 그윽하게 바라보는 리정혁의 눈길을 보면서 모든 것에 무덤덤해졌던 심장이 바르르 떨려오는 것을 느꼈다. 인간들의 주의력을 빼앗아가는 드라마이지만, 풀잎들이 바스락거리는 소리를 낼 정도로 메말라 있던 심장에 비를 내려주고, 촉촉하게 적셔주고, 문을 활짝 열어주고 세상과 일체가 되게 하니 무한 감사할 뿐이다.

[2021년 7월]

엘사의 진정한 자기 발견

수행자들에게 주는 깊은 통찰의 메시지 〈겨울왕국 2〉

"당신을 보여주세요. 당신의 능력에 다가가 그 안에서 새롭게 성장해봐요. 당신은 바로 평생 동안 당신이 기다려온 존재입니다."

– 〈겨울왕국2〉 중 〈당신을 보여주세요(Show Yourself)〉라는 엘사의 솔로곡 가운데

2013년 개봉된 애니메이션 영화, 〈겨울왕국(Frozen)〉은 전 세계적으로 12억7600만 달러를 벌어들인 디즈니 최고의 성공작이다. 한참 양분법적인 표현이 유행하던 시절, "이 세상 사람은 〈겨울왕국〉을 본 사람과 보지 않은 사람으로 나뉜다."는 말이 회자되곤 했었다.

영화가 나오면 가능한 한 빨리 극장에 가서 큰 화면으로 봐야 직성이 풀리는 성격이었지만 2013년 겨울, 나는 바빠도 너무 바빴던 것 같다. 어영부영 극장 상영 기간을 놓치자 좀처럼 영화 볼 기회가 생기질 않았다.

여자아이들의 로망, 〈겨울왕국〉

그러다가 〈겨울왕국〉을 보게 된 것은 런던에 살고 있는 나의 예쁜 조

카, 나오미 덕분이었다. 당시 3살이던 나오미는 〈겨울왕국〉과 함께 자란 여느 아이들과 마찬가지로 앵앵 울 때엔 엄마(내 동생)가 〈겨울왕국〉 동영상을 틀어 울음을 그치게 했고, 이 세상에 태어나 제일 먼저 부른 노래가 〈겨울왕국〉의 주제가인 〈렛잇고(Let It Go)〉였으며, 안나의 드레스와 엘사의 드레스를 각각 한 벌씩 가지고 있을 만큼 〈겨울왕국〉 사랑이 유별난 아이였다.

나오미는 LA 여행을 올 때에도 안나와 엘사의 드레스를 바리바리 챙겨 왔다. 안나 드레스에 함께 곁들이는 약간의 흰 머리가 섞여 있는 헤어피스(Hair Piece)까지 가져왔을 정도이다. LA 방문 기간 동안 함께 게티 빌라에 간 나오미는 귀족의 성 같은 그곳을 슈퍼맨 가운처럼 끌리는 엘사의 드레스를 입고서 활보하고 다녔다.

그러니 집에 〈겨울왕국〉 DVD가 있는 것은 당연지사다. 나는 런던 동생네 집에 가서 있는 동안, 뭐 볼 영화 없나, DVD 모아둔 곳을 뒤적거리다가 〈겨울왕국〉을 발견하고는 DVD 플레이어에 디스크를 넣고 느긋하게 시청하기 시작했다.

지나간 과거는 내려놔, 렛잇고 Let it go!

〈겨울왕국〉 1편을 지켜보며 재미와 감동을 맛봤고 완성도 높은 음악에 혹했지만 가장 놀라웠던 것은 작품이 전하고 있는 메시지였다. 남들과 다른 능력을 갖고 태어난 엘사가 자신을 있는 그대로 받아들이기로 결정하며 "내려놔. 과거는 지났어."라고 선포하는 장면은 진지한 대하 드라마보다 더 큰 감동을 주었다.

언니인 엘사의 실수로 인해 가슴이 얼어붙어 생명이 위험해진 안나가 회생할 수 있는 길이 진정한 사랑의 입맞춤밖에 없었을 때, 그녀에게 이미 청혼도 했던 한스 왕자에게 달려가 키스를 받아보지만 아무런 변화가 없는 장면은 통쾌하기까지 했다. 이제껏 디즈니가 여자아이들에게 심어줬던, 완벽한 왕자로부터 키스를 받는 순간 마법이 풀린다는 꿈 아닌 망상을 제대로 깨주었기 때문이다.

내면의 목소리에 귀 기울이는 엘사

〈겨울왕국2〉에서는 주인공들의 내면 성장이 더욱 심화된다. 늘 코믹한 눈사람 올라프까지도 "아무 것도 영원한 건 없다는 게 슬프지 않아?"라며 무상, 고, 무아에 대해 성찰한다.

거기에다 엘사는 어느 순간부터 그녀에게만 들려오는 목소리를 듣게 된다. 마치 샤먼들이 무병을 앓으며 내면의 능력이 깨어나는 것처럼, 그녀도 자신에게만 들리는 소리에 잠못 이루는 밤이 점점 많아진다. 그러다 결국 그녀는 자기 내면의 목소리와 싸우기를 그만둔다. 나보다 나를 더 잘 아는 나에게 나를 항복시키는 것은 모든 영적 여행의 시작이라는 것을 〈겨울왕국2〉는 엘사에게 들려오는 미지의 목소리로 표현하고 있다.

어린 시절 엘사와 안나는 아버지인 아그나르 왕으로부터 '마법의 숲(Enchanted Forest)'에 사는 노덜드라 종족에 대한 이야기를 들었다. 노덜드라는 정령들이 인간의 삶에 깊게 관여하는 영적 공동체로 마치 아메리카 원주민 부족, 또는 샤먼을 중심으로 제정일치를 이뤘던 인류의 조상들을 보는 것 같은 느낌을 준다. 아버지로부터 들은 이야기는 여기까지이다.

하지만 엘사에게만 들리는 이 목소리는 도대체 무얼 얘기하고 싶은 걸까. 이런 가운데 트롤의 지도자인 패비 할아버지는 엘사에게 "숨겨진 진실을 해결하기 위해 마법의 숲으로 떠나라."는 예언을 해준다.

엘사는 현재의 경험이 지금처럼 일어나고 있는 데에는 과거로부터의 원인이 있었을 것임을 알고 내면의 목소리에 완전히 항복한다. 진정 우리가 할 수 있는 것은 현재 이 순간의 경험에 대한 완벽한 항복밖에 없다. 현재의 아렌델은 왜 이런 모습일까, 나는 왜 이런 모습일까, 이를 알아내고자 그녀는 마법의 숲으로 떠난다. 그리고 용서를 빌거나 화해를 이뤄야 한다면 기꺼이 그렇게 하겠다고 결정한다.

마음을 마음대로 다룰 수 있을 때까지, 모험의 시작

엘사는 안나, 그 외 일행과 함께 마법의 숲을 지나 정령의 땅에 도착한다. 4개의 석상들이 지키고 있는 정령의 땅에 들어서니 노덜드라 부족과 아렌델의 병사들은 안개에 갇혀 아직까지도 대치하고 있었다. 노덜드라 부족들은 엘사가 정령들을 다루는 기술을 목격한데다가 두 자매가 가지고 온 어머니 이두나의 스카프를 보고 두 자매가 자신들의 후손임을 확신한다. 엘사는 어머니의 스카프에 자신의 미래를 예견하는 중요한 단서

가 그려져 있었음을 감지한다. 물, 불, 땅, 바람 4원소 이외의 가운데에 자리잡은 무늬는 자연과 인간을 이어주는 다섯번째 정령을 상징하고 있었던 것이다.

엘사와 안나와 올라프는 '정령의 땅' 해변 근처에서 6년 전 부모님이 타고 가다가 난파된 배를 발견한다. 방수 처리된 사물함에서 찾아낸 지도에는 "엘사의 근원을 찾아서."라는 글귀가 적혀 있었다. 부모님들은 엘사가 마법의 능력을 갖게 된 기원을 찾고 이를 해결하고자 아토할란으로 떠나다가 변을 당한 것이다.

어머니 이두나 왕비는 엘사와 안나가 어렸을 때, 자장가를 불러주곤 했는데 "아토할란 강을 따라가면 과거의 진실을 알게 된다."는 가사였다. 엘사는 자신의 마법의 비밀, 아렌델과 노덜드라의 갈등 등을 알아내고자 아토할란 섬으로 갈 것을 결심한다. 하지만 아토할란 섬으로의 접근이 그리 용이하지만은 않았다. 엘사는 여러 차례 파도를 얼려 올라타는 도전을 행한다. 말의 형상을 한 물의 정령 나크는 야생마처럼 그녀를 공격하지만 결국 엘사는 이를 길들여 올라타고 아토할란 섬으로 질주한다. 예로부터 마음은 심우도에서의 소 등 올라탈 수 있는 동물에 자주 비유된다. 마음을 길들이면 마음대로 부릴 수 있음을 말해주는 비유일 것이다.

모든 기억을 기록하는 강

〈겨울왕국2〉는 또한 우주의 모든 기억에 대해 이야기하고 있다. 엘사가 물의 정령 나크의 등에 올라타고 도착한 아토할란 섬에 흐르는 아토할란 강(기억의 강)에는 과거의 모든 기억을 기록하는 물이 흐르고 있다. 어디 물뿐일까. 몸의 70퍼센트가 물로 이뤄져 있는 인체 역시 개인적 삶과 인류 전체의 역사를 낱낱이 기록하고 있다.

엘사는 그 기억의 강에서 과거에 어떤 일이 있었는지를 목격한다. 이 장면 역시 수행자들에게는 예사롭지 않다. 오랜 수행의 날들이 지난 후, 살아온 날들이 영화처럼 펼쳐지는 경험을 우리들 또한 하지 않았던가. 이때 내가 보고자 하는 바 믿고자 하는 바 대로의 지난날이 아니라, 있는 그대로 '여실지견' 하면서 과거가 새롭게 재편성되는 경험을 하곤 한다. 내가 믿고 있었던 방식의 과거가 아니라 있는 그대로의 과거 말이다. 누군가가 나를 미워한다고 믿어 그에 대한 원한을 갖고 있었어도 사실은 내가 보고자 한 몇 개의 증거만으로 만들어낸 허상임을 알게 되고, 사실 아무 일도 없었음을 깨닫게 되면서 원한이 녹아내리는 경험을 하게 되는 것이다.

엘사 할아버지 대로부터의 카르마

엘사는 아토할란 강가에 서서, 자신의 할아버지인 루나드 왕 때부터 이어져 온 카르마, 과거의 진실을 목격한다. 루나드 왕은 역사상 나타났던 모든 왕조와 마찬가지로, 왕권에 반한다는 이유 때문에 정령과 마법을 없애야 한다는 편견에 사로잡혀 있는 인물이다. 그는 정령 친화적인 기운을 약화시키고 정령과 친밀한 노덜드라 족을 말살하기 위해 댐을 지어 사람들과 정령과의 교감을 끊고 정령들의 기반을 약화시키려 한다. 즉 루나드 왕이 세워준 댐은 그 목적이 친선이 아니라 노덜드라를 침략 파괴하기 위한 핑계요, 장치였던 것이다.

아직 어린 왕자였던 아그나르 왕은 댐의 완성을 축하하는 행사에 아버지를 따라 참가했고, 이때 바람의 정령에 몸을 맡긴 채 공중을 떠다니는 노덜드라의 소녀 이두나에게 마음을 빼앗긴다. 하지만 이도 잠깐, 루나드 왕의 군사들은 무방비 상태의 노덜드라 부족들을 무차별적으로 공격한다. 소년 아그나르가 정신을 잃고 쓰러져 있을 때 이를 구해준 것은 노덜드라 소녀인 이두나이다.

지(땅), 수(물), 화(불), 풍(바람) 등 노덜드라의 4대 정령들은 댐으로 인해 흐르지 못하는 물에 대해, 그리고 루나드 왕 군대의 폭력에 분노한다. 정령들은 그곳에서 싸우던 이들 모두를 숲에서 추방하는 한편, 노덜드라 땅을 안개의 벽을 쳐 외부로부터 차단해버린다.

훗날 아그나르는 아렌델의 왕이 되었고, 소녀 이두나는 아그나르의 아내가 되었다. 즉 엘사와 안나는 노덜드라 여인인 이두나를 엄마로, 아렌델의 왕자 아그나르를 아빠로 태어난 것이다. 이 두 자매의 어머니인 이두나는 바람의 정령에 몸을 맡기고 공중으로 떠다녔던 존재이다. 얼음 마법 능력자인 엘사는 어머니 쪽 유전자를 강하게 물려받은 게 틀림 없다. 정령들이 엘사에게 마법의 힘을 부여한 것은 이를 통해 선대로부터 이어져온 잘못된 과거를 바로잡으려는 것이었다.

진정한 자신을 깨닫는 엘사

그녀는 아토할란 강에서 이처럼 장대한 과거의 역사를 있는 그대로 보면서 비로소 자신이 누구인가를 깨닫는다. 노덜드라 족의 전설에서 전해져오는 지수화풍 등 자연의 정령과 인간을 이어주는 5번째 정령, 그것이 자신임을 자각한 것이다.

입고 있던 하늘색 드레스가 거의 하얀 색에 가깝게 변하고 탐스럽게 땋아내렸던 머리를 길게 늘어뜨린 엘사는 더 이상 "과거는 내려놔!"라며 요염하게 걷던 그 존재가 아니다. 그녀는 이곳에서 본래 자신이었던 그 존재로 변형된다.

나는 내가 기다려왔던 바로 그 존재

〈겨울왕국2〉 가운데 〈당신을 보여주세요(Show Yourself)〉라는 엘사의 솔로곡을 보고 들으며 난 극장 좌석에 앉아 기쁨의 눈물을 흘렸다. 이 노래는 내가 이제껏 피해왔던 나를 비로서 만나주고, 나를 용서해주고, 나를 알아주고, 나를 도닥여주며 나와 진정으로 화해한 순간의 감동과 가슴벅참을 완벽하게 노래로, 그리고 영상으로 표현하고 있었다. 보면서 깨달았다. 이 영화를 만든 이도 내가 나를 만나는 순간의 기쁨을 맛본 거구나.

꿈에서 본 것처럼 낯이 익어요. 항상 알아왔던 친구처럼,
마치 내 집에 온 것 같은 느낌.
당신을 보여주세요.
당신은 내가 평생을 기다려온 바로 그 존재.

이렇게 확신에 차 있던 때는 없었습니다.

난 늘 남들과 달랐어요. 오늘에서야 그 이유를 깨달았답니다.

나는 이 행성에 목적을 가지고 태어난 거에요.

당신은 내가 한평생 기다려온 해답.

나는 드디어 나를 찾았습니다.

당신을 보여주세요.

당신의 능력에 다가가 그 안에서 새롭게 성장해봐요.

당신은 바로 평생 동안 당신이 기다려온 존재입니다.

이 노래 가사는 구구절절, 나의 고백이기도 하다. 수행 중, 어느 날 그런 순간이 찾아왔다. 이제껏 내가 믿고 있던 나는 내가 아닌 것을 알게되었다. 그리고 내가 누구인지를 깨달았다. 그리고 내가 나를 만나기 위해 이제껏 나라고 믿고 있던 내가 필요했음을 알게 되었다. 나는 내가 평생 동안 기다려오고 만나고 싶어했던 바로 그 존재였다.

한 번에 하나씩 해결하라

〈겨울왕국1〉에서 왕자와의 사랑이나 꿈꾸던 안나는 〈겨울왕국2〉에서 성숙해진 여전사가 된다. 그녀는 엘사가 아토할란 섬으로 떠났을 때 혼자 정령의 땅에 남겨지자 도대체 무엇부터 해야할지 몰라 당황한다.

이때 그녀는 아버지로부터 전해져오는 삶의 교훈을 기억해낸다. "힘들어서 뭘 해야할지 모를 때는, 너무 먼 일을 생각지 않고 당장 해결해야 할 눈앞의 한 가지 일부터 하나하나 해결해."

우리가 할 수 있는 건 바로 매번 하나씩 하는 수밖에 없다. 걸을 때도 한 걸음, 한 걸음씩밖에 못 걷고 호흡도 한 호흡, 한 호흡씩밖에 못한다. 밥 먹을 때에도 한 숟가락, 한 숟가락씩밖에 못 먹는다. 매번 한번씩 (One step at a time)이다. 수행할 때에도 뭔가 대단한 깨달음을 얻겠다는 욕심을 내려놓고 한 번에 숨 한 번씩을, 있는 그대로 알아차리고 내려놓고, 그러면 된다. 주변에 문제가 복잡하게 얽혀 있는 것 같아도 한 번에 한 개씩 해결해나가면 되는 것이다.

안나는 정령들이 원하는 것이 강의 흐름을 가로막고 있는 댐을 파괴하여 강을 흐르게 하는 것임을 알게 된다. 댐을 무너뜨리면 아렌델이 모두 침몰하겠지만 어쩔 수 없는 일이다. 하지만 마지막 순간 엘사는 거대한 얼음 벽을 만들어 댐의 파괴로 쏟아져내리는 격류를 막아내 아렌델을 구해낸다.

〈겨울왕국2〉의 피날레는 1편에서 조금은 철부지이고 나약하게 보였던 안나가 아렌델의 여왕으로 즉위하는 장면이다. 자신이 노덜드라 족 전승에서 말한 5번째 정령임을 알려 주면서 "다섯번째 정령은 자연과 사람을 이어주는 다리야. 다리에는 양쪽 연결점이 필요하지. 나와 너는 그 양 쪽 연결점이야. 나는 노덜드라에 남아 자연의 뜻을 펼칠께, 안나 너는 아렌델로 돌아가 인간의 뜻을 펼쳐."라고 한 엘사의 뜻을 받아들인 결과이다.

애니메이션 영화였지만 깊은 통찰과 영감으로 가득한 〈겨울왕국2〉는 박스오피스 흥행으로도 또 다른 신화를 연일 만들어갔다. 이 영화를 보고 더 많은 이들이 깨어나기를.

[2020년 1월]

일곱째

글로벌 기업,
명상에 빠지다

미국 불교 발전의 주역들 주부

글로벌 기업과 기업인들 명상에 빠지다

환상의 세계에 살면서 참모습을 보는 방법

미국은 21세기 세계 불교의
종주국이 될 수 있을까?

미국 불교 발전의 주역들 주부

"토라는 '네 이웃을 너 자신처럼 사랑하라'고 말하는데 붓다는 '자아란 없다'고 말합니다. 그렇다면, 우린 자유로운 거네요."

– 랍비 마이클 러너(Rabbi Michael Lerner)

UCLA MARC(Mindful Awareness Research Center)에서 실시하는 1년짜리 자격증 프로그램, TMF(Training in Mindfulness Facilitators) 과정을 공부할 때의 일이다. 1년 내내, 여러 권의 책을 읽고 보고서를 제출해야 하는 숙제가 만만치 않다. 숙제 하나 마치고 나면 다음 숙제가 또 주어진다. 학생들은 또한 MARC에서 실시하는 여러 MAPs Class(Mindfulness Applied Practices) 수업도 듣고 한 달에 한두 차례, 하루 종일 UCLA 캠퍼스에서 실시하는 워크숍도 참가한다. 그리고 1년에 4차례는 아침부터 저녁까지 종일 교육을 받는 나흘간의 프랙티컴(Practicum)에 참가해 강도 높은 직업 교육을 받는다.

4월 말에 열렸던 두 번째 프랙티컴 때에는 '다양성 교육(Diversity Education)'에 대해 많은 시간이 할애되었다. 다양성 교육이란 다양한 문화적 전통으로 구성된 나라인 '미국'이라는 토양에서 나오는 여러 문제들을 마음챙김으로 접근하는 것이었다.

다양성 교육 시간, 40여 명으로 제한된 올해 TMF 참가자들은 돌아가며 자신의 인종적 문화적 종교적 배경에 대해 말하는 시간을 가졌다. 미국인들은 자신의 나이, 결혼 여부 등 개인 정보를 노출하는 것에 대해 병적일 만큼 꺼리는 경향이 있다. 이런 문화적 특성을 알고 있었기 때문에 자신에 대한 개인적 정보들을 돌아가며 털어놓는 '다양성 교육' 시간은 내게 상당한 충격으로 다가왔다.

자기 소개는 선생님들이라고 피해가지 않았다. UCLA MARC의 교육담당 디렉터인 다이애나 윈스턴(Diana Winston)의 차례가 됐을 때다.

"저는 다이애나 윈스턴입니다. 유대인이고 중산층이에요. 종교적으로는 주부(Jubu)입니다."

그녀가 '주부'라고 했을 때, 난 잠깐 그녀가 딸을 키우며 살림도 한다는 의미로 한국어인 '주부'를 있는 그대로 말하나, 생각했었다. 하지만 그 말이 미국이라는 토양에서 나온 새로운 단어임을 곧 알아차렸다.

유대인으로서 불교신자로 전향한 이들을 일컬어 '주부(JuBu, Jewish Buddhist 또는 부주Buju)'라 칭한다. 주부(Jubu)는 미국에서의 불교 역사와 포교를 논할 때 절대 가볍게 볼 수 없는 집단으로 불교 명상과 불교 윤리를 수행하는 유대인을 일컫는다. 유대인으로 태어나 완전히 불교로 개종한 이들을 말하지만 주요 종교 수행은 불교이면서 아직까지 유대교적 삶의 방식을 지키는 이들, 유대인이면서 명상과 불교에 관심이 많은 이들까지를 포함하기도 한다.

물론 미국 전체 인구 가운데 주부(Jubu)의 비율은 얼마 되지 않는다. 하지만 유대인들 가운데, 그리고 불교도들 가운데 그 비율은 상당하며 그들의 영향력은 엄청나다. 한 통계는 최근 새롭게 불교신자로 등록하는 이들 가운데 유대교 전통을 지닌 이들(Jubu)이 차지하는 비율이 약 30퍼센트 정도라고 분석했다. 게다가 현재 활동 중인 저명한 불교 스승 중 다수는 유대인들이다. 그들의 영향력을 고려한다면 미국 불교계의 미래는 주부(Jubu)들의 손에 달려 있다고 해도 과언은 아니다.

주부(Jubu)의 유래

처음 '주부(Jubu)'라는 표현이 소개돼 주류사회에서 널리 사용되게 된 계기는 유대계 시인인 로저 카메네츠(Rodger Kamenetz)의 저서, 〈연꽃 속의 유대인(The Jew in the Lotus, 1994)이라는 책이 출간되면서부터이다. 이 책은 로저 카메네츠가 여러 명의 유대인들과 달라이라마를 친견하기 위해 다람살라를 여행하면서 겪은 이야기들을 서술하고 있다. 이 책이 선풍적인 인기를 끌면서 책 속에서 설명하고 있는 '주부(Jubu)'라는 부류, 또는 종교형태가 대중의 눈을 사로 잡은 것이다. 이후 주부(Jubu)는 미국에서 일반 명사로 사용될 만큼 보편적인 표현이 됐다.

주지하는 대로 티베트 불교의 지도자인 달라이라마와 그의 추종자들은 1959년, 중국의 침공으로 고향인 티베트에서 추방돼 북인도 다람살라에 망명 중이다. 달라이라마는 현재 망명 중인 티베트인과 유대인들 사이의 연결고리를 보았다. 그리고 지난 1900년의 세월 동안 전 세계로 흩어져 살던 유대인들이 어떻게 그들의 종교와 언어, 그리고 민족적 동질성을 유지할 수 있었는지에 대해 지대한 관심을 표현했다고 한다. 망명 중인 티베트인들이 티베트 불교를 삶 가운데 실천해 그들의 전통과 핏줄을 유지할 수 있는 가능성을 유대인들의 역사에서 찾은 것이다. 달라이라마는 이들을 접견하면서 유대교에 대해 물었고 유대교와 불교의 유사성을 발견하려 했었다고 한다.

달라이라마 친견에 관한 얘기로 시작해 이 책은 불교 수행을 통해 영적 만족을 찾은 유대인이 늘고 있는 현상을 이야기하고 있다. 그들은 불교적인 명상 테크닉을 빌어 수행을 하고 불교 철학을 수용하며 일부는 독신 생활을 하는 승려가 되기도 한다. 로저 카메네츠가 직접 만나 이야기를 나눴던 주부(Jubu)들은 불교 철학과 명상이 그들의 유대인으로서의 정체성을 더욱 풍성하게 채워줬다고 느낀단다.

유대계 미국인의 불교화 과정

유대계 미국인으로서 최초로 불교로 전향한 이는 1893년, 시카고 세계종교의회(The World Parliament of Religions)에 참여했던 찰스 스트라우스(Charles Strauss)였다. 그는 시카고 세계종교회의 직후에 대중들을 상대로 한 강연에서 자신이 불교신자임을 천명했다고 한다.

그의 커밍아웃은 같은 해 9월 27일자, 시카고 트리뷴지에도 보도가 됐었다. 당시 신문 기사를 읽어보니 그는 오랜 기간 뉴욕 일대에서 레이스 커튼 도매업을 성공적으로 운영해왔고 유명인사 반열에 들어 있었던 것 같다. 유대인인 그가 아시아의 신비한 종교로 전향했다고 공공연히 말하고 다니는 것을 당시의 미국인들은 신문 기사로 다룰 만큼 낯설어 했었다. 그는 훗날 저작 활동을 통해 서구 세계에 불교를 소개하는 대표적 스승이 되었다.

2차 세계 대전 종전 후 미국에서는 비트 제너레이션(Beat Generation)과 함께 불교에 대한 관심이 증가했다. 비트 제너레이션이란 전쟁을 겪고 지쳐있던 전후세대를 의미한다. 이들은 절망감을 극복하기 위해 가치관의 혁신을 갈망했다. 당시 작가인 잭 캐로액(Jack Kerouac)은 〈다르마를 찾는 백수들(Dharma Bums)〉이라는 소설을 통해 불교를 전했다.

선(Zen) 불교는 당시 미국 문화계와 지성인들에게 큰 영향을 미쳤다. 유대계로 시인이자 환경운동가인 개리 스나이더(Gary Snyder)는 1956년 일본으로 건너가 임제종의 선불교 공부를 하고, 불교 경전과 불교 서적들을 연구 번역했다. 1969년 귀국 후에는 평화운동과 환경운동에 헌신하며, 동양철학과 불교의 대중화에 공헌했다.

유대계 미국 시인인 앨런 긴스버그(Allen Ginsberg)는 트룽파 린포체와 스즈키 순류로부터 불법을 배웠고 참여적인 시로 미국인들의 가슴을 울렸다. 그는 나로파 대학이 설립되던 해부터 강단에 서기도 했다.

요컨대 이 시기의 미국 지성인들은 20세기를 이끌어 갈 새로운 대안사상으로서의 불교를 발전시켜 나간다.

유대인 불교 스승 봇물 터지다

1960년대 말에는 새로운 일련의 유대인들이 불교도가 되었다. 조셉 골드스타인(Joseph Goldstein), 잭 콘필드(Jack Kornfield), 섀론 잘츠버그(Sharon Salzberg) 등 미국 불교와 명상의 역사에 있어 중요한 스승들이 인사이트 명상회(Insight Meditation Society)를 창립했으며 실비아 부르스타인(Sylvia Boorstein)은 샌프란시스코의 스피릿 록 명상센터 (Spirit Rock Meditation Center)에서 가르침을 펼쳤다. 이들 모두가 타일랜드, 미얀마 등 남방불교의 승려들로부터 위빠싸나 명상을 배운 자들이다. 작가 태로 골드(Taro Gold, 일본의 니치렌 종)와 그 외 일련의 유대인 불교 스승들이 2000년대 초에 부상하면서 유대인 불교도들은 미국 불교계의 지도자층으로 자리잡게 된다. 현재 미국 불교학자의 70퍼센트가 유대인이라는 수치가 이를 증명해준다.

델리 라마(Deli Lama)라는 별명을 가지고 있는 유대인 명상 교사, 라마 수리아 다스(Lama Surya Das, 본명은 제프리 밀러 Jeffrey Miller)는 그의 책, 〈내 안의 붓다 일깨우기(Awakening the Buddha Within)〉에서 유대인 수행자들이 얼마나 많은가에 대해 코믹하게 쓰고 있다.

"한 유명한 수행자를 찾아 히말라야를 찾은 유대인 여성이 있었다. 그녀는 비행기, 기차, 인력거를 바꿔 타면서 산 넘고 물 건너 네팔의 한 불교 사원으로 향했다. 간신히 사원에 도착한 그녀를 맞이한 것은 가사를 걸친 스님이었다.

그녀는 즉각 수행자와의 면담을 요청했지만 스님은 현재 수행자가 산 꼭대기의 동굴에서 묵언 수행 중이므로 만날 수 없다고 했다. 반드시 수행자를 만나고야 말겠다고 결심한 그녀는 스님에게 간절히 부탁했고 결국 승낙한 그는 만나게는 해주겠지만 지켜야 할 몇 가지 규칙이 있다고 했다. 수행자를 잠깐 동안만 만날 수 있고, 만나면 절을 해야 하며, 그에게 여덟 마디 이상 말을 하면 안 된다는 것이었다.

그녀는 동의했고 길 안내를 해 줄 셰르파와 야크를 고용해 다시 길을 떠났다. 마침내 그녀는 기진맥진한 채 높은 산의 동굴 입구에 다다랐다. 구루로부터 들은, 여덟 마디 말만 할 수 있다는 규칙을 마음속에 되새긴 그녀는 숨을 깊이 들이마시고 동굴 입구에서 절을 하며 말했다.

"셸던, 엄마다. 이 정도면 됐다. 그만 집으로 돌아가자." ("Sheldon, it's your mother. Enough already. Come home!")"

라마 수리아 다스는 셸던이 바로 유대인인 자기일 수도 있었다고 말한다. 그만큼 유대인들 가운데 구도의 길에 나선 이가 많다는 것이다.

유대인들은 왜 불교에 매혹될까

〈유대교 정신의 혁명(Revolution of Jewish Spirit)〉이라는 책의 저자인 엘렌 프랭클 역시 자신의 유대적 배경을 불교적으로 변용한 유대계 여성 작가이다.

그녀는 허핑턴포스트와 나눈 인터뷰에서 유대인들이 불교에 끌리는 이유를 영성(Spirituality), 신(God), 역사(History), 불교의 개방성(Open Invitation), 고통(Sufferings) 등 다섯가지 요소로 분석했다.

먼저 영성의 부분이다. 대부분의 유대인들은 성장 과정에서 늘 접해왔던 유대교에 대해 문화, 사회, 역사적 측면은 공감하지만 자신의 존재 깊은 부분과 연결되는 영적 차원에서는 뭔가 한참 부족함을 느낀다고 한다. 심지어 유대교 종교 지도자인 랍비들까지도 이러한 문제를 솔직하게 인정하고 있는 분위기이다. 물론 유대교 안에도 영적으로 심오한 수행법

(카발라 등)이 있기는 하지만 전국 곳곳에 산재해 있는 유대교 회당에서는 이를 접할 수가 없다. 그렇게 영적 갈증을 느끼던 유대인들은 마음챙김 명상, 자애 명상 등 불교적 수행을 통해 영적 연결성(Spiritual connection)을 발견하는 것이다.

두번째, 신(God)에 대한 부분이다. 유대교의 십계명 가운데 첫 번째 계명은 '나 외에 다른 신을 믿지 말라'는 것이다. 십계명 뿐만 아니라 전통적 유대법인 할라차에서도 유대인들은 하느님 외의 어떤 신이나 우상도 경배하면 안 된다고 규정하고 있다. 특히 절을 하거나 향을 피우거나, 희생 제물을 바치는 것은 절대 용납되지 않는다. 유대교 외의 다른 종교 단체에 가입하거나 의식을 행하는 것 역시 금지되어 있다. 이는 배교적 행위이며 우상 숭배자로 규정된다.

유대인들이 불교를 편하게 받아들이는 이유는 불교가 본질적으로 신을 믿는 종교가 아니기 때문이다. 붓다는 인류 보편의 불성을 이룬 선각자이지, 신이 아니다.

유대인들의 입장에서 보자면 불교 수행이 자신들의 십계명 가운데 가장 중요한 계명과 전혀 상충되지 않기 때문에 쉽게 받아들일 수 있다. 불교 수행을 하는 것은 다른 신에 대한 예배가 아니다. 설사 불상 앞에 향불을 피우고 음식을 바치고 불상 앞에서 절을 하더라도 이는 붓다를 신으로 숭배하는 것이 아니라, 붓다의 깨달음과 자애의 가르침에 대해 깊은 감사를 바치는 것이다.

유대인 무신론자와 불가지론자들 역시 종교적 타협 또는 투쟁 없이 불교 수행에서 안식을 찾을 수 있다고 말한다. 사실 이 면에 대해서는 미국의 기독교도, 가톨릭 교도, 이슬람 교도 중 일부 역시 마찬가지 입장을 갖고 있다.

다음은 역사적 측면이다. 인류 역사는 '유일신교도들의 종교 전쟁'이라는 주제로 설명할 수 있을 만큼, 종교 신념으로 인한 갈등이 많았었다. 특히나 유대교와 가톨릭, 이슬람교, 개신교는 근원적으로 같은 뿌리에서 출발했음에도 불구하고 굴곡진 갈등의 역사를 갖고 있다. 이에 반해 비폭력적이고 수용적인 불교는 유대인들과 충돌의 역사가 전무하다. 유대인들로서는 불교에 대한 집단 무의식적 편견과 증오가 없기 때문에 유대교 전통에 불교적 수행 전통을 결합시킨다는 것이 아무 문제 없이 받아들여졌던 것이다.

네번째는 불교의 개방성을 들 수 있다. 다른 종교들, 예를 들어 기독교를 믿기로 결정했다면 세례를 받아야 하는 등, 일련의 통과의례가 있다. 하지만 불교적 수행을 하기 위해 꼭 불교도로 개종할 필요는 없다. 유대인으로서의 전통과 뿌리를 지키면서도 불교의 신앙 체계와 수행법을 동시에 수용할 수 있는 개방성은 미국의 유대인들을 불법으로 초청하고 있는 것이다.

마지막으로는 고통이라는 공통분모를 들 수 있다. 불교는 삶이 고해임을 직시한다. 유대인들은 홀로코스트에서 정점을 이룬 고난과 박해의 깊은 역사를 갖고 있다. 그렇기 때문에 불교도와 유대인들은 고통의 본질에 대한 깊이 있는 이해를 공유하고 있다. 고통을 일으키는 마음의 작용에 대한 깊은 이해와 함께 고통으로부터 근본적으로 해탈할 수 있는 구체적인 방법들을 제시하는 불교적 세계관은 유대인들을 고통으로부터 벗어나게 했다.

〈붓다 또는 불상: 진실, 의미, 행복, 그리고 그 모든 것을 찾은 남자

(Buddha or Bust: In Search of Truth, Meaning, Happiness and the Man Who Found Them All〉라는 책의 저자인 페리 가핑클(Perry Garfinkel)은 아우슈비츠에서 열린 명상 수련회에 참가한 후의 깨달음을 이렇게 말하고 있다.

"그날 밤 갑자기 나는 이곳에서 목숨을 잃었던 유대인 조상들을 알아차렸다. 그리고 그들의 죽음으로 인해 세상 빛을 보지 못한, 태어나지 못한 아이들, 그리고 태어나지 못한 아이들의 태어나지 못한 자녀들까지 알아차렸다. 역사는 쓰여지지 않은 소설, 기록되지 못한 교향곡을 잃어버렸을지 모르지만 나는 이곳에서 희생된 이들이 후세대에게 물려주었을 수도 있는 사랑과 지혜를 만날 기회를 상실했다.

하지만 이에 대해 분노하는 대신, 나는 내려놓음으로써 해방감을 맛보았다. 명상 수행을 하는 동안 나는 나를 나로부터 분리할 수 있는 상태에 도달했다. 그 상태에 집중함으로써 나는 두 가지 경험을 구별할 수 있었다. 홀로코스트 당시 이곳에서 일어났던 일, 그리고 지금 여기에서 일어나고 있는 일 두 가지를 말이다. 과거 일어났던 역사적 사실에 내 감정, 내 의견, 내 반응, 내 판단을 덧칠하지 않고 그저 심플하게 지켜봄으로써 나는 홀로코스트를 그냥 일어난 과거의 사건으로 볼 수 있었다. 거기에는 책임 전가도, 슬픔도, 분노도, 미움도, 죄의식도 없었다.

이전까지 나의 마음은 마치 감옥에 갇혀 있는 것 같았다. 하지만 그날 저녁, 내 생각과 감정은 비로소 해방됐고 나는 자유를 만끽했다.

함께 명상 수련회에 참가한 여성은 이 세상 다른 어느 곳보다 바로 지금 바로 여기, 아우슈비츠에서 가장 살아 있음을 느꼈다고 말했다. 그렇게도 많은 죽음의 이미지들로 둘러싸여 있는 가운데 가장 살아있음을 느

436

낄 수 있었던 이유는 마음챙김 명상 수행에 있었다."

그는 붓다의 말을 인용함으로써 고통과 분노에 대해 성찰하게 한다.

"분노의 감정을 들고 있는 것은 누군가에게 던지려는 의도로 뜨거운 불을 들고 있는 것과 같다. 하지만 불에 데이는 것은 바로 당신이다."

세상에는 우리들이 이해하지 못하는 고통이 있다. 이를 이해하려하는 노력을 내려놓을 때, 우리는 비로소 그 고통으로부터 자유로워질 수 있다. 또한 고통받고 있는 것이 나 혼자만은 아님을 깨달을 때, 우리는 나와 남에 대해 연민의 마음을 가질 수 있게 된다.

주부^{Jubu}에도 여러 종류가 있다

2014년, 유대교 랍비가 되기 위한 교육을 밟고 있던 더스티 클래스(Dusty Class)란 유대인은 비교종교학 졸업 논문으로 여러 유형의 주부(Jubu)를 기술함과 함께 왜 불교가 그렇게도 유대인들에게 매혹적으로 다가오는지를 분석했다. <J's, B's and JUBUs: Jewish meditation and the Jewish-Buddhist connection in contemporary California>라는 제목의 논문에서 그는 주부(Jubu)를 3가지 유형으로 분류하고 있다.

첫번째는 '인터넷 주부(Internet JUBUs)'이다. 이들은 유대교와 불교에 동시에 관심을 갖고 온라인 자료들을 찾아보는 사람들이다. 이미 <연꽃 속의 유대인>과 같은 종류의 책은 읽어봤을 것이다. 이들은 유대교와 불교의 가르침이 거의 같다고 느낀다. 진정으로 종교적이지 않을지는 모르지만 한편으로는 매우 진지한 수행자일 가능성도 높은 부류들이 바로 인터넷 주부들이다.

두번째는 주부에서 유대교도로 전향한 이들(Jubu-turned-OJ)이다. 이는 학자이자 작가인 네이든 캐츠(Nathan Katz)가 만든 말이다. 이들은 유대교 전통에서 성장하긴 했지만 유대교의 영적인 면에 있어서는 더 이상 얻을 것이 없다는 생각으로 영적인 것을 찾아 유대교 밖으로 나간다. 결국 불교를 만나 불교 전통에서 수행을 하다가 불교의 가르침을 통해 다시금 유대교로 돌아온 이들이다.

세번째 불교신자 주부(Buddhish Jubus)는 유대교와 불교를 완벽하게 통합한 부류이다. 〈재미있네요. 당신, 불교신자 같지도 유대교 신자 같지도 않아보여요. (That's Funny, You Don't Look Buddhist, and an observant Jew)〉란 책의 저자인 실비아 부르스타인(Sylvia Boorstein)이 대표적 예라 할 수 있다. 그녀는 유대인으로서, 동시에 불교신자로서의 두 상반된 아이덴터티를 유지하면서도 아무런 갈등이 없다. 그녀는 명상이 깊어가던 시기, 자신이 어떤 영적 변화의 과정을 겪고 있는지를 깨닫도록 영감을 준 것은 바로 성경구절이라고 말한다.

"나는 빛으로 가득 채워진 듯한 느낌이었어요. 아니 실제 밝은 빛을 봤어요. 눈을 감고 있었음에도요. 나는 신과의 합일감으로 무아지경이였습니다. 그때 '하나님이 이르시되 빛이 있으라 하시니 빛이 있었고 빛이 하나님이 보시기에 좋았더라'라는 창세기 구절이 제 머리 속에 떠올랐어요. '아, 이 성경구절은 세상의 시작이 아니라 의식(Consciousness)이 깨어나는 것에 대해 쓴 것이구나.'라는 생각이 들더군요."

더스티 클래스의 논문은 불교와 유대교의 상생 현상의 이유를 이렇게 분석한다.

첫째, 유대교가 문제일 때 불교는 그 해결점이 되기 때문이다. 많은 유대인들에게 있어 유대교의 엄숙함과 무게감은 신에게로 나아가는 예배와 영성에 오히려 방해요소가 됐다. 이에 반해 불교는 융통성이 있고 열려 있어 영성을 추구하는 유대인들을 포용할 수 있었다.

두번째, 유대교가 순수하게 문화적인 방식으로 수행할 수 있는 종교가 되었기 때문이다. 유대인들은 성전에 가지 않거나 유대인 같지 않거나 심지어 신을 믿지 않아도 유대교에 연결돼 있다고 느낀다. 그렇기 때문에 교육받은 유대인들이 삶에 대해 근원적 질문을 던지고 영적인 해답을 추구할 때 그들은 유대교로 돌아가지 않아도 됐다. 이런 가운데 명상과 불교는 영적인 목마름을 가지고 있던 유대인들에게 즉각적인 영성을 제시해 준 것이다.

마지막으로 유대인들은 역사적으로 지구촌 여러 곳에 여러 차례 이주 정착하면서 다양한 문화를 받아들여왔으며 여러 종교의 전통과 텍스트를 차용해왔었기 때문이다.

삶에 대해 자유롭고 열린 자세로
접근하는 불교

유대인 불교 지도자인 노만 피셔(Norman Fischer)는 이렇게 말한다.

"삶의 종교인 유대교는 많은 이들을 얼어붙게 만들고 죄의식과 두려움을 심어줬습니다. 신의 법칙들을 깨뜨릴까 하는 두려움 때문에 삶에 도전하지도 못하게 만들었죠. 반면 죽음의 종교인 불교는 삶에 대해 자유롭고 열려있고 흥미진진한 접근으로 유대교 전통에서의 문제점을 해결해줍니다."

최근 주부(Jubu)가 늘어나면서 '유대인 요가(Jewish yoga)'나 명상클래스를 제공하는 유대교 회당이 늘고 있다. 또한 유대인들을 위한 영적 명상 수련회 같은 모임도 점점 더 인기를 끌고 있다. 그들은 또 본래 유대교 신비주의에 다시금 주의를 기울이며 불교도로 개종한 유대인들을 포용하려 한다.

유대교의 전통을 떠나지 않고도 불교도들이 지켜왔던 아름다운 수행 방법인 명상을 통해 영적인 깊이를 더할 수 있는 한, 미국에서의 유대교와 불교의 교류는 계속될 것이다.

[2017년 7월]

글로벌 기업과 기업인들
명상에 빠지다
잘 되는 회사는 명상 친화적이다

"자극과 반응 사이에는 공간이 있다. 그 공간에는 자신의 반응을 선택
할 수 있는 자유와 힘이 있다. 그리고 우리의 반응에 우리의 성장과 행
복이 좌우된다." – 차드 멍 탄(《너의 내면을 검색하라》 저자)

구글, 애플, 페이스북, 이 기업들의 공통점은 무엇일까. 21세기에 가장
잘 나가는 IT 기업이며 창업자 또는 임직원들이 불교 또는 명상에 심취해
있다는 것이다. 또한 직원들의 복지를 위해 사내에 명상 공간과 명상 프
로그램을 운영하고 있다는 점도 비슷하다.

이 정도 되면 '닭이 먼저냐, 달걀이 먼저냐'를 따지듯, '임원과 직원들이
명상을 하는 회사가 잘 되느냐, 아니면 잘 되는 회사의 직원과 임원은 명
상을 하는가'를 생각해봐야 하지 않을까. 잘 되는 회사의 직원과 임원들
은 대부분 명상을 한다. 그리고 그 이유 때문에 회사는 더 잘 운영된다.
명상이 부익부를 더 심화시키는 것이다.

사내에서 명상 교육을 실시할 때 언뜻 보자면 회사에 적잖은 손실이 있
어 보인다. 우선 명상 강사를 초빙하느라 경비가 지출된다. 명상 교육을

받는 시간 동안 직원들이 일을 하지 않으니 또 다른 경비가 추가 지출된다고도 볼 수 있다.

명상으로 늘어나는 생산성

잘 되는 회사는 사람을 잘 이해한다. 사람이라는 존재가 계속 무언가를 하기만 한다면 오히려 생산성이 줄어든다는 것을 그들은 누구보다 잘 알고 있는 것이다. 중간 중간 쉬고, 아무 것도 하지 않을 때, 줄어들 것 같았던 생산성이 오히려 늘어나고 창의성도 생긴다는 것을 그들은 관찰과 연구로 이미 알고 있었다.

시장의 변화와 산업의 추이가 빛의 속도로 달라지는 글로벌 IT 기업의 직원들은 일의 생리상, 높은 스트레스를 경험할 수밖에 없다. 스트레스가 많으면 몸과 마음이 모두 쉬 피곤해진다.

요즘 회사에서 직원들의 업무 능력 가운데 가장 중요하게 여기는 것은 멀티태스킹이다. 하지만 스탠퍼드 대학교에서는 멀티태스킹이 일상화되면 전두엽피질(계획, 분석, 우선 순위 결정 등 이성적 작용을 담당하는 부분)과 해마(기억, 공간 학습에 영향을 미치는 부분)가 손상된다는 충격적 연구결과를 발표했다.

마음챙김 명상 수행은 멀티태스킹으로 인한 뇌 손상에 대한 근본적 해법이 되어준다. 단 몇 주간의 명상 수행을 해도 우리 뇌는 변화하기 시작한다. 이를 '뇌의 가소성'이라 부른다. 글로벌 IT 기업들이 사내 교육 프로그램을 개설하고 연수원까지 마련해가면서 임직원들에게 명상을 권유하고 있는 것은 바로 이런 이유 때문이다. 명상이 시간 낭비가 아니라 업무에 도움이 되는 '최고의 휴식'이라는 사실에 주목한 것이다.

명상 수행의 혜택은 고스란히 IT 기업 직원들에게 필요한 것들이다. 명상을 하면 신체의 면역력과 치유력이 증가되고, 정신 건강을 관리할 수 있으며, 주의집중력이 향상되고, 창의력이 개발된다. 최근 속속 발표되고 있는 명상의 효과에 관한 논문들은 신체적 정신적 건강 유지에 명상이 얼마나 효과적인가를 증명해주고 있다.

한국 기업들도 명상 열풍

불행히도 우리 한국인들은 '아무 것도 하지 않음(Doing nothing)', '그저 존재함(Just being)'에 무척 서투르다. 조국의 근대화 산업화 과정에서 '중단 없는 전진'을 모토로 살아왔기 때문에 그럴까. 자녀들이 아무 것도 하지 않고 하늘을 멍하게 바라보고 있으면 부모들은 혀를 차며 야단을 치셨다. "왜 그렇게 멍청하게 앉아 있어? 공부를 하던가, 책을 읽던가, 해야 할 것 아냐?" 아마 당신도 어린 시절 부모로부터 많이 들어봤던 말일 것이다.

그래서 우리들은 그저 가만히 존재하기만 하는 기회를 잃어버렸다. 이제 나이가 들어 평생 하지 않았던 '가만히 존재하기'를 해보려니, 세상에 이것 만큼 힘든 것이 없다.

경영과 성공, 자기개발에 관한 책들이 쏟아져나오는 시대이다. 잘 되는 기업에서 하는 것은 무엇이 됐든 따라하고 본다. 그래서일까. 요즘은 한국의 대기업에서도 너나 할 것 없이 명상 프로그램을 실시하고 있는 것 같다.

삼성전자는 2017년 상반기 경상북도 영덕 연수원에서 임직원들을 대상으로 한 명상 프로그램을 시작했다. 공기 깨끗하고 경치 좋은 곳에서 묵언 안거(Retreat)처럼 3박 4일간의 일정으로 진행되는 명상 프로그램에 들어갈 때는 스마트폰을 반납해야 한다고 하는데, 이 역시 여느 명상센터로든 묵언 안거에 들어갈 때면 그렇게 해야 한다.

LG 디스플레이도 2017년 4월 경상북도 문경에 '힐링센터'를 열었다. 삼성보다는 짧은 1~2일 일정으로 명상과 더불어 심리 상태 진단, 아로마 테라피 등으로 꾸며진다. 힐링센터 외에도 사업장 곳곳에 명상실과 심리카페를 운영하고 있다.

애플 창업자의 명상 수행

스티브 잡스는 IT 업계를 대표하는 명상 수행자였다. 그는 자신의 장례식에 온 조문객들에게 〈요가난다의 자서전(Biography of Yogananda)〉을 한 권씩 줄 것을 계획했고 이는 그의 바람대로 실행되었다. 그는 지인들에게 '삶이 영적 여행'임을 깨달을 수 있도록 하기 위해 요가난다의 자서전을 배포한 것이다.

그의 캐릭터를 한 마디로 정의한다는 것은 쉽잖은 일이다. 무척 괴팍하고 이기적이면서도 번뜩이는 창조성과 리더십을 가졌다고 평가되니까.

1955년에 태어난 그는 히피 문화를 접하며 성장했고 1974년 당시 영적인 것에 관심이 있는 미국인들이 많이 그랬듯이 인도로 여행을 떠났다.

미국으로 돌아왔을 때 그는 인도 전통 의상을 입고 머리는 박박 깎았으며 환각제의 일종인 LSD(LSD에 대해서는 미국 불교 섹션의 환각제에 대한 글을 참고할 것)의 대대적인 옹호자가 되어 있었다.

또한 〈초감 트룽파의 마음공부〉, 〈행복한 명상〉, 〈스즈키 선사의 선심초심〉 등의 불교서적을 읽으며 선의 세계에 몰두하기 시작했고 그때로부터 시작해 평생 동안 선불교 신자로 살아가게 된다.

귀국 후, 그는 미국 최초의 선 수도원인 타사하라(Tassajara)로 장기간의 명상 리트릿을 떠나기도 했다. 그가 마음의 힘을 배우고 닦은 것은 아마도 그때가 아닌가, 싶다. 이후 선불교 수행은 그의 삶에 많은 영향을 미쳤다.

그는 또한 1991년, 가까운 가족과 친구들만 초청한 로렌 파월과의 결혼식에서 스즈키 선사의 제자인 코분 치노 오타가와에게 주례를 부탁하기도 했다. 코분 치노 오타가와 스님은 스티브 잡스의 평생 동안 멘토가 되었다. 애플사를 나와 '넥스트'라는 회사를 창업했을 때에는 회사의 공식적인 조언자로 코분 치노 스님을 영입하기도 했다. 아이폰의 바탕 화면 이미지 가운데 연꽃이 들어간 것은 결코 우연이 아니었던 것이다.

마음의 테크놀로지

IT 업계에서는 그의 명상 수행을 가리켜 '마음의 테크놀로지(Mind Technology)'라고들 불렀다. 스티브 잡스가 스트레스를 줄이고 명료함, 창조성을 얻기 위해 마음의 테크놀로지를 이용했다는 것이다. 실제 그는 명상(선 명상과 마음챙김 명상)을 통해 마음의 평화를 가져오고 레이저 광선보다 더한 집중력을 사업에 적용할 수 있었다.

전기작가 월터 아이잭슨이 2011년에 집필한 스티브 잡스의 전기에는

"가만히 앉아 관찰하면 스스로의 마음이 얼마나 분주한지 비로소 보게 될 것이다."라는 잡스의 말이 인용돼 있다.

마음이라는 것은 조용히 만들려 할수록 더 잡념이 많아지고 산만해지는 것처럼 보인다. 하지만 그렇게 수행의 시간이 지나면서 어느 순간 마음은 고요해지고, 상념으로 꽉 차 있던 마음에 공간이 생기며 그 공간에 영감이 떠오르기도 한다. 또한 나의 고정관념을 내려놓다 보면 세상을 있는 그대로 바라보게 되고 올바른 결정도 더 잘 할 수 있게 되는 것이다. 잡스는 명상의 혜택에 대해 "명상 수행을 하다 보면 예전보다 훨씬 많은 것들이 눈에 들어온다." 라고 말하곤 했다.

스티브 잡스는 경영을 이야기할 때, '직관(Insight)'과 '고정관념에서의 탈피'를 강조했다. 이는 명상 수행의 자세이자 명상 수행으로 얻게 되는 자질들이기도 하다. 그는 직원들에게 직설적이고 파격적인 커뮤니케이션 방법을 사용했었는데 이 또한 선사들의 선문답으로부터 영향을 받았다는 분석도 나오고 있다. 그가 애플사로 복귀한 후에는 제품 개발에 있어서도 모두 불필요한 군더더기를 벗어버리고 단순함을 추구하는 선불교의 가치를 적용했다는 평가를 받고 있다.

아내 덕에 불교신자 된 페이스북 창업자

스티브 잡스와 더불어 21세기 IT 업계의 투톱(Two Top)으로 평가되는 인물은 페이스북(Facebook)의 마크 저커버그이다.

유대인으로 자라난 그는 젊은 시절, 무신론자였지만 중국계 미국인 아내인 프리실라 첸을 만나면서부터 불교신자가 되었다. 하버드 대학에서 생물학을, UC 샌프란시스코에서 의학을 전공한 그녀는 현재 남편이 벌어들인 자산을 이용해 전 세계의 교육과 건강 증진을 목적으로 한 비영리단체를 운영하고 있다.

언론이 저커버그가 불교신자라고 대서특필하게 된 사건은 2015년, 그가 중국 여행 중에 페이스북에 올린 사진 한 장 때문이다. 시안의 대안탑 앞에서 무릎을 꿇은 모습을 찍은 사진과 함께 "세계와 내 가족의 평화와 건강을 비는 기도를 올렸다."는 글을 올렸던 것이다.

이 포스팅 하나를 가지고 그가 불교신자라고 규정하는 언론의 경박함을 탓할 수는 없다. 그가 매일 수행을 하고 있는지의 여부는 알 수 없지만 불교신자인 아내에 대한 존중과 사랑으로 불교에 대한 관심을 키워하고 있는 것만은 확실해 보인다. 그녀는 남편에게 자신을 위해서도 기도해 달라고 부탁한 모양이다. 아직은 초심자인 그는 "불교는 대단한 종교이자 철학이다. 나는 그동안 불교에 대해 배워왔고 앞으로 불교에 대한 이해가 더 깊어지길 바란다."라는 바램을 갖고 있다고 한다.

그의 옷장 서랍에는 회색 티셔츠만 20벌 정도가 있다고 한다. "왜 똑같은 옷을 입고 다니느냐?" 라는 질문에 대한 그의 답이 공명을 일으킨다. "이 공동체를 잘 섬기는 것 외에는 해야할 결정의 수를 줄이고 싶기 때문입니다."

IT 최고경영자들, 명상수행에 빠져

어디 스티브 잡스와 마크 저커버그 뿐일까. 21세기 최고 IT 기업들이 모두 명상, 마음챙김 수행, 불교 수행의 혜택에 관심을 기울이고 있다. 빌 조지 하버드 비즈니스 스쿨 교수는 "최고경영자와 임원들이 명상 수행을 하면, 더 나은 의사 결정을 하게 돼 회사 전체 조직이 발전적인 방향으로 흘러가게 된다"며 지도자의 명상 수행이 중요한 이유를 밝혔다.

2015년, 샌프란시스코 지역에서 위즈덤 2.0(Wisdom 2.0) 컨퍼런스가 열렸을 때엔 1700여 명이 참가했는데 그 가운데 링크트인(LinkedIn 비즈니스 소셜 네트워크), 시스코(Cisco, 글로벌 식품 유통사), 포드(Ford, 자동차 제조사)의 임원진들이 다수 포함되어 있었다.

그들이 컨퍼런스에서 다루었던 것은 단순히 마음의 평화를 찾는 방법만은 아니었다. 링크트인의 최고경영자인 제프 와이너(Jeff Weiner), 월스트릿의 성공적인 뱅커들, 포브스의 임원 등은 "위즈엄 2.0은 소음으로 가득찬 현대 사회에서 수정처럼 명료한 마음을 찾는 방법에 관한 것이었다"고 말하고 있다.

트위터(Twitter)와 페이스북(Facebook)의 공동 창업자인 잭 도시와 에반 윌리엄스는 명상 수행자들로, 회사 운영에 있어 가장 중요한 것을 명상수행으로 삼고 있다. 이들은 사무실 내에서 정기적으로 명상 세션을 갖는가 하면 업무 처리에 있어서도 마음챙김을 기본 원칙으로 삼고 운동, 커피 만들기 등 소소한 일상의 일들도 최대한 마음챙김을 하며 한다.

링크드인(LinkedIn)의 제프 와이너 최고경영자는 매일 30-90분간은 어떠한 일정도 잡지 않고 명상에 잠긴다. 그는 "최고경영자에게 있어 명상과 휴식은 업무를 계속해 나가는 데 반드시 필요한 작업이다. 우리들은 끊임 없이 의사결정을 내려야 하는데 명상을 하고난 후에, 가장 올바른 판단력을 갖게 된다."고 말하고 있다.

소프트웨어 기업인 세일즈포스(salesforce.com)의 최고경영자, 마크 베니오프(Mark Benioff)는 명상 예찬론자이다. 1996년 인도 여행 길에 명상을 소개받은 후 20년이 넘도록 꾸준하게 명상을 수행하고 있다.

그는 명상 수행 교육을 받기 위해 승려를 자신의 회사와 집으로 초청하는가 하면, 작년 초 문을 연 샌프란시스코 신사옥의 각층마다 명상실을 설치해 임직원들의 명상 수행을 부추기고 있다. 직원들이 명상실에 들어갈 때는 스마트폰을 보관함에 맡겨야 한다. 가장 큰 마음의 소음을 일으키는 작은 기기를 포기함으로써 진정한 마음의 평화를 맛보게 하는 것이다. 그는 "기업의 혁신 역량을 축적하는 데도 명상은 중요한 역할을 한다"고 말하기도 했다.

컴퓨터 테크놀로지 회사인 오라클(Oracle Corporation)의 래리 앨리슨 회장은 최고경영자 시절부터 임직원들에게 하루 세 차례의 명상을 권유한 것으로 유명하다.

IT 회사 직원들의 명상 프로그램

구글(Google), 어도비(Adobe), 타겟(Target), 포드(Ford), 골드만삭스(Goldman Sachs) 등 글로벌 기업들은 모두 직원들을 대상으로 마음챙김 프로그램을 소개하고 있다.

우선 구글부터 살펴보자. 구글은 1천 명 이상의 직원들이 현재 마음챙김 명상 교육을 받고 있다. 직원들 사이에서도 마음챙김 명상 교육은 인기가 높아 대기자 명단에 이름을 올려놓고 자리가 생길 때까지 기다려야 한다.

그리고 대기자들은 기다리는 동안, '중립적 자아 해킹(Neural Self-Hacking)', '당신의 에너지 관리(Managing Your Energy)' 등 유사 프로그램에 참여하고 있다.

구글의 사내 무료 교육 프로그램 가운데 최고 인기 강좌는 SIY(Search Inside Yourself, 자기 성찰)이다. 대기자가 많을 때는 6개월까지 기다려야 한다니 엄청난 인기다. SIY 프로그램은 2007년부터 시작됐다. 프로그램의 길이는 짧게는 이틀에서부터 7주 과정으로 진행된다.

이 프로그램은 1999년 구글에 입사했던 싱가포르 출신의 엔지니어인 차드 멍 탄이 고안했다. 그는 구글에서 일할 때 동료들이 과도한 업무에 대한 스트레스로 괴로워하는 모습을 보게 됐다. 어떻게 하면 동료들이 좀 더 행복하고 즐겁게 일할 수 있을까를 생각하다가 명상을 만나게 되고 이를 구글에 가져온 것이다.

구글 내에는 SIY 프로그램을 발전시켜 명상을 생활화하는 그룹, '지포즈(gPause, Google의 G와 휴식을 의미하는 Pause를 결합한 말)'도 활발하게 운영되고 있다. 전 세계 구글 오피스에서 총 800명 이상의 구글 직원들이 이 명상 모임에 참여하고 있다. 이들은 "명상을 시작하면서 업무와 일상의 삶 모두에 마음챙김을 할 수 있게 됐다."고 말한다.

또한 2011년 틱낫한 스님이 구글을 방문한 이후에는 한 달에 두 차례 '마음챙김 점심식사(Mindful Lunches)' 시리즈를 운영하고 있다. 식사를 알리는 종이 울리고 나면 침묵 가운데 마음을 챙겨가며 식사를 하는 것이다.

인텔은 2014년 세계 63개국, 10만명 이상 직원을 대상으로 9주짜리 명상 프로그램인, '인텔 각성(Awake·Intel)'을 실시했다. 이를 통해 인텔은 명상이 집중력과 소속감을 높인다는 사실을 입증했다.

실제 명상 프로그램을 거친 직원 1500명에게 수강 후 변화에 대한 설문 조사를 실시했더니 스트레스와 절박감이 감소한 반면 집중력과 소속감, 그리고 행복감은 증가했다는 응답이 나왔다.

집중력이 높아지면 개인의 업무 능력이 향상되고 소속감이 생기면 공동 작업이 좋아진다. 직원들의 행복지수가 높아지면 이직이 줄어들고 한 직장에서 오랜 기간 안정적으로 근무할 수 있게 된다.

건강보험회사인 애트나(Aetna)는 직원들을 대상으로 한 명상 교육을 실시하면, 종업원 1인당 건강보험비를 연간 2천 달러까지 줄일 수 있다고 발표했다. 또한 1인당 약 3천 달러의 생산성 증가를 가져왔다고 한다.

자, 이 정도의 데이터를 들이대는데도 아직 명상의 효과에 대해 의심이 드는가. 명상 수행, 하루라도 빨리 시작하는 것이 남는 장사다. 만약 당신이 회사의 경영을 담당하고 있다면 직원들을 위해 명상 클래스를 마련하는 것이 가장 직원들을 효율적으로 관리하는 결과를 낳는다.

니까야 경전에 보면 붓다는 설법을 마치신 후, 제자들에게 시도 때도 없이 명상 수행할 것을 주문하셨다.

"비구들이여, 여기 이 비구는 숲으로 가거나 나무 아래로 가거나 한적한 곳으로 가서 앉아라."

일단 모든 걸 멈추고 고요히 앉아야 마음도 들여다보고 삶의 모든 경험이 무상한 것도 알고, 내가 붙잡고 있었던 고정관념도 놓게 되고, 남의 의견도 들리고, 그럼으로 화합할 수 있고, 고통으로부터 자유로워질 터이다. 그 연기법의 증거를 21세기에 가장 잘 나가는 실리콘 밸리의 사람들이 보여주고 있다. 애플 최신 기기를 줄 서서 구입하기보다 먼저 그들이 하고 있는 마음의 연습을 따라할 일이다.

[2017년 10월]

환상의 세계에 살면서
참모습을 보는 방법
미국 불교계와 명상계에서의 환각제 사용

신체에 영향을 주는 영적인 힘을 연구하는 과학자들의 노력이 이 세상
의 종교를 통합하려고 애쓰는 모든 철학자들의 힘보다 몇 배나 더 큰
힘을 가질 것이다. −달라이 라마

TV를 보는 것은 제3의 눈에 블랙페인트를 칠하는 것과 같다(Watching
television is like taking black spray paint to your third eye.)

− 빌 힉스(Bill Hicks)

불교에서 환각제는 많은 논란이 있었다. 1950년대 비트세대와 60년대
히피세대들도 환각제를 많이 사용했고 미국불교계에서 명상과 환각제에
대해 언급한 많은 글들을 볼 수 있다.

그 어느 때보다도 조심스럽게 이 글을 쓴다. 편견을 배제하고 열린 마
음으로, 솔직하게, 쓰는 글이니 만큼 당신 의식의 지평을 한 뼘 넓히는 기
회가 되길 바란다. 또한 단단했던 마음을 유연하게 하며 읽어주길 당부
드린다.

명상 수행 공동체는
왜 환각제에 관심을 가질까

석가모니는 제법이 무아요, 환상이라고 말씀하셨다. 인간이 살고 있는 현실 세계는 '환상(Illusion)'이라는 정교한 세트이다. 인간이 갖고 있는 가장 큰 환상은 실체 없는 자아(에고)를 실체라 여기는 것이다.

우리들은 이 세계와 우리들 자아가 무상하다는 것을 머리로는 이해하면서도 진정 마음으로 받아들이기는 쉽지 않다. 그래서 우리들은 견고한 자아의 옷을 입고 환상의 세계를 살아간다. (하기야 자아가 없다면 생존 자체가 힘들 수도 있다. 그런 의미에서 인류의 자아는 장구한 도전의 세월을 거쳐오면서 갖게 된 보호 매카니즘일 게다.)

이 실체 없는 자아가 감각한, 믿을 것 없는 색성향미촉법을 우리들은 '실제(Reality)'라 여긴다. 환각제를 통해 보고 듣고 느끼게 되는 환각의 세계가 진정한 모습인지, 아니면 우리가 살고 있는 이 세계가 환각인지, 우리는 알지 못한다.

개별 자아 의식은 나와 너를 완전 다른 개체로, 분리된 것으로 인식한다. 하지만 이것이야말로 환각이다. 실제는 개체로 존재하는 것처럼 보이는 우리들이 모두 에너지 장으로 연결돼 있다. 그리고 환각제를 사용했던 이들은 환각을 통해 이러한 실제를 경험했다고 말한다.

북가주에 거주하는 명상 지도자, 아디야샨티(Adyashanti)는 "지극히 정상적이라 생각되는 우리들의 의식이야말로 변성의식이다."라고 말한다. 분리야말로 가장 극단적으로 변질된 의식상태라는 것이다.

왜 그럴까? 우리들의 뇌는 우리의 주의 집중을 "지금(Now)과 여기

(Here)"가 아니라, 끊임 없이 과거의 기억 속에서 생존에 위협이 되는 정보들을 끄집어내 미래를 유추하는 방향으로 진화해 왔다. 그렇다 보니 실재를 보지 못하는 것은 물론, 환상의 세계에 대한 믿음을 더욱 견고히 해왔던 것이다.

깨달음이란 분리돼 있다는 변성의식이 아닌, 있는 그대로의 순수 의식 상태일 수도 있다. 견고하던 에고에 대한 변성의식이 오랜 명상 수행을 하면 순수 의식 상태로 들어온다. 그리고 우습게 들릴지 모르지만 환각제의 영향 아래 있을 때에도 순수 의식 상태는 맛볼 수 있다.

고대 인류는 내면에서
환각물질을 만들었다

줄리안 제임스 교수의 책, 〈의식의 역사〉는 인간 의식(Consciousness)이 무엇인지에 대한 흥미로운 연구이다. 그에 따르면 선사시대 인류는 신의 목소리를 직접 들었다고 한다. 아직 공동체 안에서 언어가 지금처럼 세세하게 발달되어 있지 않던 때, 인류는 통찰과 영감 등 신의 영역에 해당하는 우뇌의 정보를 분석적인 좌뇌의 기능을 빌지 않고 받아들였다는 것이다.

공동체가 팽창하면서 인간의 언어는 눈부신 발전을 거듭했지만 신의 목소리는 점점 들리지 않게 됐다. 그래서 인류는 신의 목소리를 듣고자 델포이 신전의 여사제들을 찾아가 신탁을 들었다. 종교는 더 이상 신의 목소리를 듣지 못하게 된 인류가 창조해낼 수밖에 없었던 허구의 체계였을까.

현대 사회는 빛에 중독돼 있다. 우리는 컴퓨터와 스마트기기라는 도구를 이용, 아무 것도 하지 않으며 쉬어야 할 시간에도 계속적으로 언어로 된 정보를 받아들인다. 어둠 속에서 고요히 침잠하며 신의 목소리 (또는 내면의 목소리)를 듣고 싶어 하지도 않고, 설사 듣고자 해도 이미 우뇌의 기능이 회복 불능할 정도로 퇴화돼 있어 들을 수가 없다.

명상은 어떤 의미에서 끊임 없이 무언가를 하려 하는 (Doing) 좌뇌를 쉬게 하면서 그저 아무 것도 하지 않고 존재하는 (Being) 우뇌를 깨어나게 하는 도구라고도 할 수 있다.

매일 매일의 명상 수행은 과거에 대한 후회와 미래에 대한 불안감에 사로잡혀 있는 좌뇌를 쉬게 하면서, 바로 지금 바로 여기에 참으로 거하는, 우뇌의 통찰과 예지로 인한 현재 이 순간의 희열을 맛보게 되는 행위일 수도 있는 것이다.

뇌과학자인 질 볼트 테일러(Jill Bolt Taylor)는 테드 토크(Ted Talk)에서 '통찰을 준 뇌졸중(Stroke of Insight)'이라는 주제에 대해 이야기한다.

뇌졸중이 일어나던 날 아침, 그녀는 이를 알아차렸다. 호기심 많은 과학자의 눈으로 스스로의 좌뇌가 무너져내리는 과정을 지켜보는 것은 정말 드물고 매혹적인 경험이었다고 그녀는 고백한다. 그날 아침 언어로 사고하는 좌뇌는 망가졌지만, 그림으로 사고하는 우뇌는 멀쩡했었단다. 그녀는 뇌졸중으로 좌뇌의 기능이 망가짐으로 인해 우뇌가 '행복한 나라'의 상태에 접어들었다고 말한다.

"좌뇌세포들이 기능을 멈추자 우뇌의 세포들을 억제하던 능력도 당연히 힘을 잃었습니다. 그 결과 제 의식은 현재 순간에 집중하게 되었습니다. 지금 여기 이 순간만을 인식하게 되었고 과거의 기억과 미래의 인식은 사라졌어요. 우뇌가 현재 순간에 몰입하는 '행복의 나라'가 되면, 주위의 온갖 자극들이 나를 감싸 평온한 행복의 바다에 떠 있게 됩니다."

외부 세계와의 소통이 어떻게 되든, 학습 능력이 어떻게 되든, 상관하지 않는다면 그렇게 사는 것도 괜찮았다고 한다. 하지만 우리가 뭔가를 배우려면 바로 전에 얻은 정보를 취해서 현재 순간에 적용할 줄 알아야 한다. 그녀는 회복 과정에서 노력 끝에 신발을 신고 양말을 신을 줄 알게 되었지만, 왜 신발을 신기 전에 양말부터 신어야 하는 건지는 이해하지 못했다고 한다.

"제가 볼 때 두 가지는 서로 무관한 독립적인 행위였어요. 둘 간의 적절한 관계를 찾아낼 인지력이 제게 없었던 겁니다. 순간들을 서로 엮어 시간의 흐름을 만들어내는 능력을 되찾으면서 비로소 체계적으로 학습하는 능력이 되돌아왔습니다."

결국 인간이 좌뇌를 개발시킨 것은 일상생활을 영위하기 위해서다. 하지만 그로 인해, 거기에 빠져 있다 보면 현재 순간에 몰입하는 우뇌의 기능이 약화된다. 명상 수행을 지속적으로 하게 되면 이 퇴화된 기능이 다시 작동하기 시작한다. 우리는 현재에 머물게 되고 진정으로 살기 시작하며 평화 가운데 거하고 행복해진다. 그리고 스스로에 대해서도 이 세상에 대해서도 연민의 마음을 갖게 된다. 그리고 세상이 고통 없기를 바라게 된다.

나의 경우, 이렇게 되기까지는 상당한 시간이 필요했다. 원숭이 생각 같은 좌뇌가 활동을 쉬고 신성의 뇌가 활동하는 것이 생각처럼 쉽지는 않기 때문이다. 평생 동안 해왔던 습관을 바꾸려니 관성의 법칙상 많은 고통이 따른다. 그래서 대부분의 사람들은 한두 번 가부좌 틀고 앉아 명상을 해 보려 애써보다가 중도에 포기하는 것이다.

하지만 완벽하게 현재에 거하는 체험이 불가능한 것은 아니다. 좌뇌의 기능을 멈추게 하는 화학물질이 있다면 이는 가능할 수도 있다. 미국과 서구 세계에서 비트 세대, 히피, 불교를 공부하고 마음을 연구하며 명상 수행을 해왔던 선각자들이 환각제에 관심을 갖게 된 것은 이런 이유에서 이다.

명상계의 스승들과 선각자들은 LSD나 매직머시룸, 아야와스카 등의 약물 경험을 통해 의식이 한 차원 높은 단계로 진입했다는 이야기들을 많이 한다.

환각물질, DMT 성분은 우리 뇌의 일부 활동을 쉬게 하며 전전두엽을 활성화시켜 바로 지금 바로 여기에 머무는 것을 가능하게 해준다. DMT 는 LSD, 매직머시룸, 아야와스카 등 자연에서 발견되는 환각제의 주요 성분이다.

하지만, 우리 뇌에서도 DMT 성분이 생성된다. 어머니의 자궁을 떠나 산도를 타고 내려오는 태아들, 죽기 전 마지막 순간의 인간들, 이들 뇌에 서는 다량의 DMT가 합성돼 분출된다. 임사체험을 가진 이들은 DMT를 감지한 뇌에서 만들어낸 신호들에 따라 환각을 보는 것이다.

임사체험을 한 사람들은 초월적 존재로부터 따뜻한 환영을 받았고 내 가 혼자가 아니라는 '근원적 소속감 또는 유대감(Oneness, Connect-edness)을 느꼈다고 증언한다. 이때 뇌에서 일어나는 작용은 DMT가 들어간 환각제를 이용했을 때, 그리고 명상을 할 때 우리 뇌에서 일어나는 작용과 아주 비슷하다.

깨달을 때 뇌의 상태는
환각제 사용 시와 비슷하다

《뉴스위크》지에 실린 한 기사는 보스턴에 거주하는 신경과 교수 제임스 오스틴(James Austin) 박사의 이야기를 통해 명상하는 뇌가 어떤 작용을 하는지, 알려주고 있다. 제임스 오스틴은 오랜 기간 동안 명상을 해온 사람으로서, 어느 날 '깨달음(Enlightment)'에 이르렀다고 한다. 그는 그날의 경험에 대해 "시간이 정지하고 자아에 대한 감각이 사라졌으며 모든 사물의 궁극적 본성을 이해했다"고 말한다. 그는 신경과 의사였기에 자신의 체험을 신비한 종교 경험으로 치부하지 않고 뇌 회로로 설명한다.

"깨달음의 순간에 내가 했던 체험을 하기 위해서는 위협감을 모니터하고 공포심을 등록하는 편도체(amygdala)의 활동이 감소해야만 한다. 공간 지남력(指南力)을 담당하고, 자신과 세계를 분명하게 구별시켜주는 두정엽 회로는 조용해져야만 한다. 시간 지남력을 담당하고 자의식(self-awareness)을 느끼게 하는 전두엽과 측두엽의 회로는 분리되어야만 한다. 개인(selfhood)의 고등 기능으로서 우리가 생각하는 것은 잠깐 중단되거나, 용해되거나, 의식에서 삭제되는 것 같다."

펜실베이니아 대학교 종교학과 교수이자 '영성과 마음 센터'장인 앤드류 뉴버그는《신은 왜 우리 곁을 떠나지 않는가: 최신 두뇌과학이 밝혀낸 종교의 실체(Why God Won't Go Away)》라는 책에서 우리 뇌 안에서 초월적 일체감이 일어나는 메커니즘을 설명한다.

그는 싱글 포톤 에미션 장치(SPEC)로 표준 상태의 뇌와 명상에 들어간 뇌를 찍어서 비교했다. 비교 결과, 명상 시에는 공간적 감각을 만들어 내는 정위 영역의 활동이 완전히 줄어들었다. 또한 상두정엽의 빨간 부분이 줄어들면서 신경자극이 줄어들었다.

또한 평균 5만 시간 이상 고도의 자비 명상 수행을 해온 승려의 뇌를 MRI로 촬영해본 결과 좌측 전전두엽의 활동이 우측 전전두엽의 활동을 완전히 압도해 버릴 정도로 활성화된 것을 발견했다.

즉 뇌의 일정 부위는 비활성화되고 또 다른 부위는 활성화된다는 얘기이다. 명상 시, 비활성화되는 뇌는 우리의 생존 모드에서 지나치게 활성화된 부분이 아닐까. 그리고 명상 시 활성화되는 부위는 생존하느라 잠깐 잠들어있던 부위가 아닐까.

나도 그런 상태를 맛보고 싶다고 생각한다면 기뻐하시길. 또 다른 실험은 명상하지 않던 사람도 8주 동안 만이라도 매일 명상 수련을 하면 뇌가 변화한다는 것을 보여주고 있으니까. 이를 '뇌의 가소성(Brain Plasticity)'이라고 한다.

DMT를 생성해내는 뇌의 기관, 송과체

명상하는 뇌와 유사한 상태를 만들어주는 환각 물질이 DMT (디메틸트립타민 dimethyltryptamine)이다. 과거 샤먼들은 아야와스카, 맥각균, 매직머시룸 등 자연에서 추출한 DMT로 우주 너머의 존재와 소통하는 등 종교적 체험을 했었다.

그런데 우리 뇌가 DMT를 만들어내고 있다. 우리 뇌는 좌우 대칭으로 되어 있는데 그렇지 않은 단 하나의 기관인 송과선이 DMT를 생성한다.

송과선(송과샘, 송과체, 솔방울샘, Pineal Gland 또는 Pineal Body)
은 척추동물의 뇌 속에 위치하고 있는 내분비기관이다. 정중선을 따라 시
상 상부에 위치하고 있는 뇌 구조로 짝을 이루지 않으며 작은 솔방울 모
양을 하고 있다. 그래서 이름도 그렇게 붙여진 것이다.

인간의 송과선은 생후 1~2년까지 자라다가 그 뒤로는 성장을 멈춘다.
그러다가 사춘기가 시작되면 크기는 일정한 채로 질량만 증가한다. 회적
색 빛을 띠고 있으며 평균 쌀 한 톨 정도(5-8밀리미터) 정도 크기이다. 송
과선은 나이를 먹어감에 따라 칼슘과 인, 불소 침착물이 쌓이고 이로 인
해 노화가 촉진된다. 송과선의 석회화는 알츠하이머의 원인이기도 하다.

송과선은 세로토닌에 의해 분비신호를 받아 멜라토닌(melatonin)을
만들어낸다. 세로토닌이 너무 적게 나오면 우울증에 걸리고, 멜라토닌도
적게 생성되니 면역력이 약해진다. 송과선에서 만들어진 멜라토닌 호르
몬은 수면 조절에 영향을 미치며 신경퇴행을 막는다. 하지만 나이가 들면
송과선이 석회화되고 멜라토닌이 잘 분비되지 않는다. 그래서 나이가 들
면 새벽에 잠이 잘 깨는 것이다. 하지만 명상을 하면 송과선의 석회화가
방지되고 멜라토닌 분비가 활성화 되며 치매가 예방된다.

송과선은 우리 눈의 구조와 매우 흡사하다고 한다. 망막까지 들어있어
우리 깜깜한 뇌 안에 작은 TV가 있는 것과 같다나. 둥글고 한 쪽 부분에
빛 초점 렌즈인 구멍이 있다고 한다. 우리가 꿈을 꾸거나 상상을 할 때,
모든 이미지가 여기서 발생한다고. 그래서 송과선이 활성화되면 제3의 눈
(Third Eye)이 뜨인다고들 한 것이다.

인류의 거의 모든 종교는 때로 은밀하게, 또 때로는 노골적으로 송과선
을 숭배해왔다. 힌두교에서는 대놓고 제 3의 눈을 이야기했고 불교에서

는 불상을 통해 제3의 눈을 형상화했다. 고대 이집트 왕족들은 피라미드 내실에서 행하는 비밀의식을 통해 그들의 송과선 크기를 더 확대해 더 광범위한 주파수로 영역을 확대시켜 다른 차원, 그리고 천체 영역과 접할 수 있었다. 1달러짜리 지폐에 그려진 피라밋 위의 전시안이 바로 송과선 즉 제 3의 눈인 것이다.

이뿐만이 아니다. 그리스신화, 기독교, 천주교, 이슬람교, 마야문명 등, 거의 모든 문화에서 송과선은 비밀리에 숭배되어 왔다. 로마 가톨릭의 메카, 바티칸의 수도에도 어이 없게 송과선 조각상 (The Garden of Pine Cone)이 떡하니 자리잡고 있다.

또한 철학자인 데카르트는 송과선을 "영혼이 위치하고 있는 자리"라 믿었으며 19세기 후반 신지학회의 창시자인 블라바츠키 여사(Madame Blavatsky)는 '제 3의 눈(the third eye)인 아즈나 차크라(Ajna chakra)를 송과선과 동일시했다.

인류는 알고 있었던 것이다. 이 기관에서 분비하는 호르몬이 우리의 의식을 확장시키고 다른 차원으로 이동을 가능하게 해 신성과 접촉하게 한다는 것을. 또한 미래를 예견하거나 시간 여행도 가능해진다는 것을. 그들은 명상과 기도로 송과선을 활성화시킬 수 있다고 믿고 그렇게 행했다.

송과선에 대한 이런 인류의 숭배는 이 기관에서 분비되는 DMT라는 환각효과가 있는 화합물 때문이기도 하다. 환각물질인 DMT는 우리 인간 뿐만 아니라 거의 모든 생물체의 몸에서 미량이나마 자연적으로 만들어진다.

1990년대 미국의 의사이자 작가인 리치 스트라스만(Rich Strassman)은 《Spiritual Molecule DMT》라는 책에서 특정한 조건 아래에서는 송과선이 환각제의 일종인 DMT(디메틸트립타민)를 만들어낸다는 이론을 제시했었다.

우리 몸 안, 특히 송과선에서 어떤 마법이 일어나는지에 대한 스트라스만 박사의 설명은 이렇다. 밤이 되어 망막을 통한 빛자극이 줄어들면 세로토닌이 멜라토닌으로 변환되기 시작한다. 멜라토닌 농도가 충분해지면 우리는 잠에 빠져들고 몸에는 멜라토닌에서 변환된 멕사민(Mexamine, 5-Meo-Tryptamine, DMT와 분자구조가 유사)의 농도가 높아지게 된다.

　하지만 눈을 감거나, 어둠 속에 있으면서도 우리의 의식이 깨어 있다면 어떻게 될까. 멜라토닌이 일정량 몸 속에 쌓이면 비전, 꿈과 같은 의식상태를 체험케 하는 피놀린(Pinoline)이 분비된다. 급기야는 5-MeO-DMT와 DMT라는 화합물이 합성되어 우주적 사랑 같은 초월의식을 유발하고 영혼의 분리 현상이 일어나 유체이탈이나 시공여행 등 각종 영적 체험을 하거나 우주에너지, 원초적 의식과 하나가 되는 경험을 하게 된다.

　DMT를 합성하는 멜라토닌은 외부의 시각적 빛자극을 차단할수록 그 수치가 높아진다. 어둠 속에 오랜 시간을 있게 되면 우리의 육체적 감각은 더욱 민감해지고 정신세계는 활짝 열리게 된다. 과거로부터 다락방, 동굴 등이 기도와 명상을 위한 장소로 쓰인 데에는 다 이유가 있다. 그리고 눈을 감았을때 시신경계에서 나타나는 빛무리에 집중하면 외부의 빛자극을 인위적으로 차단하는 효과가 나타나 멜라토닌의 수치를 더욱 빠르게 높일 수 있다. 요가 수련에서 제3의 눈 집중 수련을 하는 데에는 이런 이유도 있을 터이다.

　현대인들은 식수와 치약 안의 불소 성분 때문에 송과선이 아주 작고 딱딱해져 있다. 그러니 DMT가 생성되기는 커녕, 수면 호르몬인 멜라토닌과 행복 호르몬 세로토닌마저 부족할 판이다.

　송과선을 활성화시키는 가장 좋은 방법은 명상이다. 아침 저녁, 하루

두 차례 10분 정도 꾸준히 명상을 하고 나면 숙면을 취하고 집중력이 향상된다. 뇌가 변하는 것이다. 또한 뇌호르몬의 재료가 되는 아미노산, 트립토판을 많이 함유한 음식을 먹는 것도 도움이 된다. 검은깨, 콩, 호박 등에는 트립토판이 풍부하다.

인류 역사의 초기에도 환각제는 있었다

실은 인류 역사에서도 계속해서 환각제의 사용은 있어 왔다. 동굴에서 생활하던 시절, 무녀들은 주머니에 매직머시룸이나 대마초를 가지고 있었다. 하루의 사냥을 마치고 가운데 불을 피워놓고 휴식을 취하던 그들은 환각제를 나눠 하며 집단 최면에 빠지기도 했다.

'약(藥)'이라는 한 자를 자세히 살펴보면 풀 초(草)자와 즐거울 락(樂)자가 결합돼 있는 것을 알 수 있다. 약초를 먹고 즐거워 하면 우리의 의식은 확장되며 아픈 부분에 의식을 보내는 것만으로도 치유의 기적을 경험할 수 있다.

아메리카 원주민과 남미의 마야 부족, 시베리아의 유목민 등 전 세계의 무속문화 속에서 샤먼들은 종교적 환각을 일으키기 위해 매직머시룸, 아야와스카 등 환각제를 널리 사용해왔었으며 집단 전체가 매직머시룸이나 아야와스카를 섭취해 영적인 체험을 하기도 하였다.

이스라엘 헤브라이 대학(Hebrew University) 심리학과 학장을 지낸 베니 쉐넌(Benny Shanon) 교수는 〈시간과 정신(Time and Mind)〉이라는 학술지에 발표한 논문에서 흥미있는 주장을 했다. 모세가 시나이산에서 신을 만나는 구약의 유명한 장면들은 환각물질인 '아야와스카'에 의해 나타난 것들이라는 것이다. 아야와스카는 시나이 반도 지역에서 자라는 식물에서 추출된 음료로 현재까지도 아마존 원주민들의 종교 행위에 사용되고 있다.

유발 하라리의 책 〈사피엔스(Sapiens)〉에 보면 인류의 상상력이 만들어낸 여러 개념 가운데 '국가'라는 것을 든다. 실재하지 않지만 실재하는 '국가'라는 조직은 국민들이 이와 같은 사실을 알게 되는 것을 원치 않는다.

자본주의 사회 속에서 국가는 기업과 결탁해 끊임 없이 그 사회에 속한 인간들이 새로운 가치를 열망하기를 바란다. 그래야 국민들은 다른 생각 하지 않고 아침 일찍부터 밤 늦게까지 열심히 노동을 하며 미디어가 만들어낸 상품을 구입하게 된다. 그래야 기업은 돌아가고 국가는 통제력을 가질 수 있기 때문이다.

지나치게 단순화한 경향은 있지만, 사실이 그렇다. 그래서 깨달은 이들은 산으로 들어갔고 TV를 보지 않으며 청빈하게, 무소유로 살아간 것이다. 그래야 인간은 자신이 진정 누구인지를 알 수 있으며 우주의 무상함을 깨닫게 되고 다른 지구인들에 대한 연민을 갖게 되며 자신의 깨달음을 자신의 인연과 근기에 맞게 펼치게 된다.

정부로부터
위험한 존재로 낙인찍힌 사람들

그래서 명상하는 사람들, 환각제가 명상 오래해야 도달할 수 있는 상태를 만들어줄 수도 있다는 사실을 아는 사람들은 권력으로부터 위험한 존재로 낙인찍혔다.

미국인으로는 람다스(Ram Dass, 본명 리처드 알퍼트), 그리고 그의 친구이자 동료인 티모티 리어리(Timothy Leary)가 대표적인 인물들이다.

미국의 영적 지도자이자 작가인 람다스와 티모티 리어리는 1960년대 하버드의 교수로 재직하던 중, 매직머시룸과 LSD 등 환각제의 '질병 치유력'과 '영적 의식 영역의 확장' 효과를 연구하고 있었다.

그 결정체가 〈환각 체험(Psychedelic Experience)〉이라는 저서였다. 이들은 연구를 위해 스위스로부터 엄청난 양의 LSD를 수입했고 이 사실을 알게 된 하버드는 두 사람을 학교로부터 쫓아냈다. 무신론자였던 람다스는 환각제 체험을 통해 비로소 신과 영적 세계에 대해 알게 됐다고 고백하고 있다.

인류 역사상 가장 위대한 업적을 이룬 이들 가운데는 LSD 등의 환각제를 이용했거나 찬미론자들도 작잖다. 가장 가까운 예는 애플의 창업자, 스티브 잡스를 들 수 있다. 그는 LSD를 하는 동안 아이폰에 대한 영감을 얻게 됐다고 고백하며 직원을 뽑을 때, LSD 등 환각제의 경험이 있는지를 꼭 물어봤다고 한다. 또한 영국의 작가, 올더스 헉슬리와 노벨상 수상자 캐리 멀러스도 LSD를 상용했던 사람들이다.

약물 체험을 통해 인간 인식의 변화를 경험한 인간은 이전과 다른 차원의 인식 지평을 갖게 된다고 한다. 유튜브 등 소셜 미디어 네트워크에 키워드로 '환각제(Psychedelic)'을 넣어보면 많은 이들의 생생한 체험을 접할 수 있다. 그들은 자연 상태에서 얻을 수 있는 매직머시룸, 맥각균, 남미 아마존의 아야와스카 등 환각제 의식(Ritual)을 통해 이 세상 모두가 연결돼 있음을 알게 되었고 뭔지 알 수 없는 높은 차원의 지성을 경험했다고 증언한다.

LSD는 인위적으로 합성한 환각제이다. 스위스의 알베르트 호프만 박사가 1938년 맥각균을 연구하던 중, 합성하면서 최초의 경험자가 되었다. 그는 LSD를 복용한 후 자전거를 타고 가다가 환각을 경험했다. 그래서 LSD 옹호론자들은 이 날을 '자전거의 날(Bicycle Day)'라 부른다.

LSD나 매직머시룸은 시각과 청각의 왜곡, 시각적 운동 잔상, 색채의 왜곡, 기하학적인 시각 패턴의 경험, 시각 경험과 청각 경험이 교차하는 공감각이 대표적 환각 경험들이다. 경험자들은 "소리를 볼 수 있다"거나, "색깔을 들을 수 있다"는 식의 표현을 자주 사용한다. 감각이 교차하면서 소리가 주파수에 따라 색깔로 나타나거나, 시야 안의 특정 색깔을 보고 있으면 특정 소리가 들린다는 것이다.

환각제는 중독되지 않는다

하지만 일반적인 인식과는 달리, 이들의 약물의존성은 그리 높지 않다. 미국의 2003년 National Survey on Drug Use and Health 통계에 따르면 한번 사용한 후 만성적인 사용으로 이어지는 빈도가 가장 낮은 약물이 바로 환각제이다.

LSD, 매직머시룸, 아야와스카 등 자연에서 발견되는 환각제의 주요 환각 물질인 DMT 성분은 우리 뇌의 일부 활동을 쉬게 하며 전전두엽을 활성화시켜 바로 지금 바로 여기에 머무는 것을 가능하게 해준다.

매직머시룸은 실제 치료용 약물로서 효험이 있으며 신비경험을 체험하게 한다. 또한 집단을 결속시켜주는 파티약물(party drug)이자 종교 제의적(sacrament) 약물로의 역할도 톡톡이 하고 있다. 쉽게 얘기하자면 한 방에서 매직머시룸으로 취한 상태의 사람들은 서로 연결되어 모든 사람들을 결속시키는 에너지의 장(場 energy field)을 느낀다고 한다. 서로 별다른 공통점이 없어도 이러한 결속은 여러 해 동안 지속되며 서로 친밀감을 느끼게 한다는 것이다. 또 많은 양의 매직머시룸은 '의식의 확장'을 가져 오기도 한단다.

또한 창의력과 상상력, 미적 감각을 높일 뿐 아니라 개방적인 사고방식을 갖게 해 주는 등 성격을 긍정적으로 바꿀 수 있다는 새로운 연구결과도 존스홉킨스 의과대학교 롤랜드 그리피스 박사 연구팀에 의해 밝혀졌다.

한 마디로 매직머시룸은 '보이지 않는 실재(invisible reality)'의 '보이는 징표(visible sign)'이다. 열반의 세계는 명상으로뿐만 아니라 LSD, 매직머시룸 등 환각제로도 가능할 수 있다는 얘기다. 내가 볼 때, 미국 불교계가 환각제에 그토록 천착하는 이유는 바로 이것이다.

오직 모를 뿐

이 세상은 우리 눈에 보이는 것만이 다가 아니다. 우주 공간에 태양이나 은하를 포함해 양성자나 중성자로 구성된 보통물질은 4.9퍼센트 밖에 되지 않는다. 나머지 95.1퍼센트는 완벽히 정체가 밝혀지지 않은 상태다.

우리는 알 수 없다. 지금 우리가 꿈을 꾸고 있는 건지, 환상에 빠져 있는 건지, 환상에서부터 깨어나 진정한 세계를 경험하기 위해 환각제가 필요한 건지 우리는 알지 못한다. 우주에 존재하는 모든 것은 그 존재 이유가 있다. 그 신성한 존재들에 부정적인 가치를 덧입히고 오용하는 것이 바로 인간들이다. 어쩜 밀과 쌀이 인류를 배고픔에서 해결해준 것처럼 매직머시룸이나 아야와스카는 속박의 틀로부터 인간 의식을 해방시켜, 우리가 본래 타고 태어난 인간성과 창의성을 되찾게 해주고 인식이나 세계관의 변화를 가져오게 하는 것인지도 모른다. 다시 말하지만 우리는 알지 못한다.

하지만 그럼에도 불구하고 환각제를 구하기 보다 명상을 해야 하는 이유는 여러 가지다. 돈도 들지 않고 언제 어디서든 할 수 있으며 꾸준히 할 경우, 뇌 자체가 변화돼 삶의 모든 경험과 함께 완전한 평정을 유지할 수 있게 된다. 그리고 환각제는 불법이지만 명상은 불법이 아니다. 한 가지 분명한 것은 지속적인 명상 수행은 LSD나 매직머시룸과 같은 약물이 주는 것보다 그 강렬함은 덜할지 모르나 오히려 더 평화롭고 행복한 상태를 만들어준다는 것이다.

한 도반이 내게 이렇게 말한 적이 있다. "내게 명상은 약이야. (Meditation is medication for me.)" 극도의 긴장감과 불안감으로 시달리던 그녀를 차분하게 가라앉도록, 평화에 머물도록 해주었던 것이 명상 수행이었다는 것이다.

자아가 존재한다고 믿던 변성의식이 초의식, 순수의식으로 바뀌면서 세상은 있는 그대로 황홀하다. 눈을 뜨고도 잠들어 있던 나의 의식을 깨워 이 황홀함과 하나가 되게 한 명상 수행으로 당신이 행복하기를. 그리고 평화 가운데 거하기를. 나마스떼.

[2017년 5월]

미국은 21세기 세계 불교의
종주국이 될 수 있을까

"인간이 고통받는 것은 신이 장난으로 만든 것들을 지나치게 신중하게
여기는데 있다"　　　　　- 알란 왓츠(미국 영성가)

미제는 X도 좋아.

아마도 한국전 이후일 것이다. 미제장사라는 직업이 생겨났다. 미군부
대에 납품된 물건들이 어떤 경로를 통해 남대문 시장 미제장사 아줌마들
의 가판대에까지 오르게 되었는지 나는 모른다. 훗날 1950~1960년대를
배경으로 한 영화들을 보고 대충 짐작할 뿐이다. 어쨌든 그렇게 맛보게
된 것이 엠앤엠(M&M) 초콜릿이고 스키피 땅콩버터(Skippy Peanut But-
ter)였으며 스팸(Spam) 통조림이었다. 당시 우리 나라는 찢어지게 가난
하던 때인지라 어른들은 "미제는 X도 좋은 법이여."라는 말씀들을 하시
곤 했었다.

대한민국과 미국의 징하디 징한 관계는 그때부터 시작해서 대한민국이
눈부신 경제성장을 이룩한 21세기 오늘날까지 면면히 이어져 오고 있다.

아직도 연세 지긋하신 분들에게는 미국이 우리가 영원히 손잡고 함께 가야할 우방국인 것 같다. 먹을 것 없던 불쌍한 대한민국 국민들에게 밀가루를 원조해줘 수제비라도 만들어 먹게 해, 굶어죽지 않게 해주었던 고마운 나라가 미국이라는 것이다. 세상 모든 것이 변하는 것임에도, 그분들에게 미국은 대한민국을 영원히 돌봐줄 일편단심 나라로 보이는가보다.

헤아려보니 미국 땅에서 살게 된 세월이 이제 내가 태어났던 한국에서의 나날들보다 더 길어졌다. 미국 여권을 가지고 여행을 하지만 나의 정체성은 아직 한국인이다.

나라고 규정할 것이 어디 있겠느냐만, 그래서 늘 지구촌 시민(Global Citizen)임을 외치지만, 나는 월드컵 축구대회가 열릴 때면 아직까지도 가슴을 졸여가며 한국을 응원한다. 한국의 보이밴드인 방탄소년단이 빌보드 차트 1위를 차지하고 그래미상 시상식에 서면 마치 내가 낳은 자식새끼라도 보는 것처럼 뿌듯해진다. 미국인 친구들이 한국 음식 맛있다는 평가를 하면 신이 나서 기꺼이 밥을 사주기도 한다.

한국인에게 비친
미국 불교 공동체의 모습

하지만 한국을 떠나 산지 오래되어서인지 이제 나의 가치관과 매너, 표현양식은 한국인의 그것과 상당히 달라졌음을 알게 되었다. 비춰봐야 아는 법이다. 최근 한국에서 온 불교방송 다큐 제작팀과 미국 서부 지역 곳곳을 다니며 '미국 불교와 미국인의 명상수행 현황'에 대해 취재를 다녔었다. 팀원 중 한 명이 이렇게 물어왔다.

"선생님께서 다른 사람들과 초면임에도 헤어질 때가 되면 뜨겁게 포옹을 하시고, 지나치게 친절히 대하는 모습이 제게는 참 낯설어 보입니다. 그게 미국 불교신자들의 특성인가요? 아니면 선생님의 특성인가요?"

마음 맞는 사람들을 만났다가 헤어질 때면 꼭 끌어안고 서로의 존재를 감사해하는 모습이 생경한 것을 넘어 우리 표현으로 좀 '오바'한다고 느껴졌었나 보다. 글쎄다. 잠깐 숨을 깊게 들이쉬고 내쉬며 다시 한 번 무상, 고, 무아를 사띠하며 천천히 입을 떼었다.

"미국 불교 공동체 전체에 대해서는 말씀드릴 수 없지만 제가 속해 있는 UCLA MARC(Mindful Awareness Research Center)의 상가(Sangha)에 대해서는 말할 수 있어요. 저희들은 클래스, 프랙티컴(Practicum - 집중 트레이닝) 아니면 안거(Retreat)를 마친 후, 그리 많은 대화를 나누지 않았을 지라도 만나고 헤어질 때 포옹을 많이 하는 편입니다. 특히 일주일 이상의 안거를 하고난 후에는 더 애틋한 마음이 생기는 것을 경험했습니다. 안거 기간 동안은 말을 한 마디도 나누지 않고 시선도 바닥만 보고 다니기 때문에 사실상 아무런 교류도 없어요. 하지만 같은 공간에 앉아 침묵으로 현존하다 보면 대화로 서로를 알게 되는 것 이상의 연결됨을 느끼게 되죠. 그래서 마냥 서로에 대한 감사의 마음이 생겨, 헤어질 때면 누가 먼저랄 것도 없이 자연스럽게 뜨거운 포옹을 하게 되는 것 같습니다."

"한국에서의 경우를 보면 기독교회에서 주로 그러는 것 같아요. 형제님, 자매님 하면서 지나치게 노력한 듯한 과잉친절로 대하죠. 절에서는 그렇지 않아요. 오면 오는 대로, 가면 가는 대로, 무덤덤하게 대한다고 할까요?"

익숙하지 않은 것을 보면서 편하지 않다고 느끼는 것은 어쩜 자연스러운 반응일 것이다. 마음에 "이건 뭐지?" 하는 경고등이 켜진 상태라고나 할까. 분명 뇌 가운데 변연계가 활성화 되었을 것이다. 변연계가 활성화 되면 자율신경이 활성화되어 심장에 산소가 잘 공급되지 않고 가슴이 조이는 것 같으며 얼굴이 화끈거리고, 입안이 타들어간다. 이는 우리들이 뚜껑 열리도록 화가 났을 때와 거의 같은 반응이다. 또한 수치심, 죄책감, 불안, 공포를 느낄 때도 우리들 몸의 반응은 대충 엇비슷하다.

그의 질문은 아무 생각 없이 행동하던 나의 경향성을 돌아보게 했다. 이번 취재 길에서 만난 미국 불교의 대표자들 가운데 처음 만나 인터뷰를 잠깐 하면서 마음이 동해 헤어지며 포옹을 하게 된 인물이 둘 있다.

그 한 명은 샌프란시스코 젠센터의 자매 기관인 더 그린 걸치 팜(The Green Gulch Farm)의 주지스님인 푸(Fu)이다. 그녀의 사로잡힘 없는, 경계 없는 현존은 나를 매혹시켰다. 인터뷰를 마치고 "안아도 되요?" 하며 수줍게 질문하는 나에게 그녀는 "이리와요. 나는 예전에 히피였어요. 우리 히피들은 포옹을 아주 좋아한답니다." 하면서 꼭 안아주었다.

다른 한 명은 나로파 대학(Naropa University)의 교수인 주디스 시머 브라운(Judith Simmer-Brown)이었다. 나로파 대학의 설립 당시부터 함께 해온 그녀는 영성 수행과 학문을 결합시키는데 혁혁한 공을 세운 미국 불교의 산증인이다. 인터뷰를 마치고 난 나에게 그녀는 선뜻 다가와 이렇게 물었다.

"포옹해도 되요?"

"물론이요. 교수님. 영광입니다."

우리는 한 1분 정도를 아무 말 하지 않고 서로를 끌어안고 있었다. 그 오랜 세월 동안 윤회를 거듭하는 동안, 그녀는 나의 어머니였을 수도, 언니였을 수도 있다. 이 세상에서 옷깃만 스쳐도 영겁의 인연이 있다는 말을 다시 들먹이지 않더라도 지금 지구별에 동시대를 살고 있는 우리들은 길고 긴 인연으로 엮여 있다. 나라 할 것 없이 지금 이 몸을 타고 태어나 경험을 하며 살고 있는 '나'는 바로 그녀이며, 내게 불편한 마음을 가지고 질문을 한 그이기도 하다.

나는 미국에 살고 있지만 미국이라는 나라의 모든 면을 좋아하는 건 아니다. 미국이 전 세계 경찰국가를 자처하며 오지랖 넓게 나서 평화의 전사(Warrior)인 양 하며 일으킨 전쟁에는 학을 뗄 정도이다. 21세기 가장 호전적인 나라는 미국이 '악의 축'으로 규정하는 '조선인민주의공화국'이 아니라 바로 미국이다. 미국으로는 그럴 수밖에 없을 것이다. 그래야 무기를 팔 수 있고 경제가 돌아가기 때문이다. 미국은 또한 전 세계적으로 가장 탄소 생산을 많이 하는 나라 가운데 하나이다. 미국의 쓰레기 분리수거는 미개국 수준이다. 땅덩이가 넓다 보니 매립지가 많아 괜찮다고 생각하는 것일까. 플래스틱, 음식물 찌꺼기를 섞어서 버리는 현실을 보면 지구 어머니의 아픔이 느껴져 가슴이 아파온다. 생각이 좀 있는 사람들은 미국인의 소비행태에 대해 혀를 차며 걱정한다. 만약 중국인, 인도인들이 미국인들처럼 소비한다면 이 세계는 어떻게 될 것인가. 나는 혼자서라도 쓰레기 처리를 잘 해보려고 무진장 애를 써봤지만, 개인적인 차원에서의 지속가능 운동(Sustainability Movement)은 한계가 있다. 제도적인 측면이 마련되어야 하는 것이다.

미국은 그렇지만 미국인들은 개별적으로 모두 다르다. 누가 보든 보지 않든 자긍심을 가지고 하늘 아래 한결 같은 사람들이 있는가 하면, 약삭 빠르고, 자기 것 내놓을 줄 모르고, 이기심으로 똘똘 뭉친 존재들도 많다. 분명한 것은 나의 의식 상태에 따라 같은 대상이라도 내가 주의를 기울이는 면이 달라진다는 것이다. 그리고 내가 배워야 할 바를 다 배우고 나면 더 이상 내게 가르침을 줄 필요가 없는 이들이 내 삶에서 사라져간다.

미국 불교가
한국으로 역수출되고 있는 현실

이번에 한국에서 '미국 불교의 현주소'를 취재하기 위해 미국에 온 이유는 이렇다. 불교는 인도에서 발생해 아시아 지역에서 수천 년간 발전해온 종교이다. 미국을 포함한 서구 지역에 불교가 소개된 것은 극히 최근의 일이다. 그런데 어떻게 된 일인지 요즘 대한민국에는 기독교 교세가 뜨겁고 불교는 사그라들고 있다. 절에 가보면 내일모레 요단강 건너가실 노보살님들이 앉아 "나무관세음보살"만 외우고 계시다.

그런데 미국과 서구에서는 오히려 불교신자들이 늘고 있다. 그리고 미국의 불교신자들은 거의 대부분 매우 철저하게 매일 명상수행을 하는 자들이다.

명상으로 자신이 변하고 관계가 개선되고 몸과 마음의 건강을 찾아 보니 기업에서도 명상 바람이다. 실리콘 밸리의 간부들의 명상 수행과 기업 내에서의 명상 프로그램에 대한 뉴스가 많이 보도 되다 보니 이제 '마음챙김(Mindfulness)'은 21세기 최대의 화두가 되어버렸다.

30년 전만 해도 요가 스튜디오는 눈 씻고 찾아봐야 했었다. 하지만 요즘은 한 블록 건너 하나, 거의 스타벅스 매장 정도로 보편화되어 있는 것이 요가 스튜디오이다. 최근 상업적 명상센터가 여기 저기 생겨나고 있고 매우 성공적으로 운영되고 있는 중이다. 어쩌면 10년 내에 현재의 요가 스튜디오 만큼이나 흔하게 상업적 명상 센터를 보게 될 수도 있다.

최근 한국의 수행자들 사이에서는 미국에서 대박 상품이 되어 버린 '마음챙김'에 대해 관심이 많은 것 같다. 그래서 이제까지 조계종을 중심으로 해왔던 간화선이 아닌, '마음챙김' 명상을 공부하고 수행하는 이들이 늘어난 것이다.

그리고 이들은 조셉 골드스타인, 잭 콘필드, 타라 브락, 수잔 잘츠버그 등 1960년대 미얀마와 타일랜드 등지의 수행처에서 위빠싸나 수행을 했었던 이들의 책을 교과서처럼 읽고 있다. 분명 이 시점에서 마구잡이로 수입되고 있는 '마음챙김' 명상, 또는 미국화 된 불교에 대해 검증하고 평가해보는 시간은 필요해 보인다.

미국에는 명상만 있을 뿐 불교가 없다?

한국에서 온 취재팀들은 21일 정도 미 서부 지역을 돌고 난 후 "미국에는 명상 수행만 있을 뿐, 불교가 없다."고 말한다.

팔은 안으로 굽는다고 나는 내가 속한 상가(Sangha)가 얼마나 진지하게 불법을 따르고 계를 지키며 수행을 하고 있는지를 설명했다.

물론 세속적 환경(Secular Setting)에서의 마음챙김 수행 공동체에서는

'붓다'며 '불교'라는 말을 그리 자주 하지 않는다. 이는 종교를 초월해 보다 많은 이들이 마음챙김이라는 '삶의 기술'을 배우고 연습하기를 바라는 마음에서이다.

어쩌면 인류는 '종교'라는 영역을 대할 때 가장 고정화된 사고방식을 들이대는지도 모른다. '종교, 신, 사랑'이라는 단어만큼 오염된 개념이 또 있을까. 서로의 자기의를 내려놓아야 대화가 가능하지만 아브라함계 종교를 신봉하는 자들은 절대 이를 내려놓으려 하지 않는 것 같다.

하지만 불교는 가능하다. 붓다는 자신을 신이라 하지 않았고, 우리는 그를 신으로 믿는 것이 아니다. 그는 인간의 몸으로 태어나서 인간이 고통의 사슬로부터 벗어나 행복으로 가는 방법을 최초로 깨달은 존재이다. 그리고 혼자 행복함에 머물지 않았다. 최상의 지혜를 깨달은 이의 가슴은 이 세계를 모두 품는 연민의 가슴을 갖는다. 그래서 그는 어리석음으로 똑같은 윤회를 되풀이하고 있는 중생들을 위해 법의 바퀴를 굴렸다. 그가 원한 것은 불교가 중흥되는 것이 아니라 바로 자기 자신이기도 한 이 세상 모든 중생들이 어리석음으로 인한 고통으로부터 벗어나 행복해지는 것이었다.

그러니 불교신자들이 "불교신자라고 하면, 그리고 불교수행을 시작하려고 한다면 가장 먼저 붓다에게 귀의하고, 법에 귀의하고, 상가에 귀의해야 해. 그렇지 않는다면 그건 불교라고 할 수 없어." 라고 한다거나, 또는 "모름지기 사성제를 알아야 불교의 핵심을 아는 것이지." 라는 등의 입장을 고수한다면 이는 아브라함계 종교를 믿는 사람들이 저지르던 '자기의(Self-Righteousness)'의 오류와 무엇이 다르다고 주장할 수 있을까.

기존 종교를 포기하지 않는

미국 불교도들

21세기 미국이라는 토양에 생경하기만 한 불교가 지금 이렇게까지라도 성장하게 된 데는 현재 자신의 종교를 포기하지 않아도 된다는 이유가 컸을 것이다. 유대인으로 태어나 평생 "내 앞에 다른 신을 섬기지 말라. 우상 앞에 절하지 말라."는 계명을 지키며 살아온 이들이 그 계명으로부터 자유로워지기란 결코 쉽지 않을 것이다. 그러니 이런 사람들에게 다가가려면 불상 앞에 절하는 것이 아니라 멈추고 마음 바라보기부터 함께 하면 된다.

그렇게 되면 숨, 소리, 몸의 감각 등 현재의 경험이란 것이 늘 변하는 것이고 고정된 것이 없음을 경험적으로 알게 될 것이고, 나는 그렇게 변하는 것이 아님을 알게 될 것이며, 때가 되고 수행이 깊어가다 보면 붓다가 말했던 "감각적 쾌락을 여의고 불선법을 여읜다"는 것이 그냥 자연스럽게 동시적으로 일어나게 될 것이다.

그 수행자는 삶 속에서 분노, 의심, 질투, 중독을 자신으로 여기지 않을 것이다. 그의 가족관계, 사업관계는 변할 것이다. 그는 좀더 깊게 침묵에 있으며 자신을 돌아보기를 원하게 될 것이다. 그는 다음 번 휴가 때 카리브해 연안의 호화 리조트가 아니라 묵언수행을 할 수 있는 안거(Retreat)처인 명상센터를 찾아 5일에서 10일 정도 길이의 고귀한 침묵에 거하는 시간을 갖게 될 것이다.

명상센터에 들어가게 되면 가장 먼저 접하는 것이 오계의 준수이다. 그리고 이 마음을 들여다 보는 수행법을 누가 발견한 것인지를 얘기해준다. 침묵의 기간을 가진 후, 뇌가 완전히 리셋(reset)된 그는 자신의 삶을 바

꾼 이 고귀한 수행법을 인류에게 알려준 붓다, 그 분에게 대해 알고 싶어하게 될 것이다. 그는 자신의 이웃 근처에 있는 명상센터를 찾아 상가(Sangha)의 일원이 될 것이며 불교 서적을 구입해 보기 시작할 것이다. 이는 내가 붓다를 만난 과정에 대한 고백이기도 하다. 그리고 내 도반들은 거의 대부분 이런 경로로 붓다를 만났다.

그러니 맨 처음부터 '삼귀의'를 하지 않는다고, 미국 불교에는 승가가 없다고 날카로운 비판의 칼날을 가져다 댈 필요는 없다고 생각된다. 오히려 미국이라는 토양에서는 이러한 전개방식이 맞았던 게 아닐까.

한국 불교가
미국에서 뿌리내리려면?

미국 불교의 밥상에는 미얀마의 소승불교, 티베트의 밀교, 일본의 선불교가 메인디시로 차려져 있다. 숭산스님이 설립한 관음선종은 어떨까. 미안한 얘기이지만 이제는 미미해졌다. 이미 미국인 제자들이 불교 지도자가 되어 자가발전으로 잘 돌아가고 있는 이 토양에 한국의 간화선이 들어올 틈바구니가 과연 있을까.

쉽지는 않을 것이다. 하지만 그렇다고 완전히 불가능한 것은 아니다. 나는 이번 여행을 마치며 이런 통찰을 얻었다. 우리가 그들을 가르친다는 자기의(Self-Righteousness)를 내려놓고 온전히 근원과 연결된 보디사트바의 마음으로 존재하며 그들을 도우려 한다면, 아무 대가도 바라지 않고 물질과 시간과 노력을 나눠주려 한다면, 이미 구역 정리 다 끝난 미

478

국 불교계의 지각이 변동될 수도 있을 것이다. 매우 느린 속도로 말이다.

하지만 그러려면 우리가 먼저 깨닫고 우리가 먼저 행복해져야 한다. 전 세계 OECD 국가들 중 가장 자살률이 높고 행복지수가 낮은 우리가 남들에게 행복의 방법을 가르쳐준다는 것은 어불성설이다. 재가자들과 승가 모두 수행으로 위가 없는 지혜를 깨닫고 지혜의 깨달음과 동시적으로 발생하는 가슴의 열림으로 인해 온 세계 중생들이 바로 나 자신임을 알 때, 이제껏 기독교 선교사들이 자기의를 내세워 종교적 침략을 자행했던 것 같은 아픈 역사는 되풀이 되지 않을 것이다.

그것은 우리가 걱정하지 않아도, 우리가 애써 계획하지 않아도 자동적으로 자연스럽게 일어날 것이다. 그럴 수밖에 없는 모든 조건을 갖추었는데 그런 결과가 일어나지 않는다는 건 부처님 법에도 맞지 않는다.

그러니 무엇보다 먼저 다 함께 수행하자. 붓다가 설법 끝에 꼭 "저기 나무 등걸이 비었다. 저기 빈집이 보인다. 어서 가서 선정을 닦아라. 나중에 후회하지 말라." 고 하셨던 건 바로 이런 이유에서일 것이다.

[2019년 4월]

나의 수행일지

초판 1쇄 발행 2023년 4월 1일

지은이 스텔라 박(박지윤)
펴낸이 주지오
펴낸곳 무량수
　　　　부산광역시 부산진구 중앙대로 777 이비스앰배서더 부산시티센터 2층
　　　　TEL. 051) 255-5675　FAX. 051) 255-5676
전자우편 무량수. com

ISBN 978-89-91341-69-2

정가 30,000원